国家治理研究书系

# 中国社会治理

童星／著

中国人民大学出版社
·北京·

图书在版编目（CIP）数据

中国社会治理/童星著. —北京：中国人民大学出版社，2018.9
ISBN 978-7-300-25691-7
（国家治理研究书系）

Ⅰ. ①中… Ⅱ. ①童… Ⅲ. ①社会管理-研究-中国 Ⅳ. ①D63

中国版本图书馆 CIP 数据核字（2018）第 069311 号

国家治理研究书系
中国社会治理
童　星　著
Zhongguo Shehui Zhili

| | | | |
|---|---|---|---|
| 出版发行 | 中国人民大学出版社 | | |
| 社　　址 | 北京中关村大街 31 号 | 邮政编码 | 100080 |
| 电　　话 | 010－62511242（总编室） | | 010－62511770（质管部） |
| | 010－82501766（邮购部） | | 010－62514148（门市部） |
| | 010－62515195（发行公司） | | 010－62515275（盗版举报） |
| 网　　址 | http://www.crup.com.cn | | |
| 经　　销 | 新华书店 | | |
| 印　　刷 | 天津鑫丰华印务有限公司 | | |
| 规　　格 | 160 mm×235 mm　16 开本 | 版　　次 | 2018 年 9 月第 1 版 |
| 印　　张 | 21.75 插页 1 | 印　　次 | 2025 年 2 月第 6 次印刷 |
| 字　　数 | 353 000 | 定　　价 | 78.00 元 |

# 目　录



## 上篇：植根现实

## 中篇：彰显特色



## 下篇：聚焦重点

# 第一章 导　论

## 第一节　研究缘起

无论是从建设的角度看还是从管理的角度看，在中国，“社会”领域一直都是薄弱环节。过去，政界、学界的许多精英也不知“社会”为何物①。新中国成立以来，长期开展政治建设、经济建设和文化建设。在城市，建立了机关、企业和事业等三种单位；在农村，由于社会分工不明确，成立了五业俱全的人民公社。改革开放后仍然坚持这三大建设，只不过对调了政治建设和经济建设的排序，由“政治挂帅”“以阶级斗争为纲”转变为“以经济建设为中心”“发展才是硬道理”，并先后提出了（经济）富强、（政治）民主、（文化）文明的社会主义现代化国家的建设目标（1987 年），提出了社会主义初级阶段的政治建设纲领、经济建设纲领、文化建设纲领（1997 年），甚至后来提出的“三个代表”重要思想（2000 年），也都与政治、经济、文化三大建设一一对应。

直到 21 世纪，中国才将经济建设、政治建设、文化建设和社会建设等四大建设并列，明确社会建设的重点在于保障和改善民生，承诺到 2020 年实现幼有所育、学有所教、劳有所得、病有所医、老有所养、住有所居。与此相适应，将现代化建设目标修改为“富强、民主、文明、和谐”，此后又将其作为国家层面的社会主义核心价值观的内容。党的十八大以后，又增加了生态文明建设，完善了“五位一体”的“中国特色

① 著名学者严复在翻译英国社会学家斯宾塞（Herbert Spencer）名著《社会学研究》（*The Study of Sociology*）时，就用了颇具中国传统文化特征的译名《群学肄言》。

社会主义事业总体布局"①。

2011年初，中共中央正式提出"创新社会管理"，召开中央政治局会议进行专题研究，将社会管理的主导权交给了中央政法委，并提出"建立健全中国特色社会主义社会管理体系"的目标。到2013年，党的十八届三中全会审议通过《中共中央关于全面深化改革若干重大问题的决定》，将"社会管理"更名为"社会治理"，并将其置于"推进国家治理体系和治理能力现代化"的广阔视野下，强调"创新社会治理，必须着眼于维护最广大人民根本利益，最大限度地增加和谐因素，增强社会发展活力，提高社会治理水平，全面推进平安中国建设，维护国家安全，确保人民安居乐业、社会安定有序"。

之所以将"社会管理"更名为"社会治理"，是因为从管理到治理，体现的是发展，顺应的是国际潮流。

英语中的"治理"（governance）源于拉丁文和古希腊语，原意是掌舵、引导和操纵。长期以来它与"统治"（government）一词交叉使用，并且主要运用于对各类公共事务的管理活动和政治活动的描述。但是，自20世纪90年代以来，西方政治学家和经济学家赋予"governance"新的含义，试图将其与传统的"统治"概念进行区分。诚如戈丹（Gaudin）所言，"治理从根源上便须区别于传统的政府统治概念"②。罗西瑙（J. N. Rosenau）等人在《没有政府的治理》一书中明确指出：治理与政府统治不是同义语，与统治不同，治理指的是一种由共同的目标支持的活动，这些管理活动的主体未必都是政府，也无须依靠国家的强制力来实现③。林恩（Lynn）等人把治理看作协调不同行动者趋向共同目标的手段的集合，他认为治理包括了社会制度、法律、规则、司法裁决、行政等一系列活动，这些都能够约束、规定并保证公共目标与服务的提供④。当然，有部分研究者并没有完全抛开国家和政府谈治理。比如萨拉蒙（Salamon）就把治理的兴起看作一场革命，而这场革命不仅意味着

① 习近平在十八届中共中央政治局第一次集体学习时的讲话. 党建研究，2012（12）.

② Jean-Pierre Gaudin, "Modern Governance, Yesterday and Today: Some Clarifications To Be Gained from French Government Policies", International Social Science Journal, 1998, 50 (155): 47-56.

③ James N. Rosenau, Ernst Otto Czempiel, Governance without Government: Order and Change in World Politics, Cambridge: Cambridge University Press, 1995: 5.

④ L. Lynn, C. Heinrich, C. Hill, Improving Governance: A New Logic for Empirical Research, Washington DC: Georgetown University Press, 2001: 7.

政府活动范围和规模的变化，更意味着政府行为的基本形式的根本转变①。治理理论的另一位领军人物罗茨（Rhodes）同样认为：治理是那些脱离政府的自组织相互依赖、持续互动并致力于达成一致规则的管理活动，它意味着"统治的含义发生变化，意味着一种新的统治过程，意味着以新的方法来统治社会"②。皮埃尔（Pierre）总结道："治理的兴起不应被看作国家衰败的表现，而应该被当作国家适应外部环境变化的一种能力的体现。"③ 也有研究者从主体互动的角度界定治理，认为治理是一种结构或一种秩序的产生，这种结构或秩序不是由外部强加的，而是多种进行统治的以及互相发生影响的参与者互动的结果④。

在关于"治理"的各种定义中，联合国下属的全球治理委员会（The Commission on Global Governance）的定义颇具代表性和权威性。该委员会在名为《我们的全球伙伴》（*Our Global Neighborhood*）的研究报告中对治理做出如下界定：治理是个人与各种公共的或私人的共同管理社会事务的多种方式的总和。它是使不同的甚至是相互冲突的利益得以调和并且采取联合行动的持续的过程。全球治理委员会认为治理有四个特征：(1) 治理不是一整套规则，也不是一种活动，而是一个过程；(2) 治理过程的基础不是控制，而是协调；(3) 治理涉及公共部门，也包括私人部门；(4) 治理不是一种正式的制度，而是持续的互动⑤。

在全球化与人类政治、经济、社会生活发生大变革的背景下，治理的概念日趋流行，其在政治学、经济学、管理学和社会学等多个领域被广泛使用，以至于杰索普（Jessop）坦言，"治理一词在许多语境中大行其道，已经成为一个可以关涉任何事物的'时尚词语'"⑥。罗茨归纳出关

① Lester M. Salamon, "The New Governance and the Tools of Public Action: An Introduction", Fordham Urban Law Journal, 2001, 28 (5): 1611.

② R. A. W. Rhodes, "The New Governance: Governing without Government", Political Studies, 1996 (6): 652-653.

③ Jon Pierre, Debating Governance: Authority, Steering and Democracy, London: Oxford University Press, 2000: 3.

④ Jan Kooiman, M. VanVliet, "Governance and Public Management", in K. A. Eliassen, Jan Kooiman, Managing Public Organization: Lessons from Contemporary European Experience, London: Sage Publication, 1993: 64.

⑤ The Commission on Global Governance, Our Global Neighborhood: The Report of the Commission on Global Governance, London: Oxford University Press, 1995: 2-3.

⑥ Bob Jessop, "The Rise of Governance and the Risks of Failure: The Case of Economic Development", International Social Science Journal, 1998, 50 (155): 29-45.

于治理概念的六个层面：（1）作为最小国家（the minimal state）的管理活动的治理，旨在实现国家削减公共开支、以最小成本取得最大效益的目标。（2）作为公司的治理（corporate governance），是指那些指导、控制和监督企业运行的组织体制。（3）作为新公共管理（the new public management）的治理，指的是在政府的公共服务中将市场的激励机制和私人部门的管理手段引入其中，以改善政府的职能。（4）作为善治（good governance）的治理，它强调构建高效、法治、负责任的公共服务体系。（5）作为社会-控制体系（socio-cybernetic system）的治理，它指的是政府与民间、公共部门与私人部门等多元主体之间的合作与互动。（6）作为自组织网络（self-organizing networks）的治理，它指的是建立在信任与互利基础上的社会协调网络①。

虽说治理的含义及其使用范围有着这样那样的差异，但是学者们还是对治理的解释有着一些共识。斯托克（Stoker）认为，“治理的实质在于，它所偏重的统治机制并不依靠政府的权威或制裁”。他总结出目前有关治理概念的五个基本结论：（1）治理意味着一系列来自政府，但又不限于政府的公共机构和社会行为者。各种公共的或者私人的机构只要其行使的权力得到了公众的认可，就都可能成为权力的中心。（2）治理意味着在为社会和经济问题寻求解决方案的过程中，存在着界限和责任方面的模糊性。在现代社会中，私人部门和公民自愿性团体正在承担越来越多的原先由国家承担的责任，这导致了政府界限与责任的模糊不清。（3）治理明确肯定了在涉及集体行为的各个社会公共机构之间存在着权力依赖。想要获取一致行动能力的组织之间必须交换资源，谈判共同的目标；交换的结果不仅取决于各参与者的资源，而且也取决于游戏规则以及进行交换的环境。（4）治理意味着参与者最终将形成一个自主的网络。这一自主网络在某个特定的领域中拥有发号施令的权威，它与政府在特定的领域中进行合作，分担政府的管理责任。（5）治理意味着在公共事务的管理中，除了政府权力的运作外还存在着其他的管理方法和技术，政府有责任使用这些新的方法和技术来更好地对公共事务进行控制和引导②。

---

① R. A. W. Rhodes，“The New Governance：Governing without Government”，Political Studies，1996（XLIV）：653.

② Gerry Stoker，“Governance As Theory：Five Propositions”，Social Science Journal，1998，50（155）：17-28.

可见治理的概念源于统治和管理，但它一经产生，就又同统治和管理有着许多显著的差别，其中最重要的就是统治中有统治者与被统治者之分，管理中也有管理者与被管理者之分，而在治理中所有的利益相关者（包括个人和各种公立或私立机构）都是治理主体，治理的对象则是其共同事务；统治依靠的是国家政权的强制力，管理强调的是规章制度的约束力，而治理则更多地体现柔性化，更像综合运用“法”“理”“情”的一种“三明治”，依靠的是参与者的“同意”与“联合行动”。当然，治理与统治和管理之间也有紧密的联系，可以说治理是一种更文明的统治、更有效的管理。此外，在多元主体参与的社会治理中，政府的作为也可以被称为“社会管理”，但非政府组织性质的参与者的作为就只是社会治理，而非社会管理。

然而，在汉语里，“管理”和“治理”两词之间并没有什么本质的差别。据《汉语大词典》，“管理”的释义为“负责某项工作使顺利进行”“保管和料理”“照管并约束”等，“治理”的释义则为“统治”“管理”“处理”“整修”等，可见两者是相互界定、语义一致的。从词源学角度来看，与在英文中出现的先后次序相反，在汉语里“治理”的出现远远早于“管理”，“管理”作为外来语，是到近代以后才出现的，而“治理”早就见诸许多古籍。例如：《荀子·君道》中有“明分职，序事业，材技官能，莫不治理，则公道达而私门塞矣，公义明而私事息矣”；《汉书·赵广汉传》中有“一切治理，威名流闻”；《孔子家语·贤君》中有“吾欲使官府治理，为之奈何”；清代王士禛《池北偶谈·谈异六·风异》中有“帝王克勤天戒，凡有垂象，皆关治理”。显然在古汉语中，“治理”乃“治国理政”之谓也！

有鉴于此，我们当然可以从中国政治文化传统中汲取国家治理和社会治理的有益经验。但是毕竟还得遵照学界的发展主流来理解“管理”与“治理”的蕴含及区别，即由行政学与政治学二者的分离产生出“行政管理”，再经“公共行政”发展为“公共管理”，最后由“新公共管理运动”进入“合作治理”。其间，核心概念则由“统治”经“管理”发展为“治理”。在这个发展过程中，主体由单一逐步走向多元，手段由强制逐步走向柔性，本质由控制逐步走向协调。管理和治理也有相通之处，这既表现为治理过程中含有管理的成分，如在多元社会治理中政府的作为就是社会管理，也表现为在治理效果上，治理是一种更有效的管理。伴随着这一发展过程，政府也从管制型（对应于统治）到建设型（对应于管理）最终走向服务型（对应于治理）。

《中国社会治理》这本专著，是笔者作为首席专家主持的国家社会科学基金重大招标课题（项目批准号11&ZD028）“社会管理创新与社会体制改革研究”的结项成果，以下做三点说明：

第一，原课题中的核心关键词是“社会管理”，鉴于政界提法的变更和学界研究的深入，我们在结项成果中将其改为“社会治理”，这是很好理解的。

第二，原课题名称是“社会管理创新与社会体制改革研究”。从空间上看，创新是自下而上的，改革是自上而下的，创新从基层突破，改革要中央规范。从时间上看，创新在前，改革在后；各项创新不仅有待于经实践检验证明其正确性，而且要确认其具有关联性、可持续性和可推广性，这就需要一定的时间。从实质上看，改革就是将一事的创新连锁化、一时的创新持久化、一地的创新普遍化，目前进行顶层设计研究的条件尚有欠缺。有鉴于此，本结项成果重点聚焦社会治理创新，当然也涉及社会体制改革，但没有专门系统深入地讨论之，这就留待以后完成。

第三，讲管理和治理，当然离不开“服务”。管理、治理不仅寓于服务，甚至在一定意义上就是服务。党的十八大报告将广义的社会建设分为公共服务（民生保障）和社会管理两个部分。这说明社会管理（治理）与公共服务二者既密切联系又各有侧重。有鉴于此，在这本研究中国社会治理的著作中，尽管不可避免地会涉及公共服务，但并没有将公共服务作为社会治理不可或缺的重要组成部分加以详细阐述。

## 第二节　研究综述

因“社会”有广义和狭义之分，社会体制和社会治理（管理）也有广义和狭义之分。广义的社会体制和社会治理（管理），是指整个社会大系统的结构和对社会大系统的治理（管理），而广义的社会大系统除包括狭义的社会子系统之外，还包括政治子系统、经济子系统和文化子系统。狭义的社会体制和社会治理（管理）则与政治体制和政治管理、经济体制和经济管理、文化体制和文化管理相对应，社会治理（管理）指对在公共事务中对政治统治事务、经济管理事务和文化管理事务之外的社会生活事务的管理。本书在狭义的范围内讨论社会体制改革和社会治理

（管理）创新。即便如此，社会体制和社会治理（管理）研究仍然是一个涉及多学科的研究领域。

“社会体制”是一个与政治体制、经济体制、文化体制相对的概念，含义最为模糊，何时出现于学术领域难以详细考证。比较权威的文本提法出自党的十六届六中全会通过的《中共中央关于构建社会主义和谐社会若干重大问题的决定》。2008 年 7 月，国务院常务会议审议通过《关于 2008 年深化经济体制改革工作的意见》，第一次把“社会体制”问题单列出来，要求积极探索社会体制改革的有效途径，破解社会体制改革难点。特别是 2013 年党的十八届三中全会通过的《中共中央关于全面深化改革若干重大问题的决定》，详细涉及社会体制改革问题。根据《决定》，所谓“社会体制”可分为社会事业体制和社会治理体制：在社会事业体制部分，《决定》列举了教育体制、就业创业体制、收入分配调控体制、社会保障管理体制、医药卫生体制等；在社会治理体制部分，《决定》则列举了有效预防和化解社会矛盾体制、行政复议体制、安全生产管理体制、防灾减灾救灾体制、互联网管理领导体制、国家安全体制等。如果再加上 2012 年党的十八大报告中的相关论述，还有“社会管理体制”和“现代社会组织体制”等。

“社会管理”一开始是学术界提出的概念，初步形成于 20 世纪 80 年代初。20 世纪 90 年代，将社会管理作为一门学科进行关注和探讨的教材相继出版①；苏联学者奥马罗夫的著作《社会管理》也被译成中文②。与此同时，学术界有关社会管理的观点被政府的民政部门所采纳，不过民政部门关注的重点则是基层社会管理，即社区管理。1998 年，《国务院工作规则》提出政府职能在于“经济调控，市场监管，社会管理，公共服务”，这是政府高层最早的正式提法，前八个字“经济调控，市场监管”讲的是政府的经济职能，后八个字“社会管理，公共服务”讲的则是政府的社会职能。当然，由于“以经济建设为中心”“发展才是硬道理”的观念深入人心，对 GDP 的崇拜根深蒂固，各级政府和政府各部门重视的仍是经济职能而非社会职能。更有甚者，许多地方政府及其官员还以为“社会管理、公共服务”只是中央政府的事情，于是埋头发展经济、经营

---

① 童星．社会管理学概论．南京：南京大学出版社，1991；王兰垣，金愈庆，荣长海．社会管理学纲要．天津：天津师范大学出版社，1994；风笑天，张小山，周清平．社会管理学概论．武汉：华中科技大学出版社，1999.

② 奥马罗夫．社会管理．杭州：浙江人民出版社，1987.

市场。2011 年 2 月，省部级主要领导干部“创新社会管理研修班”在中央党校举办，胡锦涛发表重要讲话，中央政治局召开会议专题研究社会管理，决定由中央政法委主管“社会管理”工作，此后，政法委系统内的综治委及其办公室普遍更名为“社管委”及其办公室。在纪念中国共产党成立 90 周年的大会上，提出建立健全中国特色社会主义社会管理体系。直到 2013 年党的十八届三中全会，进一步提出全面深化改革的总目标是“推进国家治理体系和治理能力现代化”，并从国家治理的高度，将“社会管理”更名为“社会治理”，强调“创新社会治理”。

一方面，社会体制与社会治理（管理）二者相互关联，社会体制改革源于社会治理（管理）创新，社会治理（管理）创新成果的巩固和深化则有赖于社会体制改革；另一方面，二者又有所区别，社会体制属于结构性范畴，社会治理（管理）属于过程性范畴。

总体来看，国内学术界关于社会体制和社会管理的研究大约兴起于 2004 年，十多年来，来自社会学、政治学和公共管理学等学科的研究者从不同的视角出发，持续关注这一重要领域，积累了初步的研究成果，为后续的深入研究奠定了基础。2013 年以后，由于中央提出了国家治理现代化的目标，并据此将“社会管理”更名为“社会治理”，对社会治理创新和社会体制改革的研究又掀起了新高潮，达到了新水平。

为便于叙述，国内的研究成果大致可划分为“总体分析”和“主题研究”两种形式，前者可视为对“面”的研究，后者可视为对“点”的研究。

## 一、总体分析

由于对社会治理（管理）的总体分析不可避免地涉及社会体制，因此这里不单独对社会体制的研究进行说明。国内对社会治理（管理）的总体分析多从理论出发，或借用西方的理论范式来分析中国现实，或通过与西方的比较来寻求启示，大致可分为政府社会管理、社会治理、社会建设或社会政策、国家治理等四种研究取向。

**1. 政府社会管理研究取向**

公共管理，尤其是行政管理学（包括行政法学）的研究者多从服务型政府的理论背景出发，强调社会管理是政府的重要职能之一，社会管理主要是政府社会管理，因此社会体制改革和社会管理创新在很大程度上应该是政府体制改革和政府管理创新，相关的研究成果与代表性观点包括：

（1）社会管理的内涵。中国行政管理学会“加快我国社会管理和公共服务改革”课题组指出，社会管理就是政府通过制定专门的、系统的、规范的社会政策和法规，管理和规范社会组织、社会事务，培育合理的现代社会结构，调整社会利益关系，回应社会诉求，化解社会矛盾，维护社会公正、社会秩序和社会稳定，孕育理性、宽容、和谐、文明的社会氛围，建设经济、社会和自然协调发展的社会环境①。

（2）社会管理的类型。中国行政管理学会上述课题组将社会管理分为两类：一类是政府对有关社会事务进行规范和制约，即政府社会管理；一类是社会，包括自治组织、非营利组织（NPO）和公民等，依据一定的规章制度和道德约束，规范和制约自身行为，即社会的自我管理与社会的自治管理。

（3）社会管理的现状与问题。研究者一致认为，中国的社会管理虽然取得了显著成就，但还远远不能适应市场经济发展和社会全面进步的要求，因此迫切要求强化和转变政府职能，建立中国特色的社会管理模式。中国政府社会管理的缺陷主要表现为：政府职能界定不清，政府越位和缺位现象突出；政府角色定位存在误区，社会管理在很大程度上变成了政府对社会的管制；政府作为社会管理生产者的角色过重，而作为安排者和监管者的角色则不明显。

（4）国外社会管理的启示与中国社会管理的定位。研究者在考察了西方国家公共服务的做法、经验和教训后指出，公共服务是政府首要的和核心的职能，社会性的公共服务则是政府公共服务的重要内容。以社会政策为标准，西方国家的政府社会管理可以划分为三个阶段：自由竞争市场经济时期政府有限社会管理职能阶段、混合经济时期政府全面社会管理职能阶段（或福利国家社会政策阶段）、全球化市场经济时期政府社会政策改革阶段。在这三个阶段中，分别都有与特定的经济和社会发展阶段相适应的政府社会管理职能、社会政策与社会管理措施。中国应当从自己的国情和经济社会发展阶段出发，全面借鉴政府社会管理的国际经验。研究者强调，政府社会管理与公共服务既统一又有所区别。政府社会管理职能的重点内容包括：规范社会组织或团体，培育社会治理

---

① 中国行政管理学会课题组．加快我国社会管理和公共服务改革的研究报告．中国行政管理，2005（2）．

的多元主体；创设完整的社会规制体系，推行社会安全系统工程；实施配套的社会政策，维护社会公正；树立科学的发展观，培育健康的公民社会；调整社会管理执行机构，健全政府社会管理体制。政府公共服务职能的重点内容则包括：提高政府公共教育服务的水平，普及十二年制义务教育；提高政府社会保障公共服务水平；提高政府公共医疗服务水平；提高政府科技服务水平；加大力度投资战略性的公共基础设施；等等。

（5）强化政府社会管理的对策。从国情和经济社会发展阶段出发，全面借鉴政府社会管理的国际经验，实现社会治理模式创新，这是研究者达成的共识。唐铁汉提出了强化政府社会管理职能的五大对策：一是正确处理改革发展稳定的关系，统筹协调各社会群体的利益；二是整合社会关系，构造和谐的收入分配格局，推进社会公平；三是积极扩大就业，努力完善社会保障体系，加快社会事业发展，切实解决弱势群体的发展问题；四是加强社会管理体制的建设与创新，培育和完善公民社会，建立政府与公民社会的合作伙伴关系；五是完善社会矛盾纠纷解决机制①。陈振明等还以厦门市为案例进行研究，从职能定位、体制创新、流程再造和管理方式改进等四个方面提出了社会管理机制创新与公共服务有效提供的具体对策建议②。

（6）社会管理创新。应松年指出，社会管理创新，是指在现有的社会资源和管理经验的基础上，引入新的社会管理理念、知识和方法，对传统的社会管理模式及管理方法进行完善，从而建构新的社会管理机制，更好地实现社会管理目标的活动③。有研究者强调，社会管理创新是社会管理完善和发展的“主发动机”；政府社会管理应当树立服务意识，改进管理方式，顺应由管理行政、秩序行政、指令行政向服务行政、发展行政、指导行政转变的时代潮流，由单一的行政管理转向社会治理。中国政府未来面临的挑战之一就是如何调整政府与社会的关系，创新社会管理体制，形成完善的协同治理结构。

总之，政府社会管理取向的研究集中探讨政府社会管理职能，明确了强化政府社会管理职能的改革方向，虽然也涉及培育社会治理的多元

---

① 唐铁汉．建立与完善中国特色社会管理体制．中国行政管理，2010（10）．

② “厦门市社会管理机制创新与公共服务有效提供”课题组．社会管理机制的创新与公共服务的有效提供：厦门市的案例研究．东南学术，2008（3）．

③ 应松年．社会管理创新引论．法学论坛，2010（6）．

主体，但着重从政府体制和政府管理改革的角度来加强社会管理。在某种程度上，这些研究为当前在国家政策层面所讨论的加强社会管理提供了理论支撑。总体来看，研究成果明确政府的重要职能是社会管理，把社会建设和社会管理纳入国家发展的总体战略布局，从科学发展和构建和谐社会的高度，提出了加强社会建设和社会管理的基本要求，强调正确处理改革发展稳定的关系，从法制和政策上加强社会管理，提出调整政府支出结构，不断增加投入，加快社会事业发展步伐；提出建立公共危机管理的体制和机制。

**2. 社会治理研究取向**

政治学领域的研究者从政治发展和政治进步的角度出发，将社会自治视为基层民主的重要实现形式，依托西方市民社会理论或关于“治理”“善治”的理论，强调社会自治和社会治理，相关研究成果与代表性观点包括：

（1）社会管理主体的扩展。有研究者认为，社会管理主要是政府和社会组织为促进社会系统协调运转，对社会系统的组成部分、社会生活的不同领域以及社会发展的各个环节进行组织、协调、服务、监督和控制的过程；也有研究者强调，社会管理是政府和民间组织运用多种资源和手段，对社会生活、社会事务、社会组织进行规范、协调、服务的过程，其目的是满足社会成员生存和发展的基本需求，解决社会问题，提高社会生活质量。无论是社会组织还是民间组织，这两种定义与前述视角对社会管理的理解明显不同，将社会组织或民间组织与政府共同视为社会管理的主体。这一界定具有广泛的代表性。

（2）社会管理的方式与路径。既然政府并非管理社会的唯一主体，社会管理必然需要其他主体的参与，因此社会管理带有明显的“治理”色彩。如果要对政府社会管理进行改革，那么实现“治理化”就是改革的重点之一。社会管理的主体除了政府和国家外，还包括各类社会组织以及公民个人，社会管理不仅包括政府利用行政法律等强制手段进行的管制、约束和规范，更包括政府与其他社会组织提供的公共服务以及社会的自我管理。因此，应从社会权利和社会治理两个方面来理解社会管理，社会治理是社会管理的基本实现方式。

（3）社会自治或合作治理。如果说强调社会管理主体的多元化是对政府社会管理的补充，那么社会治理可视为对社会管理主体多元化的进一步延伸。张康之从西方市民社会的历史演变与社会治理变革之间的关系出发，指出了参与治理、社会自治与合作治理的不同：参与治理是在追求民主行政的理想中出现的，社会自治是在非政府组织以及其他社会自治力量的成长中展现出来的，而合作治理则是社会自治力量成长的必然结果，也是对前两种社会治理模式的扬弃。合作治理正在成为一种主流的社会治理模式①。俞可平则明确地区分政府社会管理和社会的自我管理，主张用社会治理涵盖社会管理，他认为社会治理高于社会管理，社会管理和社会自治是社会治理的两种基本形式，是一体两翼。片面强调社会管理而忽视社会自治，就会造成公共权力的过度扩张，损害公民的基本民主权利。反之，片面强调社会自治而忽视社会管理，就会带来社会秩序的失控，影响社会稳定。因而，我们既要加强社会管理，也必须推进社会自治，而且要更加强调社会自治②。

（4）社会治理的目标。有学者讨论了社会治理的三种模式：一是政府主导、社会协助模式，中国所倡导的社会管理新格局就是这种模式；二是国家和社会、政府和公民对社会的合作管理，社会三大部门形成三足鼎立格局，这就是治理和善治理论所倡导的社会管理模式；三是社会主导、政府协助的管理模式，主张社会自治优于政府管理，自发秩序优于强制秩序，欧美国家社会管理早期阶段就是这种模式③。有学者指出，市民社会与国家在近代的发展显示，近代历史不是一部国家走向消解的历史，而是社会不断萎缩的历史。社会治理的曙光在于新市民社会的兴起，最终取代并超越市民社会，通过对公民国家的颠覆完成马克思提出的人的解放的主题。还有研究者指出，多元参与只是社会管理“治理化”所依托的体制机制，而实现“社会权利”才是社会治理的价值归宿和最终目标，中国应该走向权利导向的社会管理体制建设。

（5）社会治理创新。俞可平一直主张并身体力行，大力推动政府创新，探讨政府创新与社会治理创新之间的关系。何增科从理论层面对社会创新进行系统解读，指出社会创新是公民和公民社会组织等社会行动者在社会领域为解决社会问题、满足社会需求而率先发起和实施的富有成效的创造性活动，对社会自治具有重要意义④。

概言之，社会治理取向的研究集中探讨社会自治与社会管理的关系，

---

① 张康之. 论参与治理、社会自治与合作治理. 行政论坛，2008（6）.

② 俞可平. 加强社会管理　推进社会自治. 中国司法，2011（10）.

③ 何增科. 公民社会与民主治理. 北京：中央编译出版社，2007.

④ 何增科. 社会创新的十大理论问题. 马克思主义与现实，2010（5）.

强调多元主体的合作关系和多中心治理在社会管理中的核心地位，是对政府社会管理取向研究观点的修正与补充。然而，由于中国市民社会或公民社会的发育不足，相较于政府社会管理取向的研究对实然层面的分析，社会治理取向的研究更多的是对应然层面的讨论，指出了中国社会管理可能呈现的图景。

**3. 社会建设或社会政策研究取向**

社会学领域的研究者多从作为社会学研究对象的“社会”本身出发，强调社会作为一个子系统的存在，从社会结构和功能出发，依托西方社会建设和社会政策的理论与实践，强调社会结构的优化、社会政策的强化。

（1）社会建设。郑杭生先生从结构功能主义的视角出发，深入讨论社会建设与社会管理的关系，指出社会三大部门的结构分化是社会建设和社会管理的结构性前提，社会建设和社会管理作为一项系统工程，包括结构性调整和功能性调整两大方面：社会结构对社会的和谐起着根本性的制约作用，如果结构不协调，无论功能上如何调整，社会也难以和谐运行，结构是功能的基础，功能是结构在运行中发挥出来的作用，因此社会系统要保持功能与结构的协调。在此基础上，他进一步指出，发展民间组织是社会管理和社会建设的题中应有之义①。魏礼群指出，社会建设的重点是改善民生，为此要正确处理经济建设与社会建设的关系、尽力而为与量力而行的关系、政府主导与社会参与的关系、增加投入与深化改革的关系②。李强指出，社会建设的含义，最突出的还是建设的“社会性”，强调社会的总体利益、社会的共同性，它的意义在于满足社会成员的基本需求，是对过去单纯强调经济建设的纠偏，重点是解决社会问题，缓和社会矛盾③。陆学艺先生强调，社会建设是社会主体根据社会需要，有目的、有计划、有组织地改善民生和推进社会进步的社会行为与过程，包括：第一，实体建设，如社区建设、社会组织建设、社会事业建设、社会环境建设等；第二，制度建设，如社会结构的调整与构建、社会流动机制建设、社会利益关系协调机制建

① 郑杭生．结构性协调、功能性协调与和谐社会建设：一种社会学分析．首都人口与发展论坛，2005；郑杭生．社会三大部门协调与和谐社会建设：一种社会学分析．中国特色社会主义研究，2006（1）．

② 魏礼群．加快推进以改善民生为重点的社会建设．求是，2009（7）．

③ 李强．和谐社会与社会建设．中国特色社会主义研究，2007（6）．

设、社会保障体制建设、社会安全体制建设、社会管理体制建设等。他还明确指出，社会建设不仅需要社会结构这只“无形之手”的推动，还需要靠国家通过社会政策的“有形之手”来调控与引导①。李培林则指出，加强社会建设需要加快社会体制改革的步伐，逐步改变城乡二元结构，进一步加大对社会发展投入的力度，提高社会保障和公共服务的水平。

（2）社会政策。在社会建设概念提出之前，研究者借助西方社会政策的理论与实践，从研究的角度推动社会政策在中国的发展。这也应纳入社会管理研究的范畴。杨团是国内较早基于社会政策框架研究社会管理的学者之一，她将社会政策界定为在一定时期、一定区域内社会各种力量为解决社会问题而共同协调的成果。在回应挑战的过程中，社会政策由单纯的政府决策向多个社会主体共同决策的模式转变，从再分配与消费取向向生产和社会投资进入再分配领域转变②。关信平认为，社会政策是指政府、政党或其他组织在一定社会价值的指导下，为了达到其社会目标而采取的各种社会性行动的总和。当代社会政策主要包括社会保障政策、公共卫生和社会医疗政策、劳动就业和劳动者保护政策、教育政策、住房政策，以及针对各种专门人群的社会保护和福利服务政策，甚至优抚安置政策、社区建设与管理政策、民间组织与社会公益事业政策、婚姻家庭政策、社会矫正政策等，公民一系列重要的行动领域都属于社会政策的范畴③。研究者们一致认为，在单纯追求经济增长的发展战略下，社会政策一直处于弱势，而和谐社会建设将会为社会政策的发展提供契机；中国的社会政策要从基础制度的建立和改善入手，在此基础上从中长期战略的视角出发，从人力资本投资的角度来制定和实施社会政策，相应的具体建议包括干预劳动力市场，加快推进覆盖全民的社会保障制度，重视普惠型社会福利的积极作用，加强治理和善治改革。很显然，社会政策在研究中的定义虽不确定，但含义与社会管理类似，既有学者主张政府是实施社会政策的主体，也有学者主张社会政策是各种社会力量协调的结果。

总之，主要来自社会学领域的研究者从社会建设或社会政策的视角

---

① 陆学艺．社会建设论．北京：社会科学文献出版社，2012.

② 杨团．社会政策的理论与思索．社会学研究，2000（4）.

③ 关信平．将社会政策的概念纳入政府公共政策体系中．中国社会导刊，2007（20）.

为社会体制改革和社会管理创新提供了另一种路径，尤其是从社会结构与功能的视角为社会管理提供了新的启示。

**4. 国家治理研究取向**

党的十八届三中全会、四中全会以后，大多数的研究是站在国家治理现代化的高度展开的，研究者一般都打破了公共管理学、政治学、社会学等学科视野的局限，出现了学科合作、交叉、渗透的新局面。本项“中国社会治理”研究的结项报告，也正是多学科合作与跨学科研究的成果。

## 二、主题研究

主题研究为“点”的研究，多从现象出发，侧重于对本土的现实情况的考察，研究资料的呈现较为充分，发展了不少的经验研究，虽不是从总体上研究社会体制改革和社会管理（治理）创新，但在研究深度上有所长，研究结论也不可避免地指向了社会体制改革和社会管理（治理）创新的核心问题。由于研究主题涉及的范围十分广泛，这里只能选取部分研究，综述其中的代表性研究成果。

**1. 关于社会体制改革的主题研究**

研究者普遍认可，社会体制是与政治体制、经济体制、文化体制相对的概念，从结构功能主义的观点来看，社会体制的本质是社会结构。此外，社会体制还可以有一些具体外延：从横向上看，社会体制可以包括政府社会管理体制、事业单位体制和社区社团体制；从纵向上看，社会体制还涉及中央和地方之关系。由于政府社会管理体制已在“总体分析”部分综述，因此这里只综述社会结构、事业单位体制、社区社团体制以及社会体制中的中央和地方之关系的研究。

（1）社会结构转型。在社会学的视野中，社会结构的核心是阶层结构，对中国阶层结构的经验研究显示，整个社会分化为十大阶层、五大等级，中间阶层弱小，亟待培育①。中国的社会结构呈倒“丁”字形，导致社会关系的紧张②。

（2）事业单位体制改革。讨论社会体制改革和社会管理（治理）创新，就不得不提到“单位制”。中国特有的单位组织，其实质是国家统治

---

① 陆学艺. 当代中国社会阶层研究报告. 北京：社会科学文献出版社，2001.

② 李强. 倒“丁”字社会结构与结构紧张. 社会学研究，2005（3）.

的一种组织化工具或手段。"单位制"解体后，"单位人"变成"社会人"，但这种转变仅限于市场企业；中国依然存在大量的事业单位，甚至一些垄断国企仍然具有事业单位的性质。对此，有研究者指出事业单位改革是 NPO 发展的新契机，应与政府改革同时进行①；改革可从组织理论和公共服务的可抉择模式出发，按照准政府机构、公办非营利组织（基础公共服务）、公办非营利组织（选择性公共服务）、民办非营利组织组织等类型进行分类改革②。

（3）社区社团体制改革。社团体制的核心是各类 NGO 和 NPO，中国的 NGO 和 NPO 作为转型期的过渡性社会组织，在社会服务、环境保护、扶贫开发、行业协调，以及政策倡导等领域较为活跃，但它们普遍存在资源能力不足、缺乏自治、发展不平衡等问题。在 40 年的发展历程中，社会组织发展在一定程度上推动了社会创新。社区是公共物品供给和消费的基本单元，其构建过程正是社区治理结构的形成过程，是政府与社会的分权过程，还是公民社会的发育过程。在社区建设中，存在行政和自治两种导向，社区建设应该强化自治导向，以合作主义理念处理政府与社区在协同治理城市社会中的关系问题。建立在合作主义基础上的新型政府与社会关系、社区制逐渐取代单位制以及城市街道制的改革，代表了中国社区发展与制度创新的基本思路。

（4）中央和地方关系改革。央-地关系的创新重点在于中央与地方社会管理权责划分的法治化，尤其是在教育领域，中央政府对义务教育的低投入严重影响地方社会管理的质量，因此社会管理中中央与地方关系的创新要充分发挥宪法的保障作用。在某种程度上，中央与地方关系的财权、事权的划分都在很大程度上不可避免地影响社会管理创新。

**2. 关于社会管理（治理）创新的主题研究**

关于社会管理（治理）创新的主题研究十分广泛，这里只选取最能体现，也最需要社会管理（治理）创新的领域进行说明。

（1）应急管理。由于 2003 年"非典"（SARS）的冲击，应对突发事件的管理创新成为近些年社会管理（治理）领域的重大研究主题。闪淳昌、薛澜、高小平等推动了中国"一案三制"应急管理体系的建立，并

---

① 迟福林. 政府转型与事业单位改革应同步推进. 人民论坛，2010（29）.

② 李文钊. 事业单位分类改革的公共服务与制度逻辑. 改革，2012（6）.

重点对应急管理的体制机制进行研究；马怀德、于安、莫于川、莫纪宏等推动了应急管理法制的建设；刘铁民等推动了应急预案的建设与研究；我的研究团队则构建了基于中国问题的“风险灾害危机演化连续统”研究范式并参与国际间的学术对话。

（2）社会保障。社会保障一直是社会管理的重要主题，在这一领域，近年来的最主要研究进展就是由郑功成领衔完成的对中国社会保障发展的总体战略的研究①。他主张推动和发展新型农村合作医疗、新型农村居民养老保险和城乡社会保障一体化，加强社会救助以发挥“托底”作用，发展适度普惠型的社会福利体系，强化老年保障特别是养老服务以应对严重老龄化趋势，推动慈善立法，等等。在社会保障研究领域，以郑功成为会长的中国社会保障学会做出了突出贡献。

（3）社会矛盾化解。如何化解社会矛盾是目前最需要社会管理（治理）创新的领域。

（4）村民自治。严格地讲，村民自治并不算社会管理创新，因为传统的乡村社会本来就是自治的。但建立在农民自我组织基础之上的村民自治和基于传统乡绅与家族的村民自治毕竟不同。徐勇的研究团队在这个主题上进行了深入的研究，认为1990年以来的村民自治具有国家赋权的特点，民主自治的立法精神能否落实取决于行政放权所提供的制度空间；传统的家族组织不可能为村民自治提供所需的组织资源，反而会扭曲村民自治的精神；只有市场化过程中形成的理性社会和农民的自我组织，以及在民主自治实践中培育的农村公民社会，才能为村民自治的成长提供必要的社会条件。

综上所述，国内关于社会体制改革与社会管理（治理）创新及相关主题的研究呈现如下特点和发展趋势：

首先，社会体制与社会管理（治理）研究是一个内容庞大的跨学科研究，主要是公共管理学、政治学、社会学三大学科的研究者对这一领域展开研究，三个领域的研究侧重各有不同，基本处于分立状态，未能有机融合。公共管理学（尤其是行政学）的研究者关注政府如何加强社会管理，政治学的研究者关注社会如何自治，社会学的研究者关注的则是社会自身结构功能的完善和调整。因此，今后研究的重点是将三个学科已有的研究成果进行充分融合，尤其是要将社会学关于社会结构与功

---

① 郑功成. 中国社会保障改革与发展战略. 北京：人民出版社，2011.

能的研究融入社会管理（治理）研究之中，加强对作为研究对象的社会的了解，并以此为逻辑起点来思考社会体制改革和社会管理（治理）创新，而不是仅从政府职能出发，或仅描绘合作治理的愿景。在这种意义上，整个研究的发展脉络应该是，在已有的加强政府社会管理的基础上，以社会为基础，对社会管理进行改造和创新，为最终达成多中心的合作治理奠定基础。

其次，社会体制与社会管理（治理）的研究已经对相关的概念和理论进行了讨论，但是仍停留在理论分析的基础上，经验研究不足。近年来，党和政府的相关文件相继提出“社会体制”“社会建设”“社会管理”“社会治理”等概念，每一次都能引起学术界的高度关注和热烈讨论，但一般都止于对概念背景和理论含义的阐述，缺乏深入研究，尤其缺乏对当前亟待解决的重大现实问题的政策研究。因此，今后研究的重点应以当前影响社会和谐稳定的重大现实问题为突破口，通过扎实的经验研究将社会体制改革和社会管理（治理）创新推向纵深。

最后，有关社会体制和社会管理（治理）的研究已经达成了一些基本的共识，如倡导社会治理主体的多元化，重视社会组织的作用，主张建立“党委领导、政府负责、社会协同、公众参与、法治保障”的社会管理（治理）体制。因此，今后的研究不能再简单重复这些已经达成的共识，而是要切实以社会为逻辑起点，明确社会管理（治理）创新的内容、形式、方法、手段，并将其运用于社会体制的改革，最终形成社会体制和社会管理（治理）创新的战略、步骤、方法。

## 第三节 理论借鉴

国外并无“社会管理”的概念，也鲜有“社会体制改革”和“社会治理创新”的提法。但无论是从国内社会体制改革和社会管理（治理）创新研究的理论来源看，还是从相关论题的关联度看，国外研究中的以下三类理论完全可以作为我们进一步研究的起点。

### 一、服务型政府理论

服务型政府的理论基础是新公共服务理论，它建立在对新公共管理理论的批判基础上。新公共管理理论则是对传统官僚制（科层制）政府的颠覆。

布坎南（James Buchanan）认为，市场选择不是任意的，它对人剥削人的潜在可能性是有严格限制的，市场倾向于使人们从政治控制中解脱出来，得到自由的极大化；在允许市场发挥主要作用的社会制度里，自由是受到最好的保护的。市场选择同样适用于政治领域，在政治领域中，人也是自利和理性的，以自身的利益最大化为目的。政治人如果过于追求个人权力与利益，必然使政府效率低下，造成政府失灵。

在布坎南公共选择理论的基础上，奥斯本（David Osborne）和盖布勒（Ted Gaebler）提出了新公共管理理论，认为政府是起催化作用的。社区所拥有的政府，是具有竞争性、使命感和讲究效果的政府，是有责任心、有前瞻性，分权的、以市场为导向的政府。美国学者盖伊·彼得斯（Guy Peters）在《政府未来的治理模式》一书中主张利用市场力量吸纳私人部门参与公共管理，以“顾客”为导向，实现政府管理的三“E”目标：经济（economy）、效率（efficiency）、效益（effectiveness）。

新公共服务理论的代表人物登哈特夫妇（Robert B. Denhardt，Janet V. Denhardt）认为，新公共管理是建立在诸如个人利益最大化之类的经济学观念之上的，而新公共服务则是建立在公共利益的观念之上的，是建立在公共行政人员为公民服务并确实全心全意为他们服务之上的。登哈特夫妇的《新公共服务：服务而不是掌舵》一书指出，服务是政府公共管理的本质，政府的任务不是去驾驭社会，去“掌舵”，而是实现公共利益、服务公民。

总之，服务型政府的理论内涵有以下几个方面：服务而非掌舵；公共利益是目标而非副产品；民主地行动；服务于公民而不是顾客；责任并不是单一的；重视人而不是只关注生产率；超越企业家身份，重视公民权和公共服务。

## 二、治理和善治理论

治理理论的主要创始人是罗西瑙，他在著作《没有政府的治理》和文章《21世纪的治理》中，将“治理”定义为一系列活动领域中的管理机制，这些机制虽未得到正式授权，却能有效发挥作用。与“统治”不同，治理指的是一种由共同的目标支持的活动，这些管理互动的主体未必都是政府，也无须依靠国家的强制力量来实现。

在关于治理的各种定义中，全球治理委员会的定义具有很大的代表性和权威性。如前所述，该委员会于1995年发表的研究报告《我们的全球伙伴》，对治理做出了如下界定：治理是各种公共的或私人的个人与机构管理其共同事务的多种方式的总和。它是使不同的甚至是相互冲突的利益得以调和并且采取联合行动的持续的过程。它既指政府有权强制人们服从的正式制度和规则，也指各种人们同意或认为符合其利益的非正式的制度安排。

由于治理也存在着失效的可能性，如何使治理更加有效便成为一个问题，善治理论是其中最有影响力的一种理论回应。概括地讲，善治就是使公共利益最大化的社会治理过程，包括以下基本要素：(1) 合法性，指社会秩序和权威被自觉认可和服从的性质和状态；(2) 透明性，指的是政治信息的公开；(3) 责任性，指的是人们应当对自己的行为负责；(4) 法制，强调任何政府官员和公民都必须依法行事，在法律面前人人平等；(5) 回应，指的是公共管理人员和管理机构必须对公民的要求做出及时和负责任的反应，不得无故拖延和没有下文；(6) 有效性，主要指管理的效率。

## 三、社会建设理论

西方的社会建设理论范围十分宽泛，大致包括社会团结理论、社会整合理论、社会冲突理论、社会公正理论、社会福利理论和风险社会理论。在这种意义上，社会政策理论的大部分都可以包括进来，因此不再单独论述。

### 1. 社会团结理论

社会团结理论最先是由法国著名社会学家涂尔干（E. Durkheim，又译为迪尔凯姆）提出的。他针对19世纪欧洲步入工业社会后由剧烈的社会变迁所引发的激烈社会冲突，提出了以职业群体为核心重塑“社会团结”的构想。在近来有关社会团结的研究中，许多学者更倾向于从现代性的基本转型出发，认为整个社会向福利国家的转型，削弱了原初意义上的社会团结的作用，社会团结越来越难以完全依赖社会生活那种纯朴的“归属感”和“亲密感”，而更多地依赖于国家的制度安排和资源配置。

### 2. 社会整合理论

社会整合思想最集中、最直接地体现在作为古典社会学理论奠基人之一的涂尔干的社会团结说以及集古典理论之大成的帕森斯（T. Parsons）的社会均衡说之中。如果说涂尔干的社会团结学说赋予社会结构更多的强制性而使社会性带有过分决定论意味的话，那么帕森斯关于社会整合学说的理论重心则转向文化系统，强调通过社会化使规范、价值、信仰即文化系统内化为行动者的自觉，从而发挥社会整合的功能。因此，帕森斯的理论又称“功能论”。帕森斯认为，社会整合是一种最重要的社会化过程。为实现社会均衡，他强调人们的行动必须与社会规范、价值观相吻合，这显然不能单靠社会教化，还要有强制性的社会控制解决行动者的他律问题。

**3. 社会冲突理论**

社会冲突理论的主要代表人物是达伦多夫（R. Dahrendorf）和科塞（Lewis Coser）。达伦多夫指出，社会具有两面性，一面是共识，另一面是冲突。功能论关注前者，描述了一个有秩序的、均衡的、静止的社会；冲突论则关注后者，认为异议、矛盾会引起社会的变迁。在达伦多夫之后，科塞又提出了“冲突功能论”，强调冲突具有维护社会系统的积极功能。

**4. 社会公正理论**

按照罗尔斯（John Rawls）的说法，所谓“社会公正”，就是公民衡量一个社会是否合意的标准，换言之，它是一个国家的公民和平相处的政治底线。这意味着，一方面，社会公正是一个社会得以维系的先决条件，没有了它，社会在政治上将趋于崩溃；另一方面，社会公正因此也涉及公民对自身所处社会环境的心理感知和判断，从而在此意义上属于社会意识形态范畴。因此，罗尔斯断言，正义的对象是社会的基本结构，是用来分配公民的基本权利和义务、划分由社会合作产生的利益和负担的主要制度。

**5. 社会福利理论**

在这一理论中最为典型的是“福利国家”理论。早在二战时期，贝弗里奇（William Beveridge）就为英国战后社会政策改革撰写了题为《社会保险和相关服务》的报告，历数了英国原有社会服务事业中的种种弊端，并提出向社会的懒散、无知、疾病、肮脏与贫穷等五种顽疾开战的计划，尝试按照“全面和普遍”的原则建立“从摇篮到坟墓”的福利体系。

**6. 风险社会理论**

德国社会学家贝克（U. Beck）于 1986 年出版《风险社会：走向新的

现代性》一书，这一著作出版后很快引起世人的关注，被公认为风险社会理论的“开山之作”。10年后，英国疯牛病的爆发与蔓延，使风险社会理论成为西方学界研究的焦点。贝克、吉登斯（A. Giddens）、卢曼（Niklas Lumann）、拉什（S. Lash）是风险社会理论的代表人物，他们分别从生态和科技、社会制度、社会结构、文化的角度对社会风险进行了研究。贝克看到了核裂变的放射性污染、空气和水的毒化、森林的消失等工业化的“副作用”带给人类不可预料的可怕性后果。吉登斯在《现代性的后果》中指出了“现代性的断裂”，现代性的四个制度支柱都可能带来严重的风险：世界民族国家体系带来的极权主义、世界资本主义经济可能的经济崩溃、国际劳动分工体系带来的生态恶化以及军事极权主义可能带来的核战争等。卢曼把社会风险归因于社会结构，他的社会系统论将社会结构的演化分为三个阶段，即各子系统功能相同且地位平等的阶段、功能相异且地位不同的阶段、功能相异且地位平等的阶段，最后一个阶段就是风险社会，任何一个子系统的行为及其改变都会给其他子系统带来风险。拉什则认为，风险文化时代已经来临，而风险文化依存于非制度和反制度的社会状态中。因此，在风险文化时代，治理社会并非依靠制度，而是依靠价值和理念。

当然，所有这些理论都是“舶来品”，只能用来借鉴而不能作为依据。研究和讨论中国社会治理问题，最重要最直接的理论基础还是中国特色社会主义理论体系。我们的研究将以习近平新时代中国特色社会主义思想为指导，扎根于中国当前的社会现实和基层的创新经验，以问题为导向而展开。

# 上篇：植根现实

如果简单地就字面意思解释，所谓“社会管理（治理）”是指：(1) 对“社”的管理，即社区管理；(2) 对“会”的管理，即民间组织（社会组织）管理；(3) 对“社会事务”的管理，包括从一个人出生报户口，迁移转户口，成家领取结婚证书，分手办理离婚证书，直至去世后殡葬、吊销户口等一系列事务的管理。这些常规化的社会管理事务经历了数千年的发展。当前全国上下高度重视加强和创新社会管理（治理），那么突破口和重点究竟在哪里呢？其实，我们只要认真考察如下三方面，并寻求这三方面的交集，就可以很容易地找到答案：(1) 中国社会的发展正在经历哪些新的变迁？(2) 受社会变迁驱动，民众有哪些新的需求？(3) 面对这些新的社会变迁和民众需求，社会管理既有的做法、经验和模式面临怎样的挑战？有哪些已经不能再持续下去且严重影响了社会的和谐稳定？在考察上述三方面的基础上，我们可以确定创新社会治理的四大领域：一是在风险社会条件下人民群众的安全需求紧迫，应急、减灾、维稳模式亟待创新升级；二是在开放社会条件下人民群众的融入需求强烈，户籍制度、单位制度亟待改革；三是在多元社会条件下人民群众的公平需求剧增，整齐划一的要求和利益倾斜的政策亟待更新；四是在虚拟社会条件下人民群众的利益表达和自我实现的需求强烈，网络管理的思路和方法亟待创新。

# 第二章 风险社会与安全需求

中国当前社会的第一个特征是进入了风险社会。这是在全球层面发生的变化，“风险社会是世界性意义上的风险社会”①。在全球风险社会中，各国时时、处处、事事面临着高风险，中国当然也不例外。一方面是“时时、处处、事事面临着高风险”，另一方面则是人民群众的安全需求与日俱增。根据心理学关于人类需求层次的理论②，人的需求是分层次的，当处于最低层次的生存需求基本得到满足以后，其上一层次的安全需求就会上升到首位。在当今中国，对于绝大多数人来说，生存的需求已经基本得到满足，安全需求上升为第一位的需求。为此，我们采取了应急、减灾、维稳的办法以确保在风险社会条件下人民群众的安全。毋庸置疑，这一套应急、减灾、维稳的“组合拳”经受了2003年“非典”以来一系列公共突发事件的严峻考验，但也出现了“越应急，急越多；越减灾，灾越增；越维稳，越不稳”的被动局面，应急、减灾、维稳的模式亟待创新升级。

## 第一节 风险社会的表象与本质

从2000年开始，党中央、国务院做出了“我国进入发展的黄金机遇期，同时也是社会风险高发期”的形势判断。2015年，党的十八届五中全会强调：“我国发展仍处于可以大有作为的重要战略机遇期，也面临诸多矛盾叠加、风险隐患增多的严峻挑战。”

### 一、高风险社会的表象

高风险社会的表现之一就是经济社会发展可能出现停滞甚至倒退，

---

① 贝克．风险社会．南京：译林出版社，2004：21.

② 这是美国著名社会心理学家马斯洛（Abraham H. Maslow）在1943年撰写的《人类激励理论》中提出的。

这也是2008年国际金融危机带来的直接担忧。在发展经济的过程中，一些国家出现了两个极端：一是以日本、韩国为代表的“东亚奇迹”，人均GDP超过了10 000美元；二是以智利、阿根廷为代表的“拉美化陷阱”，人均GDP停滞不前，而且社会问题丛生，跌入“中等收入国家的陷阱”（这种观点很快被中国学者尤其是智库所接受并广为应用，以此来解释当前频繁发生的生产事故、社会失序问题与群体性事件等）。

高风险社会的表现之二就是社会结构紧张甚至断裂，社会冲突加剧。改革开放40年来，经济结构的变化带来了社会结构的变化，导致目前的社会关系紧张。如前所述，学界对此有三种比较有代表性的理论解释：一是陆学艺先生的“十大社会阶层、五大社会等级”说①；二是孙立平的社会“断裂”说②；三是李强的倒“丁”字形说。总之，他们都认为，在当下社会风险高发期，“社会关系处于一种很强的张力之中，社会矛盾比较容易激化，社会问题和社会危机比较容易发生”③。关于高风险社会结构紧张乃至断裂的分析，适用于解释当前频繁发生的群体性事件。

高风险社会的表现之三就是社会各系统、各要素之间的交互影响加强，由此可能导致无法预知的后果。经济合作与发展组织的报告《面向21世纪的新风险——行动议程》（*Emerging Risks in the 21st Century: An Agenda for Action*）指出，人口、环境、技术和社会经济结构治理减轻了传统危害，却导致了新型风险，改变了风险的脆弱性和事故影响扩散的途径，出现了“系统性风险”（systematic risk）④。这种观点对当前自然灾害、生产事故和公共卫生事件呈现的新特点也极具解释力。例如2008年中国南方冻雨雪灾，就很难简单地用“自然灾害”、“事故灾难”或“社会安全事件”来称谓，它源于春运、电力机车代替内燃机车、持续的雨雪冰冻和社会整合力下降等因素的交互影响，是人口、环境、技术和社会经济结构之间的“系统性风险”。

高风险社会的表现之四则是现代性的不确定性与自我危害。贝克指出：“在现代化进程中，生产力的指数式增长，使危险和潜在威胁的释放

① 陆学艺．当代中国社会阶层研究报告．北京：社会科学文献出版社，2001：9-16．

② 孙立平．断裂：20世纪90年代以来的中国社会．北京：社会科学文献出版社，2003．

③ 李强．倒“丁”字社会结构与结构紧张．社会学研究，2005（3）．

④ OECD, Emerging Risks in the 21st Century: An Agenda for Action, Paris: OECD Press Service, 2003.

达到了一个前所未有的程度。”① 吉登斯做了更加全面的描述：“核战争的可能性、生态灾难、不可遏制的人口爆炸、全球经济交流的崩溃以及其他的潜在的全球性灾难，为我们每个人都勾画出了风险社会的一幅令人不安的危险前景。”② 现代性的不确定性与自我危害来自现代制度，是科技理性的负面后果，其影响也是全球性的。“运用我们的文明的决策，可以导致全球性后果，而这种全球性后果可以触发一系列问题和一连串风险，这些问题和风险又与权威机构针对全球范围内的巨大灾难事例构筑的那一成不变的语言及其做出的各种各样的承诺形成了强烈的反差。”③ 风险社会理论特别适用于解释由现代社会制度本身引发的灾难，如全球生态的恶化、不安全食品的泛滥等。

## 二、高风险社会的本质

风险社会的不断演进在制造风险的同时，也加剧了公众对安全的忧虑，使得风险承受者和风险制造者之间的张力增大。从本质上看，风险社会是工业化的“副产品”，源自现代性的自我危害。在超时空的意义上，“化学烟雾是平等的”，风险的制造者也无法例外，但从民族国家内部来看，风险分配和权力分配通常是一致的，权力上的弱势群体往往也是风险下的弱势群体。无论是中国还是西方国家，因抗议风险分配不公而产生的社会矛盾都是普遍现象。风险制造者总是试图以“一成不变的承诺”④ 或“有组织地不负责任”⑤ 来消除安全焦虑或推卸责任，这往往激起风险承受者更激烈的愤怒和对抗。在中国当下，风险分配在与权力分配同构的同时，由于政策过程中的民主机制和公民参与还不成熟，许多原本可以在政策过程中消化的风险并没有被消化掉，反而被积累起来，并与中国的个体分化、群体或组织分化、阶层分化相重叠，具有了与西方不同的特点。环境维权冲突便是这一类型社会矛盾的集中体现，它不仅有西方“邻避”（Not In My Back Yard，NIMBY）运动的一些特征，更有中国转型期社会分化的基本特征。

如果说贝克从现代科学技术“双刃剑”的角度揭示了风险社会的来临，吉登斯从现代社会制度“自反性”的视角论述了风险社会的本质，

---

① 贝克. 风险社会. 南京：译林出版社，2004：15.

② 吉登斯. 现代性的后果. 南京：译林出版社，2000：125.

③④ 贝克. “9·11”事件后的全球风险社会. 马克思主义与现实，2004（2）.

⑤ 杨雪冬. 风险社会与秩序重建. 北京：社会科学文献出版社，2006：68.

那么德国学者卢曼则从社会结构的分化和演变切入，论述了具有公共性、系统性的风险之源泉。他首先区分了风险与危险，认为危险来自外部客观世界，与人的决策和行为无关；风险则来自人们的决策和行为，即一个行为主体的决策和行为往往对另一个行为主体通过无法预期的因素产生作用，于是，前者成了风险的制造者，后者成了风险的承受者。接着，卢曼概述了社会结构的分化和演变：在远古社会，社会结构呈现"片段式分化"，整个社会可以分解为功能基本相同、地位基本相等的部分，如家庭、家族、部落等，它们自给自足、联系松散、各行其是，互不构成风险源；到了前现代社会，社会结构呈现"层级式分化"，整个社会分解为功能不同、地位不等的组成部分，如阶级、阶层，或者政治、经济、军事、教育、宗教领域等，由于各自功能不同，必然相互联系，又由于它们的地位不等，往往其中有一个阶级、阶层或者领域占统治地位，能够"说了算"，"搞定""摆平"其他的阶级、阶层或者领域，因而可以减少甚至避免各个阶级、阶层以及各个领域之间的冲突和风险；进入现代社会以后，社会结构呈现"功能式分化"，整个社会分解为功能不同，地位却相等的功能次系统，如政治、经济、科学、法律、宗教、教育、家庭、大众媒体、体育、艺术等。其中每个次系统都可以独立地做出决定，却没有哪一个次系统能够"说了算"，"搞定""摆平"他者，这是一个"没有顶端和没有中心"的社会，因此每个次系统的决策和行为，即"输出"，都会给其他次系统带来风险，并以其他次系统为中介，反过来给自身带来风险，犹如"飞去来器"一般。

亨廷顿（Samuel P. Huntington）曾提出"现代性意味着稳定，现代化意味着动荡"①，认为在现代化过程中充满着动荡和不稳定，一旦实现了现代化，即获取了现代性以后，就进入一片坦途。贝克、吉登斯提出的风险社会理论则认为，"虽然在某些领域和生活方式中，现代性降低了总的风险性，但同时也导入了一些以前知之甚少或全然不知的新的风险参量，这些参量包括后果严重的风险，它们来源于现代性社会体系的全球化特征"②。中国正处于现代化进程中最为关键的社会转型期，又处于全球化、信息化时代；既存在亨廷顿所说的动荡与风险，又存在着贝克、吉登斯所说的风险社会的风险。然而，对于当代中国社会而

---

① 亨廷顿. 变化社会中的政治秩序. 北京：三联书店，1989：41.

② 吉登斯. 现代性与自我认同. 北京：三联书店，1998：4.

言，所面临的社会风险绝不限于这些现代性的“副产品”，还包括社会转型带来的不良后果。因为当代中国除了正在经历现代化的社会变迁外，还在经历巨大的体制转型。相对于现代化过程中的工具性、物质性的变迁来说，社会体制和社会结构的变革更为根本。所以说，中国社会面临的风险是叠加或共生的。

作为外源型后发展国家，中国目前的社会形态既不是纯粹传统的，也不是纯粹现代的，而是一种混合形态的社会。在这种社会里，历时态的社会形态和社会生活共时态地存在，从风险分析的角度看，也就表现为历时态的风险类型和社会生活共时态地存在，即所谓“风险共生”现象。一个很明显的事实是，在目前的中国，传统类型的风险，如传染病、自然灾害等依然构成对人民生活和社会安全的威胁；在以工业化、城市化为标志的现代化进程中，还不断涌现出一些需要面对的失业、贫富分化、生产事故、劳资冲突和刑事犯罪等社会风险；从局部意义上讲，中国社会也出现了晚期工业社会或现代化晚期的社会征兆，社会的个体化趋势初露端倪，高新技术日益发展，这预示着新型社会风险对社会生活的威胁在不断积聚、加大，并在一定程度上凸显出来。

“风险共生”还有另外一层含义。中国的社会转型表现为结构转型与体制转轨的同步启动，即在实现以工业化、城市化为标志的现代化的同时，还要完成从以计划经济为特征的总体性社会向以市场经济为特征的多元化社会的转变。这样一种转变过程大致是从 20 世纪 70 年代开始的，到现在还远未结束，其基本趋势是市场化、非集中化、流动化和多元化。正因为这一转型过程还没有结束，旧的社会资源分配体系、控制机制、整合机制正在趋于解体，而新的体系与机制尚未完善并充分发挥作用，所以诱发和加剧了一些特殊类型的风险，如贫富差距过大、社会越轨乃至犯罪激增、传染病控制难度加大、族群冲突加剧、道德失范、信任危机和控制失灵等①。“风险共生”的结果必然是高风险的产生。

可见，社会风险与风险社会所带来的挑战，以及人民群众在基本满足了生存需求要以后对于安全的渴求，迫切要求我们对应急、减灾、维稳体系进行创新升级。

---

① 郑杭生，洪大用．中国转型期的社会安全隐患与对策．中国人民大学学报，2004（5）．

# 第二节　应急管理结构的固化与缺陷[①]

目前国内学术界和实务部门对于应急（含减灾、维稳）的研究多为案例研究，而我们采用的则是结构分析方法。这是因为，不同案例所处的社会情境千差万别，只有采用统一的分析框架，案例比较才具有一般性和普适性，其得出的结论才有意义。虽然应急管理策略与行为在不同的案例情境中差异极大，但应急管理的尺度和结构却相对稳定。所谓“尺度”，是指理解应急管理的视野范围；所谓“结构”，是指应急管理中的核心要素的相互关系。重视尺度和结构，也是“系统思维”在应急管理研究中的应用。概而言之，对中国应急管理的理解需要把握五个尺度，相应地，中国应急管理也就存在五种结构。

## 一、应急管理的尺度和结构

### 1. 应急管理与社会变迁

自20世纪60年代末期开始，组织理论出现重大转向，将环境的不确定性作为理解组织动力的关键变量[②]。应急管理作为一种制度设计，主要功能就是应对外部环境的不确定性。从大的视野范围来看，中国社会的不确定性主要源于急遽的社会变迁，贝克曾以“压缩饼干”理论来比喻这一过程——在二三十年内完成西方二三百年所经历的转型过程[③]。中国应急管理所应对的各类突发事件在本质上只是急遽的社会变迁的风险之外显。它主要包括两类风险：一是现代性风险，也即风险社会，贝克、吉登斯等的风险社会理论对此有比较透彻的解释，现代性的风险总体上是“物极必反”，是现代科技、制度、社会结构发展至极致后的自我危害[④]；二是现代化风险即转型社会，托克维尔、吉尔、亨廷顿的研究反

---

① 本节内容参见张海波，童星．中国应急管理结构变化及其理论概化．中国社会科学，2015（3）．

② Russell Dynes，Kathleen Tierney，Disaster，Collective Behavior，and Social Organization，Newark：University of Delaware Press，1994：33.

③ 贝克．什么是全球化？全球主义的曲解：应对全球化．上海：华东师范大学出版社，2008.

④ 贝克．风险社会．南京：译林出版社，2004；吉登斯．现代性的后果．南京：译林出版社，2000.

复说明，社会容易在旧体制松动而新体制未成型的转型阶段发生革命或产生动荡①。在经验的层面上，一个广为人知的论断是，人均 GDP 超过 1 000 美元以后，社会既进入发展的黄金机遇期，也进入风险的高发期。这个论断其实是对中国风险社会和转型社会的一种综合的、简化的判断。近年来，网络社会兴起，与风险社会、转型社会交互影响、互相放大，使得中国社会变迁的风险变得更为复杂②。就社会表象来看，中国社会最近十年中发生的各类突发事件，究其深层原因，都是风险社会、转型社会、网络社会单独或复合作用的后果。即便是自然灾害，从根本上也是人类环境治理及其可持续性失败的外显③，在总体上则是社会脆弱性的暴露，它既与风险社会有关，也与转型社会有关④。

在社会变迁尺度上，应急管理的结构表现为应急处置、公共危机治理、社会风险治理这三者的关系。突发事件根源于社会风险，社会风险导致公共危机，突发事件使得社会风险与公共危机之间潜在的因果关系显性化⑤；因此，针对突发事件的应急处置只能控制事态，减轻突发事件的后果，并不能从根本上减少突发事件；从根本上减少突发事件，有赖于社会风险治理，需要在政治、经济、社会、文化等四个维度减少对社会风险的制造⑥；公共危机可视为突发事件的政治后果，是对政府合法性的损害，公共危机问责和政府对政治责任的回应，能够推动应急处置过渡到社会风险治理⑦。从理论上看，中国的社会风险治理应采取“三位一体”战略——主动治理、动态治理、系统治理；从实现路径来看，应以突发事件应急处置为切入点，并延伸至公共危机治理，进而推动社会风险治理⑧。这是应急管理在社会变迁尺度上的理想结构。

---

① 托克维尔. 旧制度与大革命. 北京：商务印书馆，1992；Ted Gurr，Why Man Rebel，NJ：Princeton University Press，1970；亨廷顿. 变化社会中的政治秩序. 上海：上海世纪集团出版社，2008.

② 张海波，童星. 当前中国社会矛盾的内涵、结构与形式：一种跨学科的分析视野. 中州学刊，2012（5）.

③ Kathleen Tierney，“Disaster Governance：Social，Political，and Economic Dimensions”，The Annual Review of Environment and Resources，2012，37（12）：341-363.

④ Susan Cutter，Hazards，Vulnerability，and Environmental Justice，VA：Earthscan，2006.

⑤ 童星，张海波. 基于中国问题的灾害管理分析框架. 中国社会科学，2010（1）.

⑥ 张海波. 中国转型期公共危机治理研究：理论模型与现实路径. 北京：社会科学文献出版社，2012.

⑦ 张海波，童星. 公共危机治理与问责制. 政治学研究，2010（2）.

⑧ 张海波，童星. 战略性治理：应对突发事件的新思维. 天府新论，2009（6）.

这也是应急管理在中国情境下的结构。虽然2001年“9·11”事件之后，美国也一直在寻找更能适应复杂情境的应急管理制度①，但与中国还是有显著的不同。即便将恐怖主义视为现代性的风险②，美国的应急管理也很难与社会变迁相关联。美国的应急管理主要面临两类挑战：一是恐怖主义，二是全球气候变化。中国应急管理的外部环境则更为复杂：恐怖主义的威胁日益上升，全球气候变化的挑战有增无减，而社会变迁的风险也是愈演愈烈。

**2. 应急管理与治理转型**

在稍小的尺度上，应急管理作为一种制度设计，是治理结构在突发事件情境下的反应，既存的治理结构潜在地决定了应急管理的结构。在一般意义上，治理结构体现为国家、市场、社会三者之间的关系，治理结构对应急管理的潜在约束也就表现为国家、市场、社会这三者在应急管理中的角色、功能及其相互关系，即在应急管理中政府机构、私人部门和社会组织（包括相对于政府而言的NGO与相对于企业而言的NPO）的角色、功能及其相互关系。

这是普遍存在的结构。世界各国应急管理的总体发展趋势都倡导政府机构、私人部门、社会组织共同发挥作用。2001年“9·11”事件之后，美国成立国土安全部（Department of Homeland Security，DHS），突出强调了“国家”的角色，以改善联邦制下责任分散的弊端，满足民众对国家责任的期待③，一个重要的体现就是以国家应急预案（National Response Plan，NRP）替代实行多年的联邦应急预案（Federal Response Plan，FRP），后者强调属地原则。2005年“卡特里娜”飓风（Hurricane Katrina）之后，又强调“市场”的角色，重要的表现则是以国家响应框架（National Response Framework，NRF）补充NRP，尝试以更为弹性的合作框架将私人部门纳入国家应急管理；2011年，美国联邦紧急事务署（FEMA）又提出了“全社区方法”（whole community approach），培育社区和公众的应急能力④，这可视为对“社会”角色的重视。日本也是如

---

① Charles Wise，“Organizing for Homeland Security after Katrina：Is Adaptive Management What's Missing?”，Public Administration Review，2006，66（3）：302-318.

② 贝克.“9·11”事件后的全球风险社会. 马克思主义与现实，2004（2）.

③ 同①.

④ FEMA，“A Whole Community Approach to Emergency Management：Principles，Themes，and Pathway for Action”，FDOC104-008-1，2011（12）.

此，2011 年“3・11”大地震后，日本反思灾害管理对策，在公众参与的基础上重新强调国家角色，呼吁加强对市场的规制，寻求政府机构、私人部门与社会组织在灾害管理中的适当比例。

中国一直是“强政府”国家，但这并不意味着应急管理不需要私人部门和社会组织的参与，主要原因有三：一是从风险起因来看，各类风险相互交汇形成系统性风险①，最终演变为公共风险，尤其是私人部门风险公共化②，也是风险社会的特征之一，在世界各国都很普遍；没有国家、市场、社会的共同参与，就没有风险共担，也就无法实现风险治理。二是市场和社会的参与意味着资源的异质性，这有利于满足在灾害中不同群体的异质性需求或同一群体在不同时期的差异性需求③。三是即便政府力量再强大，职责覆盖范围再广，也无法满足受灾群体的所有需求，私人部门和社会组织作为“涌现的组织”（emergent organizations）来主动满足受灾群体的需求，这是无法避免的突生现象④，在本质上是复杂系统中结构要素以信息交互为基础的“自组织”（self-organization）参与⑤，因此政府应急管理需要容纳这种“自组织”参与。事实证明，即便社会力量相对弱小，在 2008 年汶川地震中，中国也曾出现规模庞大的以社会组织为主体的“自组织”参与，介入的社会组织超过 300 家，志愿者超过 300 万人，后方的志愿者则超过 1 000 万人⑥。

当然，这种讨论必须注意各国在治理结构上的差异。例如：美国原本就是建立在自治基础上的国家，因此强调社会参与既有传统，也易推动；美国、日本的电力、电信等基础设施都不掌握在政府手中，政府只有与私人部门合作，才能实现灾前的风险减缓、有效预防，灾时的顺畅协调，以及灾后的长期恢复。即便如此，这也只是国家、市场、社会的结构比例不同，政府机构、私人部门、社会组织在应急管理中的多元参

---

① OECD, Emerging Risks in the 21st Century: An Agenda for Action, Paris: OECD Press Service, 2003.

② 贝克. 风险社会. 南京：译林出版社，2004.

③ Kathleen Tierney, Joseph Trainor, “Networks and Resilience in the World Trade Center Disaster”, DRC Working Paper, 2003.

④ Thomas E. Drabek, David A. McEntire, “Emergent Phenomena and the Sociology of Disaster: Lessons, Trends and Opportunities from the Research Literature”, Disaster Prevention and Management, 2003, 12 (2): 97-112.

⑤ Louise Comfort, Shared Risk: Complex System in Seismic Response, New York: Pergamon Press, 1999.

⑥ 中华人民共和国国务院新闻办公室.《中国的减灾行动》白皮书. 2009-05-11.

与则是大势所趋。这也是应急管理在治理转型尺度上的理想结构。

**3. 应急管理与政府架构**

应急管理在本质上是一种公共安全服务，政府作为公共安全服务的主要提供者必须承担首要责任。在全世界范围内，应急管理都应该是政府主导。2010年海地地震后，海地政府几近瘫痪，应急响应和灾后恢复主要由联合国和数量众多的NGO主导，凸显了无政府状态下应急管理的混乱和低效①。因此，在更小的尺度上，应急管理还是政府架构在突发事件情境下的反应，政府架构也潜在地决定了突发事件情境下应急管理的结构。

政府架构在纵向上表现为不同层级政府之间的关系——府际关系（intergovernmental relation）。在不同的政治体系中，府际关系的表现不同，例如：在美国的联邦制下，府际关系主要体现为联邦政府、州政府、地方政府之间的关系；在中国的政治体系中，府际关系主要体现为中央、省、市、县四级政府之间的关系。在应急管理中，府际关系的重点是要区分中央和地方政府的责任。美国1988年的《斯坦福法案》确定了在应急管理中联邦、州、地方政府的责任边界，应急管理是属地责任，地方政府及相邻政府须先穷尽所能，然后才是州政府及相邻政府的责任，联邦政府只介入“重大灾难”（major disaster）。中国2007年的《突发事件应对法》确立了“分级响应”制度，中央、省、市、县四级政府分别负责Ⅰ级（特别重大）、Ⅱ级（重大）、Ⅲ级（较大）、Ⅳ级（一般）突发事件的应急管理。

那么，什么样的府际关系才是应急管理最为理想的结构呢？这不能一概而论。在美国应急管理的府际关系中，联邦政府相对被动，但2005年“卡特里娜”飓风应急管理的失败就被批评为“主动性的失败”（failure of initiation）②。在中国应急管理的府际关系中，中央政府相对主动，但这也不是就没有缺陷。突发事件多发生于基层，地方政府应急能力至关重要，如果中央政府介入过多，地方政府就容易形成依赖，这在灾后恢复阶段尤为明显，中央政府的介入是外部资源，在灾后会慢慢消退，灾后恢复最终还必须培育“地方自立”（local reliance），以自下而上的方

---

① Louise Comfort, Michael Siciliano, Aya Okada, “Resilience, Entropy, and Efficiency in Crisis Management: the January 12, 2010, Haiti Earthquake”, Risk, Hazards & Crisis in Public Policy, 2011, 2 (3): 1-25.

② The United State Congress, “A Failure of Initiative: Final Report of the Selected Bipartisan Committee to Investigate the Preparation for and Response to Hurricane Katrina”, US Government Printing Office, 2006.

式实现①。中央政府介入应急响应，还容易造成地方政府不愿投资防灾减灾。追溯应急管理府际关系的形成历史可以发现，美国应急管理的府际关系是自下而上形成的，应急管理先是地方事务，后来才上升到联邦层面；中国应急管理的府际关系则是自上而下形成的，应急管理体系从中央向地方逐级建构。因此，理想的府际关系只能相对而论，就中国现阶段而言，地方政府应该承担更多责任。

政府架构在横向上表现为不同政府部门之间的关系（interagency relation）。在应急管理中，部门关系主要表现为应急管理部门与政府其他部门的关系。在这方面，美国主要有两次变革：一是 1979 年 FEMA 的成立，将分散在白宫应急准备办公室、国防部民防办公室、住房与城市发展部的联邦保险管理局和联邦灾难救助管理局的应急管理职能整合，创立了综合应急管理模式（comprehensive emergency management，CEM），包括三大制度支撑："全危险方法"（all-hazards approach），实行所有灾害统一管理；整合的应急管理信息系统（integrated emergency management information system，IEMIS），灾害管理机构信息共享；应急管理循环（emergency life cycle），包括减缓（mitigation）、准备（preparedness）、响应（response）、恢复（recovery）四个阶段，对灾害进行全程管理。二是 2002 年 DHS 的成立，将 FEMA、美国移民及海关执法局、美国海岸警卫队等机构整合，创立了国土安全保障体系，也包括三大制度支撑：NRP、NRF、国家事故管理系统（National Incident Management System，NIMS）②。在 2003 年"非典"之前，中国与应急管理相关的政府职能主要分散在由民政部门、水利部门、地震部门、气象部门主导的减灾救灾体系、由安全生产监督管理部门主导的安监体系、由卫生部门主导的疾控体系，以及由公安部门主导的治安维稳体系③。2003 年"非典"之后，中国主要仿照美国 CEM 建立应急管理体系：引入"全危险方法"，将各类灾害统一命名为突发事件，出台《中华人民共和国突发事件应对法》，由各级人民政府统一应对突发事件；建立 IEMIS，在原有政府值班室基础上建立应急管理办公室，负责突发事件信息的集中与整合；建立应急

① Philip Berke，Jack Kartez，Dennis Wenger，"Recovery after Disaster：Achieving Sustainable Development，Mitigation，and Equity"，Disasters，1993，17（2）：93－109.

② NIMS 是一套统一的命令术语和指挥系统，由美国消防的事故指挥系统（Incident Command System，ICS）扩展而来。

③ 张海波，童星．应急能力评估的理论框架．中国行政管理，2009（6）．

管理循环，包括预防与准备、预警与监测、救援与处置、善后与恢复全过程。然而不同的是，中国并未成立类似 FEMA、DHS 的专业机构，而是同时强调“分类管理”原则，保留了减灾救灾、安监、疾控、治安维稳，并新建了食品安全等分灾种管理体系。

那么，什么样的结构在应急管理中最为理想？在理论上，网络结构被认为是最能适应外部环境变化的应急管理组织结构：一是网络具有多个结点，对外部环境变化更敏感，能够更快探测到外部环境的变化；二是网络结构是“疏耦合”（loosely coupling），不仅在抵抗灾害时更有韧性，也更容易根据组织之间的信息交互进行相互调整，从而相互适应①。在应急管理中，网络结构的优势是相对官僚结构和层级结构而言的，在超过半个世纪的发展中，美国应急管理就是从“紧密耦合”的组织形式到“中度耦合”的科层制，再到“疏耦合”的网络结构②。美国 DHS 成立之后层级制短暂“复辟”③，被认为与美国应急管理的总体发展趋势背道而驰，也因此多被学界批评④。

中国的政府架构是层级制的，如果没有上级部门许可，下级政府部门在常态下亦难以合作，而应急时的良好合作又必须基于常态下的长期磨合所建立的相互信任⑤；在中国的政治体制下，应急管理方面的部门合作虽不是问题，但多是基于权威而非信任的合作，并不是应急管理所追求的良好的合作⑥。因此，就中国现阶段而言，就需要自 2003 年“非典”之后发展起来的应急管理体系，并通过分灾种管理体系发展常态下的合作关系。

突发事件发生后，往往由属地政府的主要领导或分管领导牵头，成

①② Naim Kapucu, et al.,“Interstate Partnership in Emergency Management: Emergency Management Association Assistance in Response to Catastrophic Disaster”, Public Administration Review, 2009, 69 (2): 297-313.

③ 如 2008 年，FEMA 试图将 NIMS 作为强制标准，将 NRF 涉及的私人部门和社会组织也纳入 NIMS 指挥系统，以扩展应急管理合作网络。参见 Donald Moynihan,“The Network Governance of Crisis Response: Case Studies of Incident Command System”, Journal of Public Administration Research and Theory, 2009, 19 (4): 895-915.

④ William Waugh, Gregory Streib,“Collaboration and Leadership for Effective Emergency Management”, Public Administration Review, 2006, 66 (Special Issue): 131-140.

⑤ Louise Comfort,“Crisis Management in Hindsight: Cognition, Communication, Coordination”, Public Administration Review, 2007 (67): 189-197.

⑥ Donald Moynihan, “The Network Governance of Crisis Response: Case Studies of Incident Command System”, Journal of Public Administration Research and Theory, 2009, 19 (4): 895-915.

立权力相对集中的应急指挥部。这是中国应急管理的特色之一。应急指挥部的优势在于指挥权集中，可以有效调动一切相关的人力、物力和财力，高效完成救援和处置任务；劣势在于不利于应急管理中经验的总结，更不利于将这些经验教训运用到常态化的政府管理工作中去。

**4. 应急管理政策体系**

如果尺度再缩小一些，可以把应急管理自身看作一个政策体系。任何国家的应急管理至少包括立法和执行两个过程，前者主要表现为法律法规的刚性和效力，一旦制定便保持相对稳定；后者主要表现为应急预案的弹性，易于随情势变化而做出调整。例如在美国，自 20 世纪 50 年代以来，在立法层面就先后出台了《灾害救济法》《斯坦福法案》《国土安全法》《后卡特里娜时期应急管理改革法》等重要法律，在政策层面则制定了 FRP、NRP、NRF、NIMS 等。

中国在 2003 年“非典”之后，形成了以“一案三制”（应急预案、应急体制、应急机制、应急法制）为核心的应急管理体系。其中，应急体制属于上文谈到的政府架构尺度的问题，应急机制则属于下文将要提及的运行机制尺度的问题，在政策体系尺度上，应急管理的结构主要表现为应急法制和应急预案的关系。中国于 2004 年修订宪法，将“紧急状态”的提法写入宪法；2006 年 1 月，国务院发布《国家突发公共事件总体应急预案》，随后按照“预案先行”“横向到边，纵向到底”两大原则建立应急预案体系。2007 年发布《中华人民共和国突发事件应对法》。

应急法制与应急预案的合理关系应当是“立法先行，预案执行”。例如，在美国，FRP 是对《斯坦福法案》的执行，NRP 则是对《国土安全法》的执行。在中国，考虑到立法时间较长，而应急管理又刻不容缓，所以采取了“预案先行”的思路。这样虽然能短期见效，但使大量专项预案简化为部门预案，部门预案之间缺乏协同；也使应急预案超前发展，进行体制、机制创设，缺乏立法基础。结果导致应急预案难以有效应用，应急预案体系结构混乱，功能发挥受到限制①。

**5. 应急管理运行机制**

在最小的即第五个尺度上，应急管理也体现了自身结构，即应急管理循环中“减缓”“准备”“响应”“恢复”的角色、功能及其相互关系。应急管理循环是美国 FEMA 在 20 世纪 80 年代以自然灾害应急管理为基础发展

---

① 张海波. 中国应急预案体系：结构与功能. 公共管理学报，2013 (2).

出来的经典理论，也是 CEM 的制度支撑之一。2001 年“9·11”事件之后，针对恐怖主义的威胁，应急管理循环又增加了“预防”（prevention）。预防与减缓的区别在于：预防主要针对潜在的恐怖主义威胁和少部分可预防的自然灾害，减缓则主要针对不可预防的自然灾害，通过结构性或非结构性的措施来限制灾害的影响。从理论上看，投资预防、减缓、准备的收益要高于投资响应、恢复；在美国应急管理实践中，也有“在预防上投入 1 美分，在应急上节省 1 美元”的著名论断。因此，应急管理循环的合理结构为：预防-减缓-准备-响应-恢复-预防，各环节的重要程度依次递减。

《突发事件应对法》规定的预防与准备制度主要包括应急预案制度、应急避难规划、危险源登记制度、社会矛盾调解制度、安全检查制度、应急保障制度等。由此可见，在中国的应急管理循环中不包括减缓①，如改造建筑物、环境等结构性措施，以及迁离危险区域、个人和家庭灾害保险等非结构性措施。当然，这并不意味着中国没有灾害减缓制度，实际上，中国设有国家减灾委员会、国家安全生产监督管理总局、中国疾病预防控制中心，负责控制和预防公共安全、公共服务等方面的风险。问题在于，在政府架构尺度上，应急管理体系与减灾、安监、疾控体系并未进行有效整合，因此减缓也就无法纳入应急管理循环，应急管理的经验、教训无法作用于减缓，减缓中的经验、教训也无法作用于应急管理。相比之下，美国 FEMA、DHS 等应急管理专门机构的设立确实有利于将减缓纳入应急管理循环。早在 20 世纪 90 年代，在维特（James Lee Witt）担任 FEMA 局长期间，在西雅图推动“建设抗灾的社区”（Building Disaster Resistant Communities），吸引了 118 个社区、1 000 多家商业单位参加，通过家户改造（home retrofit）、学校改造（school retrofit）、危险地图（hazard mapping）等方式推动社区抗灾，这一举措在后来的“诺思里奇地震”（the Northbridge Earthquake）中发挥了重要的抗灾作用，FEMA 也由饱受批评的角色转向减缓和预防灾害的专门机构②。

在运行机制尺度上，虽然中国也强调以预防为主，但从《突发事件应对法》的名称到应急管理实践，却是高度重视救援与处置，预防与准备、预警与监测投入不足，善后与恢复在灾后短期内能够得到重视，但

① 准确地讲，《突发事件应对法》涉及了部分减缓机制，比如应急避难场所规划、鼓励单位和公民参加保险等，但目前还缺乏实效性，尤其是在家庭和个人灾害保险方面。

② 张海波. 社区在公共安全管理中的角色整合与能力建设. 江苏社会科学，2011（6）.

长期恢复也容易被忽视。

综上所述，社会变迁、治理转型两个尺度上的应急管理结构为宏观结构，政府架构尺度上的应急管理结构为中观结构，政策体系、运行机制两个尺度上的应急管理结构为微观结构。这五个尺度从宏观、中观、微观三个视野构成了中国应急管理的主要结构。因此，在社会变迁尺度上，应急处置、公共危机治理、社会风险治理虽然也涉及灾害的风险管理，但主要强调战略结构；在运行机制尺度上预防与准备、预警与监测、救援与处置、善后与恢复只是针对应急管理而言，主要强调策略结构（见图 2－1）。

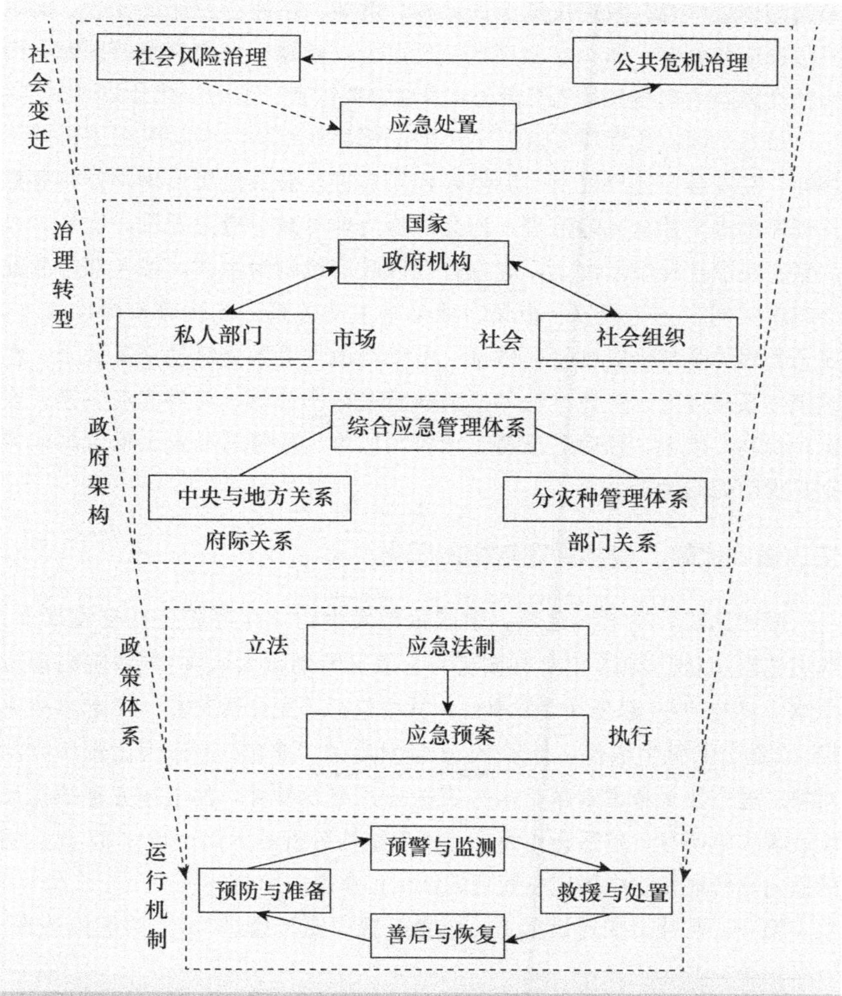


**图 2－1　中国应急管理的尺度与结构**

这五个尺度上的应急管理结构并非并列或包含关系，因此，称“尺度”而非“维度”，它们只反映理解应急管理结构视野范围的差异。

在这五个尺度的结构中，既有应急管理在世界范围内的普遍结构，如国家、市场、社会三者关系，府际关系与部门关系，立法与执行二者关系；也有应急管理在中国情境中的特殊结构，如应急处置、公共危机治理、社会风险治理三者关系；还有应急管理一般结构在中国情境中的变形，如预防与准备、预警与监测、救援与处置、善后与恢复等四对关系。

这五个尺度上的应急管理结构之间也存在一定关联，宏观尺度上的结构制约着中观、微观尺度上的结构。例如，在社会变迁尺度上，如果只强调应急处置，那么在治理转型尺度上，就越有可能只强调国家，因为社会风险治理与公共危机治理本身就需要国家、市场、社会共同参与。

虽然中国应急管理在这五个尺度上都存在结构，但其内在逻辑并不相同：在社会变迁尺度上，应急处置须推进至公共危机治理，公共危机治理需推进至社会风险治理，社会风险治理可减少应急处置，这是因果关系；在治理转型尺度上，应急管理以政府机构为主体，私人部门和社会组织共同参与，国家、市场、社会是主从关系；在政府架构尺度上，应急管理体系与分灾种管理体系、中央与地方关系是纵横交叉关系；在政策体系尺度上，应急立法和应急执行是效力高低、时序先后关系；在运行机制尺度上，预防与准备、预警与监测、救援与处置、善后与恢复则是次序先后关系。

## 二、横向比较：应急管理结构的固化

横向比较采用求同逻辑。中国每年发生约 300 万起公共突发事件，我们选出 2003—2013 年所有被定为Ⅰ级（特别重大）、由国务院启动应急响应机制的 86 起公共突发事件，其中包括 7 次自然灾害、77 起事故灾难、2 起公共卫生事件，外加 2003 年发生的“非典”① 作为比较研究的对象。这主要是考虑到越是高等级的公共突发事件，其上述五种结构尺度表现得越明显，越适合作为应急管理结构分析的案例。对这 87 起案例的横向比较显示，中国应急管理的结构正在趋向固化。

第一，在社会变迁尺度上，应急处置“突飞猛进”，公共危机治理、

① 突发事件分级管理制度是在“非典”之后才制定出来的，因此“非典”没有被定等级，但其灾难性后果远甚于后来的一系列Ⅰ级公共卫生事件。

社会风险治理发展滞后。除2011年甬温线特别重大铁路交通事故外，其余76例Ⅰ级（特别重大）事故灾难类突发事件的应急管理虽然也都被问责，但都是以对具体的人的惩罚代替了对理念、制度、政策和结构的反思。即便是死亡人数最多的2008年山西襄汾尾矿库溃坝事故（死亡276人）、伤亡人数最多的2003年“重庆开县井喷”事故（死亡243人，累计门诊治疗26 555人次）、影响人数最多的2005年“吉化爆炸”事件（松花江污染危及流域数百万人饮用水安全），也未推动应急管理结构的显著变化。2008年汶川地震虽然实现了较好、较快的灾后恢复，但并没有从根本上改善当地的社会脆弱性，更未能在实质上触动对环境治理失败的反思。2008年三鹿奶粉事件的发生尤其能够说明问题：在2004年阜阳奶粉事件发生4年后，同样的事件（三鹿奶粉事件）几乎以相同的形式再度发生，这表明了社会风险治理的不足。

第二，在治理转型尺度上，国家“突飞猛进”，社会、市场虽有所参与，但各自孤立，缺乏合作。10年内竟有77起Ⅰ级（特别重大）事故灾难发生，这本身就证明私人部门公共责任意识的缺失和政府应急管理的失效。在2008年汶川地震中，私人部门虽然在“对口支援”上发展了产业合作，但这种参与必须首先基于“对口支援”这一政府的政治动员。在2013年的芦山地震中，社会组织和私人部门的参与都还是“自组织”形式，尚未被政府应急管理体系有效容纳①。

第三，在政府架构尺度上，综合应急管理体系发展迅速，但分灾种管理体系未能随之发展起来，而是仍按传统方式运行，综合应急管理体系与分灾种管理体系未能整合。几乎所有的Ⅰ级（特别重大）事故灾难类突发事件的应急管理都按照传统安监系统的模式运转。针对2008年南方雪灾，国务院设立煤电油运与抢险救灾应急指挥中心；2008年汶川地震、2010年玉树地震、2013年芦山地震发生后，国务院均启动抗震救灾总指挥部，并将其设在中国地震局；2007年淮河大洪水、2009年北方旱

① 对芦山地震应急响应的网络分析显示，政府部门、私人企业、社会组织各自形成了自己的组织网络，但这三类网络内部均高度同质，三类网络之间高度异质，即在政府部门的网络中几乎只有政府部门，在私人企业的网络中几乎只有私人企业，在社会组织的网络中几乎只有社会组织，未能形成政府部门、私人企业和社会组织之间的有效合作。四川省抗震救灾指挥部直到2008年4月28日（震后第9天）才设立“社会服务部”，允许社会组织参与救灾。Zhang Haibo，“Towards Adaptive Emergency Management in Dynamic Environments in China：A Case Study on the Response System of the Ya'an Earthquake in 2013”，Disaster Management Center of University of Pittsburgh，Working Paper，2013.

灾发生后，国务院启动设在水利部的防汛抗旱总指挥部。尤为典型的是2008年三鹿奶粉事件，国家设立食品安全委员会，继减灾救灾、安监、疾控、治安维稳四大分灾种系统后，形成第五大分灾种管理系统。

第四，在政策体系尺度上，应急预案体系发展迅速，但应急法制相对滞后。受“预案先行”“横向到边，纵向到底”思路主导，2003年“非典”至2013年芦山地震的十年间，四类突发事件的应急预案合计超过200万件①。在国家层面，应急法制与应急预案的时滞约为2年；在省、市层面，应急法制与应急预案的时滞为4～6年②。这意味着在上述案例中，除2013年芦山地震外，几乎所有应急预案的功能都受到立法滞后的约束。

第五，在运行机制尺度上，救援与处置“绝对优先”，善后与恢复在个别情况下得到重视，预防与准备、预警与监测发展滞后。在上述所有Ⅰ级（特别重大）事故灾难类突发事件中，救援与处置都绝对优先。除2008年汶川地震、2011年甬温线特别重大铁路交通事故的善后与恢复引起高度重视外，其他案例的善后与恢复多未得到足够重视。Ⅰ级（特别重大）事故灾难类突发事件的频繁发生，2004年阜阳奶粉事件和2008年三鹿奶粉事件的对比，2008年汶川地震和2013年芦山地震的对比，都表明预防与准备、预警与监测尚未得到足够重视。

## 三、总体特征：“彗星”结构与“彗星”效应

在社会科学研究中，类比（analogy）是非常重要的理论概化方式，尤其适用于描述研究对象的结构特征。本研究也采用类比方式来概括描述中国应急管理结构的总体特征。2003年“非典”至2013年芦山地震，中国应急管理结构呈现“彗星”结构，包含体积小、质量大、亮度高的“慧核”和体积大、质量小、亮度低的“慧尾”（见图2-2）。

首先看“彗核”。相对而言，在社会变迁尺度上，应急处置超前发展；在治理转型尺度上，政府应急管理超前发展；在政府架构尺度上，综合应急管理体系超前发展；在政策体系尺度上，应急预案体系超前发展；在运行机制尺度上，救援与处置超前发展。在中国应急管理的总体结构中，“彗核”是“应急处置—政府应急管理—综合应急管理—应急预案—救援与处置”，依次逐步缩小，其中救援与处置是“彗核”中最“厚

① 张海波. 中国应急预案体系的结构特征、功能约束与整体优化. 中国应急管理，2011（6）.

② 张海波. 中国应急预案体系：结构与功能. 公共管理学报，2013（2）.

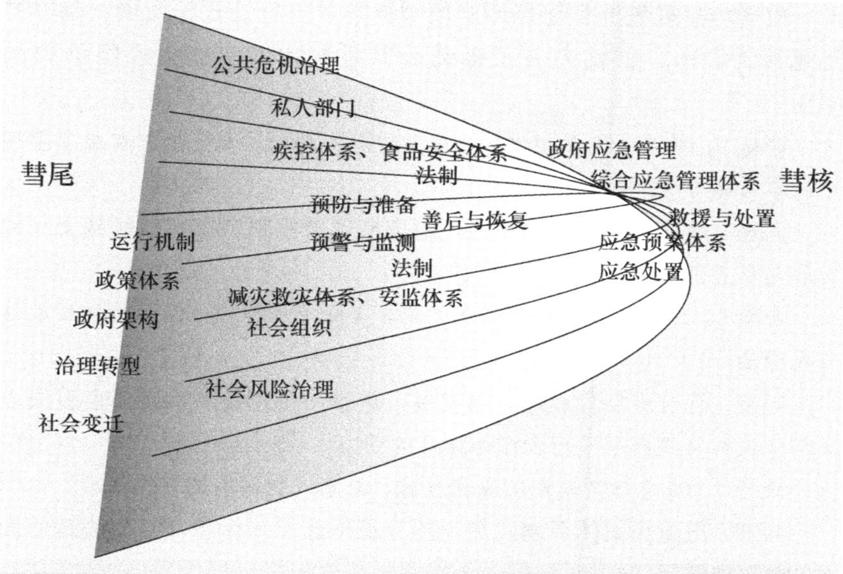


图 2-2　中国应急管理的"彗星"结构

实"的部分，是十年来中国应急管理理论（如研究论文）与实践（如政府文件）中出现频率最高的关键词，也是中国应急管理结构中的"高亮"部分。但"救援与处置"也是"彗星"结构中较小的部分。

其次看"彗尾"。相对而言，在社会变迁尺度上，公共危机治理和社会风险治理滞后；在治理转型尺度上，市场（私人部门）、社会（社会组织）参与滞后；在政府架构尺度上，分灾种管理体系发展滞后；在政策体系尺度上，应急法制发展滞后；在运行机制尺度上，预防与准备、预警与监测发展滞后。这些构成了"彗尾"，是中国应急管理结构中的"灰暗"部分，但也是"彗星"结构中较大的部分。

最后看"彗星"效应。彗星具有两个显著的物理特征：一是速度反差，彗核运行速度越快，彗尾拉得越长，彗尾就越滞后于彗核；二是亮度反差，彗核越"高亮"，彗尾就越显得"灰暗"，越容易被忽视。我们以彗星的这两个物理特征类比中国应急管理"彗星"结构的政策效应，并可称之为"彗星"效应。据此，形成2003年"非典"至2013年芦山地震这十年间中国应急管理结构特征的理论命题：

（1）"速度反差"效应。

命题1：应急处置发展越超前，公共危机治理、社会风险治理越可能滞后由于应急处置的目标是迅速控制事态，应急处置越发展，越容易迅速控制事态，也就失去了推动公共危机治理、社会风险治理的动力。

命题 2：政府应急管理发展越超前，私人部门、社会组织在应急管理中的参与越可能滞后

同理，政府应急管理越发展，越容易迅速控制事态，也就越无兴趣发展与私人部门、社会组织的合作。

命题 3：综合应急管理体系越超前，与分灾种管理体系的协同发展越可能滞后

同理，综合应急管理体系越发展，越容易迅速控制事态，也就失去了与分灾种管理体系进行合作和整合的动力。

命题 4：应急预案体系发展越超前，应急法制发展越可能滞后

同理，应急预案体系越发展，越容易迅速控制事态，应急法制的发展就越可能滞后。

命题 5：救援与处置发展越超前，预防与准备、预警与监测发展越可能滞后

同理，由于救援与处置针对突发情形，事态相对紧急，救援与处置越发展，越容易迅速控制事态，一旦事态平息，也就失去了发展预防与准备、预警与监测的紧迫性。

(2)“亮度反差”效应。

命题 6：应急处置越“高亮”，公共危机治理、社会风险治理越可能被忽视

由于行政资源有限，一旦应急处置在政策议程中优先，大量的行政资源就会优先投入应急处置，公共危机治理、社会风险治理能够获得的行政资源就越少。

命题 7：政府应急管理越“高亮”，私人部门、社会组织在应急管理中的参与越可能被忽视

同理，政府应急管理获得的行政资源越多，私人部门、社会组织在应急管理中能够获得的应急资源就越少。

命题 8：综合应急管理体系越“高亮”，分灾种管理体系的发展就越可能被忽视

同理，综合应急管理体系获得的行政资源越多，分灾种管理体系能够获得的行政资源就越少。

命题9：应急预案体系越“高亮”，应急法制越可能被忽视

同理，应急预案体系获得的行政资源越多，应急法制能够获得的应急资源就越少。

命题10：救援与处置越“高亮”，预防与准备、预警与监测越可能被忽视

同理，救援与处置获得的行政资源越多，预防与准备、预警与监测能够获得的行政资源就越少。

(3)“自我抵消”效应。

“速度反差”效应与“亮度反差”效应高度关联、互相增强、共同作用，产生了“自我抵消”效应：

命题11：应急管理发展越超前，越“高亮”，在中国的政治和社会情境中，越容易证明应急管理的无效，发展到一定程度，应急管理的成效就越可能“自我抵消”

由于突发事件的根本原因是社会风险，应急管理无法在根本上减少社会风险，因此，应急管理发展再超前，获得的行政资源再多，也无法减少突发事件的发生频率，应急管理最终能够解决的问题非常有限，应急管理行政投入的边际效益不断下降。随着这种情况的持续，发展到一定程度，应急管理的总收益也开始下降，与应急管理获得的高额的行政投入形成鲜明对比，应急管理的成效开始“自我抵消”，应急管理的发展将陷入困境。这也是中国应急管理目前面临的主要困境。

“彗星”结构与“彗星”效应中的多数命题并不具有普遍性，而是嵌入了中国情境，在中国政治、社会结构趋于固化的大背景下，综合应急管理体系建设选择以“一案三制”的方式“独善其身”，虽然简化了问题，也能在短期内取得成效，但因回避了中国政治社会改革的系统性，脱离应急管理的总体结构而“单兵突进”，也就注定了迟早会陷入今天的困境。这也是中国政治和社会改革在应急管理领域缺乏“顶层设计”的体现。

当然，本研究并不是否定2003年“非典”之后中国应急管理体系建设的积极意义与成就，而是试图揭示中国应急管理的结构缺陷，推动中国应急管理的良性发展。本研究提出的11个理论命题，与笔者曾经在2010年发表的《基于中国问题的灾害管理分析框架》一文①中提出的8

① 童星，张海波. 基于中国问题的灾害管理分析框架. 中国社会科学，2010 (1).

个理论命题，共同构成中国应急管理的本土发现。本研究提出的“自我抵消”效应，也是对笔者 2010 年那篇论文中提出的“三位一体”战略——系统治理、动态治理、主动治理——的理论检验与进一步发展。

## 第三节 应急管理结构的演进与动力①

仍以上述十年间的 86 起Ⅰ级（特别重大）突发事件外加 2013 年“非典”为研究对象，观察中国应急管理的结构变化，尤其是考察这种结构是否正在朝理想结构演进，进一步研究促成结构演进的关键变量。

### 一、纵向比较：应急管理结构的演进

这些Ⅰ级（特别重大）突发事件作为“焦点事件”和“政策窗口”，并不总是单独发挥作用，常常是多起事件持续累积才能发挥作用。例如，2008 年三鹿奶粉事件加速了《中华人民共和国食品安全法》的立法进程，但这也得益于 2004 年阜阳奶粉事件的教训。因此，纵向比较有利于长时间观察应急管理结构是否正在朝理想结构演进，并发现推动这一结构演进的关键变量。

纵向比较采用求异法。由于中国的应急管理强调分类管理，不同类别的突发事件应急管理在实践中存在差异，只有采取分类纵向比较，在大致相同的社会情境下比较同一类型突发事件的应急管理，才能尽量控制相同变量，发现相异变量。

纵向比较 77 例Ⅰ级（特别重大）事故灾难类突发事件，可以发现应急管理在社会变迁尺度上的结构有显著演进。2011 年甬温线特别重大铁路交通事故的应急管理表明应急处置、公共危机治理、社会风险治理三者的关系趋向理想结构。《国务院“7·23”甬温线特别重大铁路交通事故调查报告》反思了中国高铁的发展理念和发展战略，随后铁道部改制为中国铁路总公司，对全国铁路系统的供电与信号设施进行全面排查、检修更新，高铁、动车和城际快车也开始降速，这些都在一定程度上推动了社会风险治理，成为推动中国应急管理从应急处置走向公共危机治理的

---

① 本节内容参见张海波，童星．中国应急管理结构变化及其理论概化．中国社会科学，2015（3）．

核心、节点事件，推动了公共危机问责①机制的形成。近些年来，煤矿矿难发生的频率及伤亡人数的显著下降，也同样证明煤矿应急管理正在向理想结构回归。

纵向比较 7 例启动国家Ⅰ级应急响应的自然灾害类突发事件，发现应急管理在三个尺度上的结构有显著演进：

（1）治理转型尺度。2008 年汶川地震的应急管理显示：大量社会组织、志愿者参与灾害救援，凸显了中国社会力量参与应急管理的潜力，但社会组织、志愿者的参与还比较无序，且在灾后恢复中出现了社会组织、志愿者的“退潮”，这说明中国社会力量参与应急管理尚不成熟②；在 2010 年玉树地震中，由于受灾区域地处高原，普通志愿者参与应急救援的无序性进一步凸显；在 2013 年芦山地震中，普通志愿者参与救援的行动受到约束，社会组织参与数量减少，但参与能力明显增强，出现了壹基金、中国扶贫基金会、中国青少年发展基金会、中国红十字基金会等“节点组织”（hub organization），社会组织开始有序地参与应急管理③。在 2008 年汶川地震中，中国大量的私人部门在应急响应阶段以捐款的方式参与应急管理，在灾后重建中发展了以产业支援、产业合作为形式的有效参与，中国的私人企业以政治动员的方式和利益驱动的方式参与应急管理④；在 2013 年芦山地震中，腾讯、百度、新浪等中国知名互联网公司启动合作与数据共享，提供“应急寻人”服务，私人企业开始以

---

① 张海波，童星. 公共危机治理与问责制. 政治学研究，2010（2）；张海波. 中国转型期公共危机治理：理论模型与现实路径. 北京：社会科学文献出版社，2012：272-284.

② Zhang Haibo，“What Has China Learnt from Disasters? Evolution of the Emergency Management System after SARS，Southern Snowstorm，and Wenchuan Earthquake”，Journal of Comparative Policy Analysis，2012，14（3）：234-244.

③ 这项研究采用动态网络分析方法（dynamic network analysis），追踪了芦山地震三周后应急响应组织网络的生成与演变，壹基金、中国扶贫基金会、中国青少年发展基金会、中国红十字基金会等 4 家社会组织及其各自网络成为整个应急响应网络的重要组成部分，其他小型社会组织主要通过与这 4 家社会组织的合作参与救灾。Zhang Haibo，“Patterns of Interorganizational Collaboration in Natural Disaster Response in China：A Case Study on Organizational Response Network of the Ya'an Earthquake in 2013”，Disaster Management Center of University of Pittsburgh，Working Paper，2013.

④ 根据对 2008 年汶川地震灾后长期恢复的研究，汶川地震的长期恢复并非单一的“对口支援”，也包括基于“对口支援”的产业合作。详细论述参见 Zhang Haibo，“Multiple Participation，Horizontal Integration，and Urban-rural Intersection：How Chinese Paired-Assistance Policy Contributes to the Sustainable Recovery of the Wenchuan Earthquake”，International Conference on Disaster Governance in Asia，National University of Singapore，Conference Paper，2013.

“自组织”形式参与应急管理①。

（2）政府架构尺度。2013 年芦山地震中，国务院虽然成立了抗震救灾总指挥部，但该指挥部并未扮演主要角色，在应急响应组织网络中未占据主导地位；四川省人民政府，四川省抗震救灾指挥部，四川省民政、卫生、交通、住建、公安、武警等部门在应急响应组织网络中占主导地位②。这显示了中央政府在自然灾害应急管理具体事务中的适度“超脱”。

（3）政策体系尺度。根据 2005 年发布的《国家突发公共事件总体应急预案》，交通部于 2005 年发布《国家公路交通应急预案》；在 2008 年南方雪灾中，2005 年发布的《国家公路交通应急预案》接受检验；其后根据检验结果，交通部主持修订《国家公路交通应急预案》（2008）。同样，根据 2005 年发布的《国家突发公共事件总体应急预案》，国务院于 2005 年主持修订 2000 年的《国家地震应急预案》；在 2008 年汶川地震、2010 年玉树地震中，2005 年版《国家地震应急预案》接受检验。同时根据 2007 年的《突发事件应对法》，2008 年国家修订了《防震减灾法》，2012 年国务院再次修订《国家地震应急预案》，修订后的《防震减灾法》和《国家地震应急预案》在 2013 年芦山地震中得到检验。这在一定程度上纠正了应急立法与应急执行的效力以及应急执行在时序上的混乱③。

纵向比较 2 例启动国家应急响应的公共卫生类突发事件，应急管理在政策体系尺度上的结构有显著变化。2008 年三鹿奶粉事件后，2009 年国家发布《食品安全法》，2011 年修订《国家食品安全事故应急预案》，“立法先行，预案执行”的关系开始清晰明确。

## 二、回归理想结构：中国应急管理结构演进的动力

既然造成中国应急管理目前发展困境的根本原因在于应急管理的发

① Zhang Haibo, “Patterns of Interorganizational Collaboration in Natural Disaster Response in China: A Case Study on Organizational Response Network of the Ya'an Earthquake in 2013”, Disaster Management Center of University of Pittsburgh, Working Paper, 2013.

② 在动态网络分析中，加权中心度（eigenvector centrality）根据应急响应网络中“节点组织”的网络重要程度进行加权。芦山地震应急响应组织网络的分析显示，加权中心度最高的 10 个组织全是四川省级政府机构，这显示出四川省人民政府及其相关部门在芦山地震应急响应中的核心角色。详细参见 Zhang Haibo, “Patterns of Interorganizational Collaboration in Natural Disaster Response in China: A Case Study on Organizational Response Network of the Ya'an Earthquake in 2013”, Disaster Management Center of University of Pittsburgh, Working Paper, 2013.

③ 张海波. 中国应急预案体系：结构与功能. 公共管理学报，2013（2）.

展脱离结构而“单兵突进”，那么化解困境的唯一路径就是让应急管理回归自身应有的结构，推动相关核心要素协同发展。

2003 年“非典”至 2013 年芦山地震的十年间，中国应急管理结构变化的趋势既表现为结构固化（缺乏向理想结构演进的动力，意味着结构无法适应外部环境的变化，因而是消极的变化），也表现为结构演进（虽未达到理想结构，但已经朝向理想结构演进，因而是积极的变化）。中国应急管理结构演进的动力主要在于：

**1. 以社交媒体为代表的网络社会条件下的公众参与**

为什么 2011 年甬温线特别重大铁路交通事故可以实现应急管理的结构演进？原因主要有两点：一是该事故是日常风险，具有伯克兰（Thomas Birkland）所说的“焦点事件”的“议题显著性”，对公众与政策制定者的重要性程度更高，也就可能有更高的公众参与度。二是以“微博”为代表的社交媒体的兴起，将潜在的更高的公众参与转变为现实。在该事故的应急管理中，制止掩埋车头，提高赔偿标准，调整国务院调查组人员构成，降低高铁运行速度，重新制定高铁发展规划等，这些不同寻常的政策调整，在很大程度上都归功于“微博”上高度的公众参与①。

在中国的政治社会情境中，公众参与以“外压模式”推动政策议程设置，是促成应急处置向公共危机治理转变的关键变量②。近年来，新技术不断涌现，从网络论坛（BBS）到博客（Blog），再到“微博”微信，公众参与也在不断提升。以“微博”为代表的社交媒体在中国应急管理中首次“露脸”是在 2010 年玉树地震中，到 2011 年甬温线特别重大铁路交通事故时已是深度“发酵”。即便以“微博”“微信”为代表的社交媒体被新技术所替代，也只能意味着会有更有利于公众参与的平台产生。在中国情境下，社交媒体所推动的公众参与不仅是技术互联所带来的互动体验，更是新技术普及化对社会结构的改造。新

① 通过对 2011 年甬温线特别重大铁路交通事故与 2008 年胶济铁路事故的对比研究发现，同是日常风险，但 2011 年动车事故中以微博为代表的社交媒体的深度参与在推动应急管理方面显著区别于 2008 年胶济铁路事故。参见 Zhang Haibo，“Emerging Risks，Social Media，and Crisis Management in China：A Comparative Study on the Cases of the Wenzhou High Speed Train Crash and the Jiaoji Railway Accident”，Ash Center of Harvard Kennedy School，Working Paper，2013.

② 张海波．中国转型期公共危机治理：理论模型与现实路径．北京：社会科学文献出版社，2012：293-296.

技术网络社会具有“结构倒置”效应：传统的强势群体在网络上处于弱势，而传统的弱势群体在网络上则处于强势①。公众获得了前所未有的话语权，底层社会所潜藏的政治能量被前所未有地释放。2011年甬温线特别重大铁路交通事故所代表的应急管理的结构演进，既有偶然性，如对事件本身的社会关注度高；也有必然性，如社交媒体时代的公众参与。这意味着中国应急管理的结构演进虽然难以简单复制，但条件具备又可以复制。

**2. 中国社会力量的潜在生长与市场发展空间**

为什么2008年的汶川地震、2013年的芦山地震可以相继实现应急管理的结构演进？这主要得益于中国改革开放以来的市场培育和社会生长，为私人部门、社会组织的“自组织”参与提供了基础条件。汶川地震显示了中国社会力量正在潜在地生长；在芦山地震中，社会组织的参与更加有序，出现了大的网络节点，它们不仅提供了更为专业的救灾服务，也成为其他小型社会组织参与救灾的协作平台②。由于长期以来严格的审批制度，中国大量的社会组织在制度外生长，参与自然灾害救灾与灾后重建便是这些社会组织争取合法性的途径之一。近年来，随着相关政策的逐步放开，服务、福利、慈善三类社会组织优先发展，未来将会有更多的社会组织参与应急管理。与此同时，中国的市场发展也为私人部门参与应急管理提供了多种可能。2008年汶川地震后的“对口支援”不仅是政府行为，以私人企业为主体的产业合作也参与其中，促进了灾区的可持续恢复；在2013年的芦山地震中，互联网企业崭露头角。当然，中国的保险业在应急管理中的参与程度还非常低，发展空间巨大。随着中国全面深化改革步伐的加快，市场和社会也将得到进一步的培育与发展，这就为私人部门和社会组织参与应急管理、推动结构演进提供了长期的强劲的动力。

**3. “从灾害中学习”的社会机制与文化土壤**

为什么在2013年芦山地震中，中央政府可以从具体事务中适度“超脱”？这固然与芦山地震损失程度与汶川地震相比较轻有关，但在很大程

---

① 张海波，童星．当前中国社会矛盾的内涵、结构与形式：一种跨学科的分析视野．中州学刊，2012（5）．

② Zhang Haibo，“Patterns of Interorganizational Collaboration in Natural Disaster Response in China：A Case Study on Organizational Response Network of the Ya'an Earthquake in 2013”，Disaster Management Center of University of Pittsburgh，Working Paper，2013.

度上是因为地方政府应急管理能力的增强。两场地震，震中相距仅为100公里，2008年汶川地震抗震救灾的经验在客观上促进了灾后的社会学习。一个典型的例证是，在2013年芦山地震中，本地消防、武警在应急救援中扮演了比军队更加重要的角色，这集中体现了地方应急能力的增强①。

芦山地震所代表的社会学习仍有一定的偶然性，毕竟在几乎相同的地理区域发生两次大地震的概率是极低的。目前只是基于政治动员的学习机制发挥了显著作用，一旦基于文化习得和经济外溢的社会学习机制也发挥作用，那么从灾害中进行社会学习的空间还很大②。我们欣喜地看到，在四川、云南这样地震灾害较多，人口也较为密集的省份，人们防震减灾的意识越来越强，疏散演练从学校等教育机构延伸到了其他多个行业，成都地震减灾研究所对地震震情的速报预警速度在加快、准确率在提升，社会影响力也在扩大。中国素有从灾害中学习的优良文化传统，正所谓“多难兴邦”“前事不忘，后事之师”，文化对人的行为的内化虽然缓慢，但最为根本。这也为应急管理的结构演进提供了基础动力。

**4. 应急管理的自我适应**

应急管理作为一种制度设计，主要用于应对环境的不确定性，因此应急管理体系本身就应该是自适应的——随外部环境的变化而自动调整。这集中体现在应急预案体系的自我更新上。应急预案体系本身自带修订机制，一旦外部环境发生显著变化，应急预案体系就自动更新。正是这种自动更新机制，使得2008年南方雪灾与汶川地震发生后，相关应急预案体系与应急法制关系回归正常。因此，只要保持应急管理的自我适应能力，至少在政策体系尺度上，应急管理的结构优化就会拥有持久的动力。

虽然不是所有的尺度或同一尺度上所有的结构都已出现了能够促进

① 对芦山地震应急响应网络的研究显示，在应急救援网络中，消防部门的网络中心度（degree centrality）最高，武警次之，军队排第三，消防部门在应急救援网络中扮演主要角色。Zhang Haibo，“Towards Adaptive Emergency Management in Dynamic Environments in China：A Case Study on the Response System of the Ya’an Earthquake in 2013”，Disaster Management Center of University of Pittsburgh，Working Paper，2013.

② 研究表明，在三种社会学习机制中，目前政府在建设应急管理体系中通过政治动员所发展出的学习机制发挥主要作用，而基于文化习得（文化程度更高的人更能从灾害中学习）和经济外溢（收入越高的人越可能关注安全）的社会学习机制尚未发挥作用。张海波．体系下延与能力增长：应急能力增长关联机制的实证研究．中国行政管理，2013（8）.

结构演进的动力，然而已经出现的结构演进一旦占据主导，便可以改善结构固化。例如，治理转型尺度上的结构演进必然推动政府架构尺度上的结构演进，国家、市场、社会的参与最终形成的网络治理结构必然包括分灾种管理体系；政府架构尺度上的中央与地方关系的演进必然推动运行机制尺度上的结构演进，自下而上的应急管理体系不仅有利于增进地方政府的应急能力，促使突发事件在地方层面得到及时处理，避免突发事件的扩大与蔓延，也可以加强地方政府在突发事件预防上的责任，更能激励地方政府支持突发事件的预防与准备、预警与监测工作。

如果说中国改革需要“顶层设计”，那么作为中国改革局部之一的应急管理则需要“系统思维”，跳出“一案三制”的局限，在更大的视野中，在所有的尺度上，使应急管理回归其原有的结构。在这一过程中，政府仍要扮演主要角色，以战略性眼光，以系统性思维，推动中国应急管理的结构演进。

# 第三章 开放社会与融入需求

改革开放以前，中国社会可用两个字概括——“关闭”：对外闭关，对内关闭；改革开放后也可用两个字概括——“放开”：对外开放，对内放开①。开放就成了当前中国社会的第二大特征。“开放社会”这一概念虽不是波普尔（K. Popper）的首创，却因其名著《开放社会及其敌人》为学术界所熟知。按照波普尔的界定，“开放社会是指这样一种社会：人们在一定程度上已经学会批判地对待禁忌，并凭自己的智性权威做出决定”②。而在中国，开放社会主要是与封闭的乡土社会相对，在乡土社会里，人们流动的范围多以“乡脚”为限③，但在开放社会中，人们“凭自己的双脚权威做出决定”，而不顾有关制止“盲流”的各种禁令。人们大范围、大规模的流动，造成流动人口管理的难题，形成既脱离土地，又无法融入城市的“游民”，甚至造成外来人口与本地人口的冲突。此外，按照心理学中的人类需求层次理论，当人们的安全需求基本得到满足以后，更高层次的发展需求势必涌现，人作为一种“社会动物”，迫切盼望与流入地的人们相互交往、平等相处，从而融入流入地的社会，这种融入需求就是高层次发展需求的一种体现。

## 第一节　单位制（人）与社区制（人）并存

新中国成立以后，城市设立从事政治活动的机关、从事经济活动的企业、从事文化（大文化，包含科教文卫体等）活动的事业单位；在社会分工尚不发达的农村，则组建政经社合一的人民公社。国家通

① 童星. 社会改革控制论. 南京：南京大学出版社，1990：1.

② 波普尔. 开放社会及其敌人：第1卷. 北京：中国社会科学出版社，1999：15.

③ 费孝通. 生育制度·乡土社会. 北京：北京大学出版社，1998.

过这样的单位制，成功地实现了对全国人民的动员、组织和管理，改变了旧中国“一盘散沙”的局面。各种单位既对所属成员及其家庭提供所有的生活必需品和服务，保障他们的基本生活，也对他们握有完全的支配与控制权。换言之，所有的社会成员高度依赖其所属的单位，实质上是高度依赖国家，因为所有的单位都是由国家办、国家管的。这种单位制直接将国家和个人（及其家庭）联结在一起，排除了市场和社会的存在，一方面确保了国家的稳定、行动的一致、舆论的一律，另一方面严重束缚了广大社会成员的积极性和创造性，扼杀了经济的活力与社会的活力，这就必然产生党的十一届三中全会以来的改革开放。

一方面，相较其他各类改革，中国的经济改革比较顺利、彻底。在农村，实施家庭联产承包责任制，放手让农民务工经商办企业，解散人民公社，确立村民自治制度，极大地调动了农民的积极性，解放了农村生产力；在城市，企业通过市场导向的多轮改革，逐步变成了自主经营、自负盈亏的独立的经济实体，剥离了过去承担的一系列社会职能。于是，农村人和企业人不再从属于任何“单位”，都变成了从属于社区的“社会人”，即“社区人”。另一方面，政治改革和社会改革相对滞后，机关事业单位的改革徘徊不前，种种迹象表明，在短期内加快机关事业单位改革的可能性不大，机关事业单位的人员仍然是“单位人”。于是，中国进入了“单位制”与“社区制”并存、“单位人”与“社区人”共处的时期①。目前，两类制度并存、两类人员共处的情况还将延续一段时间。

市场经济的发展带来了迁移越来越频繁、规模越来越大的流动人口；“社区制”则将所有的社区分为城市社区和农村社区，城乡各社区的管理又都以户籍为基础，这就导致各个社区都有大量无当地户籍的“非本地人”居住。同时，单位制下的各机关事业单位，一般来说都要从国家财政那里得到全部或部分的扶持，因此必须有严格的机构编制管理，甚至发展到现在的“逢进必考”，但机关的工作在扩张，事业单位的事业要发展，这又导致各个单位有大量的“非单位人”（包括企业编制人员、合同制人员、临时雇用人员、劳务派遣人员等，统称“编外人员”，俗称“临

① 童星. 社会管理的组织创新：从“网格连心、服务为先”的“仙林模式”谈起. 江苏行政学院学报，2012（1）.

时工”）在工作。长期以来，各地各单位一直都在奉行“谁的人由谁管好”的原则。然而，“非单位人”算不算该单位的人？“非本地人”算不算该社区的人？各地社会管理的对象到底应当覆盖哪些人群？各级政府公共服务，特别是其中的基本公共服务要求实现均等化的对象又应该包括哪些人群？这些都成了说不清、理不顺的大问题。

第六次全国人口普查结果显示，对于不同的地区，户籍人口、常住人口、实有人口之间存在着极为悬殊的差别。最为极端的如深圳市宝安区：户籍人口只有数十万，而常住人口和实有人口分别高达400万和665万；实施社会管理的人员编制、提供公共服务的资源配置，都是根据户籍人口确定的。针对大约10倍于户籍人口的常住人口和实有人口，政府的社会管理与公共服务职能怎样才能履行好？前几年的河南省洛阳市“李浩案”（私挖地窖囚禁妇女做“性奴”的事件）令人发指，该案案发地点在大城市，其犯罪行为隐匿数年，然而犯罪嫌疑人所在单位无人知晓，案发地社区无人知晓，流动人口失踪多年无人知晓，被伤害致死的两名女性究竟是谁也无人知晓。

在单位制与社区制并存、单位人与社区人共处的阶段，国家如何有效地实施社会动员和组织管理？党和政府许多先进的执政理念（如代表广大人民群众的根本利益，建立党政主导的维护群众权益的机制等）、惠民的政策（如保障和改善民生方面的政策、举措等），如何才能落到实处？政府社会管理与公共服务的职能如何才能有效履行？街道办事处这一市（区）政府的派出机构及其工作人员如何才能真正“办实事”、真正“派出去”？管理学相关知识告诉我们，“细节决定成败”。各地各基层须从实际出发，在管理上开展创造性的工作。

遗憾的是，现在绝大多数地方还没有像仙林街道一样，找到能够弥合并存的单位制与社区制、涵盖全体共处的“单位人”与“社区人”、有效实施社会治理并提供公共服务的好的组织管理方式。

流动人口疏离社会和缺乏社会认同是导致群体性事件扩大的主要原因。在以宗法网络关系和伦理等级秩序为基础的传统社会中，个体是有安定生活、固定居所和稳定收入的“市民”，其所构成的社会相对稳定。改革开放以来，中国的人口迁移与流动进入最为活跃的时期，截至2016年，全国流动人口近3亿。从构成上看，中国当前的“流动人口”主要由两部分构成：一是“种田无地、就业无岗、社保无份”的“三无游民”。目前，世界城市化平均水平已超50%，发达国家为80%左右，中国已达世界平均水平，2000—2030年，中国农业占用耕地将达5 450万亩以上，失地和部分失地的农民将超过7 800万人。调查显示，在大城市边缘区，土地征用后人均拿到的补偿金约为2万元，在中等城市边缘区，人均补偿金为1.2万元，小城市边缘区土地征用补偿仅为1万元左右。补偿金发放仅一年多，就会被一半的家庭用完。国土资源部提供的数字表明，全国1/3以上的群体上访事件归因于土地问题，其中60%左右直接由征地引起。近年来，由于暴力拆迁问题，失地农民更是成为上访和群体性事件的主要参与者。二是“新生代农民工”以及“农民工随迁子女”。他们多分布在城乡接合部或“城中村”，没有稳定的工作甚至没有工作，不种地、不返乡，缺乏来自政府与社会的有效管理与服务。

20世纪90年代以来，越来越多的农民工以“举家迁徙”的方式进城务工、经商，家庭化、定居化趋势逐渐增强，随迁子女数量逐年增加。随着年龄增长，能否在城市扎根、实现城市社会融合成为他们面临的最大问题。虽然“两为主”的义务教育政策①和各地相继出台的异地高考政策让他们离城市教育更近了一步，但其城市社会融合之路仍困难重重。社会融合不是单向、被动地适应与融入，而是要与城市社会发生双向互动；受群体异质性的影响，融合发生在各个层面；融合不是消解所有差异，而是消除因城乡二元户籍制度产生的社会隔阂。概言之，社会融合是在宏观社会背景的制约下，受多种因素影响，使流动人口逐渐与主流社会相互影响、相互渗透，并最终完成社会整合的过程。

我们在南京市建邺区、下关区、雨花台区的4所民工子弟学校（小学）、10所接受流动儿童的公办小学、5所公办中学进行了以“流动儿童生活状况与意愿”为主题的问卷调查。从小学四至六年级、初中一至三年级中各选一个班，样本的选择主要是考虑了学生是否有做问卷的空闲时间以及在这些班级中流动儿童所占的比例。问卷采用集中统一讲解、当场填答、当场收回的方式，最后得到有效问卷2 086份，有效回收率为94.56%②。

问卷调查结果显示：第一，随迁子女的社会融合状况与其个体意愿不符，其社会融合状况不能满足社会融合意愿；第二，影响随迁子女社

---

① 《国务院关于做好免除城市义务教育阶段学生学杂费工作的通知》明确要求，进城务工人员随迁子女接受义务教育“以流入地为主，以公办学校为主”。

② 本次问卷调查的研究设计与结果分析详见栗治强，王毅杰. 掣肘与鼓励：农民工随迁子女城市社会融合机制研究. 华东理工大学学报（社会科学版），2014（2）.

会融合状况的因素包括基本特征中的年龄大小和进城时间长短，客观环境因素中的家庭经济状况、家庭居住状况、换校次数、学校类型和社区人员构成，主观环境因素中的家庭教育和受歧视经历；第三，影响随迁子女社会融合意愿的因素，包括基本特征中的性别、年龄大小和进城时间长短，客观环境因素中的家庭经济状况、家庭居住状况和社区人员构成，主观环境因素中的家庭教育和受歧视经历；第四，客观环境因素对随迁子女的社会融合状况影响更大，主观环境因素对其社会融合意愿影响更大，这也是造成社会融合状况和意愿之间落差的原因；第五，学校场景在随迁子女社会融合中的作用相对弱化，客观环境因素中的家庭经济和居住状况作用不明显，个人特征对随迁子女的社会融合有影响。

总之，随着随迁子女年龄和进入城市生活的时间的增加，他们实现社会融合的愿望越发强烈。一方面，政府、媒体、社会公众都在呼吁城市社会包容和开放，这让随迁子女对实现城市社会融合充满期待；另一方面，社会结构并未松动，各种结构限制仍然存在。要让随迁子女真正实现城市社会融合，就不仅要从文化氛围上制造包容、呼吁开放，更为迫切的是要从实际的结构性调整出发，切实有效地加快社会治理体制改革和创新。首先，要增加城市居民和随迁子女之间接触和交往的机会。通过开展社区活动、提升社区开放程度等方式，增进城市居民与随迁子女之间的认识和理解，使这两个群体有更多的实质性交往，消除相互间的刻板印象；其次，社会舆论要加大正面宣传，弘扬尊重、友爱等社会精神，积极消解城市居民对流动人口的歧视；最后，健全流动人口住房制度，改善其居住条件，使其在空间上具备与城市人交往的物质基础。

从本质上看，社会疏离和社会认同的丧失本身就是开放社会的异质性所带来的挑战，面对这一挑战，当前的关键在于优化流动人口的服务与管理，同时加快户籍制度改革，使流动人口尽快真正融入流入地社会。

## 第二节　流动人口服务管理与户籍制度改革①

如前所述，城乡二元户籍管理制度，在当前城乡人口大流动的现实

① 童星．以创新社会管理推进江苏现代化建设//国家社科基金重大项目课题组．区域现代化理论与实践研究（作为第十四章）．南京：江苏人民出版社，2014．

下造成大量的“流动人口”问题，并附带产生流出地“留守儿童”“空巢老人家庭”等问题；单位制与社区制的并存，又导致了在机关事业单位中产生大量编制外人员，在企业中产生大量“农民工”、劳务派遣人员，他们与机关事业单位正式编制内人员、与企业正式职工常常“同工不同酬”或“同工同酬但不同福利”，而这些编制外人员特别是农民工、劳务派遣人员又多为流动人口。

《中国流动人口发展报告2017》显示：2016年中国流动人口总量为2.45亿，占全国总人口的18%；流动人口的平均年龄约为29.8岁，其人口年龄结构呈现年轻化特征，新生代农民工已占流动人口的64.7%。与其父辈不同，日益年轻化的流动人口在流入地生活与就业更趋稳定，“超过三成的流动人口在流入地居住生活时间超过5年，从事目前工作的平均时间接近4年，全年平均回老家不足2次”。在全国城镇人口比重已超50%的背景下，流动人口规模达到历史新高。其中占主体的新生代农村户籍流动人口，部分在城市长大，即便是在农村成长的，也多无务农的经历，基本不懂农业生产；即使宏观经济波动，城市就业形势不好，他们也不大可能返乡务农，而是渴望在城市扎根，成为新市民。然而囿于传统管理体制，许多城市的人口管理方法依然停滞在计划经济时代，“半市民化”与“伪城市化”使得流动人口往往被视为城市中的“问题人口”，大量的流动人口被排斥在当地的公共服务体系之外。他们在为国家经济社会发展做出巨大贡献的同时，并没有分享改革发展的成果。流动人口与当地人口在社会地位和各项权益实现方面的不平等，既是对“以人为本”“公平正义”理念的一种冲击，也不符合社会主义的本质要求和权利人人平等的国际惯例。

如何为流动人口提供优质服务，切实保障流动人口合法权益，严格流动人口治安管理，促进流动人口与当地居民和睦相处？如何通过社会治理创新，以崭新的思路促进其转化为新市民？这些都是流动人口服务与管理工作的治本之策，也是新时期各级党委政府部门面临的新课题。对此，全国各地进行了大量有益的探索与实践，特别是流动人口大量聚集的“长三角”、“珠三角”和渤海湾地区涌现出许多成功经验与典型案例。从各地具体实践看，“江苏以民本化为主导的理念创新，以社会化为方向的机制创新，以信息化为核心的手段创新，符合流动人口服务管理的本质，拓展了服务管理的途径，提高了服务管理的效能，值得推广和借鉴”。但考虑到地区差异，加之整合推广各地成功经验需要充分的准备，目前还有许多工作亟待完善与加强。展望未来，今后的流动人口服务管理工作要以流动人口的社会融入为根本出发点，通过基本公共服务均等化相关的诸多举措，在管理体制、组织模式、社会服务拓展等方面大胆探索、勇于实践，为流动人口融入当地生活积累新经验、开创新模式。从长远上看，未来流动人口管理的现代化应包括以下几方面的内容：

## 一、“化整为零”式推进户籍制度改革①

构建与自由迁徙目标相适应的户籍制度是人口管理现代化的核心，更是基础性的制度建设。考虑到中国国情的复杂性，建议这一改革分阶段逐步推进：一是在小城镇实行更加灵活的户籍迁移政策，目前该项政策已经基本得到落实；二是稳步推进大中城市户籍制度改革；三是逐步取消附着于户籍上的各种“额外利益”，建立和完善流动人口的权益保障机制、社会保障体系和公共服务网络，在编制城乡规划，建设公用设施，制定劳动就业、社会保险、社会救助、义务教育、疾病预防控制、妇幼保健、法律服务等公共政策时，保障流动人口的合法权益，从而达到逐步实现基本公共服务均等化的目标；四是建立全国统一的居民登记管理制度；五是建立信息网络化的国家人口基础信息库，建立健全实有人口动态管理制度，完善特殊人群管理和服务政策，逐步走向现代化的人口管理。

需要指出的是，颁布并实施了半个多世纪的户籍制度并非一朝一夕就能彻底改革完成的。长期以来，国家赋予了城镇户口过多的“含金量”，只要拥有了城镇户口，就拥有了就业保障、住房福利、粮油副食品价格补贴以及教育、医疗、养老等一系列保障。在不同城市之间，越是级别高、规模大、经济发达的城市，其户口的“含金量”越高。尽管在20世纪90年代以后，随着经济体制改革的逐步深入，在城市居民中先后破除了普遍就业制度、均等工资制度、粮油副食品价格补贴制度、福利分房制度，实行了教育成本分担以及医疗保险、养老保险、失业保险、工伤保险等的改革，使城镇户口中的“含金量”大大缩水，但还没有实现城乡公共服务均等化。不仅医疗保险、养老保险、失业保险、工伤保险以及最低生活保障制度依旧和户籍挂钩，且有的项目只有城市居民享

① 童星，马西恒，王毅杰，等．交往、适应与融合：一项关于流动农民和失地农民的比较研究．北京：社会科学文献出版社，2010．

受，农村人不能享受，即使城乡共享，往往也是城乡分设，各有一套不同的标准，并且总是城市的待遇高于农村。城市里学校的设置、公共设施的布局、经济适用房和廉租屋的建设等，也是按照该城市户籍人口来安排的，其享有仍同户籍挂钩；多数城市还在沿用优先或必须招聘具有本市户籍的人员之陈规，对非本市户籍人员实施排斥和歧视。

针对这种状况，解决的办法只能是进一步剥离附着在户口上的各种额外的利益，还“户口、身份证只是一种身份的证明”之本来面目。在“剥离”的任务没有完成以前，不必完全放开户籍的管理，也不必立即取消城镇户口和农村户口、本市户口和非本市户口的区分，但应当按照“一视同仁是通则，区别对待是例外”的原则，通过立法明确规定属于“例外”的极少数事项的名称及时限，严禁在这之外对农村人和非本市户籍人采取任何排斥和歧视的行为。过去的状况是有了城市本地户口就有了一切，所以每个城市都不得不严格控制本市户籍人口；现在则使各类事项与户籍脱节，进城新移民一般不会同时对所有这些事项有需求。这种“化整为零”的解决方法不失为增强城市吸纳外来人口能力、消除城乡二元结构、促进城市新移民社会融合的现实途径。

## 二、优化流动人口的服务与管理

### 1. 建立以社区实有人口为基础的一体化管理体制

改变以往街道、乡镇按照户籍人口配置管理资源的传统做法，以实有人口的数量和需要配置管理人员、办公经费，在制度层面接纳流动人口为居住社区的正式成员，享有与户籍人口同等参与公共服务和社区治理的权利。在提升硬件质量的同时，加强软件建设，构建党委政府、社区居委会、社区成员等多元主体参与的流动人口社会融入的虚实结合的平台。“虚体平台”主要是明确党委政府、社区居委会和社区成员在流动人口社会融入中的职责定位，使其做到恪尽职守、协同共治。政府的角色主要是做好顶层设计，合理配置资源，组织协调和监督实施；社区居委会的角色主要是组织落实政府相关要求，积极开展各项有利于流动人口社会融入的工作；社区成员的角色主要是积极参与社区活动，关心公共事务，增进社区成员彼此的理解、信任与互动。“实体平台”则是借助乡镇（街道）政府一站式综合服务平台和社区服务站，为流动人口提供包括居住登记、劳动就业、社会保障、计划生育、社区矫正、安置帮教、法律援助、社区教育、社会救助、文化体育、社会治安等社区服务管理项目，并逐步让流动人口享受与户籍人口同等的市民待遇。社区听证会、社区评议会、民情恳谈会、网上论坛等也是“实体平台”的重要组成部分，它们有助于引导流动人口理性、合法地表达自己的诉求，提高自我管理、自我约束的能力；对于流动人口大量聚居的城乡接合部社区，继续探索“农村社区城市化管理”模式，打破二元体制，改变以农业和非农业人口划分城乡社区的做法，将行政村或者自然村作为整体社区，按照城市社区组织的功能定位，重新组建社区党组织、社区自治组织、社区服务站以及社区各类社会组织。

**2. 支持鼓励流动人口服务组织成长，加强社群自治**

依托社区内建立的工会、共青团、妇联等基层组织，通过联系、凝聚与服务，使流动人口群体在接受专业技能培训、维护正当权益、丰富闲暇生活的过程中，感受亲情、分享快乐，并在履行义务中增强主人翁意识，提高对社区的认同感与归属感。在有条件的地区应扶持这类社会组织成长，动员公益慈善类、社区服务类等社会组织直接到民政部门登记注册，尽快启动社会组织备案制，以替代目前低效的注册制，切实贯彻党的十八大提出的“政社分开”的要求，把“社会可以做好的交给社会，政府管住管好应该管的事”这一承诺落到实处。将公益性民间组织纳入政府购买服务的组织体系，按照“先易后难、由点到面、稳步推进”的原则进行；以需求为导向，以群众满意为准则，根据各地经济社会发展的实际情况推行政府购买公共服务的相关政策措施。发挥专业社会组织在流动人口社会融入中的组织化、专业化、职业化与社会化优势，以弥补现有社会组织难以满足不同流动人口群体多样化服务需求的缺陷。同时，引入竞争机制，实行多方招标，择优选用；增加招标的透明度，完善社会组织信息披露、重大事项报告和公众投诉制度，健全社会组织评估机制和诚信制度，形成对社会组织有效的舆论监督和社会监督。

**3. 创新社会服务方式**

实践表明，在邻里互助基础上的志愿服务不仅可以提升流动人口个人的社会适应能力，增进社区融合，在助人的过程中分享“乐人乐己”的志愿情怀，更能消除文化隔膜，成为促进流动人口社会融合的重要途径。因此，社会、社区组织活动可以基于“属地化管理、市民化服务”的原则，加强社会服务方式创新，使流动人口参与社区活动由被动接受向主动参与转变，积极倡导“参与式社区服务项目”，以项目运作为纽带，发动社区成员全程参与，实施“网络化”管理的组织服务模式。鼓励通过建立“新居民互助协会”等方式，整合辖区内外的政府、企业、事业单位、社会组织及辖区内的流动人口和社区居民等各类资源，挖掘服务资源，助人自助，实现流动人口与户籍人口的“同服务、同教育、同管理、同参与、同发展、同提高”。

流动人口服务管理是一项庞大、复杂的系统工程，不仅涉及治安和户籍管理问题、社会经济和城市发展问题，还会牵动政府各个职能部门。加强流动人口服务与管理，是推进社会治理创新的重要内容，是贯彻落实科学发展观的具体体现，也是实现全面小康和基本现代化的重要组成部分。各地应当进一步统一思想，充分认识加强流动人口服务管理工作的重要性、必要性和紧迫性，坚持理念创新与体制创新相结合，坚持制定政策与完善机制相结合，坚持基础建设与服务管理相结合，不断加强包括流动人口在内的全体实有人口基本公共服务均等化建设，逐步推进流动人口享受同城待遇，坚持不懈地推动流动人口的社会融合，真正实现社会和谐发展。

## 三、推进流动人口的城市社会融入①

流动人口即城市新移民的社会融入是一个自下而上的自然历史过程，只能从社区层面开始，不可能一蹴而就。社会融入的整个过程大体上可分为“二元社区”“敦睦他者”“同质认同”三个阶段。

第一阶段是“二元社区”。导致城乡分割和地方本位的户籍、就业和社会保障等相关制度的主要特征是刚性，新移民外出的盲目性和流动性较强。城市社会在就业和发展资源等方面感受到来自他们的竞争压力，因而对其采取排斥和歧视的态度与政策②。双方在隔离中主要采取相互对立、相互防范的负向互动方式。但这个阶段也把城乡二元结构从基于不同空间的区域性分割转向基于同一城市内部不同群体的社会性分割，启动了双方之间的近距离接触。

第二阶段是“敦睦他者”。导致二元结构的相关制度的弹性空间不断

---

① 童星，马西恒，王毅杰，等. 交往、适应与融合：一项关于流动农民和失地农民的比较研究. 北京：社会科学文献出版社，2010.

② 索林杰（Solinger）认为，外来民工遭遇城市居民的歧视和他们影响了后者的生活资源有关。因此，户籍改革能否启动，城市劳动力市场能否不再有歧视，取决于两个限制性因素：一是劳动力需求格局的变动。当城市发展对外来劳动力需求大幅提高时，体制转变的契机可能会随之到来。二是城市劳动力的保障权利和地位。当城市劳动力的就业安全度比较高时，外来劳动力的权利也会相应提高。

扩大，新移民外出的目的性和在流入地居留的稳定性增加，开始形成主动参与城市经济社会生活的意识和行动。城市社会的发展资源增多，城市居民开始意识到新移民的贡献。双方开始降低各自的情绪化反应，尝试建立一种相互包容、相互合作的正向互动关系。在这一阶段，二元结构仍然存在，但二元结构中开始出现一个明显的中间地带，其中基于双方正向互动所形成的非正式规则将为下一阶段的融合打下必要的社会和心理基础。

第三阶段是“同质认同”。城乡隔离和区域封闭的相关制度被取消，新移民正式获得城市社会的居民权和居民身份。城市社会和社区开始将新移民视为自己的一员并关注他们的福利。城市社会对外来人口的关注由群体转向个体，由制度层面转向社会、文化层面。如何帮助新移民缓解在适应城市社会时所遇到的资源、就业、交往、文化和心理等方面的压力，如何帮助他们提高文化素质并成功担当市民角色，将成为各方讨论和努力的重点。

“敦睦他者”是新移民与城市社会融合的过渡期，也是关键期。这个时期的长短要看正式制度变革进程的缓急。这个阶段令人乐观但也潜藏风险：一方面，新移民与城市居民和睦相处，不断改善相处的方式和规则，为正式制度的变革积累成功经验和社会基础。另一方面，由于二元差别仍然存在，“敦睦”能否维持可能会受到宏观经济社会形势的制约。一旦经济发展或社会形势出现大的波动，“敦睦”关系就可能解体并造成比在“二元社区”时期更大的冲击。

这一阶段还可能形成阻碍新移民继续融入城市社会的双重路径依赖。一是社会网络的路径依赖。在主观选择上，他们更倾向于与具有较强情感和信任度的亲属、老乡交往；在客观条件上，城市的双重劳动力市场（dual-labour market）使新移民所处的工作、生活环境以外来人为主，缺乏与本地居民交往的机会。这使他们的社会网络只能依赖原来的社会关系，难以与本地人的生活形成交叉。二是适应性的路径依赖。对早期的外来人口而言，如何被城市社会接受，是需要不停地探索的生存问题。但当他们与城市社会达成“敦睦”关系以后，循着“移民链”而来的后期新移民就会沿着他们的经验解决问题，从而失去继续寻求融入城市的动力。如何规避社会风险并缓解新移民的双重路径依赖，仍是这一阶段的重要课题。

我们衷心地希望能在改革的进一步深化中，在建设社会主义和谐社会中，通过在城乡差别方面自下而上的“敦睦他者”和自上而下的“化整为零”，持续地消解城镇户口与农村户口、干部编制与工人编制、正式工与临时工之间的“三个区别”，为调动每一个人的积极性、发挥每一个人的聪明才智，创造一个公平的竞争平台，实现消除了其他一切差别的纯粹个人之间的竞争。

## 第三节 推进以人为核心的新型城镇化①

面对开放社会条件下民众的融入需求，有必要认真审视城镇化战略，改变长期以来城市对外来人口经济上接纳、社会上排斥，以及重物不重人、重设施不重服务等倾向，着力推进以人为核心的新型城镇化。

多年来，路径相同、功能一致、千城“一面孔”、管理“一刀切”是中国城镇化过程中的顽症。许多城市都在“摊大饼”式地扩张，都以“国际化大都市”和“宜居城市”为发展目标；许多城市的产业结构高度趋同，功能定位极其一致，发展套路相当雷同，导致“城市的比较优势不突出，同构竞争现象频发，影响了差异互补功能的发挥”②；许多城市在征地、拆迁中出现了野蛮执法甚至暴力冲突的现象。在当前全国推进新型城镇化的形势下，正确处理好多样性与统一性的关系至关重要。

### 一、“需求指向”与“供给基础”：两种城市发展机制理论

一般说来，关于城市发展机制的理论分为两大类：一是强调发展的动力在于外部需求的“需求指向”理论，二是认为推动城市成长的力量主要在于内部供给状况的“供给基础”理论。在计划经济年代，各地都按照“需求指向”理论来建设城市特别是新兴工矿城市。该理论认为城市只有两大部门或两大产业，即基础产业和服务产业。基础产业是为城市外的需要提供服务的，比如工矿城市就是为城市外对工矿业品的需求提供服务的；服务产业则是专门为城市内的需要提供服务的，比如工矿城市也要有一系列的服务部门来满足工矿企业职工的生活需求。显然，这种理论把基础产业看成是整个城市存在和发展的“命根”，因为外界对

---

① 童星．论新型城镇化的多样性与统一性．南京社会科学，2014（12）.

② 国家社科基金重大项目课题组．区域现代化理论与实践研究．南京：江苏人民出版社，2014：342.

城市输出的产品需求越大，城市中的基础产业部门人数就越多，相应地，作为基础产业后勤的服务产业部门人数也可以得到增加，整个城市于是得到发展。在“需求指向”理论的指导下，长期以来，城市建设重基础部门，轻服务部门；重第二产业，轻第三产业；重生产建设，轻社会配套。于是，造成城市的基础设施建设和公共服务项目“欠账”太多，吸纳劳动力的数量非常有限，且一旦当地对自然资源的开采减少或停滞，新兴工矿城市就会面临严峻的可持续发展“瓶颈”。

城市发展的“供给基础”理论则认为，当工业城市发展到当地资源接近于被充分利用时，城市的发展就取决于它聚集资金、技术、劳动力等生产要素的能力。当一个城市在早期发展中依靠自然资源的开采而扩大规模时，其基础设施、资金积累、科学技术也一定有相当的规模和较高的发展程度，从而也就具备了从周围吸纳新的生产要素以促进城市继续发展的能力。根据这一理论，有的城市可以一开始就走主要从外部吸纳资金、技术、劳动力来发展自己的道路，当然首先需要搞好交通、通信、房地产、水电等基础设施建设，改善投资环境①。改革开放以来，深圳、珠海等经济特区的建设和发展，浦东新区、苏州工业园区的开发和发展，浙江义乌、山东临沂的崛起，以及许多城市的新城区和高新技术开发区的建设，都是如此。“供给基础”型城市具有交通、通信、基础设施、政策环境、金融体系、人才与劳动力、管理机制等方面的良好条件，因而迅速发展成为经济中心。

当然，“需求指向”理论并非完全失效，该模式仍具有合理性。工业生产职能对于现阶段中国大多数城市来说仍是基本的职能之一，相当长时期内工业产值在城市经济总量中仍会保持较大比重，一个发展时间久、体系比较完备的工业体系对城市发展来说也并非全是负担。但是，资源型工矿业城市的区位条件大多不是十分理想，智力、信息、管理等资源匮乏，其历史与现实的条件决定了它难以成为以第三产业为主的充满活力的城市。值得一提的是，许多小城镇往往凭借历史传统和本地特有的自然人文资源走“一镇一品”之路，并以特色产品拥有相当高的市场占有率，这样既满足了外部的需求，也发展壮大了自身。这也显现出“需求指向”理论的生命力。

---

① 童星．世纪末的挑战：当代中国社会问题研究．南京：南京大学出版社，1995：148-149.

同理，尽管自改革开放以来“供给基础”理论获得了很大的成功，但它也并非万能，“供给基础”型城市建设道路也并非一定成功。特别是当全国各地城市都走“招商引资”“筑巢引凤”“跑部上项目”“房地产开发领先”之路以后，产能过剩，“供”远远大于“求”，甚至出现了“鬼城”。这更加证明了凡事不能“一窝蜂”，必须因地制宜、实事求是。

## 二、“综合全能型”与“人居人文型”：两种城市发展的功能定位

### 1. 综合全能型

“综合全能型”源于“生产全能型”，其城市定位产生于如下背景：国家实行区域均衡发展战略，各地都尽可能地建立本地区相对独立和完备的国民经济体系，尤其是工业经济体系，追求“大而全”“小而全”。这种自成体系式的发展，是通过高度集中的计划体制来实现的，因而造成各地行政分割和彼此的孤立。

从城市的政府机构设置上来看，不论城市的规模、人口，省里套中央的、市里套省里的，政治、经济、军事、科技、文化、教育、体育、信息等领域都设立相应的部门单位，城市有驻京办事处、驻省府办事处，除了外交部之外，国家所有的机构部门都能在各级城市中找到它的“具体而微”者，所不同的只是级别高低、规模大小。幼儿园、学校、工厂、医院、饭店、娱乐场所等应有尽有。各城市的生产部门也是“大而全”“小而全”，根据规划建厂生产，不考虑当地的自然、社会条件，为完成计划指标立项。城市规模再小也是“五脏俱全”。

由此，政府是全能的政府，城市是全能的城市。正是由于其“全能”性，城市的独立性相对较强，缺少与外界的交流和合作，城市与城市只有在完成计划指标或政绩上的竞争；城市自身优势产业、优势项目得不到有效的发挥，一些“水土不服”的项目却因为政府的庇护而得以保留；乍一看城市的各行各业门类齐全、齐头并进，其实参差不齐，优不能胜，劣不能汰。各个城市在一定程度上能够自给自足，但这种不符合经济规律的发展结构严重影响了当地经济的健康发展，不能适应市场经济的要求，更遑论应对全球化的挑战。

### 2. 人居人文型

如果说“综合全能型”城市定位关注单个城市“全面”发展的话，与其对应的“人居人文型”城市定位则立足于人——满足人的需要，强调文化历史的存续，在此基础上发展城市，彰显城市个性与特色。在

"人居人文型"城市中，人的需要是城市发展的直接目标，城市自身的规划由此应运而生。当代世界新发展战略与传统发展战略的根本区别，就在于前者将满足人的基本需要作为基础与出发点。人是城市的主体，城市的发展不能忽视人的需要。

"人居人文型"的城市定位源于人本主义或人文主义的思想理念。人本主义是西方人实现现代化的主导思想之一。它始于文艺复兴时期，与古希腊时期的人文主义思想有密切的联系。18 世纪以来的整个现代化进程，使"以人为本"的思想成为社会进步与经济增长的哲学基础①。人本主义是关于人类价值和精神表现力的思想，其着力呼唤城市一度迷失的人文精神，"以人为核心的人际结合"以及"将社会生活引入人所创造的空间"，是其基本主题②。1933 年，《雅典宪章》提出城市的主要功能是居住、工作、交通和游憩，并强调了"人"在城市中的地位，指明了城市规划"以人为本"的方向。1977 年发表的《马丘比丘宪章》对其进行了发展和修改，强调了自然环境与生活环境的和谐，以及人与人之间的相互关系对于城市和城市规划的重要性，并将理解和贯彻这一关系视为城市规划的基本任务。1997 年的《21 世纪城市规划宣言》提出，当代城市规划的重要任务之一就是"以人本主义精神规划、设计和建设城市"③。近年来，可持续发展成为城市规划的指导思想，这是自觉为人着想的开端，是经济发展型社会转向人文发展型社会的前奏④。科学发展观、和谐社会等理念也开始在城市发展中得到了重视。

"综合全能型"城市和"人居人文型"城市的并存，导致"国际化大都市"和"最佳人居城市"的并存，也为"城市群"或"城市带"的构建提供了依据。国际化大都市通常都是"综合全能型"的，最佳人居城市则必然是"人居人文型"的。事实上，一个城市要想同时成长为国际化大都市和最佳人居城市，几乎是不可能的。国际化大都市和最佳人居城市的结合，要通过"城市群（带）"的形成来实现。因此，相关的各个城市应当在所处的"城市群（带）"中，因地制宜、实事求是地明确自身

---

① 邓平，周波．在人居环境建设中对"人本主义"思想的探索．四川建筑，2003(3).

② 周素红，蓝运超．人本思想综述及其在城市规划中的体现．现代城市研究，2001(2).

③ 同①.

④ 曲凌雁．城市人文主义的兴起、发展、衰落和复兴．城市问题，2002 (4).

的功能定位；同一“城市群（带）”中的各城市则应依据经济与区域发展的客观规律，突破行政区划的藩篱，分工协作、功能互补，发展城际快捷交通，推进一系列同城化政策，实现整个“城市群（带）”的协调发展。

## 三、“人养型”与“养人型”：两种城市与人口的供养关系

就城市与居民的关系而言，除了彼此相互依存之外，还有深层的供养关系。笼统地说有两种：一种是城市和更多的周边地区的居民通过自己的生产劳动维系着城市的正常运转与进一步发展——“人养市”；另一种是城市本身的现有条件，如自然资源、生态环境、社会人文条件、经济产业结构等有利于城市和更多的周边地区的居民满足其生产生活需要——“市养人”。从这个角度可以把城市划分为“人养型”与“养人型”。

在“人养型”城市中，直接从事生产的居民的产出，除了维系自身的家庭生活之外，还有部分被用于供养非必需的非生产者的开支，也就是说，一部分人的劳动在养活自己的同时还要供养另一部分人，甚至有时城市内部供养关系也不平衡，需要没有本地户籍却在本地纳税的居民来供养。这里所谓“供养关系”，并非马克思所指的资本家与工人之间的剥削与被剥削关系，而是指再分配过程中自然形成的供养关系。

在“养人型”城市中，现有的城市条件更有利于城市居民的创造性活动，有利于吸纳更多的外来人口，有利于满足人们的各种需要。城市良好的自然资源、生态环境适合人居，合理的产业结构能够提供充分的劳动就业岗位，并且还能进一步吸纳一定规模的外来劳动力来充实本城市的发展需要。这类城市数量越多、规模越大，就越能供养更多的人口。

显然，城市化就是要鼓励“养人型”城市的发展，抑制“人养型”城市的扩张。

可以注意这样一个事实：沿海省份的各省会城市其综合实力或发展态势大多弱于省内另一个大城市，如广东的广州不如深圳，福建的福州不如厦门，浙江的杭州不如宁波，江苏的南京不如苏州，山东的济南不如青岛，河北的石家庄不如唐山，辽宁的沈阳不如大连。内地省份也常出现类似的情况与趋势。

省会城市在省内其各种条件是得天独厚的，原先的城市规模、经济基础都是省内首屈一指的。为什么发展会落后于那些原本基础条件不太

好的后起之秀呢？其实，省会城市是政治型城市，有两级政府，除了本身的市政府外还有省政府。且不论省政府对省会城市管理的直接干预可能带来的负面影响，还必须看到政府不是生产部门，而是需要纳税人供养的。政府从扩大自身的政治影响出发来考虑进人，对于经济发展来说，迁入城市的群体规模越大越无积极意义。省会城市较之省内其他城市，需要供养更多类似的人口。较之非政治型城市，省会城市农民工的身份地位问题和城市融入问题更加明显。

一些非省会城市虽然有着各自的定位，但是它们的发展多是融入改革开放的大潮中，其间，积聚了一定的生产要素，如较为充足的资金、成熟的专业技术、各行各业的人力资本等，加上本地区较好的自然资源、生态环境，这些城市较之省会城市还少了过多的供养消耗，同时，向社会提供了更多的就业机会，供养更多的人。

此外，城市的产业选择也在一定程度上决定了城市与居民的供养关系。不同的产业对劳动力的需求不同，服务业等第三产业对劳动力的需求就比较大，而第二产业的机器化大生产则在一定程度上排斥劳动力。一个城市能够提供的劳动岗位越多，能够供养的居民也就越多。城市产业选择在符合城市功能定位要求的前提下，还必须符合产业发展的内在规律。当今社会，城市经济结构已经发生重大的变化，第三产业正在兴起。城市集中了大量的人口和众多的生产企业，必然产生大量的为生产和生活“服务”的行业，以交通运输、通信信息、科学教育、商业服务业为主的第三产业蓬勃发展，第二、第三产业共同构成现代城市的经济基础。对于城市发展而言，交通运输、通信信息加强了社会交流与沟通，科学教育为社会发展积累了知识储备，商业服务业则提供了更多的就业机会。

## 四、“土地扩张”与“人口吸纳”：两种城市化的发展路径

许多地方“城市化增长路径很大程度上依赖于政府行政力量的推动，具体表现在政府通过行政区划的调整，如撤县（市）设区，县区合并，建立开发区、大学园等来实现城市空间的快速扩张”，导致城市“摊大饼”式的发展，中等城市少不了内环、外环，大城市则有一环、二环、三环，城市越大，环路也越多，“人口城市化低于土地城市化”①。

---

① 国家社科基金重大项目课题组．区域现代化理论与实践研究．南京：江苏人民出版社，2014：341.

其实，城市化更重要的是人口的城市化，它要通过吸纳农村人口的途径来实现。现在正在推进的新型城镇化就是要解决“3个1亿人”的问题，即将1亿进城农民工转变为市民，对1亿失地农民和下岗工人居住的“城中村”“棚户区”进行改造，将1亿中西部地区的农民带入城镇化。显然，“3个1亿人”问题的解决途径是不一样的。

先看1亿进城农民工转变为市民。农民市民化是一个过程，不可能一蹴而就，其间的发展往往体现出阶段性，而非简单地取消城乡户籍差别就能完成。首先是进城农民（无论是主动性的外来流动人口，还是被动性的本地失地农民，下同）的就业生计要得到解决，即赋予他们城市居民的经济权利，这可称为A阶段；其次是要享有公共服务，即赋予他们城市居民的社会权利，这可称为B阶段；最后是能够自主管理、参政议政，即赋予他们城市居民的政治权利，这可称为C阶段。每个阶段还可细分为“有部分权利”（下标1）和“与城市居民平权”（下标2）两个亚阶段。改革开放迎来了$A_1$阶段的开启，尽管在1990年前后的治理整顿期间和2009年前后受全球金融危机的波及，许多进城农民工因找不到工作而不得不暂时回乡，但经济很快便得到了恢复；然而由于两个劳动力市场的并存，至今许多城市、许多产业领域尚未进入$A_2$阶段。近些年来，许多城市开始注重向农民工及其随迁子女提供学历教育、职业培训、医疗救治、公共卫生、社会保障甚至公租房、廉租屋等基本公共服务，即进入了$B_1$阶段；但由于长期以来实施的城乡二元户籍管理制度，城市一直视农民工为外来流动人口，公共资源基本依据城市户籍人口规模予以配置，因而离$B_2$阶段还有一定距离。少数城市已经通过“新市民之家”等形式尝试外来人口自我管理，但还不能被视为已经进入C阶段。所以，各个城市应当根据自身所处的不同的发展阶段，制定不同的进城农民市民化的策略，循着经济赋权、社会赋权、政治赋权的步骤依次稳步递进；通过建立和完善统一的劳动力市场等形式推进$A_1$阶段向$A_2$阶段演进、通过“积分制”落户等形式推进$B_1$阶段向$B_2$阶段演进。总体上，经济权利、社会权利、政治权利及其子权利之间是逐步演进、相互递进之关系，但并非一个阶段走完之后才能进入下一阶段，各阶段之间呈现出一种互动、互促之关系。

再看1亿失地农民和下岗工人居住的“城中村”“棚户区”改造。各地城市在以往“摊大饼”式的扩张和发展过程中，村、镇建制转为社区、街道建制，失地农民变成了市民；在国企改制、产业结构调整升级的过程中，许多工人集体下岗，原有的工作单位也不存在了。但他们的生活方式未变，交往圈子未变，许多人仍没有融入城市职业分工体系，原有的管理体制机制解体，新的管理体制机制或尚未建立，或虽建立但运行状况不佳，区域功能没有分化，公共空间没有形成，其发展也往往没有纳入城镇领导者的视野和城市规划的范畴。这些就是当今许多城市的“城中村”“棚户区”的来源。“城中村”“棚户区”不仅成为城市安全的隐患、社会治理的难点，而且成为城市化的主要障碍。这一历史遗留问题极为棘手。国内外许多城市的管理者都有这样的共识：与其搞旧城区改造，不如重建一个新城。面对各个城市极不相同的历史变迁、现实矛盾、经济基础、财政实力、资源约束和社会条件，不可能给出“一刀切”的行动指令和管理细则，国家只能给出一个宏观目标和基本原则，在法治的大框架下，放权让各个城市从自身的实际出发，自力更生、群策群力，自主进行“城中村”“棚户区”的改造，提升整个城市的发展水平，促进以失地农民和下岗工人为主体的“城中村”“棚户区”居民融入现代化的城市职业体系和生活方式中，共建共享城市的现代化。

最后看 1 亿中西部地区农民就近城镇化。费孝通先生曾写过一篇题为《小城镇，大问题》的文章，系统总结了“长三角”地区乡镇企业发展和小城镇建设的实践经验，勾画了农民就地城镇化的美好图景。当前中西部地区农民的就近城镇化，也只能通过大力发展乡镇企业和小城镇建设的途径来实现。从这个意义上说，改革开放之初“长三角”地区发展乡镇企业和小城镇建设的经验并没有过时。如今的宏观经济社会形势又与改革开放之初有了很大的不同，中西部地区的乡镇企业发展和小城镇建设也不能照搬“长三角”地区当年的经验，如要从做好功能区规划入手，使企业入园区，转移人口进集镇，防止“乡乡点火、村村冒烟”，防止重蹈“先污染，后治理”的老路；要注意同国家的西部大开发战略、“一带一路”倡议相衔接，同东部地区和城市的产业结构升级相衔接，同本地区社会主义新农村建设相衔接；还要创新治理，出台吸引外出务工经商人员回乡创业的政策，并对吸纳人口多、经济实力强的城镇，赋予同人口和经济规模相适应的管理权。

在处理土地城市化和人口城市化的关系方面，不能不提及“土地财政”的问题。据中国社会科学院发布的《城市蓝皮书：中国城市发展报告》，目前东、中、西部地区农业转移人口市民化的人均公共成本分别为 17.6 万元、10.4 万元、10.6 万元，全国人均为 13.1 万元。3 亿人的市民化就需要40万亿元。面对这一天文数字，只能在土地上做文章。目前的“土地财政”饱受诟病，但垫付总额高达40万亿元的新型城镇化成本，就不能不依赖“土地财政”。其实，目前“土地财政”的问题主要不是出在收取方面，而是出在支出方面，只要确保经费真正用在推进城镇化事业上，确保上述3亿人获利，确保失地农民分享土地增值的权益，依靠“土地财政”来支撑新型城镇化就是必要且可行的。

## 五、“拉动经济增长”与“尊重农民意愿”：两种城市化的目标选择

现在人们都把城镇化当作拉动经济增长、推进现代化进程的关键战略。诚然，城镇化率是世界各国衡量工业化、现代化发展水平的一个重要指标，也是一个国家经历社会变迁的反映。但城镇化水平的提高，有赖于农村人口向城镇的迁移和农业劳动力向城镇第二、第三产业的转移。因此，充分了解和尊重农民的城镇定居意愿不仅有利于缓解当前城镇化建设中的各种矛盾，更有利于提升农民主动参与城镇化的积极性，更好更快地贯彻实施城镇化战略，推动新型城镇化的健康发展。

那么，在国家积极鼓励农民定居落户城镇的背景下，整体上持有农业户口的农村居民的真实意愿究竟怎样？是顺应国家号召落户城镇还是排斥进城居住？是否会存在地区性差异？这些问题又受到哪些因素的影响呢？我们对中国综合社会调查2010年度（CGSS 2010）数据进行了分析①。该数据库根据多阶分层概率抽样的方法选取样本，对选中的家庭，采用KISH随机抽样表从18岁以上的成员中选取一位进行访问。我们首先通过户口登记状况剔除了非农户口、军籍、蓝印户口等样本，得到了6 040个持有农业户口的样本；经过进一步的筛选（筛选条件是“目前居住在农村”或者“居住在城镇，但本人户口或配偶的户口为农业户口并且在家乡有承包地”）最终获得了3 606个有效样本；最后根据户籍登记地将全部样本按地区进行划分，得到东部地区样本1 087个、中部地区样本1 149个、西部地区样本1 370个。受访者均回答了“未来5年，您是否计划到城镇定居?”的题项。

根据样本数据分析，总体来讲，农民到城镇定居意愿较低，有80.4%的农民态度为“不愿意”，仅有19.6%的农民表示“愿意”；农民

① 本项调研分析详见王毅杰，武蕊芯．农民城镇定居意愿的影响因素及地区差异．南通大学学报（社会科学版），2016（1）．

城镇定居意愿在地区之间存在差异，东部地区农民愿意进城定居的比例占22.5%，中部地区占16.8%，西部地区占19.5%。这主要是因为东部地区农民的受教育程度高于中西部地区，有非农工作经历的农民比例也高于中西部地区，也就是说，东部地区农民对于现代化的接受程度相对较高，城镇生活的能力更强，加之东部地区城镇化发展水平高，医疗卫生、教育和社会保障等基本公共服务比较先进，公共基础设施比较完善，所以农民城镇定居意愿相比中西部也较高。

样本数据分析还表明，不同类型农民定居城镇意愿的影响因素存在一定差异：(1)出生年份的影响。年龄越大，农民越不倾向于城镇定居。如“80后”农民群体的城镇定居意愿显著高于“60后”，城市的学习工作生活经历和休闲娱乐活动远远比农村丰富，城镇定居意愿强烈；“60后”群体处于50～60岁之间（在接受调查时）即将步入老年，可能由于难以适应城市生活和安土重迁的观念，他们的城镇定居意愿较弱；“70后”群体处于中年期，“上有老、下有小”的经济负担、城市的高额生活成本、职业变动的困难、对农村土地的依赖、乡村人情网络的维护等，都削弱了他们的城镇定居意愿。(2)经济收入的影响。在控制其他变量的情况下，个人和家庭收入以及非农收入占家庭收入的比例越高，农民的城镇定居意愿就越强，东中西部地区都是如此。这说明整个家庭收入的提高对于农民的城镇定居意愿有强大的推动力；农民的非农收入占总收入的比例越高，证明其非农工作的能力越强，越能适应城镇生活，进而也会增强其城镇定居的意愿。(3)政治参与的影响。在全样本回归分析中，农民村庄选举参与通过了检验，但对其影响方向为负向，说明农民的村庄政治参与度越高，其城镇定居意愿就越弱。村民在选举过程中，作为一个独立的决策者，其对于村庄选举的参与直接体现了村民对于村庄事务的关心程度和归属感，间接地反映了农民在村庄的人际关系与社会网络，最终影响其城镇定居意愿。(4)现代化接受程度的影响。农民的受教育程度越高，其城镇定居意愿越强；但存在地区差异，东部最高，中部次之，西部最低。教育水平作为个人的一项文化资本，在一定程度上也影响着个人的收入、对城市的认知适应和在城镇的生活能力。教育程度越高，在城市中竞争力越大，越能找到收入相对较好和稳定性较高的工作，其预期的留城收益较高。故教育程度越高的农民越能在城镇发挥自身优势，更倾向于定居城镇。西部的经济发展水平远落后于东中部，在城镇中非农就业工作机会少，所以那些教育水平较高者也可能难以在城镇中获得稳定的非农工作，这导致其定居城镇的意愿不强烈。相比无非农工作经历的农民，正在从事非农工作的农民的城镇定居意愿相对较强。目前，随着户籍管理制度的放宽，一些外出打工的农民生活在异乡已成常态。相比一直在农村生活工作的村民来讲，那些有外出务工经历的农民工体验了城市生活的各种便利，享受着城市相对发达的教育、经济、文化水平，在城市的打工经历使得他们开阔了视野，感受到了不同行业的巨大差别，并学习和掌握了新的非农技能，增强了在城镇谋生的能力和在城镇生存下去的信心，因而也就更倾向于离开农村。但有非农工作经历这一变量在三个地区均未通过检验，大概可以归因为，他们虽然曾经从事非农工作，见证了城镇的繁华，向往城镇生活，但是城镇高额的房价、二元的社会保障体系和冷漠的城镇市民都让他们望而却步。因此，不同的人对其非农工作经历有着不同的感受，进而影响其城镇定居意愿。

此外，相对于女性来讲，男性农民的城镇定居意愿较弱。从外出进城打工人员和农村留守人员的性别比例来讲，男性作为外出务工主体的现状、城市的高额生活成本、职业变动的困难等，都使他们对城市的感受不及女性好，进而影响其城镇定居的意愿。

总之，本项研究发现，农民的城镇定居意愿总体较低，不同因素对于农民的城镇定居意愿存在显著的影响。虽然农民的城镇定居是“个人选择”，但是也不能忽视制度层面的影响。不同时期随着国家宏观政策的导向作用，农民个体的城镇定居意愿也会发生变化。新中国成立之初，国家实行计划经济体制，形成了明显的城乡二元结构。严格的户籍管理使得“城市人”和“农村人”对立起来，农民被严格地束缚在土地上进行劳动，而城市居民享受着国家的各种保障，城镇户口意味着各种福利和权利，是农民羡慕的对象。改革开放之后，随着城乡关系的演变和国家对“三农”问题的高度重视，中国进入了一个“以工支农”“以城带乡”的时代。随着户籍政策的放宽，农民开始进入城市打工，城市生活吸引农民进入城镇定居甚至落户，由此掀起了一阵“农转非”热，农民的城镇定居意愿一度强烈。但近年来户籍制度和农村土地制度的改革都在一定程度上影响了农民的城镇定居意愿，甚至出现了逆城市化的“非农转农”现象。农业税的取消，农村基本公共服务设施的完善，以及国家在土地、计划生育等方面对农村的偏向，都使得农业户口升值，附加其上的一系列优惠政策使农民的城镇定居意愿大大降低了。但是在国家加快城镇化进程的政策导向下，目前城镇化的快速发展建立在开发乡村土地的基础上，大规模的城镇化运动和农民“被上楼”的激进方式，打破了城镇化的基本规律，也大大削弱了农民主动定居城镇的意愿，因此国家在推行城镇化的过程中，需要更准确地了解农民的实际城镇定居意愿，更多地考虑农民的主体性。

总而言之，我们的结论就是：新型城镇化必须因地制宜，从而殊途同归——“坚持走中国特色新型城镇化道路，推进以人为核心的城镇化，推动大中小城市和小城镇协调发展、产业和城镇融合发展，促进城镇化和新农村建设协调推进”①；新型城镇化必须尊重农民城镇定居的意愿，并据此灵活地调整相应的政策。

① 中共中央关于全面深化改革若干重大问题的决定．新华网，2013-11-15.

# 第四章 多元社会与公正需求

当前中国社会的第三个重要特征就是多元性，改革开放以来，伴随着“允许乃至鼓励一部分地区、一部分人先富起来”的“大政策”的实行和市场优胜劣汰竞争机制的引入，原有的同质型“总体性社会”逐步演化为异质型“多元化社会”。除了存在全国人民的共同利益（如祖国统一、领土完整、中华民族伟大复兴等），各地区、各部门、各行业、各单位、各利益群体也有各自不同的利益，处于各自不同的地位，拥有各自不同的机会。人民群众高层次的发展需求除了上述的融入需求以外，还有渴望不被歧视、受到公平公正的对待的需求。从一定意义上说，公平正义比阳光还重要！党和政府作为全国广大人民群众根本利益的代表者，在多元社会的现实中，如何统筹兼顾方方面面的利益，如何公平公正地调处方方面面的矛盾，如何一视同仁地提供基本公共服务，都是关系到执政合法性的根本问题。从原则上讲，党和政府除了广大人民群众的根本利益以外，没有自己任何特殊的利益，但组成党和政府的具体工作人员（包括领导者），又是活生生的有血有肉的现实的人，面对权力和金钱的巨大诱惑，如何不忘初心、牢记使命，立党为公、执政为民，也是关系到执政合法性的根本问题。

## 第一节 社会分化及其效应的两面性

同质型“总体性社会”向异质型“多元化社会”的变迁，是通过社会分化完成的。社会分化不仅是改革开放以来的社会现实，而且仍然处在进行状态之中。

## 一、中国社会分化的现实

具体来看，中国社会转型中的结构分化主要发生在三个层面上：

一是个体（家庭）层面上的分化。从原先吃“大锅饭”到“一部分人先富起来”，直至现在形成了个体之间的贫富分化：有数千万的贫困人口、数亿的中低收入阶层、数亿的中产阶层和过亿的高收入人群，以及居于财富金字塔顶端的亿万富翁。在这一分化过程中，虽然能否致富在一定程度上取决于个体能力的差异，但在“先富起来”的人中，仍有一部分人在相当程度上受益于社会结构的不平等，甚至做出违反法纪、有悖道德的事情。

二是群体（group）层面上的分化。典型的如，以国有企业改革为主线，从20世纪八九十年代的“抓大放小”“改制转轨”，到现在的“国进民退”，形成了以企业干部职工为主体的既得利益群体和以“下岗”工人、“低保”人群为主体的利益受损群体。与个体之间的贫富差距不同，这些群体并非松散的“集合”（aggregate）或“社会类属”（social categories），而是共享特定的目标和期望的实体①；因此群体分化必然导致利益认同的分化，进而形成不同的利益群体。在这种情况下，社会共同价值观难以维系，改革的共识难以形成；相反却容易产生群体间冲突，在不同的群体之间产生集体性敌视。如果再往前发展一步，共享特定目标和期望的群体就会出现组织化趋势（组织也是群体的一种，是为达到特定目标进行精心设计的群体），群体之间的冲突也就表现为组织之间的冲突或松散的群体对严密的组织间的冲突。当然，由于一直以来中国对社会组织的发展采取了比较严格的管制，因此组织之间的对立和冲突并不多见，常常发生的都是松散的利益群体（且大多为底层的弱势群体）与严密的公权力组织之间的冲突。目前，这类冲突中的大多数仍然停留于民生诉求，但要防止其与政治、民族、宗教等因素的结合。

三是阶层（stratum）层面上的分化，形成了阶层与阶层之间的对立。因为阶层是“另一只看不见的手”②，因此这种分化虽然是潜在的，但也是最根本的，在很大程度上影响了社会矛盾的表现形式。对当代中国社

① 波普诺．社会学：第10版．北京：中国人民大学出版社，1999：100.

② 李培林．另一只看不见的手：社会结构转型．中国社会科学，1992（5）.

会阶层分化的研究很多，其中最为著名、最具影响力的当数陆学艺先生主编的《当代中国社会阶层研究报告》。陆先生带领的“当代中国社会结构变迁研究课题组”以职业分类为基础，以组织资源、经济资源和文化资源的占用状况为标准，对当代中国社会阶层进行了实证分析，划分出“十大阶层”，它们依社会地位由高到低地排序为：国家与社会管理者阶层，经理人员阶层，私营企业主阶层，专业技术人员阶层，办事人员阶层，个体工商户阶层，商业服务人员阶层，产业工人阶层，农业劳动者阶层，城乡无业、失业和半失业人员阶层①。

2001 年，在中国共产党成立 80 周年之际，党中央也明确指出：“改革开放以来，我国的社会阶层构成发生了新的变化，出现了民营科技企业的创业人员和技术人员、受聘于外资企业的管理技术人员、个体户、私营企业主、中介组织的从业人员、自由职业人员等社会阶层。而且，许多人在不同所有制、不同行业、不同地域之间流动频繁，人们的职业、身份经常变动。这种变化还会继续下去。”②

## 二、社会分化的两面效应

社会的分化是一把“双刃剑”，具有正负两个方面的效应。其正面效应体现在：首先，激发了人们的积极性和创造力，整个经济社会“活”起来了。在没有竞争、没有分化的年代，人们绑在一起穷，“共同富裕”的口号喊了几十年，并未成功地转化为现实；完全依靠精神激励的方式尽管在短期内能产生动力和效果，但难以持续，特别是在和平时期更是如此。如果没有社会分化所释放出来的亿万民众的积极性和创造力，持续 40 年的经济高速增长和人民群众生活的普遍提高则是不可想象的。其次，社会分化促进了社会的流动，区域之间、城乡之间、行业之间、部门之间的人财物的流动加剧，资源配置越来越有效率。再次，社会分化促进了分工、合作与竞争，劳动生产率得到了快速的提高。最后，社会分化促进了利益多元化、需求多样化、生活多样化，观念的更新、文化的繁荣随之而来。

当然，社会分化也有不小的负面效应。第一，中国的改革开放和市场经济体制的确立是一个“摸着石头过河”的“试错”过程，没有现成

---

① 陆学艺. 当代中国社会阶层研究报告. 北京：社会科学文献出版社，2002：7-8.

② 江泽民. 在庆祝中国共产党成立八十周年大会上的讲话. 中国共产党新闻网，2001-07-01.

的经验和规范的操作，政策指引总是滞后于实践探索，法律制定又总是滞后于政策指引，这常常导致公权力行使过程缺乏监督、市场运作无规则、竞争机制不平等。第二，一旦产生了社会分化，就会开始其“固化自身”的自然历史进程，即“马太效应”——富者愈富，贫者愈贫，而看上去似乎公平的市场竞争规则又会加速并放大这一过程。社会分化的固化，首先是源于最低投资额的增长。恩格斯曾经指出，“当开办独立的企业必须有大量资本的时候，工人阶级才第一次真正成为居民中的一个稳定的阶级”①。其次是源于垄断基础上竞争的不平等。现在，凡有机会赚钱的地方都有“重兵把守”，改革初期政策“普惠”的年代已经一去不复返，两极分化的趋势越来越明显。最后通过教育固化种种的不平等，使教育改变命运的通道越来越狭窄。教育固化又导致城乡差距、区域差距、阶层差距。这就为人们敲响了警钟！

这里不得不提及社会主义引入市场经济的过程。长期以来，在社会主义阵营乃至全世界，人们一直将市场经济等同于资本主义、将计划经济等同于社会主义；忌惮并时刻防范实施市场经济所带来的社会贫富分化。中国的经济改革一开始并没有确定社会主义市场经济的目标模式，只是有限度地在计划经济框架内引入市场调节机制和奖勤罚懒的竞争机制，同时高度警惕冲击计划经济甚至“挖”计划经济“墙角”的行为。然而在经济发展的实践中，市场的表现一直比计划优秀，劳动者和经营者的积极性和创造力迸发，经济效益显著提升。实践是检验真理的唯一标准。20 世纪 90 年代初，面对国内经济改革回潮、经济发展停滞的严峻局面，邓小平同志在改革开放的前沿阵地——深圳明确地指出：“计划多一点还是市场多一点，不是社会主义与资本主义的本质区别。计划经济不等于社会主义，资本主义也有计划；市场经济不等于资本主义，社会主义也有市场。计划和市场都是经济手段。”② 1992 年，党的十四大将社会主义市场经济确定为经济改革的目标模式，从而迎来了经济的持续发展。这不仅是实践的胜利，也有理论的依据。按照政治经济学关于商品价值和价值规律的常识，在市场上，商品的价值由将其生产出来所耗费的社会必要劳动时间决定，因而商品生产者千方百计地改进设备、创新技术、完善管理，努力使自己生产该商品实际耗费的劳动时间少于社会

① 马克思，恩格斯．马克思恩格斯全集：第 2 卷．北京：人民出版社，1957：297.

② 邓小平．邓小平文选：第 3 卷．北京：人民出版社，1993：373.

必要劳动时间，从而赚取二者之间的差价——超额利润，并促进了社会劳动生产力的提高；商品价值随着社会劳动生产力的提高而下降，价格也随之降低；同一时间内生产出的商品数量随着社会劳动生产力的提高而增加，从而物质财富丰富起来；价格则是价值的货币表现，它随着市场供求关系的变动而变动，供不应求时价格上涨，供过于求时价格下跌。可见，从动力机制上看，市场经济是一只灵巧的“看不见的手”，它既刺激了生产者创新技术、提高了劳动者的劳动积极性，又使消费者在商品价格上得利。正是因为上述理论和实践两方面的理由，中国破除了将市场经济等同于资本主义的陈腐观念，义无反顾地走上了社会主义市场经济的发展道路，从“计划经济为主，市场调节为辅”，到“有计划的商品经济”“市场起基础作用，政府发挥主导作用”，再到党的十八届三中全会确认“核心问题是处理好政府和市场的关系，使市场在资源配置中起决定性作用和更好发挥政府作用”。

当前，转型社会中的分化已经泛化到几乎任何一项公共政策中，形成了政策受惠者与政策受损者之间的张力。政策受惠者总是试图以“服务大局”或“发展的代价”为理由来迫使政策受损者接受现实，但政策受损者越来越不满意于这种强加的分配格局，试图通过抗争来实现合理的利益和理性的收益①。这是当下中国社会矛盾的主体部分，征地纠纷、拆迁冲突、改制引发的身份待遇问题等等，都属此类。面对这种状况，社会上一些人开始怀疑改革开放和市场经济，甚至怀念起“文化大革命”。这是不应当的。没有对“文化大革命”这场浩劫的深刻反思，就没有改革开放；没有改革开放，就不会走上社会主义市场经济之路；不走社会主义市场经济之路，也就不会有国民经济的持续增长和人民生活水平的普遍提高。况且，实施改革开放政策、实行社会主义市场经济体制以来所造成的社会分化，本身也具有正负两个方面的效应。所以，我们必须本着“向前看”的精神：一方面，要坚持发展才是硬道理，当前存在的各种问题和负面效应，只有通过改革、开放、发展才能得到解决；另一方面，分配也是大问题，反对两极分化、实现共同富裕的社会主义方向必须坚持，公平正义、共享发展，应当成为全体社会成员的共识。

---

① 张海波，童星．社会管理创新与信访制度改革．天津社会科学，2012（3）．

# 第二节　公平正义与共享发展

公平感是民众对不平等的感知和判断，它将普通民众与社会分配体系联系起来，对社会稳定至关重要。对处于转型时期的中国而言，其作用尤为突出。改革开放以来，中国取得了举世瞩目的经济成就，但不平等也在逐渐加剧。如不妥善解决，则可能危及社会稳定。

## 一、民众公平感及其影响因素①

完整的分配体系除了分配结果和分配程序外，还包括分配主体和分配客体。如在企业中，经营者是分配主体，员工是分配客体，绩效原则是分配程序，工资是分配结果。至于影响公平感的因素，可以看到，已有研究只关注了分配结果和分配程序，对分配主体的关注却不够。国内从分配结果入手的已有研究主要集中在初次分配领域的阶层地位和社会比较两方面，我们则添加了再分配领域的社会保障；在分配程序方面，不平等归因是核心，我们将其分为能力归因和特权归因两类；对分配主体的信任并非对具体经营者或官员的人际信任，而是对抽象组织的系统信任，包括初次分配领域的企业信任和再分配领域的政府信任。

我们所使用的数据仍然来自 CGSS 2010 数据，对象为 18～70 岁的受访者，使用的有效样本为 10 681 份，使用的方法是无序多分类的逻辑回归（Logistic Regnession）分析，根据不同的参照组合，建立了三个模型，模型Ⅰ为以不公平为参照的公平模型，模型Ⅱ为参照不公平的居中模型，模型Ⅲ为参照公平的居中模型。

数据分析结果表明，受教育程度对民众的公平感有显著影响，但其作用方式却不同于已有研究中的两种解释，即自利假设和启蒙假设②，拥有更高的教育程度的受访者对民众的公平感持一种“中庸”态度。在模型Ⅰ中，相比受教育程度为大专及以上的民众，受教育程度为小学及以下的民众公平感更高；在模型Ⅱ和模型Ⅲ中，受教育程度为大专及以

① 栗治强，王毅杰．转型期中国民众公平感的影响因素分析．学术论坛，2014（8）．

② 有研究认为受教育程度高的民众，因教育而获得的利益较多，其公平感较高，即自利假设，但也有研究认为，更高的教育水平会导致民众更具有批判意识，致使受教育程度越高公平感越低，即启蒙假设。

上的民众更倾向于选择居中。其背后的原因可能是，受教育程度越高的人对社会现实复杂性的认知越深刻，从而更少做出较为极端的关于“公平感”的选项，反而倾向于居中。

个人收入对民众公平感并无显著影响。在职业地位方面，结合三个模型，农民和从未就业者比工人及个体劳动者有更高的公平感，社会上层、中产上层与工人及个体劳动者没有显著差异，而工人及个体劳动者比中产下层更倾向于居中。

在社会比较中，主观社会地位和社会地位变化都显著影响民众的公平感，表现为：主观社会地位越高，其公平感也越高；社会地位变化越是向上流动，公平感越高；反之亦然。

社会保障对民众的公平感有显著作用，表现为：享有社会养老保障的民众公平感更高，而享有社会医疗保障的民众公平感更低。可能的原因是，尽管目前社会医疗保障覆盖率高达86.8%，但由于医药价格高昂，报销范围、方式、比例等不完善，社会医疗保障水平仍然有待提升，结果导致了一种托克维尔式的“更高的期望”和更多的不公平感①的矛盾。因而，从某种意义上讲，社会保障对公平感的作用不仅在于是否获得保障，还在于保障水平的高低。

就不平等归因而言，因变量参照不公平时（模型Ⅰ和模型Ⅱ），民众越是将不平等归因于能力，则公平感越高；越是将不平等归因于特权，则公平感越低。

在分配主体的信任方面，公司企业信任、中央政府信任和地方政府信任在模型Ⅰ和模型Ⅲ中均通过了显著性检验，仅地方政府信任在模型Ⅱ中通过了显著性检验。综合而言，对分配主体越信任，民众的公平感越高。在以往的研究中，信任对合作或交易过程的积极作用被广泛认可。本研究则证实，信任还有助于人们对交易结果的认可。从宏观视角看，信任对社会秩序也具有维护功能。对分配主体的信任，使得民众对分配结果有更高的包容度。

在控制变量中，性别在模型Ⅰ和模型Ⅲ中通过了显著性检验，表现为男性有更高的公平感；出生年份在模型Ⅰ和模型Ⅲ中通过了显著性检验，表现为相比1980年后出生的民众，出生于1940—1949年和1950—1959年的民众，其公平感更高，而出生于1960—1969年和1970—1979

① 托克维尔. 旧制度与大革命. 北京：商务印书馆，2013.

年的民众，其公平感与1980年后出生的民众无显著差别。

在以往的研究中，有的发现年龄对公平感存在正向影响，有的发现有负向影响。而在解释上，研究者往往将拐点置于改革前后。之所以如此，是因为在中国社会的经济转型中，市场化使中国民众的生活有普遍的改善，但也带来了更大的贫富分化。一方面，改革前成长的民众可能更能感受到改革带来的好处，所以较为容忍不平等，而改革后成长起来的民众追求公平的意识更强烈，对不平等的容忍度较低；另一方面，改革前成长的民众深受平均主义影响，可能会对转型后的不平等表现出比年轻人更强烈的不满。因而，年龄对公平感的矛盾结论各有依据。

就本研究而言，统计发现，1960年前出生的民众的公平感更高。我们的解释是，20世纪60年代出生的民众，其在青少年时期恰逢国家集体化和“文化大革命”，因而更能深切地体会从集体化到市场化的社会巨变所带来的好处。如今，这些人年龄在50岁以上，相对地享受到了社会转型的好处。在城市，“60前”经历了单位制，更多地享有社会福利和保障。在农村，这一年龄段的老人已逐步享有社会养老保障。这些都增强了“60前”老人从历史比较中获得的满足感。

在对分配结果的认知上，阶层地位对公平感的预测作用确实不佳。个体收入对民众公平感没有显著影响，职业地位的作用也不符合自利假设，教育的影响则更复杂，更高的教育程度反而使民众更中庸；而社会比较对民众公平感的作用则得以证实；社会保障对公平感的作用不仅与民众是否获得了社会保障有关，与保障水平也有关。在分配程序的认知上，由于市场化的深入，民众逐渐接受了绩效原则，因而如果不平等来源于能力，并不会引发民众的不公平感，但如果不平等由特权造成，民众则会产生强烈的不公平感。在对分配主体的认知上，社会转型使社会结构和价值观都产生了巨大变化，而经过长时间积累的企业信任和政府信任，缓和了民众对改革产生的一些不平等的不满情绪。

赫希曼（Albert Hirschman）在解释经济发展过程中人们对不平等的忍耐度时提出了“隧道效应”：同向双车道内的两辆车都堵在了一个隧道里，如果一名驾车者看到旁边车道的车开始挪动了，一开始的时候，他并不会觉得愤怒，相反是觉得有希望了，认为自己这边也会很快挪动，但是如果旁边那一道的车一直在移动，自己这一道的车却迟迟不动的话，他就会变得十分愤怒。

显然，中国的富人和穷人所在的两条“车道”仍然都在移动，只是快慢不同。这种速度上的差异不仅归因于能力差别，还归因于特权者对规则的逾越。在这种不平等的结构中，分配主体如果没有对穷人给予更普遍且更高水平的再分配保障，会导致穷人的希望的破灭，并最终引发穷人阶层的愤怒。所以，在普遍增加民众利益的同时，还要完善再分配机制，更要遏制分配中的特权现象。另外，在处理这些问题时，免不了会触动一些群体的利益，国家应该大刀阔斧、深化改革，减少社会不平等，保证社会的公平正义。

## 二、农民工分配公平感及其影响因素分析

除了依据 CGSS 2010 数据对全国性的民众公平感做统计分析，我们还对农民工分配公平感及其影响因素做了第一手的问卷调查①。调查对象为 15～60 岁跨县/区外出务工、被他人雇用从事非农活动至少半年的农业户籍劳动力。此次调查，从江苏省、安徽省、河南省各选一所高校，每所学校分别选择一两个社会学或社会工作专业的班级，每个班级的同学本着自愿的原则参与调查，他们利用寒假回家的机会调查返乡过年的农民工。问卷为自填式，避免了以往访谈式问卷可能产生的各种误差（尤其是认知-态度量表部分）；每名学生最多只能调查 10 位农民工，这样保证了调查对象的地域覆盖面，涉及 10 个省的 153 个县/区。本次调查共发放问卷 1 562 份并全部回收，有效问卷 1 469 份，有效回收率 94%；剔除关键变量缺失的样本，最后进入统计分析的有 1 228 个样本。

目前在分配公平感研究领域内有两种理论颇受欢迎，强调客观社会经济地位的“结构决定论”与重视主观相对感受的“局部比较论”。我们的研究是在此基础上增加了生活体验的维度，提出了解释当前农民工分配公平感的第三种机制，从而进一步探讨影响其分配公平感的因素。我们的研究基本上否定了“结构决定论”与“局部比较论”在农民工群体的应用。对农民工而言，并非社会经济地位越高就越认为自己的收入是公平的，亦非参照点的选择决定了农民工的分配公平感，而是农民工的生活体验影响了他们的分配公平感。“结构决定论”中的个人年收入、家庭年收入几乎不具有统计显著性，教育程度对分配公平感的影响是反

① 王毅杰，冯显杰. 农民工分配公平感的影响因素分析. 社会科学研究，2013 (2).

向的，并非教育程度越高的人分配公平感越高。“局部比较论”中的在同等能力的人中的收入层次、与三年前相比的收入变化也均未通过检验，家乡的收入层次对分配公平感的影响亦是反向的。在这两个理论中只有职业地位与工作所在城市的收入层次对应的两个次级的假设得到了验证。

生活体验维度下的社会距离与生活压力两者都具有统计显著性，农民工感知的社会距离越远、生活压力越大，就越认为其收入是不公平的。与“结构决定论”“局部比较论”相比，生活体验维度在阐释农民工的分配公平感的形成原因方面或许更具说服力。农民工的分配公平感是农民工在日常生活中面对社会资源分配状况时所产生的一种主观评价，任何个体都无法脱离自己的生活场域单纯地对某一事物进行评价，其或多或少都会受到生活场域中的种种情境的干扰。相对而言，生活感知更能影响农民工的社会态度与个体行为。

遗憾的是，我们的研究未能揭示农民工感知的生活压力与社会距离大到何种程度时，会促使农民工由过低的分配公平感转向抗争行为，这点在未来的研究中可以进一步探究。

## 三、建立健全公平可持续的社会保障体系[①]

“既要做大蛋糕，又要分好蛋糕”，这种共享的理念本身也有一个发展的过程。先是提出了“让国民共享经济繁荣的成果”，主要突出通过国民收入再分配实现共享，然后又在社会建设领域确立“共建共享”的原则，推动基本公共服务均等化，最后在“十三五”规划中提出了“共享发展”的理念，不仅要求发展成果全民共享，而且倡导发展本身就要走共享之路。例如，在城市交通领域，是大力发展公共交通还是鼓励私家车的普及，在房地产领域，是大力发展公寓式建筑还是兴建大量的别墅和封闭式小区、庭院，在商业业态领域，是大力发展吸纳众多劳动力的中小个体工商户、实体店还是扶持少数垄断寡头“一枝独秀”，等等，都涉及是否坚持共享发展的理念和道路的问题。当然，无论处在共享发展理念的哪一个阶段，建立健全社会保障体系都是最重要的任务之一。

---

① 严新明，童星．互联网对社会保障的贯通和提升研究．中国行政管理，2016(11)．

“社会总是存在两种力量，一种是离心力，一种是向心力，但两者从来都不是同涨同消的。”① 在涂尔干看来，联结人与人的纽带包括道德、经济等多种因素，联结人与人的方式分为“机械团结”和“有机团结”两种。在以“机械团结”为主的农业社会，个人风险及其带来的生存危机，通常是由家庭成员生、死、病、伤、残以及家庭之外的灾害、战乱造成的。进入以“有机团结”为主的工业社会后，又增加了许多新风险，如工伤事故与职业病、失业，以及投资失败等原因导致的生活风险。社会的发展进步并不意味着造成个人风险因素的减少，反而使致险因素增加，只不过随着社会的发展，社会财富的积聚能为人们抗拒风险提供日益强大的物质基础，化解风险的办法也在增加②。

社会保障的兴起就是为了防范社会成员的风险和保障其基本生活需求。社会保障制度通过一系列国民连带和职业连带关系的建立，在越来越大的范围内满足人们最迫切的物质生存需要③。1601 年，英国颁布的《济贫法》规定：政府有责任对没有工作能力的贫困者提供帮助，保障穷人的最低生活水平④。如果说《济贫法》是一种初级形态的、仅以贫困者为目标的国民连带的话，那么德国分别在 1883 年、1884 年、1889 年制定的《疾病社会保险法》《工伤事故保险法》《老年和残障社会保险法》，则建立了职业连带的社会保险制度。

二战结束后，社会保障又在更高级的形态上回归国民连带的立场。福利国家的设计师贝弗里奇所倡导的福利体制具有一律性特征，即不管国民的收入和生活水平如何，福利体制应覆盖社会中的每个人。这个一律性就是国民连带，其目的在于保障每个国民最起码的生存条件。自 1978 年起，法国的家庭保障取消了职业关联条件，这意味着所有定居在法国的人都有权获得家庭给付，无论他是否有职业活动⑤。通过对领薪者劳动报酬的预先提留，并以给付的形式对这些提留进行分配，从而在有职者与无职者这两个群体之间建立连带关系⑥。1997 年，英国负责福利改革的部长富兰克·菲尔德（Frank Field）提出了“新福利契约”（A

---

① 涂尔干．社会分工论．北京：三联书店，2000：90.

② 郑功成．社会保障学：理念、制度、实践与思辨．北京：商务印书馆，2000：183.

③ 迪贝卢，普列多．社会保障法．北京：法律出版社，2002：1-2.

④ 丁建定，杨凤娟．英国社会保障制度的发展．北京：中国劳动社会保障出版社，2004：5.

⑤ 同③122.

⑥ 同③64.

New Contract for Welfare)，其中列出的政府责任包括帮助人们找工作、供养不能工作的人、支持父母抚养子女、有效地规范养老金市场、救济贫困、为有需要的人筹集资金等；个人责任则包括寻求培训、接受工作机会、继续工作、抚养自己的孩子、为自己的退休生活而储蓄、不欺骗纳税人①。政府责任中的“供养不能工作的人”“救济贫困”“为有需要的人筹集资金”等，都体现出很强的国民连带责任。所以怀特科（William H. Whitaker）等指出，社会福利是一种社会黏合剂，通过寻求幸福生活及平等机会这一共同目标把人们联结在一起②。

中国社会保障体系建立和发展的过程也体现出这种连带功能的发展。1951年，政务院颁布《中华人民共和国劳动保险条例》，建立职业连带的劳动保险制度，覆盖了国有企业和县以上大集体的全体职工；机关事业单位工作人员、军人、大中专学生也享有专门的依托职业连带的福利保障。改革开放后，涌现了许多新经济成分和新型就业人员，如“三资”企业、私营企业、个体工商户、中介机构的就业人员和自由职业者等，以及进城务工经商的农民工，他们也陆续被纳入由劳动保险改制而来的城镇职工社会保险体系，职业连带特征明显的社会保障体系的覆盖面开始不断扩大。在农村，则由国家财政补贴牵头，以省级统筹管理的模式，开启了新型农村居民社会养老保险。城市也面向没有工作的居民，办起了城镇居民养老保险。至此，城镇企业职工、机关事业单位公职人员、城乡居民，都分别被纳入以职业连带为依托的社会保险制度。尽管这些制度几乎覆盖了全体国民，但其互不衔接、互不兼容，呈现“碎片化”特征，这严重地影响了社会保障制度的公平性。

在这种背景下，20世纪末，特别是进入21世纪之后，国家提出并实施民生工程，社会保障的国民连带取向日益明显。这个转变首先发生在社会保障体系中的“托底”部分。1993年，上海市率先建立城市居民最低生活保障制度；到1999年底，全国普遍建起了城镇居民最低生活保障制度；到2007年，全国农村也都普遍建成了低保制度③。

在医疗方面，先是在农村由农民自愿建立互济互助、共同抵御疾病风险的合作医疗制度，到20世纪70年代末，这一制度在全国的覆盖面已达90%左右。2003年，中央决定重建农村合作医疗制度。2004年，

① 格伦内斯特. 英国社会政策论文集. 北京：商务印书馆，2003：120.

② 怀特科，费德里科. 当今世界的社会福利. 北京：法律出版社，2003：88-89.

③ 童星. 社会转型与社会保障. 北京：中国劳动社会保障出版社，2007：223.

国务院转发卫生部等部门颁布的《关于进一步做好新型农村合作医疗试点工作的指导意见》，这标志着全国范围内新型农村合作医疗试点的全面展开①。截至2014年底，全国参加新型农村合作医疗人口数达7.36亿，参合率为98.9%②。从2007年起，国务院决定开展城镇居民基本医疗保险试点，以没有参加城镇职工医疗保险的城镇未成年人和没有工作的城镇居民为主要参保对象。目前，正在推行新型农村合作医疗和城镇居民基本医疗保险并轨，从而使其与城镇职工医疗保险制度并驾齐驱，加上“十三五”期间将建成城乡居民大病医疗保险制度，这些共同为全体国民编织健康安全网。

在城乡低保制度和城乡医疗保险/合作制度并轨的趋势下，作为社会保障中涉及资金量最大、时间跨度最长的项目，养老保险也开始由职业连带向国民连带转型。首先，在2012年，城镇居民社会养老保险与新型农村居民社会养老保险并轨；其次，按照“六统一”（统一制度政策、统一缴费基数和比例、统一待遇、统一基金管理、统一基金预算、统一业务规程）的要求，力推基础养老金全国统筹；最后，从2014年10月起，实施机关事业单位公职人员养老保险改革，参照城镇职工社会养老保险制度来立规建制，开启最为艰难的“并轨”历程。

总之，党的十八大以来，中国的社会保障体系建设正在以“增强公平性、适应流动性、保证可持续性”为重点，朝着更加公平、更加可持续的方向发展。

## 第三节　权益维护与多元包容③

近年来国内关于社会抗争研究的热度与日俱增。这是学界对不断增多的社会抗争事件的理论回应，反映出学界对此类敏感事件的学术洞察与责任感。在研究数量增多和研究质量提高的同时，学界对这类研究的

① 胡联. 论我国新型农村合作医疗可持续发展中的政府作用. 特区经济，2007(11).

② 中国国家卫生健康委员会. 截至去年底全国7.36亿人参加新农合　参合率98.9%. 人民网，2015-11-05.

③ 张乐，童星. 国内社会抗争研究范式的探讨：基于本体论与方法论视角. 学术界，2013(2).

反思与讨论也更加深入。对学界在该项研究上的梳理，可以展示国内社会生活中源于权益维护动机的社会抗争的现实。

库恩（Kuhn）在其《科学革命的结构》中对“范式”（paradigms）有着清晰的界定：一方面，它代表一种特定群体内部成员共享的信仰、价值与技术等构成的整体；另一方面，它只涉及这一整体中的一种元素，就是对具体问题的解答，是科学解答其他谜题的基础①。库恩强调，“学科氛围”（disciplinary matrix）对于范式的意义通常由三种元素体现：符号通式、共同信念、共享价值②。通常情况下，人们把范式理解为常规科学所赖以运作的理论基础和实践规范、从事某一科学的研究者群体所共同遵从的世界观和行为方式。本研究将国内学界关于社会抗争的研究范式归为三大类③，即情感范式、工具范式和结构范式，拟从本体论、认识论和方法论三个层面，分别考察这三种研究范式在回答社会抗争存在的状态与真实性、研究者与研究对象之间的关系以及抗争研究方法体系三个问题上的异同。鉴于目前国内几乎所有关于社会抗争的研究都主张“主客二分”④ 的视角，因此，这里重点讨论社会抗争研究的本体论和方法论问题。

## 一、研究旨趣

这是三种研究范式的主要差异所在，也是我们区分三种研究范式的依据。查尔斯·蒂利（Charles Tilly）等认为，抗争总是将主体、客体与要求三者集合在一起⑤。其中主体可以理解为研究对象，这容后探讨，而客体、抗争的要求以及主客体之间的互动机制则体现出不同

---

① 库恩. 科学革命的结构. 北京：北京大学出版社，2003：9-10.

② 陈映芳. 在范式与经验之间：我们如何接近问题. 公共行政评论，2011（4）.

③ 学术界对西方集体行动、社会运动和抗争政治研究的范式基本都是三分法，如应星的“情感范式、资源动员范式和政治过程范式”，张荆红的“传统范式、现代范式和新社会运动范式”，赵鼎新的“心理范式、动员范式和结构范式”，陈鹏的“权利模式、阶级模式和规则模式”。当然也有更为细致的划分，如赵鼎新和谢岳的“心理怨恨范式、理性选择范式、资源动员范式、文化结构范式、政治过程范式、国家-社会运动范式”。应星还曾将国内的研究范式简洁地概括为“西方社会运动范式和底层抗争范式”两大类。

④ 严格的质性研究一般采用的是理解和建构的认识论视角，并不强调甚至反对“主客二分”，但是国内有关社会抗争的研究无论是量化方法还是质性方法都有明确的研究对象，也都是把反映和揭示抗争主体的动机、目的、行动策略和行动原因作为研究目标，而且大多研究提出了治理或者减少社会抗争的建议和对策。这种研究思路和分析框架，无疑很容易让人们觉得其研究的认识论基础就是“主客二分”。

⑤ 蒂利，塔罗. 抗争政治. 南京：译林出版社，2010：10.

研究者的旨趣，其研究结论也就成了不同研究范式的“符号通式、共同信念、共享价值”。

**1. 旨在揭示驱动力量的“情感范式”**

该研究范式把某些农民、工人或者特殊群体的“情感”（emotion）作为研究的内容，其目的是要明确社会抗争中的内在驱动力。这一范式呈现三种类型：第一种是依据西方心理学模式，是对群体性意见的生产机制及其对群体性事件影响作用的研究，也有对群体性事件动因中的相对剥夺感与相对满意度的研究，还有研究者将情感转化为价值诉求，研究价值诉求的转变与聚众者参与动机之间的关系①。第二种是从社会主义传统和阶级话语中展现抗争动因的研究。有研究者指出改革激发了国企工人们的“主人”观念，加剧了工人对“共同体”和“家园”的留恋与集体认同；也有研究者分析了农民阶级意识的形成，以及展开联合抗争的过程②。第三种则是把情感概念本土化，研究了“气”与“气场”等具有中国传统文化因素的在乡村集体行动再生产中的作用等问题③。整体上看，国内多数研究者不再把情感看成单纯的心理范畴，而是认为抗争者被激发起的各种负面情感具有很大程度的社会建构性，这类情感可以认知、学习、传递，并在中国特定的文化结构中影响着社会抗争的产生与发展的机制。

**2. 旨在探究策略手段的“工具范式”**

研究者们描述了抗争者所使用的多种具体手段，如“以法抗争”“以理抗争”“法权抗争”“弱者身份武器抗争”“依势博弈”“韧武器抗争”，甚至是“以身抗争”。有学者根据自己的实地调查指出，当前中国农民的抗争是有组织的“以法抗争”，即一种以中央政策为依据、以县乡政府为抗争对象、以直接动员农民抵制为手段、以宣示和确立农民合法性或者公民权为目的的政治抗争。“以法抗争”概念提出后，引起了广泛的讨论

① 郑风田，刘杰．从群体性意见到群体性事件：一个观念的澄清．中国农村观察，2010（5）；张书维，王二平，周洁．相对剥夺与相对满意：群体性事件的动因分析．公共管理学报，2010（3）；张荆红．价值主导型群体事件中参与主体的行动逻辑．社会，2011（2）．

② 佟新．延续的社会主义文化传统：一起国有企业工人集团行动的个案分析．社会学研究，2006（1）；潘毅，卢晖临，张慧鹏．阶级的形成：建筑工地上的劳动控制与建筑工人的集体抗争．开放时代，2010（5）．

③ 应星．草根动员与农民群体利益的表达机制：四个个案的比较研究．社会学研究，2007（2）；应星．“气场”与群体性事件的发生机制：两个个案的比较．社会学研究，2009（6）．

和争议，此后陆续出现了更多的关于抗争手段和策略的研究。有研究者提出在抗争中存在着包含道德秩序意味的"以理抗争"的策略，它是行动者基于利益理性的"依法抗争"的拓展，是人们的历史经验、情感认同和道德理性相互作用的结果①。有研究者还概括出"法权抗争"的策略，并将其具体化为"上访维权"、"诉讼维权"和"立法维权"三个亚类型②。

与"刚性的法"的抗争策略不同，关注乡村基层抗争的研究者更多地从"柔性"视角来描述抗争者的策略与手段。有研究者先后提出"弱者身份性武器抗争"和"依势博弈"的概念，认为农民在抗争时会选择将自身身份"武器化"，这既可以显性地表达对自身利益的要求，又可以借"弱者之壳"保护自己③；对弱者武器使用的精细化就出现了"依势博弈"的情况，村民通过知势、造势、借势、用势，使自己与诉求对象、调解方处于同一系统中④。相类似的，"韧武器"也是农民抗争的一种极具智慧的策略手段，农民在生存空间遇到威胁时，会运用一种既柔软又坚实的"武器"，采取非对抗性抵制方式，选择"不给被剥夺的机会"的做法，并且借助于"集体（合作）力"的效应来解决难题⑤。

无论是"求助于外"的"法权抗争"还是"求助于内"的"弱者身份武器抗争"，都体现出当前社会抗争手段的多元性和抗争策略的主动性。与之相比，"以身抗争"手段的使用则反映出边缘群体的无奈和无助，"艾滋村民"利用可预期的身体疾病和死亡这一手段来维护自身的某些权益并实现功利的方式既有效又危险⑥。此外，有研究者洞察了一些特殊类型的上访形态，如"谋利型上访"和"要挟型上访"⑦，这两种抗争手段的使用既反映出当前少数抗争群体将上访当作实现其不合理要求和利益主张进而产业化的倾向，又折射出基层政府权威弱化、村落权势

---

① 朱健刚. 以理抗争：都市集体行动的策略. 社会，2011 (3).

② 陈鹏. 当代中国城市业主的法权抗争：关于业主维权活动的一个分析框架. 社会学研究，2010 (1).

③ 董海军. "作为武器的弱者身份"：农民维权抗争的底层政治. 社会，2008 (4).

④ 董海军. 依势博弈：基层社会维权行为的新解释框架. 社会，2010 (5).

⑤ 折晓叶. 合作与非对抗性抵制：弱者的韧武器. 社会学研究，2008 (3).

⑥ 王洪伟. 当代中国底层社会"以身抗争"的效度和限度分析：一个"艾滋村民"抗争维权的启示. 社会，2010 (2).

⑦ 田先红. 从维权到谋利：农民上访行为逻辑变迁的一个解释框架. 开放时代，2010 (6)；饶静，叶敬忠，谭思. "要挟型上访"：底层政治逻辑下的农民上访分析框架. 中国农村观察，2011 (3).

阶层兴起、乡村社会利益纠纷解决机制不畅的险象。

**3. 旨在考察抗争社会环境的“结构范式”**

该范式着力研究抗争的动员结构因素与运作的文化、制度空间。研究抗争的动员结构因素主要是对某些具备集体行动性质的社会抗争的动员资源及其构成进行描述与说明，包括那些用来吸引人们参与行动、满足参与者动机的各种组织机构和关系网络。研究表明，在抗争维权的动员结构中，维权骨干和精英分子的领导、维权自组织的建立、适当的策略、抗争者丰富的社会网络资源，是其组织起来成功维权的关键①。城市基层社区抗争的成功在于其对关系网络的运用，诉求双方的行动都是围绕关系网络的建立、巩固和利用展开的②。在论述互联网作为关键的动员资源时，一些研究者指出业主论坛首先是一个外部信息的查抄与汇聚工具，其次才是一个关于小区维权活动的对外动员平台③。

如果说对抗争动员结构的研究重点在于回答抗争行动在内部“何以可为”的问题，对抗争运作的文化制度空间的研究则是从社会抗争的外部回答它“何以可能”的问题。研究表明，抗争的外部制度、文化环境和法律空间在很大程度上制约当代中国社会抗争的发展。在城市社会运动特殊的政治机会结构中，党政系统权力结构及其控制力是最重要的制约因素；客观机会结构只有经由行动者的积极建构，才能成为维权运动真正可以利用的机会空间④。国家主导型权力再分配机制决定了当前权力分布的不对称和失衡状态，这是当前城市业主维权运动面临的共同困境，而法律呈现“武器”与“瓶颈”并存的二重属性张力一直是抗争行动所要面临的难题⑤。有研究者认为，农村群体性事件的发生源自结构性的

---

① 张磊．业主维权运动：产生原因及动员机制——对北京市几个小区个案的考察．社会学研究，2005（6）；孟伟．建构公民政治：业主集体行动策略及其逻辑——以深圳市宝安区滢水山庄业主维权行动为例．华中师范大学学报（人文社会科学版），2005（3）；王国勤．社会网络视野下的集体行动：以林镇“群体性事件”为例．开放时代，2011（2）．

② 石发勇．关系网络与当代中国基层社会运动：以一个街区环保运动个案为例．学海，2005（3）．

③ 黄荣贵，张涛甫，桂勇．抗争信息在互联网上的传播结构及其影响因素：基于业主论坛的经验研究．新闻与传播研究，2011（2）．

④ 陈映芳．行动力与制度限制：都市运动中的中产阶层．社会学研究，2006（4）；施芸卿．机会空间的营造：以B市被拆迁居民集团行政诉讼为例．社会学研究，2007（2）．

⑤ 徐琴．转型社会的权力再分配：对城市业主维权困境的解读．学海，2007（2）；刘子曦．激励与扩展：B市业主维权运动中的法律与社会关系．社会学研究，2010（5）．

“气场”的存在，其中就包括农村结构性利益失衡造成的弥散在事发地区的“气”，农民群体性利益表达的真正障碍是乡村社会中各种既存的“权力-利益”的结构之网①。

## 二、研究对象

研究对象又被称为分析单位，它是研究者观察、描述和解释的对象。在国内社会抗争研究中，研究对象的选择大体上有两种方法论依据。

**1. 方法论个体主义**

这是情感范式和工具范式所青睐的。它实际上就是把社会抗争的主体作为自己的研究对象，主要分为三种类型。

第一类是农民。研究者重点分析的是乡村“抗争精英”。他们可能是具备“强烈的英雄主义情怀”的“上访代表”，也可能是“足智多谋”、理性控制力较强的“草根精英”，甚至是占有一定资本、在乡村被称为“经济能人”的私营业主。这些农民会自发地、有意识地承担集体抗争的责任，积极动员其他农民参与抗争，他们是普通农民的代表及利益代言人。此外还有一些精于“谋略”的农民，他们善于利用“弱者身份”来“造势”，在同对手博弈抗争时，他们会采取非抵抗性抗争的方式维护自己的利益，创造出如“求援上访”“谋利上访”“要挟上访”等多种维权方式。

第二类是工人。工人又分为两类：一是参与集体行动的国企工人，包括集体上访、静坐讨说法的国企职工，对集体主义怀有深厚感情、在观念上尚未接受国企改革相关做法的职工代表，以及单位制里的普通职工。二是农民工。在研究者的眼中，他们或是颇具悲剧色彩的以挣扎求生存的建筑工人，或是会运用互联网组织动员起来的“新生代”。

第三类是城市居民。其中既有参与集体行动的普通城市居民，也有作为维权活动者的城市有产者，更有投身于抗争运动中的带有社会属性的城市中老年人和女性。城市有产者在抗争中表现出独有的特点，比如具有一定的学历水平，懂得乃至精通法律知识并运用它们进行有理有据的维权抗争，可以动用更多的社会资本和互联网资源开展抗争动员。虽然城市有产者的抗争可能发生在各地，但目前研究者多选取北京、上海、

① 应星．“气场”与群体性事件的发生机制：两个个案的比较．社会学研究，2009（6）；吴毅．“权力-利益的结构之网”与农民群体性利益的表达困境：对一起石场纠纷案例的分析．社会学研究，2007（5）．

广州等中心城市的有产者作为研究对象。这可能是因为，“北上广”地区的抗争更具典型性，京津唐、“长三角”和“珠三角”地区的社会矛盾和利益冲突更显著，城市有产者的公民维权意识更强。此外，有些研究者还探讨了城市中普通居民的抗争，如关于居民的环境抗争受到差序格局影响的研究，后单位制时期街区居民的集体抗争研究，以及对环境抗争中的都市女性角色的研究，等等。

**2. 方法论集体主义**

方法论个体主义研究者实地观察的是个人，描述和叙述的也是个人。当然，这里所说的并非指单独一个人的抗争活动，而是利益相关个人之间相互影响与依赖的集体行动。方法论集体主义研究者直接观察的是非个人的单位，收集的也是集群性的资料，虽然某些研究者的资料来源是通过个人问卷或者访谈获得的，但是研究者把众多个人的信息进行汇总，通过观察和描述集群的行为来透视更大场域的机制和关系，比如国家与社会的结构性关系等都是他们研究的重点。如果说情感范式和工具范式更多地以个人为研究对象，那么结构范式则倾向于方法论集体主义，把集群性事物或者现象作为抗争的研究对象。这类研究成果包括都市运动中的国家与社会关系的研究、业主维权运动中的法律与社会关系的研究，也有学者另辟蹊径地将抗争中的诉求对象——政府作为研究的对象，考察城市运动中的地方政府角色与策略。随着互联网的兴起，研究者还将网络论坛作为研究对象，分析城市业主网络论坛在抗争信息传播方面存在的结构性差异等问题。

## 三、研究方法论①

惯常情况下，研究者会认为相同的研究范式会使用相同或者类似的研究方法和资料收集与分析方法，但目前国内社会抗争研究范式却显现出研究方法的交叉性、资料收集方法的多样性与分析方法的多元性，在同一种范式中存在着多种研究方法、资料收集与分析方法。

**1. “解读式”研究与“解释式”研究**

首先是遵循阐释主义传统的“解读式”（interpretation）研究方法。研究者通过实地访谈和观察来收集资料，运用讲故事的方式将一个群体

① 方法论作为方法的方法，不仅是对具体研究方法的抽象和概括，还涉及理论建构的依据、资料收集的原则、资料分析解释的基础以及研究质量的评价体系等重要内容。

对另一个群体（或机构）的抗争过程介绍一番，从主人公的遭遇提炼出若干概念来说明这类社会抗争的性质和机制。如“以法抗争”“以身抗争”“弱者身份武器抗争”“以理抗争”“韧武器抗争”“气与气场”“依势博弈”“权力-利益之网”等概念都是通过解读这种故事提出的。解读方法又分为两个亚类型：一类是“全景式”解读，即把所有与主题相关的社会内容都纳入描述框架①，虽然研究论文限于篇幅不可能描述得面面俱到，但使用这类方法的研究者还是尽可能详细地叙述“故事”；另一类则是对实地研究的案例做归纳和概括性叙述，用研究概念框架安排案例叙述，这种方法层次清晰，却很容易给人一种按需选材、断章取义的印象。

其次是沿袭实证主义传统的“解释式”（explanation）研究方法。研究者把社会抗争现象看作既成事实，用经验实证的方法来分析抗争的成因、产生的机制和造成的后果。该研究方法坚持用定量的方式对人们的群体抗争意识、参与抗争的动机、集群抗争行为等问题进行有效的测量和解释。实证主义方法当然不限于问卷调查的定量分析，一些擅长实地研究的学者同样采用“实证”的方法，当然不是用问卷和数据分析，而是汲取实证传统的精髓，用比较的方法对资料进行整理与分析，在此基础上建构理论性概念并得出结论。

**2. 三种资料收集方法**

社会科学三种主要的资料收集方法——实地研究、问卷调查、文献研究——在社会抗争研究中都有所运用。

整体上看，国内研究者一般愿意使用实地研究方式收集抗争案例资料。其一是单一的实地调查，研究者进入研究对象生活的场景中观察，甚至是进行持续多年的跟踪调查，采用深度访谈的方式收集资料，访谈对象涉及抗争行动的多个相关者（抗争者、诉求对象和协调人）。其二是以实地研究为主、以问卷调查和文献收集为辅的研究方法，往往先通过在抗争群体集中的公共网络论坛上邀请代表集中座谈，然后选择合适的代表带领研究者进入田野，与更多的抗争者分组访谈、个别访谈。

在目前国内的抗争研究中，问卷调查法除了作为实地研究的辅助工具以外，还会被某些研究者作为主要的方法来收集资料。如在情感范式的一些研究中，多以目的、动机、意识或者行为与心理因素的关系为研

① 赵鼎新. 社会与政治运动讲义. 北京：社会科学文献出版社，2006：9.

究内容，大多采用抽样问卷调查的方式收集资料，一般有明确的研究假设，有些研究采用的还是全国性的大样本数据（如 CGSS 的调查数据）以增加结论的可信度。

文献研究的资料收集方法在社会抗争研究中也较为常见。研究者通常以大众传媒公开发表的或者是网络论坛的文字材料为分析载体。还有一些研究者在实地研究中收集到了法律材料汇编、信访信、举报信、诉讼各阶段的诉状等文字材料，并分析这些素材，进而呈现抗争行动中各种细节和意外的结果。

**3. 三种分析方法**

目前国内关于社会抗争的研究使用了三种分析方法：案例叙事分析法、案例比较分析法、定量比较分析法。

案例叙事分析法是研究者通过单个或者多个抗争案例的叙述来解读资料，理解抗争现象并提炼出关键概念的研究。比如关于农民有组织的“以法抗争”、“权力-利益之网”、“弱者身份武器抗争”和“表演式抗争”概念的研究等，都属于这一分析类型。

案例比较分析法是研究者选择多个案例并行叙述，然后对案例进行比较分析的研究。如关于“草根动员”以及群体性行动中的“气”“气场”的提炼、关于林镇群体性事件的类型化比较、关于城市业主的“法权抗争”的类型学分析、关于中国群体行动的历史分期与类型学的研究等，就可以归为这种分析方法。

定量比较分析法则是用问卷调查或实地研究收集资料，通过比较分类属性变量之间的特征差异的方式，来探寻抗争意愿与抗争行为、抗争结构与抗争结果之间的关系的解释性研究。如关于环境抗争的研究、关于互联网动员的研究等，都属于这一类。

## 四、研究结论：共识与争论

**1. 达成的共识**

一是关于抗争根源的共识。学界的研究追溯了三方面的原因：

一部分研究者认为抗争行动之所以爆发，很大程度上是因为情感的因素。诸如“蒙羞”后为追求承认和尊严而迸发出的“气”，或者是相对剥夺感强烈、群体性意见的极端性表达，甚至是对原有社会主义文化传统的认同、留恋，都会激发起抗争的行为。这些被激发起来的情绪情感需要找到释放的出口，这类情绪被打压得越严重，其反弹的可能性就越大，为承认、为认同而奋起抗争的人们在抗争中寻找情感宣泄的合法性。

一部分研究者认为社会抗争产生的根源是社会各群体之间的利益冲突。无论是在城市还是在乡村，利益的争夺和协调都是一个棘手的问题，在社会转型期更是如此。那些感觉自己利益受损的群体，在某些情况下会通过集体行动维护自身的利益。从目前的研究来看，为经济利益而抗争的情况居多，而且随着改革向纵深发展，某些利益集团的强势地位逐步形成，它们为谋利而侵害其他群体合法权益的事件日渐增多，其他群体为此而抗争的案例也相应增多。

还有一部分研究者认为，社会抗争源自人们权利意识的觉醒和对公民权利的追求。维权抗争、上访维权、“法权抗争”等都反映出民众对“公民权”的诉求①。从当前研究展现出的维权实践可以看到，业主维护和争取“物权和财产权”的抗争，属于维护民事权利性质的值得赞许的行为。

二是关于抗争策略的灵活多样性的共识。前文提到“以法抗争”、“以理抗争”、“法权抗争”、“依势博弈”以及“韧武器抗争”等手段的使用都显示出抗争策略的多样性。人们在利益受损却又无力马上维权时，会做出某种有限度的、非对抗性的抗争，这样既表达了利益要求，又借助抗争的非暴力性保护自己。这些策略既反映了民间智慧的理性计算，又带有明显的中国式抗争的灵活性和权宜性。多数研究者认为，尽管在国内的社会抗争中会出现“法律”的手段，甚至有“立法维权”这类策略的使用，但在目前，中国人在抗争时更愿意从“道德-伦理”“社会主义传统和话语体系”等价值层面寻求庇护。

三是关于抗争动员结构中关系网络、社会资本作用的共识。作为一种集群性质的社会现象，集体抗争都会涉及社会动员的问题。在借鉴国外社会运动研究中有关“动员结构”概念的基础上，国内研究者关注更多的是在中国这个看重人情往来的社会中，人际关系及其网络发挥着怎样的行动动员的功能。在各类社会抗争中，人际关系与社会网络资源是影响基层社会抗争行动的发生及结果的重要因素，抗争行动与社会关系网络规模和资源疏通能力成正比，社会网络所提供的社会资本总量同集体行动的暴力程度成反比。新近的研究还指出，互联网在社会抗争的组

---

①　公民权包括三个基本要素：民事权（civil rights）、政治权（political rights）和社会权（social rights）。关于公民权与维权抗争的综述，参见陈鹏．从“产权”走向“公民权”：当前中国城市业主维权研究．开放时代，2009（4）．

织动员方面拥有既超越传统动员方式，又可与其相互补充之潜力。

**2. 存在的争议**

争议一：当前的社会抗争是有组织的政治抗争还是无组织的、非政治化的抗争。对于这个问题的回答颇具争议性。有学者认为，1998年之后的农民抗争已进入“有组织”或者“以法抗争”阶段。在这之后陆续又有研究者对此提出质疑，例如，认为“草根行动者”所进行的“草根动员”使农民群体利益的表达机制在表达方式的选择上具有权宜性，在组织上具有双重性，在政治上具有模糊性；非政治化仍然是农民维权的基本特征。新近的一些研究也表明，中国底层农民抗争具有“非政治性”、“弱组织性”和“具体利益性”的取向，“有组织”的政治抗争是不太可能的。

争议二：抗争中的权利诉求是否意味着公民社会的到来。持乐观态度的学者认为，转型期中国公民权生长过程表现为民事权上升，社会权下降，而政治权略有增长，业主对产权的维护和抗争就是一个诉求公民权的过程；城市业主维权运动历经了从具体的物质利益诉求到土地使用权的争取，再到抽象的公民权利的认同，越发呈现出一种仪式化的趋势，也许这才是公民社会的真正生长点；扩展中的维权行动重建了“法律与社会”的关系并推动着公民社会的生长。另一些研究者则没有这么乐观，他们认为公民社会的到来为时尚早，城市居民环境运动参与行为只具有浅层次的公民性，他们的抗争诉求并不会对国家与公民之间的从属关系构成任何挑战；尽管从抗争形式上看，业主抗争者确实参与到规则制定过程中并试图厘清相关的法权，但这并不意味着业主在主观意识上从传统的臣民向现代意义上的公民转化。

争议三：在抗争中“单位”等资源是优势还是限制。有研究者指出，单位对集体抗争依然具有抑制作用，在单位的严格控制下，时间、收入和领导力等组织化抗争资源在抗争过程中没有发挥作用，集体抗争仍保持着非组织化的发动模式。另外的研究则认为，一些国企职工上访运动长时间持续得益于单位内部动员的便利性、时间充裕等因素。

单纯从结论的陈述上我们很难判断不同研究者谁对谁错，也不能武断地认为谁的结论对中国现有的社会抗争更有解释力、说服力。这就需要我们转换思路，从研究范式的本体论和方法论上进一步深入探讨。而深入探讨的目的，则是理顺社会利益关系、调适社会心理、化解社会矛盾，防止源于利益冲突、社会矛盾以及情感落差的社会抗争演化为破坏社会稳定的因子。

# 第五章
# 虚拟社会与表达需求

中国当前社会的最后一个特征就是基于国际互联网的虚拟社会。它同全球风险社会一样，也是世界各国共同面临的全球网络社会①。一方面，随着互联网技术的不断发展及其向现实社会的延伸和渗透，信息得以更加自由地被创造、传播和获取，资源、商品和服务的分配方式也得以更新，社会结构发生剧烈的变迁，彻底改变了普通民众与传统精英之间的关系；另一方面，人民群众高层次的发展需求中涵盖了自我实现的需求，而自我实现首先就需要将愿景构思出来（如中国梦），接着就需要将其表达出来，最后才谈得上实现它。互联网技术使普通民众的自由表达成为可能，增强了普通民众的话语权力，当然也对传统的话语管控和舆情引导模式提出了根本性的挑战。

这本身就涉及权力的重新配置。按照彼得·巴克拉克（Peter Bachrach）和默顿·布拉兹（Morton Baratz）的观点，能否影响决策过程固然是权力的一面，能否影响政策议程的设置（agenda-setting）则是权力更重要的一面②。首先，网络社会的兴起为普通民众参与并影响政策的议程提供了平台和技术。其次，网络社会增强了普通民众的信息获取能力，削弱了政府对信息的控制和垄断，从而减少了普通民众对政府的信息依附。最后，网络社会本身是扁平化的，这使得现实社会中以层级为特征的权力结构在网络社会中必然面临挑战。当网络社会遭遇风险社会、开放社会、多元社会，这四个社会层面的结构变迁便得到强化，使网络社会在中国呈现出一种“结构倒置”的效应——传统的强势群体在网络上处于弱势，而传统的弱势群体在网络上则处于强势。例如，由于

---

① 在某些语境下，虚拟社会又称“网络社会”，本研究基本是在相同的意义上使用虚拟社会和网络社会的概念。

② Peter Bachrach，Morton Baratz，“Two Faces of Power”，American Political Science Review，1962（56）：947-952.

常规的政策参与受到限制，网络上的议程设置表现得比西方更为明显，甚至衍生了一种新的议程设置模式——外压模式①，普通民众获得了前所未有的话语权；以微博、微信为代表的新型社交媒体的“拼图”功能使得传统新闻宣传失去了原有的力量；传统的权力精英总是试图运用权力逻辑参与网络，这样就不可避免地一错再错，不得不由“妄言”到“慎言”，甚至“噤声”。网络社会的“结构倒置”恰与风险社会、开放社会、多元社会中的结构分化形成反向叠加关系，这使得网络社会在为风险社会、开放社会、多元社会的矛盾提供虚拟出口时，也放大和强化了现实的矛盾。

## 第一节　互联网经移动互联网到物联网、服联网②

马克思曾经写道：“蒸汽、电力和自动纺机甚至是比巴尔贝斯、拉斯拜尔和布朗基诸位公民更危险万分的革命家。”③ 恩格斯说：“在马克思看来，科学是一种在历史上起推动作用的、革命的力量。任何一门理论科学中的每一个新发现——它的实际应用也许还根本无法预见——都使马克思感到衷心喜悦，而当他看到那种对工业、对一般历史发展立即产生革命性影响的发现的时候，他的喜悦就非同寻常了。”④ 著名系统论专家拉兹洛（Ervin Laszlo）满怀激情地指出，“在显而易见的历史进步总趋势后面的推动力是什么？对这个问题我们可以相当肯定地做出回答……其发动机就是技术”，“重大的技术突破总是造成超越自然的自然，并且把反常的事情变成了正常的事情，把难以想象的事情变成了普普通通的事情。它还对人的价值和习惯做法提出挑战，并且动摇已确立下来的制度的基础”⑤。

在当代社会，互联网就是这种“在历史上起推动作用的、革命的力

① 王绍光．安邦之道：国家转型的目标与途径．北京：三联书店，2007：141．

② 本节内容参见严新明，童星．互联网对社会保障的贯通和提升研究．中国行政管理，2016（11）．

③ 马克思，恩格斯．马克思恩格斯选集：第1卷．北京：人民出版社，1995：774．

④ 马克思，恩格斯．马克思恩格斯选集：第3卷．北京：人民出版社，1995：777．

⑤ 拉兹洛．进化：广义综合理论．北京：社会科学文献出版社，1988：94-95．

量”，它“把反常的事情变成了正常的事情，把难以想象的事情变成了普普通通的事情”。

自互联网问世以来，其链接信息、人员、金融、物资、服务的范围不断扩张，功能不断拓展，其发展过程大体上经历了以下几个阶段：

一是计算机联网，形成互联网。1969年底，在美国国防部的资助下，加州大学、犹他大学和斯坦福研究院的四台电脑按照分组交换的原理连成了一个网络。这就是阿帕网（Advanced Research Project Agency Network，ARPANET）——先进研究计划局网络①。由于最初互联网是由政府部门投资建设的，所以只是限于供研究机构、高等院校和政府部门使用。当时除了直接服务于研究机构、高等院校和政府部门的商业应用之外，其他的商业行为是不允许的。

二是互联网与移动通信网、广播电影电视网合一，形成移动互联网。这是高速度的移动通信网络，具有智能感应能力的智能终端、新业务、业务管理和计费平台、客户服务支撑平台共同构成新的业务体系。移动互联网一旦形成，就呈现井喷式发展，很快进入亿万人群的日常生活。中国凭借庞大的人口数量和国民对手机的酷爱心理，很快就“后来居上”。截至2015年底，中国网民数量已达6.88亿，互联网普及率超50%。移动互联网塑造了全新的社会生活形态，网民的上网设备正在向手机端集中，手机成为拉动网民规模增长的主要因素。截至2015年底，中国手机网民数量达6.20亿，有90.1%的网民通过手机上网；只使用手机上网的网民达1.27亿人，占整体网民规模的18.5%；手机网上支付用户数量达3.58亿，年增长率为64.5%，网民使用手机进行网上支付的比例由2014年底的39.0%提升至2015年底的57.7%②。

三是以移动互联网为依托，形成物联网。物联网的核心和基础仍然是互联网，它是在互联网基础上延伸和扩展的网络，用户端延伸和扩展到了任何物品与物品之间，进行信息交换和通信。物联网是互联网的应用与拓展③。中国当前的经济提质增效和产业转型升级将更加突出物联网发展优势，社会转型将为国内物联网应用提供更广阔的市场，新技术的突破将带来产业的规模化发展。物联网的广泛应用不仅改造提升传统

---

① 童星，鲁兴虎，曹俊．网络与社会交往．贵阳：贵州人民出版社，2002：1.

② 中国互联网络信息中心．中国互联网络发展状况统计报告（第37次），2016-01-22.

③ 马化腾．互联网+：国家战略行动路线图．北京：中信出版社，2015：98.

产业，促进先进制造业的发展，更有利于培育发展新兴产业，促进现代服务业的发展。将移动终端特别是手机与电子商务相结合的模式，让消费者可以与商家进行便捷的互动交流，随时随地体验品牌品质，传播分享信息，实现互联网向物联网的从容过渡，缔造出一种全新的零接触、高透明、无风险的市场模式。

四是以移动互联网/物联网为依托，形成服联网。服联网既包括以固定场所的服务为主的网站，典型代表如酒店类的汉庭、如家，旅游类的携程、途牛，文化娱乐类的嗨电影等，又有在移动互联网模式下涌现的许多创新的服务模式，是对传统服务业的颠覆性改造。如快速发展的打车软件，乘客可以便捷地通过手机发布打车信息，并立即和抢单司机直接沟通，大大提高了打车效率。马云的阿里巴巴公司也开始进军医疗行业，利用大数据让医药行业更加透明、公平、富有效率，倒逼医疗机构和药品企业改革，提高国人的健康水平。据统计，2015 年，中国有 1.10 亿网民通过互联网实现在线教育，1.52 亿网民使用网络医疗，9 664 万人使用网络预约出租车，2 165 万人使用网络预约专车①。移动互联网的普惠、便捷、共享特性，已经渗透公共服务领域，为加快提升公共服务水平、有效促进民生改善与社会和谐提供了有力保障。

英国演化经济学家卡洛塔·佩蕾斯（Carlota Perez）认为，每一次大的技术革命都形成了与其相适应的技术-经济范式。这个过程会经历两个阶段（每个阶段各 20～30 年）：第一阶段是新兴产业的兴起和新基础设施的广泛安装，第二阶段是各行各业应用的蓬勃发展和收获②。中国互联网经过第一阶段的快速发展，基础网络的可及性和电脑、智能手机、智能手表的可得性都大大加强，已经为“互联网＋”奠定了良好的基础，基于“互联网＋”的社会保障及相关服务也正处于一个非常好的发展环境中。

## 第二节　被动禁堵到主动引导

认识虚拟社会成为当代学术研究和社会治理的重要议题。虚拟社会

① 中国互联网络信息中心. 中国互联网络发展状况统计报告（第 37 次）. 2016-01-22.

② 中国为什么会出现“互联网＋”热潮. 人民网，2015-04-13.

中的交往与适应，首先成为社会学的重要研究议题。虚拟社会的人际交往是以网络为中介进行的，它与现实社会的人际交往显然不同，开放、自主、平等、间接、匿名等是其突出特征。虚拟社会通过网络连接使得人际沟通的时效性、便捷性显著提升，其拓展了人际交往的时空界限，使交往的自主性和平等性得以充分实现，但同时也产生了一定的负面冲击①。当虚拟社会的挑战慢慢被认知之后，新的治理改革亦随之展开。在中国社会治理实践中，虚拟社会的治理被置于愈发重要的地位，对虚拟社会的认知及其政策导向亦在不断发展。进一步加强和完善信息网络管理，提高对虚拟社会的管理水平，健全网上舆论引导机制，已成为党和人民的共识。虚拟社会治理乃是国家治理体系和治理能力现代化的不可或缺的重要内容。

## 一、虚拟社会中的“禁”与“堵”

虚拟社会与传统现实社会并存的现今，不仅要认识虚拟社会与传统现实社会之间的差异性，更需要认识此种差异性所带来的治理上的深刻内涵。虚拟社会存在于现实社会之中，是现实社会的延伸。互联网上出现的许多问题，其根源并不是互联网，而是社会意见“症候群”投射的结果。网络社会表现出来的宣泄与怒气，在很大程度上也是因为现实世界缺乏制度化的表达渠道。网民的意见不被倾听，诉求不被回应，只好迁移至互联网②。由此，我们不禁联想到当年马克思所说：“**宗教里的**苦难既是现实的苦难的**表现**，又是对这种现实的苦难的**抗议**。宗教是被压迫生灵的叹息，是无情世界的心境，正像它是无精神活力的制度的精神一样。……废除作为人民的**虚幻**幸福的宗教，就是要求人民的**现实**幸福。要求抛弃关于人民处境的幻觉，就是**要求抛弃那需要幻觉的处境**。因此，对宗教的批判就是**对苦难尘世**——宗教是它的**神圣光环——的批判的胚芽**。”③ 同样，如果在现实社会中有完善健全的诉求表达机制、利益协调机制和矛盾调处机制，虚拟社会中的宣泄与怒气就会偃旗息鼓；如果在现实社会中有充分的公共信息公开机制和公共政策公众参与渠道，虚拟社会中的谣言与妄议也就会大为减少。因为

---

① 王晓霞．虚拟社会的人际交往及其调适．南开学报（哲学社会科学版），2002（4）．

② 杜骏飞，李永刚，孔繁斌．虚拟社会的若干基本问题．当代传播，2015（1）．

③ 马克思，恩格斯．马克思恩格斯选集：第1卷．北京：人民出版社，1995：2．

网络能点燃但不能凭空产生社会情绪，能传播但不能让人相信谣言，能引爆和放大但不能毫无缘由地制造社会风险。如果没有现实的矛盾和问题，单纯的网络氛围就不可能造成真正意义上的公共危机。

虚拟社会具有的特征包括：一是虚拟性。这是虚拟社会最本质的特征。虚拟社会本身不受地域和国界的限制，同时，现代通信技术打破了现实社会互动对地域的要求，使得跨地域的人们瞬间实现互动，拓展、延伸了人们社会交往的范围和空间。二是开放性。虚拟社会中不同成员可以根据自己的喜好在不同的虚拟区域间自由流动。作为与现实社会的一个明显差别，虚拟社会的人际交往是在不同网络平台上通过交换信息实现的，成员之间的每一次交流都强调互动。三是独特性。在网络虚拟社会里人们往往依据自身的兴趣爱好、价值取向交换信息、宣泄情感，并结成相对稳定的虚拟群落。正是具有这种超越空间、超越现实社会等级身份的交换信息功能，虚拟社会在结构上表现为其成员之间没有明显的核心①。四是平等性。现实社会中的社会参与存在着时空限制，而虚拟社会中的每个个体都拥有发声的机会，且信息技术的发展让表达观点主张的权利更具有影响力。五是匿名性。在网络虚拟社会中，人们的交往互动是匿名的，因此，源于现实社会中的地位、身份、角色的自律会缺位，道德甚至法律的约束也较松弛。

相较于虚拟社会，传统社会中的信息传播速度与方向体现出更为可控与单一的属性，虚拟社会中的信息传播速度极快，同时通过图文并茂的方式，更直观地让事件或事实展现在数以亿计的网络用户面前，其影响力更是通过民众的转发而急速扩散。有学者将此种传播方式称为“裂变式”传播。“裂变式”传播的特点使其被控制的难度大幅提高。自媒体的“裂变式”传播给政府的虚拟社会治理带来了新的难题，这些便捷的自媒体同时具有新闻发布会、新闻发生地、信息交互平台的功能，传播者与受众实现了直线联系，且相互转化。传统的过程监管根本无从发力，删帖、关闭论坛等措施丝毫不能阻止相关信息迅速地在自媒体领域传播②。

实际上，网络虚拟社会的发展，带来海量、多样的资讯，而其原子化、跨界、匿名的特性更是使得只要拥有基础网络设施的民众，就可以

---

① 王秋波．虚拟社会　实在管理．大众日报，2011-11-15.

② 聂智，曾长秋．论虚拟社会治理中自媒体舆情引导．学术论坛，2011（12）.

参与各种网络活动。这样的低门槛、低成本的特性，使集体行动更为方便、动员更为快速、传播更为广泛。尤其在新媒体时代，即时、互动、个人化、社区化的特性使得网络使用者能够更灵巧地制造、运用和传播相关信息：其一是新媒体让网民可以掌握对新闻信息的诠释权，传统主流媒体不再能够独自垄断这一诠释权；其二是新媒体突破了传统主流媒体的封锁，可以得到更多元与即时的信息；其三是新媒体也成了主流媒体的议题来源，一些新媒体中的网络语言亦成为主流媒体使用的常态语言；其四是新媒体的互动与社群化的特性，使得其在不同属性的平台上能够适应不同的语言与沟通方式，社群之间的沟通变得更为直接、更为网络化。

随着各级政府积极投入与支持网络电子政务的发展，政府的官方网络平台建设持续跟进，但其发展速度仍然不及新媒体的扩张态势。在虚拟社会与现实社会相互渗透、相互交织、相互作用的情势下，一方面，一些政府部门仍旧依赖传统媒体引导舆论；另一方面，民间依托虚拟社会快速地进行互动交流与诉求表达，一旦出现谣言等负面信息的传播会让政府措手不及。总体上，政府在对虚拟社会中民众参与公共议题与表达诉求方面，呈现被动禁堵的特征。其一，政府的回应与虚拟社会中的民众的行动之间有着明显的时间差，这造成事件影响被放大。在社会风险相关理论看来，社会焦点事件作为一种“信号”（signals）进入“过滤过程”（filtering process）后，必然受到科学家、媒体、政治系统、利益团体等构成的“放大站”（amplification stations）的影响，从而形成风险的加剧（intensification）与衰减（attenuation）。它解释了为什么有些危险与事件受到社会过分关注，而有些却被忽视，也解释了有些事件所导致的常常超出其本身影响范围的次生“涟漪效应”（ripple efforts）①。政府自身作为一个重要的“放大站”，其对此类事件的回应速度、方式、内容将影响事件的发展方向，就目前状况来看，政府回应速度缓慢、回应方式生硬、回应内容空洞，在与其他主体对民意的竞争中常常处于下风。其二，政府往往会被动地接收信息，按照传统媒体模式回应网络舆论，而传统媒体的出版周期与灵活性不足，又会严重影响政府部门与社会大众沟通的主动性。其三，自上而下的回应模式，往往需要通过“倒

---

① R. E. Kasperson，O. Renn，P. Slovic，H. S. Brown，J. Emel，R. Goble，J. X. Kasperson，S. Ratick，“The Social Amplification of Risk：A Conceptual Framework”，Risk Analysis，1988（8）：177-187.

逼”机制来迫使政府部门就民众关心的核心问题做出正面回应，这就表现了政府对于虚拟社会中的诉求表达方式的处置能力的不足。虚拟社会聚焦的热点是对现实社会问题的集中反映，相较于传统的公民参与方式，虚拟社会的参与呈现平等性、互动性增强的态势。当前，政府在虚拟社会治理中采取“禁”或“堵”的方式，往往在技术上存在局限性，同时，这种治理理念亦会导致公众对现实社会问题的漠视。

## 二、虚拟社会中的信任崩塌与重建

政府与民众双方在虚拟社会中的互动模式的建立必须基于信任展开。近年来，政府在公共议题回应上的被动，造成了社会对于政府信任程度的下降。长期以来，政府部门所累积形成的回应方式，对于虚拟社会发展中的传播特点缺乏聚焦，使得民众往往不愿意利用或信任官方信息渠道，这给一些“小道消息”甚至谣言提供滋生和蔓延的空间。突发事件发生后常常会引发一系列的谣言，如天津港“8·12”特别重大火灾爆炸事故发生才几天，事故的原因和影响还没有调查清楚，我们就已经看到几则谣言“叙述”了事件发生的全过程。例如，所谓的“Burn Down”原则就是这次事件中传播最广的谣言。据说应对化学品爆炸，在国际上通用“Burn Down”原则，就是划出隔离带，实施人员撤离，里面烧完炸完了再进去处理。事实上，并没有所谓的“Burn Down”原则，它只不过是在特定情况下适用的一种火灾处理办法。如果联系“Burn Down”原则会避免事故中消防员人员伤亡这一点，就不难理解为何这则谣言传播如此之快了①。

从学理上看，谣言滋生确实有其必然性，如受早期情感分析主导的集体行为理论影响，拉尔夫·特纳（Ralph Turner）将灾害中的集体行为过程分为：骚动（milling）—谣言（rumor）—定调（keynoting）—紧急规范（emergency norm）②。当灾害出现后，社会各项功能出现中断，大众此时会习惯性地寻求事实（meaning）以及适当反应的行为方式，在组织与制度过程不足或不适合当时情形时，骚动便会广泛出现。骚动是沟通与交流系统崩溃的结果；谣言是指在骚动过程中，当大众得不到或不相

---

① 王谦秋．为何灾后多谣言?．凤凰网，2015-08-27.

② R. Turner，“Rumor As Intensified Information Seeking：Earthquake Rumors in China and the United States”，in R. R. Dynes，K. J. Tierney，Disaster，Collective Behavior，and Social Organization，Newark，Delaware：University of Delaware Press，1994.

信传统权威的解释时，其他非正式、非传统的沟通渠道便成为选择，于是各式谣言被催生出来，传播关于灾害的简单、片面、错误的信息；定调是指在多种信息进行博弈后留存下来的相对统一的看法；紧急规范则是基于定调的结果而形成的集体行动。

政府公信力下降和“小道消息”甚至谣言的滋生，是一种危险的信号。如果掉以轻心，听之任之，就会掉进可怕的“塔西陀陷阱”。所谓“塔西陀陷阱”，得名于古罗马时代的历史学家塔西陀，是指当政府部门或某一组织失去公信力时，无论其说的是真话还是假话，做的是好事还是坏事，都会被认为是说假话、做坏事。一旦落入“塔西陀陷阱”，骚动与谣言之后的定调与紧急规范，就由不得政府来主导了；官民互不信任、相互防范的恶性循环就会愈演愈烈。

“信任转化为不信任比不信任转化为信任容易”①，保罗·斯洛维奇（Paul Slovic）从心理学角度将这种现象称为“不对称原则”（the asymmetry principle）②。根据这一原则，政府要在虚拟社会中实现对信任的有效重建，必须经过长时间的努力。正如有学者指出：虚拟社会是人类存在的一种新形式，虚拟社会治理必须重视虚拟信任关系建构。治理主体失调性、治理客体复杂性、治理手段单一性和治理过程艰巨性，引发当代中国虚拟社会制度信任、专家系统信任和媒体信任等危机。其不但危害国家安全，影响社会稳定运行，同时还会增大社会治理成本③。对网络上信息进行单纯的、被动的“禁”和“堵”，并不能够重建虚拟社会中的信任。虚拟社会是一种“后信任社会”（post-trust societies），其中，信任经历了从“经验与熟悉”到现代社会中的“脱域”（disembedded），系统信任在风险社会中显得更加脆弱。如在邻避冲突中，在城市公共设施选址的问题上，低度社会信任加剧了民众对不确定性的担忧，从而出现各种抗争行为④；又如由于社会信任度的降低，很多人宁愿相信传言，也不相信权威渠道发布的信息。

当然，虚拟社会中信任的缺失绝不仅仅发生在政府与民众之间，而

---

① 卢曼. 信任. 上海：上海世纪出版集团，2005：119.

② H. Kunreuther，P. Slovic，“Coping With Stigma：Challenges And Opportunities”，in J. Flynn，H. Kunreuther，P. Slovic，Risk，Media And Stigma：Understanding Public Challenges To Modern Science And Technology，London：Earthscan Publications，2001：342.

③ 冯志宏. 当代中国虚拟社会治理中的信任建构. 甘肃社会科学，2015（5）.

④ 陶鹏，童星. 邻避型群体性事件及其治理. 南京社会科学，2010（8）.

是几乎发生在所有的网民（不论是个人还是机构）之间。互联网虚假信息满天飞，有害信息充斥，诈骗活动猖獗，让人防不胜防；“人肉搜索”、网络暴力令人胆战心惊；网络监控、黑客入侵、数据盗取，使人们对互联网既爱又恨。因此，人们迫切希望建立网络社会信任，整肃网络社会秩序。这既向政府提出了更高的期待和要求，又为政府在虚拟社会中重建自身的信任和权威提供了良好的契机。

可以说，维持或重建社会信任必然是一个漫长的过程，它需要整个社会系统共同努力。政府在虚拟社会中的治理转型体现在其重要的引导作用上。在虚拟社会背景下，政府应改变简单地用行政命令管控信息并规制人们行为的管理策略，以社会整体的和共同的利益为出发点，采用经济、政策和技术等多种方式进行间接规制。多中心协同治理是虚拟社会治理的应然选择。虚拟社会是多系统和多要素构成的复杂的自我协同演化的生态系统，社会秩序的生成是众多网络主体相互博弈、相互影响的结果，其维护也有赖于各主体间的协同合作，建立由政府、网络服务企业、网民、网络 NGO 等构成的协同治理体系，是虚拟社会治理的前提。多中心协同治理意味着权力与责任共享，政府作为权力部门在制定互联网治理政策时应鼓励网民、民间组织、网络服务企业等的参与，政策形成应是参与主体间基于不同的利益、价值和具体目标进行博弈的过程，进而确保互联网治理政策的公共性。不过也有学者对多中心治理模式表示担忧，指出多中心治理和网络化治理等理论根源于西方发达的市场经济和成熟的市民社会，强调限制政府的作用甚至“没有政府的治理”，这对于现阶段的中国来说或许并不适合①。

在新的虚拟社会生态之下，对政府部门主动引导舆论发展有着更高的要求。其一，网络即时、迅速的信息传播对政府部门应对与引导的速度和沟通的方式提出了更高的要求。传统媒体时代政府的信息发布往往取决于自身的判断，其信息发布与沟通具有选择性。而在新媒体时代，控制、封堵、删除都难以解决问题，政府的舆情应对与引导需要转变和创新。政府需要提高和完善与公众沟通的基本理念与技术，通过增强与民众在虚拟社会中的互动效果获得更多的认同。其二，虚拟社会中人们权利意识的兴起，将迫使政府在舆论引导方式上

① 徐晓林，陈强，曾润喜. 中国虚拟社会治理研究中需要关注的几个问题. 中国行政管理，2013 (11).

做出创新。群众的知情权、参与权、表达权、监督权，乃是虚拟社会治理的重要权利。人们日益增强的权利意识，使其参与公共事务的可能与能力均稳步提升。因此，政府需要主动引导虚拟社会中的公众互动交流、征集意见和建议，满足网民在意见表达与决策参与方面的诉求。其三，努力引导各方行为，并形成和谐的虚拟社会生态。网民是网络舆论引导的重要力量。正确的网络舆论引导，不只是党和政府、互联网企业和网络工作者的责任，也应该是每个网民的责任。网民在网上的发言是自由的，但是也应当对自己的言行承担相应的责任和义务，包括社会公德、伦理道德、诚实守信等。因此，不断提高网民的法律意识和责任意识，也是新媒体环境下网络舆论引导的必然要求①。

## 三、虚拟社会治理中的政府主动引导

### 1. 虚拟社会治理的理念重塑

虚拟社会治理的核心是政府沟通，而沟通思维与沟通方式则决定着政府沟通的成败。通常，在虚拟社会中的政府沟通往往存在不及时、耍官腔、被倒逼等问题。具体来说，“不及时”是指政府对于虚拟社会中的网络舆情热点问题回应速度过慢；“耍官腔”是指政府在治理社会问题的过程中往往居高临下，忽视了民众在社会问题治理中的重要性；“被倒逼”是指起初对网络舆情反映的社会问题持被动漠视态度，当舆情发展到一定阶段时才予以回应。虚拟社会中的参与已成为不可逆转的趋势，权益保障意识的增强将使参与度越来越高，虚拟社会治理则需要对重大社会与政策议题进行更精准、更有效的沟通。以往单纯的“禁”或“堵”的思维模式，已不利于社会问题的发掘和解决，只有通过积极引导有序的社会参与，才能有效回应虚拟社会中的各类诉求。

其一是转变虚拟社会管理理念，重视网络媒体舆论的作用。网络文化对于现实社会的影响越来越显著，虚拟社会中的各种平台已成为民意、民声主要的传播渠道，政府必须重视来自虚拟社会的舆论焦点问题，重视来自网络的各类问题，切不可采取单一的“堵”和“禁”，而应当充分利用网络平台，将其作为了解民情、掌握民意、汇集民智的重要渠道，作为在虚拟社会条件下走群众路线的重要途径，推动政府公共政策的科

---

① 中共江西省委课题组. 舆论引导与环境治理面临的问题和挑战. 理论导刊，2015(6).

学化与民主化。

其二是在坚持网络舆情导向的同时，突出开放、平等、包容。开放、平等、包容是网络空间多元主体协同和社会自组织的基础。以更加开放的治理胸怀和视野，积极面对和发现现实社会和网络空间的问题与民意，善于将现实社会和网络空间联系起来，统筹分析、综合治理。政府应尊重和鼓励社会基层自治。在治理过程中，更加尊重并满足多元化、个性化的社会需求，充分保障社会个体的合法权益。社会治理要更加突出透明性、平等性和回应性，鼓励和保障多元社会治理主体的知情权、参与权和监督权，真正体现以人为本的价值回归，不断推动社会的民主转型。

其三是增强法制观念。互联网时代，新的社会组织形态和社会对话形态正在不断涌现。因此，一方面，要通过法律的正面引导，鼓励和汇聚社会正面舆论，合理满足社会多样化的需求，以法治思维化解社会矛盾，维护社会公正；另一方面，还要通过法律的强制约束作用，捍卫社会底线。在涉及公共服务、社会保障、社会维权等关乎社会发展和民生的重大问题上，政府要带头守法，加强对社会的普法教育，促进社会成员守法。要不断加强网络空间的科学立法、民主立法，严格网络空间的执法，依法打击危害社会安全和破坏社会秩序的网络犯罪行为。

其四是强化创新思维。互联网时代的显著特征是创新。政府要顺应互联网时代科技进步和社会发展的潮流，不断解放思想，通过推动治理的工具创新、方法创新和体制机制创新，不断实现社会治理的现代化转型。注重运用信息化工具，加快建立“全面覆盖、联通共享、动态跟踪、功能齐全”的社会治理信息系统。进一步发挥大数据、云计算等新兴前沿技术的作用，改进社会调查、电子政务、决策评估、风险预警等方面的能力和实效。调整在社会治理过程中的角色和定位，鼓励和规范互联网时代新兴的市场部门、社会组织等多元主体在公共服务、社会事业等领域的补充和替代作用①。

**2. 网络舆情的收集与处理能力建设**

技术的进步在虚拟社会的形成和发展中扮演着重要角色。技术手段既可能给虚拟社会带来某种威胁，也可以用来消除这种威胁。如今，应当在虚拟社会治理中广泛应用大数据技术。虚拟社会中的信息迭代更新

① 王国华，骆毅．论互联网时代社会治理的转型．江汉论坛，2015（7）．

迅速，政府不能仅仅等待民众提出意见，而应当更为主动地去发掘社会议题。大数据技术在社会治理领域尤其是网络民主方面的作用是不容忽视的。大数据技术直接推动了社会治理民主化的进程，通过推动政府信息公开，向社会公开与共享政府信息，从而大大提高政务的透明度。就网络民主而言，网络民意表达是网络民主的重要形式和基本内容。网络表达由于非常快速、便捷，门槛又低，成为民意表达的“新宠”。在互联网时代，网络民意表达可否看作民意表达的全部内容？这需要对网络民意表达途径进行理性思考和重新定位。尽管在大数据技术的支持下，互联网改善了民意表达的手段，但必须承认网络社会仍旧是虚拟社会，网络不可能代替人类生活的全部。虚拟社会的民意表达仍然难以把控，网络民意更容易受到国际国内的政治、经济、文化、社会因素的影响，相比实体社会，虚拟社会更容易产生“蝴蝶效应”。这也是我们不能对大数据技术及互联网生态完全放任自流的重要原因。正确的做法是，发挥大数据技术在社会治理中的正效应，强化其作为补充手段的功能，消除其负面效应，实现虚拟与真实的有效联结①。大数据技术可以作为发现虚拟社会热门议题的重要工具。

**3. 政府沟通的公开透明导向**

在虚拟社会治理中，当前政府需要对网络舆情焦点进行有效回应，回应的方式需要更加多元、公开和透明：其一，政府在传播信息时，不应拘泥于传统公文模式，而是要采取更为多样的传播形式，以使相关政策信息能够被民众直观理解。同时，在传播渠道层面，多元化的传播渠道是提升信息传递有效性的重要手段，微博、微信、新闻客户端、门户网站、电子报纸、杂志等均可作为信息宣传的基本渠道。其二，政府信息公开工作亟待有力推行。在开放的虚拟社会中，民众参与机制有序运转的前提便是政府信息的公开，除“例外原则”规定要求，还应当秉持公开透明的原则，公布相关资讯以方便民众。其三，对于网络民意的处理流程亦当有合理程序，方便民众了解和掌握，促进双方更有效的沟通。虚拟社会更加强调制度化的诉求表达渠道，民众对政府沟通平台的使用态度、习惯以及方式，能够促成舆论、意见有效地转化为政策。从以往一系列重大社会危机事件的处理结果来看，积极公开和发布信息，不但会澄清谣言、消弭恐慌，而且会使政府得到社会公众更多的理

---

① 李传军，李怀阳. 大数据技术在社会治理中的价值定位. 电子政府，2015 (5).

解、支持和配合。只有这样，才能增强公信力，获得公众认同，防止网络舆情演变成现实社会中的恶性事件。

如2009年云南“躲猫猫”事件发生后，当地政府利用官方网站发布信息、举办新闻发布会、在线回答质疑等种种方式，让政府掌握的真实信息以最快的速度传播出去，最大限度地减少了网络上虚假信息的传播，从而有效地防止了舆情因不明信息的煽动而升级。英国《金融时报》对此评论说，云南省政府对此案的处理手法不仅使得云南省有关部门的负面影响被降到最小，还在一定程度上重塑了云南“法治政府”、“责任政府”和“阳光政府”的公众形象①。再如在欧美国家，线上请愿平台发挥着影响政策进程的工具作用，如美国的“We the People”、英国的“E-Petition”，均为公民参与网络政治的平台，其通过设定一定程度的资格或门槛限制，确保请愿议题具有公共性质而非出于单纯的个人利益。这些参与工具都按照透明的运行规则来确保政府的有序回应。

**4. 虚拟社会治理的法制建设**

网络信息的虚拟性、开放性等特点，一方面使得通过网络违法犯罪更为容易，成本更为低廉；另一方面使得监控网络违法犯罪更加困难，代价极为高昂。网络与信息安全已从一个经济文化问题上升为事关国家政治稳定、社会安全的全局性问题，建立由法律、行政法规、部门规章及行业自律规范共同组成的网络虚拟社会法律法规体系，已经迫在眉睫。只有为互联网虚拟空间织就健全的法网，虚拟社会的规范有序发展才会得到根本的保障。

在虚拟社会治理中，需要进一步突出法律的权威地位和法规的重要作用，依据有关法律法规及其程序要求，对网络虚拟社会的社会成员、社会行为、社会活动、社会秩序、社会治安、突发事件等进行管理，通过法制化的渠道积极有效地引导虚拟社会治理进入有序轨道。1994年以来，中国颁布了一系列与互联网管理相关的法律法规，主要包括《全国人民代表大会常务委员会关于维护互联网安全的决定》《中华人民共和国电子签名法》《中华人民共和国电信条例》《互联网信息服务管理办法》等，并通过对刑法、民法通则、未成年人保护法等法律条款的补充修订，实现了与网络虚拟社会治理的对接。由于信息网络的物理基础较为薄弱，管理与技术手段的实施还不完善，加上公共网络信息安全的意识和管理

① 孙晓莉. 网络公共舆论危机的应对. 行政管理改革，2011（1）.

者观念相对落后，信息网络安全的防护能力和水平仍处于发展的初级阶段。目前，信息网络安全管理的主要问题与解决对策是：第一，网络虚拟社会安全管理的法律支撑问题。解决对策是出台国家层面的信息网络专属法律、法规；梳理、完善、补充和调整与现有信息网络安全相关的法律、法规体系；成立权威的、专门的信息网络安全立法管理与协调机构，规划、协调、组织实施信息网络安全的地方立法和实施工作；尽快推行实施网络等级保护标准和网络行为规范，确立并完善由法律、行政法规、管理规章、行业规范共同组成的网络虚拟社会法律、法规体系。第二，网络安全管理与网络内容管理的职责问题。对策在于解决目前信息网络安全管理的不同层次职能分布于政府不同机构、部门当中的问题，改变对信息网络安全的多头管理、交叉管理、无人管理的现象，切实解决当前网络虚拟社会治理上的错位和缺失问题①。

**5. 虚拟社会治理的社会责任培育**

虚拟社会治理应当是一个多元主体参与的格局，政府从传统的“禁”“堵”的角色转变为主动引导的角色，角色转换并非意味着政府治理责任的退场，反而是对虚拟社会生态下的政府角色提出了更高的要求。虚拟社会治理的社会责任体系的培育往往需要政府更为有力的引导。在虚拟社会之中，多元治理、协商引导，才能形成网络时代的进步，各类网络用户均应信守主体社会责任，共同维护虚拟社会秩序，促进形成和谐的虚拟社会生态。

一方面，倡导个人应当自觉维护国家利益，自觉维护公共秩序，鼓舞更多网民为实现中华民族伟大复兴的中国梦做出贡献。鼓励网络名人积极发挥汇聚正能量的作用，自觉传播社会主义先进文化，弘扬中华民族传统美德，为社会主义精神文明建设做出贡献。引导网络名人带头遵守法律和道德规范，努力成为法治和道德的倡导者。网络名人扮演法治和道德的倡导者，引导社会依靠法治、依靠道德规范，有利于加强我国的民主法治建设和道德规范建设。

另一方面，积极倡导社会诚信，为社会诚信建设做出贡献。互联网产业链的相关方都要有权利、有义务，有准入、有处罚。通过制定相关标准，实现技术突破，加强市场管理，辅之以行业自律和社会监督，有

① 范立国，王红斌．网络虚拟社会的现实化管理问题研究．东北师大学报（哲学社会科学版），2010（6）．

利于网络环境的净化，同时促进互联网企业的创新和健康发展。加强虚拟社会治理，要进一步夯实虚拟行业自律，强化虚拟社会企业和网民的社会责任。当今社会，互联网已经成为一个重要的经济载体，很多行业以互联网为平台开展经济活动，良好的网络环境有利于这些行业的发展；反之，将导致这些行业的衰退。因此，行业内部有责任也有义务组织相关企业构建行业自律机制，规范各个企业的网络行为；网络媒体应恪守道德底线、把握职业操守、承担社会责任，传播健康向上的网络文化。办网站的不能一味追求点击率，开网店的要防范假冒伪劣，做社交平台的不能成为谣言扩散器，做搜索引擎的不能仅以给钱的多少作为排名的标准。

## 第三节　消极防范到积极利用

互联网极大地改变了世界的面貌，也极大地改变了政府的运作模式。近年来，中国政府不仅成功防范了互联网对政治稳定和社会秩序的冲击和负面影响，也积极地利用互联网来行使自身的社会管理、公共服务的职能。一方面，发展基于互联网的电子政务，显著提高了公共服务的效率和质量，如实施“十二金”工程①等。另一方面，依靠互联网技术改善社会管理，使之进一步精细化，如实施“网格化”管理，维护公共安全和社会稳定；启动城市实时公交移动客户端和智能停车系统，强化城市公共交通管理；等等。这里仅对“金保”工程和“网格化”管理予以讨论。

### 一、“金保”工程的实施、升级与增能②

中国社会保障体系的重建、改革、发展，与互联网的引进、发展基本同步。社会保障的基本属性之一就是将人们“连接”起来，使人们互

---

① 指面向政府办公业务建立的12个重点信息应用系统，按“2523”分为四个层次：第一个“2”指提供宏观决策支持的“金宏”“金土”工程；“5”指涉及金融系统的“金财”“金税”“金卡”“金审”“金关”工程；第二个“2”指关系国家安全和社会稳定的“金盾”“金保”工程；“3”指具有专业性质、对国家民生有着重要意义的“金农（穗）”“金水”“金质”工程。

② 严新明，童星．互联网对社会保障的贯通和提升研究．中国行政管理，2016(11)．

济共享，更好地应对现代社会各种可能的风险；其根源在于“大数定律”这一自然法则。互联网的基本属性也是“连接”，它将现代社会中所有的信息、物资与人员连接起来，以提高效率，变原先的许多不可能为可能。正是作为社会保障和互联网内在属性的“连接”特征，使二者契合。随着经济社会的发展，社会成员就业、居住的流动性大大增强，对社会保障适应流动性提出了更高的要求，这就更需要借助于“互联网＋”来完善社会保障体系。

同时，社会保障信息化伴随着政府信息化进程有序推进。2002 年，“金保”工程被列入国家“十二金”范畴，由于当时国家尚未进行大部制改革，“金保”工程一期设计及建设范畴仅限于劳动和社会保障业务。大部制改革始于 2008 年，人事部门与劳动和社会保障部门合并，人力资源和社会保障信息化建设开始综合考虑人社部门职能业务的有机统一，“金保”二期进展顺利。截至 2011 年底，全国所有地级市及以上人社部门均已建立数据中心，33 个省级单位全部实现与人社部中央数据中心的联网，90％以上的地市实现了与省级数据中心的联网，城域网已经连接到 92.5％的社会保险经办机构和就业服务机构，并且延伸到街道、社区、乡镇和定点医疗服务机构，覆盖全国的人力资源和社会保障信息网络初具规模。“金保”工程服务对象持有的社会保障卡，从 1999 年开始进行总体规划，以“一卡多用，全国通用”为建设目标，到 2015 年底发放张数达 8 亿，可普遍应用于人力资源和社会保障各业务领域以及政府其他公共服务领域，并将在 2018 年达到 10 亿张，实现城乡居民人手一卡。从理论上讲，一张社会保障卡包含持卡人的就业、收入、参保、医疗及受救助等全部信息，可以对持卡人的社会保障权益起到保证作用。

把理论上的可能性转变为现实，有赖于充分发挥互联网与移动通信网两网合一的优势，推进“金保”工程升级增能。2015 年 1 月，全球接入互联网的移动设备超过 70 亿台。移动互联网的巨大优势使中国有能力加快移动互联网在民生保障领域的普及和应用，通过“金保”工程的升级增能，不仅将全国的社会保障管理经办部门、机构和人员连接起来，而且使之与全国的社保服务对象连接，大幅提升社会保障管理和服务的效率与水平。

社会保障的政策制定与规划管理涉及人社、民政、卫计、财政等多个政府部门，资金筹集涉及政府、用人单位和参保者个人，业务经办涉及多种机构和社会组织，服务对象几乎覆盖全体国民和所有家庭。面对如此错综复杂的网络环境，仅仅依靠政府科层制的管理体系以及附着在科层制之上的政府信息系统是远远不够的，必须以功能更加强大的移动互联网为依托。也就是说，要按照“互联网+”的思维加强现有的“金保”工程建设和应用，利用先进的移动互联网信息技术，以中央、省、市三级网络为依托，涵盖县、乡等基层机构，支持社会保障业务经办、公共服务、基金监管和宏观决策等核心应用，覆盖全国政府、企业、社会组织和个人的统一的社会保障电子信息系统。移动互联网所具有的以下特征，完全契合社会保障体系增强公平性、适应流动性、保证可持续性的需要：

**1. 畅通信息**

“金保”工程建设原则之一就是“纵向建设、横向对接”：纵向建设是指各级社会保障部门共同建设社会保障信息系统，纵向形成中央、省、市三级节点构成的社会保障系统内部网络，确保信息系统的独立性与完整性；横向对接是指社会保障部门与地税、财政、卫计、民政、银行、邮局等相关部门在各级节点横向完成信息的交换与共享。据此，应当建立政府社会保险数据中心，整合现有的养老、医疗、失业、工伤、生育保险系统，真正实现“五险合一”；要依托移动互联网和人手一张的社会保障卡，使相关数据向社会开放，使政府、用人单位、参保人都能对履行社会保险费缴纳义务、基金运营、个人账户款额存留、保险关系转移接续、待遇给付等情况心中有数、安排有序、管理有据、监督有力；人事人才管理系统、工资管理系统、劳动监察管理系统、财产收入申报查询系统、住房管理系统等与社会救助系统（低保、灾害救助、大病救助、住房保障等）也应当联网，实现数据共享，建立交换服务平台，并与公安、民政、税务、银行、证券等相关部门实现资源共享，确保精准扶贫救助，防止和杜绝骗保等行为的发生。

**2. 贯通业务**

“金保”工程的建设是一项复杂的系统工程。在人社系统内部，政策规划部门、业务经办机构、信息化管理部门分工协作、紧密配合，形成政策规划、经办服务、管理监督、技术支撑“四位一体”的良好局面。在人社系统外部，则与合作银行、开发商、卡商在工作上积极沟通，遇事多协调，互相尊重、互相支持。人社、卫计、民政等部门不应以邻为壑，要将失业社会保险与最低生活保障、医疗社会保险与医疗救助等业务有效贯通，联合开展工作，实现纵向到底、横向到边的服务，既不让服务对象重复享受保障待遇，也不让任何一个应该享有保障待遇的对象被遗漏在社会保障网络之外。

**3. 整合资源**

增加社会保障信息化平台的广度与深度。社会保障服务涉及的所有单位和个人的信息作为共享资源，统一存贮在基础数据库中；各项业务的处理流程单独形成不同的子系统与基础数据库相连；各项业务如有关联，其子系统之间可共享部分业务数据。根据基础信息库信息和业务需要，提供网站、电话咨询和窗口等相关服务；利用基础信息库中的信息，实现基金监管功能；利用基础数据进行统计分析，支撑宏观决策。还可以通过移动互联网，连接基层社区、家庭及个人的手机和各类新型传送设备，整合政府、社区和家庭信息网络，让政府、社区实时把握社会保障服务对象的情况，准确、及时、有效地提供相关服务。

**4. 便利群众**

“金保”工程的宗旨就是以信息技术为支撑，更好地实施社会保障服务。为此，应逐步将五种社会保险，就业、劳动合同，劳动工资，技能培训，技能鉴定等各项人力资源和社会保障服务内容纳入一卡通的覆盖范围，完善“五险合一”征收、支付体系。社会保障卡现已满足“同人同城同库”“一卡一号一网”的要求，实现养老、医疗、工伤、生育、失业保险的“五险合一”；待全国“金保”工程升级增能后，社会保障卡就可全国通用，市民就能轻松地实现异地就医，完成人员流动过程中的养老保险关系自动转移接续等业务。

## 二、“网格化”管理的推行、完善与精细化①

“网格化”管理是近年来许多地方相继采用并推广的社会管理方法。最初的“网格化”是指利用互联网上的新兴技术，创造性地将高速互联网、高性能计算机、大型数据库、远程设备、传感器等融为一体，并将管理对象按照特定的标准体系划分为相应的网格单元，利用上述的各项信息技术以及各网格各单元之间的协调机制，加强交互性，使每一个网格单元之间都能有效地交流信息，最终达到整合和资源共享的目标。

而“网格化”社会管理，则是将虚拟空间中的这种创新意识充分运用

① 杨光飞. 行政主导下的社会管理创新：实践观察与政策反思——以“网格化”管理为例. 黑龙江社会科学，2015 (5).

于现实空间，通过地理编码、网格地图以及信息管理、现代通信等技术，将不同的街道、社区划分为若干网格，同时将网格单元内的人、事、组织、资源等要素进行整合，形成多维的信息体系，并通过网格单元进行对接，在体系中发现任何问题，都能及时通过一定的反馈系统反馈到指挥平台，通知相关部门解决问题，实现全面、有效的城市和农村社区管理①。无论是出于管控功能还是出于服务功能②，“网格化”社会管理显然不仅仅是对信息技术的运用，更多的是借助于网格平台，重组空间关系，重新落实责权利，通过资源共享、快捷的反馈来提供高效的管理和服务。

**1. “网格化”管理是行政主导下的社会治理创新**

从现有的资料来看，“网格化”管理源于公安系统开创的“网格化”巡逻。作为一种城市基层治理新模式，其首创者则是北京市东城区。2004 年，该区以一万平方米为网格单元，将全区划分为 1 593 个网格，并配备了 350 名城市管理监督员实施全时段监控。同时，将 6 大类 54 种城市部件以及 7 大类 33 种城市问题进行了电子编码，后台指挥中心借助信息化手段可以对辖区的各种管理问题做出及时有效回应。2005 年 10 月，建设部向全国总结推广东城区的经验，并选择了上海、深圳、武汉等 10 座城市作为“网格化”管理的试点。此后，上海的社区“网格化”管理、浙江舟山的“‘网格化’管理、组团式服务”等典型模式不断涌现③，目前“网格化”社会管理的实践方兴未艾，但值得关注的是，这些“网格化”社会管理几乎无一例外地具有鲜明的行政主导性，鲜少是由社区或者社会组织推动的，地方政府成为“网格化”社会管理的主要推手。

首先，大部分地区的“网格化”社会管理都是地方政府响应中央政府相关政策所采取的一种举措，地方政府往往是“网格化”社会管理的倡导者、决策者和发起者。中央决策层 10 多年前就已意识到社会管理变革的重要性和迫切性，并释放出明确的政策信号。2004 年 9 月，党的十六届四中全会提出要“推进社会管理体制创新”。2007 年 10 月，党的十七大报告又提出要“健全党委领导、政府负责、社会协同、公众参与的社会管理格局”。2011 年 2 月，胡锦涛在省部级主要领导干部社会管理创新专题研讨班开班式上也强调了加强和创新社会管理的重大战略意义。相比于改革初期地方政府热衷于经济领域的创新，近年来随着社会问题

① 程述. 城市“网格化”管理运行机制研究. 上海：同济大学，2009.

② 杨光飞. 网格化社会管理：何以可能与何以可为. 江苏社会科学，2014 (6).

③ 刘安. 网格化社会管理及其非预期后果. 江苏社会科学，2014 (3).

的凸显以及中央政府对社会建设、社会管理的高度重视，地方政府也开始重视社会建设和社会管理创新，行政主导下的“网格化”管理显然是社会管理创新的一种形式，也是地方政府应对社会风险、化解社会矛盾、解决社会问题、协调社会关系、规范社会行为、促进社会公正、保持社会稳定、完善社会服务的新尝试。

其次，地方政府的行政主导作用还贯穿于“网格化”管理的全过程，包括宣传、实施、评估等。在计算机网格管理中，只是强调资源的共享，并没有突出管理的主体，但是“网格化”管理被运用于现实中，管理的主体作用会立即凸显出来。从目前“网格化”管理的实践来看，地方政府对于“网格化”管理起着绝对主导的作用。以南京市栖霞区为例，从该区对街道“网格化”管理的评估指标中，我们可以看到地方政府的主导性贯穿于“网格化”管理的全过程：“网格化”管理是由区一级政府主导推动的，将辖区的多个街道进行多级网格的划分，并且以街道为单位对“网格化”社会管理的绩效加以考评，表 5－1 中的 10 项内容是由区一级政府制定的，街道的评估、奖惩工作也是由区一级政府的相关职能部门来执行的。当然，街道作为政府的派出机构，同样也负责对下一级单位进行评估和监督。可见“网格化”管理是自上而下推进的，其间，行政力量发挥着主导作用。

**表 5－1　　南京市栖霞区各街道基础工作评分**

| 题序 | 内容 | 评分（总分 20 分） |
|---|---|---|
| 1 | 科学合理，划分网络 | 3 分 |
| 2 | 明确网责，组织培训 | 2 分 |
| 3 | 网格公示，全面覆盖 | 2 分 |
| 4 | 干部下沉，人员入网 | 1 分 |
| 5 | 成立机构，专人负责 | 2 分 |
| 6 | 建立菜单，及时整改 | 2 分 |
| 7 | 全面走访，采集信息 | 2 分 |
| 8 | 建对象库，及时更新 | 2 分 |
| 9 | 上线系统，管理信息 | 2 分 |
| 10 | 加强监督，建立机制 | 2 分 |

最后，在“网格化”管理中，尽管会动员和鼓励社区居民、NGO 以及志愿者等力量参与，甚至注重发挥各类社会组织、经济组织、群众自治组织和驻区企事业单位等社会力量的作用，也能重点培育引导专业性、支持性、公益类、特色化的社会组织和群众自治组织共同参与到“网格

化”社会服务管理工作中来，但这些组织在整体上只是有限的参与，真正推进和掌控“网格化”管理进程和考评的还是地方政府及其相关职能部门。在“网格化”管理的格局中，很好地秉承了“党委领导、政府负责”的方针，但是对于“社会协同、公众参与”的目标并没有真正实现，尤其是地方政府和社区、社会组织之间尚没有就社会管理、社会服务等议题形成真正的协同关系，甚至可以说，行政的权力是凌驾于其他主体之上的，在这个意义上，我们可以说“网格化”社会管理是行政主导下的社会创新，或者说是地方政府为了解决社会问题、满足社会需求所尝试的政府管理创新。

**2. “网格化”管理的逻辑与行政主导的优势**

尽管中国早已提倡“三级管理、五级网络”的社会管理模式，但是条块的分割体制带来责权利的分离和脱节，导致基层社会管理的相互推诿和低效现象，早已无法应对市场化变革所带来的社会流动、社会结构的变化，难以维持一定的社会秩序，甚至不能有效地调解一些社会矛盾和社会冲突。“网格化”社会管理作为一种创新形式，正是在此情境下被采用并推广的。

那么，“网格化”管理何以能应对并解决复杂情境下的各种新问题和新需求？推行“网格化”管理，其目的在于打破以往行政部门条块分割、各自为政、推诿扯皮、责权利不明等种种弊端，并将资源重新整合，进一步下放事权，构建一个新的社会管理体系。在这一意义上，“网格化”的核心并非仅仅是增加一级更小的基层管理单元，而是改写了基层社会管理的体制构造①。对于服务型“网格化”管理而言，“网格化”管理的实质是管理者将满足服务对象的需求作为具体的任务，建立统一的调度管理机制，借助跨部门的管理规则和业务流程，运用现代信息技术的支撑，构筑资源共享与工作协同的运作模式，使管理者突破传统方式和手段的局限，实现流程顺畅，提高综合管理和服务的效能②。几乎所有“网格化”管理的第一步都是划分网格，且往往遵循“纵向到底、横向到边”的全覆盖准则，之所以如此，是考虑到传统的管理模式已经暴露出太多的管理死角，只有采取“纵向到底、横向到边”的全网格覆盖，才能包括所有的社会管理对象，包括外来人口，也才能打破户籍限制，细分责任区、明确责任事、落实

① 田毅鹏．城市社会管理网格化模式的定位及其未来．学习与探索，2012（2）．

② 张楚文．论长株潭城市群社区服务“网格化”管理模式．湖南社会科学，2011（3）．

责任人、严格责任制。

2005年开始，北京推广“数字化管理模式”，将大社区进一步分成小网格，实现了精细化的社会管理；2007年以来，浙江省舟山市为满足当地发展提出的新需求，也在网格划分的基础上推行组团式的“网格化”管理服务，上海市、江苏省镇江市、四川省以及南京市栖霞区等地也先后尝试开展“城乡一体化模式”下的“网格化”管理。街道机关除保留少量机动人员外，其余人员全部下沉到一级二级网格，形成一种“人到格中去、事在网中办”的机制。综观各地“网格化”管理的具体实践，划分明确的网格，借助于网格平台进行全方位的管理或者服务是他们的共同点。网格划分的意义在于打破了部门、层级以及职能的边界，提供一种以公众需求为导向的、精细的、个性化的全方位覆盖的公共服务，重塑了公共服务的流程①。

网格划分只是“网格化”管理的第一步，如何借助网格及时发现问题并及时整合各种资源来解决问题，才是关键所在。“网格的管理员一般只能发现问题，而没有能力解决他发现的所有问题，因此他需要后台支持。”② 尤其是对服务型“网格化”管理而言，不仅需要进行明确的网格划分和及时的信息反馈，还需要解决问题和提供服务的专业团队。对西方很多国家来说，这种专业团队是可以由一些社会组织来构成的，而对中国来说，由于社会组织的“先天不足”，这些专业团队往往只能由政府的职能部门构成，或者由政府牵头组建而成，因而具备强大的资源动员能力之政府显然更有利于“网格化”管理和服务。

行政主导下的“网格化”管理还能够借助于一定的考评机制将政府目标和民意需求统一起来，这显然有利于社会目标的实现。以南京市栖霞区“网格化”社会服务管理模式考评细则为例，在确立网格范围、明确权责之后政府会引进第三方对不同的网格绩效加以评估。表5-2中的考评细则尽管是由地方政府制定并主导的，但是考评的内容大都是关乎民生诉求的，通过这样的考评方式能将民意需求纳入政府目标，将社会目标和政府目标统一起来。借助于民意指向的考评细则，“网格化”管理客观上确实能高效地解决社会问题，甚至能解决一些“疑难杂症”。总之，作为一种自上而下的社会管理创新，“网格化”管理如果通过一定的

①② 竺乾威．公共服务的流程再造：从无缝隙政府到“网格化”管理．公共行政评论，2012 (2).

创新手段将民意需求纳入政府目标，客观上会带来“双赢”效果，不仅能及时回应和解决基层群众诉求，同时能改善底层干群关系。在这个意义上，“网格化”管理中的行政主导起到了积极的作用，尤其是在解决底层民众的需求方面具有不可替代的作用。

**表 5-2 南京市栖霞区深入推进“网格化”社会服务管理模式考评细则（节选）**

| 类别 | 考核内容 | 分值 | 计分方法 |
|---|---|---|---|
| 规范运行 | 3级网格城市社区每日巡查，农村社区每周不少于2次巡查并撰写民情日记（抽样） | 8 | 按照2分/次对未落实的3级网格累计扣分 |
| | 2级网格城市社区每周点评不少于3次，农村社区每周点评不少于2次（抽样） | 8 | 按照2分/次对未落实的2级网格累计扣分 |
| | 2级网格每季入户走访，老人、残疾人等特殊家庭走访率100%，单位（门店）100%（抽样） | 4 | 按照0.5分/户对未落实的各2级网格进行累计扣分（每季度末考核） |
| | 2级网格依托社会力量每月开展1次以上为居民服务活动（见材料） | 5 | 按照1分/个对未落实的各2级网格进行累计扣分 |
| | 2级网格每季度组织1次以上民情联席会，征询网格居民、单位代表意见建议（见材料） | 3 | 按照1分/个对未落实的各2级网格进行累计扣分（每季度末考核） |
| 工作成效 | 群众诉求处置率100%（抽样） | 15 | 每降低2%扣1分，比例<90%不得分 |
| | 群众诉求处置满意率75%（抽样） | 15 | 每降低2%扣1分，比例<65%不得分 |
| 群众评价 | 对“网格化”模式知晓率80%（仙林街道90%） | 8 | 每降低2%扣0.5分，比重<70%（80%）不得分（每季度末考核） |
| | 对“网格化”工作满意率75%（民调）（仙林街道80%） | 8 | 每降低2%扣0.5分，比重<65%（75%）不得分（每季度末考核） |
| | 网格人员工作作风满意率80%（民调） | 4 | 每降低2%扣0.5分，比例<65%不得分（每季度末考核） |

资料来源：南京市栖霞区人民政府栖霞街道办事处．关于深入推进网格化社会服务管理模式的实施意见．南京人民政府网，2012-10-26.

### 3. 行政主导下“网格化”管理的局限性

首先，行政主导下的“网格化”管理仍然采取类似“锦标赛”的激励机制，和政绩、待遇挂钩，导致基层的工作人员压力过大。“网格化”管理是面向基层的管理，这导致考核往往只是针对区级以下乡镇（街道）以及相关职能部门的考核，一定的问责机制和“锦标赛”式的激励机制固然能促进问题的解决，但基层工作人员的压力过大。在“网格化”管理的评估环节中，往往是以结果为导向，尤其是将居民满意度的调查结果作为评估基层单位“网格化”管理业绩的依据。然而，居民不满意并不能完全归因于基层政府及其工作人员，例如物价高是和市场因素相关的，更多的是受大环境影响，但是“网格化”管理的相关条例中却往往只问结果不问原因，这导致网格的泛化。由于“网格化”管理几乎是全方位的，涵盖了社会、生态文明、环境、应急事项等方面，是结果取向的（包括硬指标和弹性任务），并且在指标体系的设计上增加了居民满意度和幸福感等软指标，上级政府固然通过一定的问责机制、激励机制督促下一级政府机构（派出机构）高效完成任务，但是从一定意义上看，行政主导的“网格化”管理仍然是一种垂直管理，只不过在将资源、人力下移的同时，重新明确了基层单位的责任，并将责任和报酬对接，从而形成一种新的压力机制，给基层工作人员带来过大的压力，并且这种以结果为导向的考评机制往往无益于问题的真正解决。

其次，行政主导下的“网格化”管理还面临着高成本问题。相比于一些社会自治组织，行政主导下的“网格化”管理显然要耗费大量的组织成本、物质成本以及人力成本。从网格的划分、责权利的重置到对不同网格绩效的评估考核，显然都需要投入大量的人力、物力、财力。为了顺利开展“网格化”管理相关工作，不少地区甚至为此成立了专门的领导小组和工作机构。例如在南京市栖霞区，为应对繁重的社会建设与社会管理的任务，在全市各区县中率先成立区委社会建设工委，并专门成立了以区委书记、区长为组长的，由44家成员单位共同组成的栖霞区社会建设工作领导小组，定期听取区社建工委的工作情况汇报，重点督促开展“网格化”社会服务管理系列活动。对“网格化”社会管理工作的考核工作，则由区社建工委牵头，联合区督查办、区统计局成立考评工作组，与科研院校合作进行，通过查看资料、现场核实、第三方测评等方式确定考评结果。行政主导下的“网格化”社会管理还加剧了社区行政化，导致不少基层居委会的工作人员享用财政补贴，这无疑增加了管理成本，给地方政府带来很大的财政压力。目前实施“网格化”管理的基本上都是财政条件较好的地区，一旦财政条件恶化，可能就无法支撑“网格化”管理。

最后，行政主导下的“网格化”管理面临基层如何实现自我治理的困境。从社会系统的良性发展来看，基层社区最终需要借助于基层社会资本和社会组织进行自我管理和自我服务，而行政主导下的“网格化”管理会不会因为政府的强势介入而削弱社区自治能力？正如有学者担忧的，“政府行为的全面回归，不仅使公共服务辐射到社会各个领域，同时也在很大程度上形成了行政强制的倾向，行政体制俨然成为一部设计合理、运转有效的庞大机器，但面对社会出现的突发事件和具体矛盾，则需要每个部件、每个齿轮都随同这一机器系统调整方向，连带运行，失去了灵活多变、敏锐出击的应对能力”①。从长远来看，政府仍然需要与社会划分一定边界，不能走向“行政社会”。对于“网格化”管理而言，地方政府需要摆脱目前的管控思维模式，和社区、社会组织形成良好的平等的合作伙伴关系，而不是扮演“一股独大”的角色。和源自草根的社会创新不同，行政主导下的社会管理创新由于没有充分运用社会资本，具有受动性强和成本高等特点，长期的行政主导无法形成政府与社会之间的张力，也不利于基层自治空间的扩展以及社会自我管理的实施。

总之，行政主导下的社会治理创新具有独特的优势，同时也存在一些缺陷，行政主导下的“网格化”管理是一柄“双刃剑”，而它是否具有可持续性还有待观察，它未来的走向如何，现在还很难下断语。但比较理想的方案应该是：政府在完成最初的启动和激活功能之后，应该逐步向社会释放空间，即让社区和社会组织承担社会治理和社会服务的责任，也需要更多社会资本的参与。当然这并不意味着政府完全退出社会领域，而只是有限的退出，政府作为重要一极在“网格化”社会治理中仍然担当重要角色，它和社会组织、社区形成协作伙伴关系。在这个意义上，“网格化”管理也渐趋于社会治理的要义，这也是治理现代化的题中应有之义。

① 渠敬东，周飞舟，应星．从总体支配到技术治理：基于中国30年改革经验的社会学分析．中国社会科学，2009（6）．

# 中篇：彰显特色

改革开放之初，并不清楚“改什么、怎么改、改向何处去”，因而带有较为明显的“摸着石头过河”的特征，直到1992年党的十四大才明确经济体制改革的目标是建立和发展社会主义市场经济。同样，当下的社会治理创新特别是随之而来的社会体制改革，对于“创什么、怎么创、创向何处去”，以及“改什么、怎么改、改向何处去”等问题也不是很清晰，但大体方向和思路还是有的，这一方向和思路必然彰显中国社会治理创新和社会体制改革的自身特色。现在看来，主要包括以下三点：

首先是保障公共安全。《中共中央关于全面深化改革若干重大问题的决定》强调：“创新社会治理，必须着眼于维护最广大人民根本利益，最大限度增加和谐因素，增强社会发展活力，提高社会治理水平，全面推进平安中国建设，维护国家安全，确保人民安居乐业、社会安定有序。”一个“安”字贯穿其中。同时决定“设立国家安全委员会，完善国家安全体制和国家安全战略，确保国家安全”①。2015年7月1日，开始实施新的《中华人民共和国国家安全法》。

其次是化解社会矛盾。怎样才能保障公共安全？怎样才能最大限度地增加和谐因素，增强社会发展活力？显然离不开化解社会矛盾、消弭社会冲突。况且原本在强调“社会管理”时，就曾将其交由各级党委政法委系统主管，以维稳的形式推动；现在改为“社会治理”，推动的方式也从“维稳”转为“合作治理”，但其缘起、目标应当不会有变化，也就是说，还是为了化解社会矛盾，促进和谐社会的建立与完善。

最后是培育自治社会。中国已经在政治上确立了社会主义民主政治和社会主义法治国家的目标，在经济上确立了社会主义市场经济的目标，与此相适应的社会一定是，也只能是社会主义自治社会。《中共中央关于全面深化改革若干重大问题的决定》在提及社会治理体制时，已经将党的十八大关于“党委领导、政府负责、社会协同、公众参与”的提法，改为“加强党委领导，发挥政府主导作用，鼓励和支持社会各方面参与，实现政府治理和社会自我调节、居民自治良性互动”②，由此可见一斑。

---

①② 中共中央关于全面深化改革若干重大问题的决定．新华网，2013-11-15.

# 第六章 保障公共安全

人们常说，中国特色社会主义体制的最大优越性就在于能够集中力量办大事。保障公共安全显然是大事，也需要举国体制予以支撑，并配以完善的治理运行机制，充分发挥政府的主导作用和社会的自组织、自适应作用。

## 第一节 国家治理视野下保障公共安全的举国体制

我们在“集中力量办大事”的同时，也常常忽略了应当办好却排不上“大事”位置的“中事”和“小事”。“集中力量办大事”非常有利于救灾，特别是遇到像2008年汶川地震这样的大灾、巨灾时更是如此，其有利于政府作用的发挥。“集中力量办大事”非常有利于在特别重要的时间节点、关键地段和重大活动中确保公共安全和社会稳定。然而，在一些特殊事件、特殊环节，要化解社会矛盾、实现防灾减灾，就必须让市场、社会、公众协同发挥作用。

改革保障公共安全的举国体制，内容可谓包罗万象、错综复杂，难以在有限的篇幅内完整地阐述清楚。这里仅就两点进行探讨：一是以防灾减灾救灾的举国体制为例，研究如何在国家治理视野下进行改革；二是从组织架构上突破，提出在总体国家安全观下，整合各方面的应急职能和资源，建立国家应急管理部的政策建议。

### 一、治理背景下的防灾减灾救灾举国体制①

按照国家治理的要求，防灾减灾救灾体制可以仍然是举国体制。不

① 童星. 国家治理视野下的防灾减灾举国体制//国家减灾委员会办公室，国家减灾委专家委员会. 国家综合防灾减灾与可持续发展论坛文集（2015年）. 北京：中国社会出版社，2016.

过应当对其有新的解释：既然治理有多个主体，那么“举国”不能仅限于政府系统（各级政府以及政府各部门），也应包括市场、社会、公众等主体；既然治理的手段多样，那么“举国”不能仅依靠政治动员、法律法规和行政命令，而应充分发挥市场机制、经济手段、社会协同、道德约束等的积极作用，并重视公众的参与、自学习和自组织；既然治理的本质是协调，那么“举国”不能限于政府指挥民众、民众依赖政府，而应当各方平等协商、合作共赢、各得其所；既然治理是一个持续的互动过程，那么“举国”不能限于救灾“活动”，而应当贯穿于防灾减灾救灾的全过程。

然而很长一个时期以来，在应对自然灾害特别是地震、洪水等特大灾害的过程中，不仅是政府主导，常常还是政府包揽。发生灾害以后，中央财政几乎承担所有的灾损，加之“天灾人祸”概念深入人心，往往认为自然灾害是纯自然力所为，与人们的活动、官员的行为无关。结果导致各地普遍忽视防灾减灾，遇到灾害则“等靠要”；各地对灾情灾损“快报”“甩报”。在水利工作方面，中央负责大江大河，效果显著，自1998年长江大洪水以后，全国的大江大河基本上是安全的，但由地方负责的中小河流以及大中城市内涝的防治工作则流于形式，这些年来频发的水灾基本上是因为中小河流水利失修和各大中城市的排水系统建设严重滞后；由农民负责的“毛细血管”则因为实施农村家庭联产承包责任制，农村集体经济基本解体而完全落空，基层组织大多涣散，结果导致“多少年未遇”的大旱、洪涝，即“灾小荒大”。在防震工作方面，曾经的“土洋结合”“两条腿走路”变成了“金鸡独立”，开始单纯依靠专业部门。而且许多灾害的发生或“灾小荒大”现象的出现，是因为对GDP的过分崇拜和片面的政绩观，一些官员以牺牲环境资源为代价换取经济高速增长，恶化了人与自然的关系。许多事故灾难的起因也源于私人部门（个人）安全意识和社会责任的缺失，当然政府相关部门的监管也不到位。因此，如果没有政府、市场、社会、公众的共同参与，就没有风险共担，就无法实现风险治理，也就难以减少灾害、灾难的发生。

即使在灾害发生后，多元参与机制也能弥补政府能力的不足，提供更广泛的信息，做到集思广益。市场和社会的参与意味着资源的异质性，这有利于满足灾害中不同群体的异质性需求或同一群体在不同时期的差异性需求。还要看到，即便政府力量再强大，权责覆盖范围再宽广，也无法满足受灾群体的所有需求，私人部门和社会组织作为“涌现的组织”

来主动满足受灾群体的需求，这是无法避免的突生现象①，也是复杂系统中结构要素以信息交互为基础的“自组织”参与②。灾害管理需要容纳这种“自组织”参与。一旦管理中容纳了多元参与，管理就升级为治理。

国家治理框架下关于防灾减灾救灾举国体制的界定见表 6-1。

**表 6-1　　防灾减灾救灾举国体制**

| | |
|---|---|
| 主体 | 吸纳政府、市场、社会、民众等主体的力量 |
| 手段 | 包括法律、政策、行政、规划、经济、技术、保险、金融、道德、慈善等工具 |
| 过程 | 覆盖防灾、减灾、救灾、恢复等阶段 |

为了使治理背景下防灾减灾救灾举国体制能够顺利运行，当务之急需要解决以下几个关键问题：

**1. 从制度完善和能力提升两个方面加强基层建设**

在原有的救灾举国体制下，主要强调集中全国政府系统的力量应对已经发生并对人民群众生命财产安全造成极大破坏和伤害的灾害，由于政府系统按科层制度建立，在灾难中中央政府的重要批示、领导人的亲临现场，就显得特别重要，这有利于调动各级政府的积极性，形成举国之力。但这种优越性往往是在灾害已经发生、损失已经造成的情况中才体现出来的，只有事后效应和作用。

然而，灾害往往发生在基层，首先发现灾害到来、首先承受灾害之祸、首先需要对灾害做出应对的，是基层。如果在上一级政府行动之前，基层就已经开始根据当地的实际情况科学地应急应灾，必然效果更好、损失更小。因此，在治理特别是灾害治理行动中，要以基层政府为主导，与基层的企事业单位、社会组织、社区、民众一起，在第一时间做出应急应灾行动。这样一来，从应急应灾制度完善和应急应灾能力提升两个方面加强基层建设，就成为“重中之重”。

以基层的应急应灾疏散行动为例，我们曾按照面对已经到来的灾害和即将到来的灾害，以“上级政府有没有下达人员疏散命令”和“基层

① Thomas E. Drabek, David A. McEntire, “Emergent Phenomena and the Sociology of Disaster: Lessons, Trends and Opportunities from the Research Literature”, Disaster Prevention and Management, 2003, 12 (2): 97-112.

② Louise Comfort, Shared Risk: Complex System in Seismic Response, New York: Pergamon Press, 1999.

政府有没有组织疏散行动”为指标维度，将基层政府应急疏散行为分为4种模式，并选择了4个代表性的案例，撰写了《中国基层政府应急疏散行为模式——基于多案例比较分析》一文①。其中的4种行为模式和4个代表性案例如表6-2所示：

**表6-2　　　　疏散行为模式及其代表性案例**

| 事件 | 上级政府疏散命令 | 基层应急疏散行动 | 后果 |
| --- | --- | --- | --- |
| 2008年四川省北川县GX乡灾民疏散事件 | 上级要求地方政府全力投入抗震救灾与群众安置工作 | 基层政府依据上级要求有序转移群众到绵阳和江油市区 | 较好 |
| 2013年辽宁省清原县南口前村暴雨事件 | 上级政府连续发出暴雨预警，并要求“及时转移受威胁群众” | 南口前村在暴雨过程中没有按照指令开展应急疏散行动 | 损失惨重 |
| 1976年河北省青龙县地震疏散事件 | 上级政府未正式发出震前预警疏散命令 | 青龙县发布疏散政策措施，安排干部深入一线组织群众疏散转移 | 极好 |
| 2013年山东省青岛市“11·22”中石化东黄输油管道泄漏爆炸 | 上级政府未发布疏散指令 | 青岛经济开发区管委会未组织漏油点附近居民疏散转移 | 损失惨重 |

可见，基层政府应急应灾疏散管理能力会直接影响应急应灾疏散效果。在不确定条件下，现有应急应灾管理中的集中决策模式受到挑战，需要在制度设计与运转中给予重视。目前，基层政府应急应灾疏散面临制度与官员能力的双重短缺，基层政府应急应灾疏散能力提升的基本路径包括制度完善与官员个人能力提升两个层面。在制度供给层面，应充实管理人员、设备、物资以及经费，夯实基层政府应急应灾管理体制；建立应急应灾管理运行机制，因地制宜地制定地方应急应灾预案，明确基层官员管理责任与分工，赋予基层官员组织疏散行动的裁量空间，防止机制运行不畅导致基层疏散工作迟滞。在基层官员个人能力层面，应强化对基层一线人员的培训，增强其相关知识与技能，为其应急应灾疏散决策提供支撑；增强基层官员广泛联系群众的思维，保持与基层民众的积极互动，继承和发扬群众工作的良好思路与方法，以高度责任心和

① 此文由陶鹏、童星合作撰写，首发于《中国地质大学学报（社会科学版）》2014年第14卷第4期；后收录于国家减灾委员会办公室，国家减灾委专家委员会．国家综合防灾减灾与可持续发展论坛文集（2014年）．北京：中国社会出版社，2014.

主动性来应对突发灾变事件中的群众生命与财产安全风险。疏散管理方面如此，其他方面也可举一反三。

**2. 防灾减灾救灾也要走“互联网+”之路**

2013年4月20日，四川芦山发生地震。事发当天，工程机械制造企业中联重科通过GPS系统监测到在距离雅安50公里范围内有其生产的吊车、起重机、挖掘机等100多台。该企业总部立即布置各有关事业部在第一时间联系拥有这些设备的客户，组织协调他们参与救援。中联重科成为最先到达现场开展施救和抢修设施的企业之一。依托物联网的强大力量，社会应急与救灾具备了远程监测、远程响应、远程指挥的能力。

“互联网+”是一个大趋势，走“互联网+”之路就是要充分利用现成的互联网、物联网和移动通信网的作用。互联网的本质特征是其开放性、平等性、兼容性，信奉“不求所有，但求所用”；互联网技术具有创新性、扩散性、即时性，追求“服务极致，客户满意”；物联网的加盟，使互联网实现信息流和物流的联通互融；移动通信网则进一步推动了互联网运用的空间，加强了互联网与人民群众日常生活之间的联系。“三网合一”大大加强了互联网的集成和优化作用，将互联网技术的创新成果深度融入经济社会生活，从而改变了传统的生产生活方式和服务管理方式。“互联网+防灾减灾救灾”就是在“自然科学+社会科学”的基础上，再加上互联网、物联网、移动通信网技术，提前预防、减少、抵御灾害，当灾害降临之时，积极救援、努力恢复，以减少灾害损失。

**3. 从社会脆弱性分析走向社会恢复力建设**

脆弱性（vulnerability）被视为导致灾害发生的各种自然与人为层面的因素，恢复力（resilience）则被视为人类抵御或灾后迅速恢复的能力。前者有较多的被动色彩，后者则含有浓厚的主动性。具体而言，脆弱性经常被用来表示某些系统的风险易感性，自然环境要素、人口要素、经济要素、社会要素、政治要素、文化要素等都可以成为脆弱性的基本构成要素；相对于脆弱性概念强调预防与消减不同，恢复力概念则是假设灾害已经发生，从各个系统要素层面提升整体社会应对灾害的能力，即“非预期危险成为现实后的应对能力和迅速恢复力”①，或“利用现存资

① A. Wildavsky, Searching for Safety. Transaction, NJ: New Brunswick, 1991; Siambababa Bernard Manyena, “The Concept of Resilience Revisited”, Disasters, 2006 (4): 433-450.

源和技能以适应新的系统和操作环境的能力"①。

在灾害社会科学中，学者们侧重于从社会层面研究脆弱性和恢复力，发展出灾害的"社会脆弱性"（social vulnerability）和"社会恢复力"（social resilience）概念。对于"社会脆弱性"，苏珊·L. 科特（Susan L. Cutter）提出了具有奠基性的测量指标（social vulnerability index，SoVI）；维斯勒（B. Wisner）等人提出包括五大资本模块（个人资本、社会资本、实物资本、经济资本、自然资本）在内的可得模型（access model）。社会恢复力则是指人类面对环境变化，适应并维持社会功能的能力，包括价值、信念、能力、资源、政策等方面，其中社会价值与信念是重要因素。

社会信任可以作为灾后重建中的一项基本资源，越多的不确定性，越需要社会信任。面临民众在危机情境中的恐慌行为，政府通常会选择风险沟通行为，而风险沟通的基础正是信任。构建社会信任不但可以减少冲突，还可以让社会治理变得更有效率。遗憾的是，目前社会信任缺失较多，如在邻避冲突中，在城市公共设施选址上，低度的社会信任加剧了民众对于不确定性的担忧，从而出现各种抗争行为；又如围绕转基因食品的严重分歧与争执，也暴露了分歧双方失去起码的信任；再如由于社会信任度的降低，很多人宁愿相信传言，也不相信权威渠道发布的信息。信任转化为不信任比不信任转化为信任容易。维持或重建社会信任必然是一个漫长的过程，它需要整个社会系统共同努力。

**4. 从科层制组织走向网络型结构**

科层制取代家长制，成为当今最为普遍的管理组织结构。但其不适应风险社会的高度不确定性，不适应多元治理。

面对充满高度不确定性的风险社会，与多元合作治理灾害相适应的必然是网络型组织结构。网络型结构可以满足治理风险的以下一系列要求：决策主体多元、去中心，信息网路四通八达，动态的自组织、自适应、自协调，等等。

如果说当年钱学森提出的系统科学理论为网络型组织结构奠定了思想和理论基础的话，那么现在的互联网、物联网、移动通信网"三网合一"则为网络型组织结构奠定了物质和技术基础，现在欠缺的主要就是

---

① L. Comfort, et al.,"Reframing Disaster Policy: The Global Evolution of Vulnerable Communities", Environmental Hazards, 1993 (1): 39-44.

其社会基础——信任与共识。我们在本书的最后一章还会专门探讨这个问题。

## 二、整合应急职能，成立国家应急管理部①

针对当前应急管理的机构和职能设置方面存在的问题，有必要坚持大部制的改革方向，进一步整合应急职能，成立国家应急管理部。

**1. 当前应急管理的机构、职能设置存在的问题**

（1）机构、职能设置分散，跨部门合作难度大，协调成本高，分类管理难以为继。

根据突发事件分类管理的原则，当前突发事件应急管理的机构和职能设置非常分散：

一是自然灾害类突发事件。在国家层次，设有负责协调全国自然灾害应对的国家减灾委员会、负责水旱灾害应急管理的国家防汛抗旱总指挥部、负责地震灾害应急管理的国家抗震救灾总指挥部、负责森林火灾的国家森林防火指挥部。在部委层次，中国地震局、中国气象局的主要职能均为灾害应急管理；此外，民政部、水利部、国土资源部、农业部、国家林业局、国家海洋局也各有一项职能为灾害应急管理。

二是事故灾难类突发事件。在国家层面，设有国家安全生产委员会。在部委层面，相关应急管理职能主要由国家安全生产监督管理总局负责。近年来，环境类事故灾难显著增多，环境保护部和国土资源部的应急管理职能日益增强。2011 年日本福岛核泄漏事故以后，我国加强了核应急工作，设立国家核事故应急协调委员会，下设专门的国家核事故应急管理办公室负责日常工作。

三是公共卫生类突发事件。在国家层面，仍设有与公共卫生相关的领导小组。在部委层面，在卫生与计划生育委员会的 18 项职能中有两项属于公共卫生突发事件应急管理，其下属的中国疾病预防控制中心的主要职能即为应急管理。由于近年来食品安全问题日益突出，国家又进一步加强了食品安全事故的应急管理，设立食品安全委员会，有 15 个部委参与其中，由食品药品安全监督管理局具体负责。

---

① 参见童星、张海波于 2015 年 9 月撰写并呈送国务院办公厅题为《关于在国家安全委员会架构下进一步整合应急职能，成立国家应急管理局的政策建议》的报告；后又提出在国家安全生产监督管理总局的基础上，整合其他部委的应急职能，成立应急管理部的建议。

四是社会安全类突发事件。在中央层面，设有中央社会治安综合治理委员会；在部委层面，公安部、国家信访局主要负责群体性事件的应急管理。近年来，恐怖主义活动的威胁日益严峻，国家又正在建构“反恐”体系。机构、职能设置的分散，导致当前一些重大突发事件的应急管理在需要跨部门、跨系统合作时，合作难度大、协调成本高，分类管理难以为继。例如，雾霾天气的应急管理需要环境保护部、国家气象局的合作，核事故应急则至少需要环境保护部、国家核事故应急协调委员会等部门之间的合作。

(2) 政府应急办行政级别较低，工作人员有限，专业性不足，难以有效组织、协调。

目前，各级政府的应急管理办公室主要承担跨部门、跨系统合作的协调职能。然而，应急办只是政府办公厅（室）的内设机构，行政级别低，人员编制少，工作人员多为综合行政人员，缺乏专业性，目前只能承担应急信息的值守、传达工作，难以有效组织协调跨部门、跨系统的协作。

(3) 信息分散，缺乏整合，影响对突发事件的研判和应急指挥与协调的效率。

虽然各级政府已经建立或正在筹建应急指挥平台，但一般只注重硬件建设，缺乏对机构和职能的整合，这导致信息分散、整合乏力，影响对突发事件形势和发展态势的判断；不同政府部门使用不同的指令、通信系统，会在突发事件发生之后影响应急指挥与协调的效率。

(4) 应急队伍人员分散，建设标准不同，水平参差不齐，不同的应急队伍之间难以有效协作。

目前，除消防部门建有综合应急救援队伍外，安监部门建有煤矿应急救援队伍和非煤矿应急救援队伍，水利部门建有防汛机动应急救援队伍，地震部门建有专业地震救援队伍，卫生部门建有突发急性传染病防控队伍、核与辐射应急救援队伍，国土部门建有地质灾害应急救援队伍，农业部门建有动物疫情应急救援队伍，海事部门建有水上搜救与救助队伍，林业部门建有森林消防队伍，水、电、油、气等相关企业也都建有相应的专业应急队伍。这些应急队伍建设标准不一、人员分散，专业程度差异较大，水平参差不齐，在突发事件发生之后，难以有效、协同展开合作。此外，军队也建立了多支应急救援部队，一旦地方上需要，即投入抗灾抢险、应急救援。

(5) 预防准备、预警监测和应急响应的分离，削弱了预防准备与预警监测工作，不利于经验教训的总结学习。

在目前的机构和职能设置下，政府各部门只负责常态管理，发生突发事件时，则由相应级别的人民政府统一响应，成立应急指挥部，相关部门只是作为参与单位，责任意识不强，相互之间也需要磨合，影响效率；常态管理中的预防准备、预警监测同应急响应相分离，削弱了预防准备与预警监测工作，降低了通过常态管理提前消除隐患、避免突发事件发生的可能性；同时，预防准备、预警监测与应急响应的分离，导致应急响应中积累的经验教训难以被常态管理部门吸收，也不利于事后的处置与改进。

**2. 进一步整合应急职能的政策建议**

国家安全委员会的设立旨在统筹内部安全与外部安全的管理，职能设置横跨党、政、军，可以有效提升跨部门、跨系统协作能力，体现了总体国家安全观。因此，在总体国家安全观架构下，可以国家安全生产监督管理总局为基础，进一步整合应急职能，加强内部安全的统筹能力。

(1) 职能高度相关的机构合并，成立国家应急管理部，减少机构数量，加强职能整合。

国家减灾委员会、国家防汛抗旱总指挥部、国务院抗震救灾总指挥部、国务院食品安全委员会、国务院安全生产委员会、国家核事故应急协调委员会、国家森林防火指挥部、国家安全生产监督管理总局、中国地震局、中国气象局、中国疾病预防控制中心这些机构的主要职能都是应急管理，因此可以合并，成立国家应急管理部，作为国务院的组成部分。鉴于目前国家安全生产监督管理总局的职能完整、队伍精干、装备优良、经验丰富，组建国家应急管理部可以安监总局为基础。这种设计首先是可以促进应急职能的整合，提高效率；其次是有利于国务院和国家安全委员会发挥决策、统筹和协调作用，增强对决策的执行力；最后是可以大幅减少机构数量，推进大部制改革取得实质性进展，例如当把各自的应急职能抽走后，农、林、水等部委即可合并为一个大农业部。

(2) 相关部委的应急管理职能转移至国家应急管理部，一些不宜转移的应急管理职能保持不变，但需要明确与国家应急管理部的协作关系。

如民政部共有 12 项职能，其中第 4 项职能涉及应急管理；水利部共有12项职能，其中第4项涉及应急管理；国土资源部共有16项职能，其中第12项涉及应急管理；国家林业局共有13项职能，其中第10项涉及应急管理。如果将应急管理职能从这些部门转移至国家应急管理部，可以进一步加强职能整合，提高协作能力，但又不至于影响这些部门其他职能的正常履行，同时也为大部制改革创造有利条件。农业部、卫计委、国家工商总局、国家质检总局、国家海洋局的应急管理职能或者与其行政执法能力有关，或者需要依托于其专业技术平台和服务网络，可以不转移至国家应急管理部，但需要明确与国家应急管理部的协作关系。

(3) 统一应急管理信息平台，建立国家事故管理系统。

由国家应急管理部负责，以国务院应急办或国家安监总局现有平台为基础，统一应急管理信息平台。以国家安监总局现有的事故管理系统为基础进行扩展，建立国家事故管理系统，对应急指挥的组织结构、命令术语、通信标准、资源储备进行统一标识、编码、管理。

(4) 统一管理应急救援队伍，建立和完善应急救援队伍的建设标准。

由国家应急管理部负责，对包括军队应急力量、政府救援力量、社会救援力量在内的应急救援队伍进行统一管理，制定应急救援队伍能力分级标准、应急救援人员岗位资格认证标准、应急救援人员技术操作标准、应急救援人员最低培训标准等。

## 第二节　公共安全治理机制的前移与后延

尽管依据现有的应急管理机制即公共安全治理机制，整个突发事件应对过程可分为预防与准备、预警与监测、救援与处置、善后与恢复等四个阶段，但在实践中，一直是重救援与处置，轻前期的预防与准备、预警与监测以及后期的善后与恢复。不过，即使救援与处置做得再好，也只能控制事态、减少损失，而不能解决问题，因为危机的根源是风险而非突发事件，突发事件本身也是由风险引起的。因此，公共安全治理的工作重点必须而且已经开始“前移”，重视风险源的治理。比如以“三移”推动“三靠”，即通过公共安全治理“关口前移”（就风险灾害危机演化连续统而言）、“重心下移”（就从中央到基层的层级结构而言）、“主题外移”（通过加强预防等工作来减轻应急的压力），形成全方位、立体化、多层次、综合性的应急网络以及常态和非常态有机衔接的机制，最终在全社会塑造“小灾靠自己、中灾靠集体、大灾靠政府”的局面。相比事发后的应急处置和危机管理，从源头开始治理的风险管理更能起到事半功倍、防患于未然的良效。比如针对日益严峻的社会安全形势，现在开始倡导对重大政策决策和重大建设项目开展社会稳定风险评估（简称“稳评”），实施“双提高”（提高劳动者报酬在国民收入初次分配中的比重、提高城乡居民所得在国民收入再分配中的比重）政策，探索建立健全诉求表达机制、利益协调机制、矛盾调处机制、党政主导群众维权机制，强调正确处理人民内部矛盾、做好群众工作等，就是一种风险治理的思路。

此外，应急处置还要向后延伸，就是说在“救援与处置”之后的“善后与恢复”阶段，不仅要安排好医疗康复、经济补偿、恢复生产、重建家园以及对相关责任人的行政问责等工作，而且要通过深入细致的排查反思，发现真正导致危机的风险，包括问题、矛盾、漏洞、隐患和“病根”，从而解决问题，化解矛盾，堵塞漏洞，消除隐患，拔除“病根”，达到同类危机不再发生的效果。这就是有别于官员问责的“风险问责”，即“反思与修正转型的轨迹，从政策、制度、结构、价值等风险的源头来治理风险”①。现在食品安全事故以及群体上访事件发生时，总是不见效、难除根，原因在于只停留在控制事态的层面，并没有实行危机管理和风险问责。

“加快形成源头治理、动态管理、应急处置相结合的社会管理机制”②，既是对上述公共安全治理实践发展新趋势的高度概括，也为今后公共安全治理的实践指明了方向，提出了更高的要求。

## 一、应急减灾维稳全过程创新③

公共安全治理具体表现为应急减灾维稳，其机制内容千头万绪，分别贯穿于减灾、整备、反应、恢复等四个阶段（见表 6－3）。

---

① 张海波，童星．公共危机治理与问责制．政治学研究，2010（2）．

② 胡锦涛．坚定不移沿着中国特色社会主义道路前进　为全面建成小康社会而奋斗：在中国共产党第十八次全国代表大会上的报告（2012－11－08）．新华网，2012－11－17．

③ 童星，陶鹏．论我国应急管理机制的创新：基于源头治理、动态管理、应急处置相结合的理念．江海学刊，2013（2）．

表 6-3　　全周期应急管理机制

| 减灾阶段 | 整备阶段 | 反应阶段 | 恢复阶段 |
| --- | --- | --- | --- |
| 危险源确认机制<br>风险沟通机制<br>脆弱性评估机制<br>风险防范机制<br>宣传教育机制<br>关键基础设施保护机制 | 预案编制机制<br>培训演练机制<br>组织建设机制<br>资源整备机制<br>能力维持更新机制<br>预警机制 | 先期处置机制<br>快速评估机制<br>分级响应机制<br>应急指挥机制<br>协调联动机制<br>公共沟通机制 | 恢复重建机制<br>救助补偿机制<br>心理救援机制<br>调查评估机制<br>责任追究机制<br>风险管理机制 |

按照这样的要求，应急减灾维稳机制的创新主要应当从以下几个方面着手：

**1. 更新价值理念，创新制度与技术，推行脆弱性评估机制，构建风险治理格局**

灾害危机不能仅仅归咎于“天灾”、“偶发”以及“突发”，更应注意到事件背后的政治、经济、文化、社会等背景要素的作用，寻求出由风险经灾害（突发事件）到危机的演化规律①。认识背景要素在灾害危机动力演进过程中的影响，并有针对性地建构相关的应对策略，此乃公共安全治理的基础理念，即将“源头治理、动态管理与应急处置相结合”。要树立“灾害危机风险可管理”的理念，推动应急减灾维稳制度与技术的变革。在全过程应对体系的整体机制设计层面，应当将灾害危机作为自然-科技系统与社会制度背景相互作用的产物，治理目标在于消减自然-科技危险源，不断消减导致危机后果出现的社会脆弱性；注重风险阶段的治理机制建构，补强风险治理与整备机制，优化现有的应急反应与恢复相关机制，消除“应急失灵”现象。

风险治理手段的创新是未来应急减灾维稳制度优化升级的重要突破方向。应当构建以社会脆弱性评估为基础的灾害危机风险管理，构建一套符合国情的灾害危机脆弱性评估体系，该体系应是一种包含脆弱群体的识别、应急管理能力、本地灾害危机文化、经济社会发展状况等指标的测量体系，以全面检视本地灾害危机治理水平，为应急减灾维稳制度优化提供政策参考。同时，在风险社会背景下，通过多元参与的方式进行风险沟通，摒弃经济理性思考模式，建构更具风险理性的结果分析原则，如在重大政策决策和建设项目论证设计过程中加入稳评机制。

① 童星. 风险灾害危机连续统与全过程应对体系. 学习论坛，2012（8）.

**2. 超越预案以真正实现预案编制与管理，建立基础信息平台，提升预案管理绩效**

“预案”（plan）与“预案编制”（planning）是两个不同概念，前者注重预案文本，后者涵盖范围更广，既包括预案文本，又指预案动态循环的更新过程，从风险治理到灾害反应再到灾害恢复，均可视为预案制定、执行、反馈、评估、修改的过程，即预案编制的全过程。预案编制过程中对危险源的识别、确认以及分析，对灾变中社会行为的预测与分析，对应灾能力的评估，等等，都是形成预案文本的基础。同时，还应建立与整合应急信息、基础数据平台。首先是要构建应急管理信息系统互通互联与共享机制，突破部门、条块所造成的信息系统的分割状况，建立统一、多层次的区域应急能力基础数据库；其次是要构建灾害信息跨部门综合评估、研判以及预测机制，在全面多元的思维下分析各项风险灾害信息。

**3. 创新应急演练机制，完善组织建设与评估机制，夯实组织应急管理能力**

桌面推演、功能演练、局部演练、全程演练分别基于案例推演、专项功能测试以及部分或完全仿真事件对预案进行评估修正①。危机演练也是同公众系统展开沟通与教育的过程，可以让大众了解危险源及其应对方式，从而提升社区灾害重建能力。在制定危机演练政策时，需要提升应急演练的有效性，在演练内容设计上，要注重灾害危机环境的仿真性，针对应急减灾维稳中的不同环节，考察动态环境中的应急减灾维稳制度绩效。需要强调的是，应当在公共财政中加强对应急演练的投入机制设计，为应急演练工作的持续顺利开展提供财政支持。

应急组织能力的培育、评估与维持更新已经成为政府行政管理改革的重要议题。正如有学者指出，当代政府管理面临的重大挑战是灾害危机的应对，“危机与突发灾难的处理，将是未来政府行政人员面临的最大挑战”②。应急组织能力建设作为一项亟待提升的应急减灾维稳制度环节，首先应以预案中的应急功能保障小组为基础，对庞杂的政府组织体系进行分类、分析，考察各个组织在应急减灾维稳中的职能与分工；其

---

① G. D. Haddow，J. A. Bullock，D. P. Coppola，Introduction to Emergency Management，Oxford，UK：Elsevier，2008：201.

② J. P. William，“Emergency Management：A Challenge for Public Administration”，Public Administration Review，1985，45（Special Issue）：3-7.

次是分析在不同级别灾害危机条件下，灾区对社会资源的需求以及对应急响应的需求，在此基础上，建构应急组织能力评估框架与相关评价指标，以全面衡量组织应急能力状况；最后，以评估结果为依据，建构并执行组织应急能力提升机制，监督反馈组织能力建设状况。

**4. 推进应急减灾维稳机制一体化建设，建立并推行关键基础设施保护机制**

其一，研究推进应急指挥机制标准化、规范化、程序化建设，最大限度地减少术语、环境、灾种、组织差异所带来的管理迟滞现象。应急管理系统亟待建立一套汲取国外优秀模式并结合本土社会特征的指挥机制，如美国 ICS 模式将应急反应组织结构划分为计划部门、作业部门、后勤部门、财物或行政部门，并配备资讯部门、安全部门、联络部门共同辅佐指挥官。应当分析总结各地现有应急指挥机制模式，并对其进行绩效比较，对于应急指挥机制的启动、运行以及结束进行深入研究，探索能够在多灾种管理环境下有序运转的应急指挥机制。

其二，建立灾害危机的先期处置能力建设机制。需要将应急减灾维稳的资源能力下沉，在适度分权的条件下提升基层组织应急管理的能力，包括提升灾害危机事件的先期处置的能力。先期处置的主体不仅包含政府基层应急部门，还包含事故现场的各类人员。先期处置机制应当注重灾害危机第一反应群体的应急能力建设。因此，各类公民安全教育与自救互救的宣传教育机制、基层政府应急组织机制、危机领导力等均应纳入灾害危机先期处置能力建设之中。在群防群治理念下，注重非正式救援在先期处置过程中的重要作用，同时加大对基层应急管理机构的投入、培训、演练力度，推进应急管理相关政策的制定与执行。

其三，把握现实社会发展特征，构建多元的应急减灾维稳机制。政府在灾害危机应对中具有主导作用，但是其影响范围有限，需要社会公众的积极参与。目前社会力量在应急减灾维稳中的介入程度并不深，需要进一步走向参与形式的多元化、监督的透明化、体系的整合化。在制度设计的过程中，要考虑社会力量参与灾害危机救援恢复的能力多样且不一，可通过建构培育机制，将其作为政府传统救援力量的有效补充；对于社会组织要求参与的救援恢复工作，政府必须建构起相关社会监督渠道；针对社会组织救援恢复力量的差异，为了形成有效的应急减灾维稳合力，需要在信息、资源、分工上进行事前沟通与规划，整合各方力量投入灾害危机应对之中。多元社会应急减灾维稳机制不仅存在于灾后社会救援过程中，在灾害危机前端环节也同样重要。在政府减灾与风险管理过程中，私人部门的参与也必不可少，私人部门的行为转变有助于整体风险的消减。

其四，建立并推行关键基础设施保护机制。关键基础设施是社会功能正常运转的“硬件”。随着城市化步伐的加快，关键基础设施成为城市社会经济生存与发展的命脉，也是城市灾害危机脆弱性的重要标志。近年来，许多城市频繁出现“淹城”以及应急救援功能中断现象，其重要原因就在于关键基础设施保护机制的缺失。应当补强关键基础设施保护机制，重新评估关键基础设施状态及其风险可能，并将其纳入城市发展规划与决策中。

**5. 优化灾后恢复机制，维护应急减灾维稳体系持续、健康发展**

其一，灾后恢复中加强社会组织管理。政府、市场、社会是灾后社会服务的三大供给主体，社会组织是推进灾后恢复不可或缺的组成力量。进行灾后恢复的社会其需要亦是多样的，市场与社会组织可以弥补政府部门回应能力不足的缺陷。

其二，注重应急财政的公共性。以公共利益为目标，坚守应急财政过程、手段以及对象的公共性，保障应急财政的社会效益。灾害脆弱群体一般属于社会弱势，为了保障他们在灾后能够有效地获取相关的社会服务，需要有针对性的政策设计。

其三，创新灾害恢复的社会服务手段。灾害影响的多样性要求灾后社会服务必须通过不断创新回应社会需求。就业支持、个人心理服务、教育等灾后社会服务形式对于脆弱群体的灾后恢复至关重要。

其四，消除阻滞因素，落实危机调查与问责机制。危机问责作为灾后社会学习的重要手段，要避免被视作处理公共关系的政治符号，防止危机调查与问责停留在运动化、政治化的层面，应当对社会制度、结构、政策以及价值规范进行反思，进而彰显危机问责的实质意义。

## 二、灾害链、危机政治与灾害治理制度变迁①

如今再也不能用孤立的眼光来看待危机，在复杂的社会系统中，原先非政治性的问题可能成为政治性问题，原先不相关的事物在灾变情境下可能变得联系紧密。通过对灾害与集体行为的研究发现，人们在灾变

① 陶鹏，童星. 灾害链、危机政治与灾害管理制度变迁. 黑龙江社会科学，2013 (5).

条件下的行为变化实际受到与之相联系的社会系统的影响，并形成连锁反应。如前所述，拉尔夫·特纳将灾害中的集体行为过程概括为：骚动—谣言—定调—紧急规范。有学者将危机视为“先存社会政治秩序合法性象征体系的崩溃”①，灾害危机事件造成社会功能中断，而对于政治-行政系统同样存在冲击，即产生合法性危机。政府的灾害危机事件应对工作可以由“管理”与“解释”两部分组成②，管理是对灾害事件的技术性应对，而解释是对由灾害事件引致的国民情绪的恰当管理。灾变事件中的集体行动过程受国民情绪的影响，而灾害危机状态作为不确定性的情形，很难被政府、媒体、专家、大众等主体准确认识和判断，在混乱无序的危机状态下会出现各种关于灾害事件的解释，而对灾害解释的多样性又会造成政治-行政系统解释权威性下降。同时，政治-行政系统本身作为灾害动力学研究的重要因素，其管理脆弱性会通过危机显化，灾害危机便有了政治性后果。缓解与消除灾害危机事件所形成的政治压力，需要政治-行政系统全面反思，推进灾害治理制度的有效变迁，不执迷于专业性，通过全面联系的新思维，注重科学性与社会性在灾害政策变革中的作用影响，保障灾后社会学习的有效性。

**1. 危机政治与灾害链的结点**

（1）框架建构的竞争：危机政治前的避责博弈。

危机导致先存社会政治秩序合法性象征体系的崩溃，具有“去合法性”（de-legitimation）功能，挑战着先存所谓“安全”的政治符号。危机管理亦被视为一个由“合法性”、“去合法性”和“合法性再生”（re-legitimation）构成的动态过程③。在政治-行政传统下，灾害危机事件的应对被视为政治工程，并依据政治逻辑来处理。灾后“避责博弈”（blame game）是对灾后政治行为的宏观概括④。在克里斯托弗·胡德（Christopher Hood）看来，在政府官僚体系下，官员有避责行为的一贯倾向，继

① A. Boin, A. McConnell, P. ‘t Hart, Governing after Crisis: The Politics of Investigation Accountability and Learning, Cambridge: Cambridge University Press, 2008: 3.

② R. S. Olson, “Toward A Politics of Disaster: Losses, Values, Agendas, and Blame”, International Journal of Mass Emergencies and Disasters, 2000 (2): 265-288.

③ P. ‘t Hart, “Symbols, Rituals and Power: The Lost Dimension in Crisis Management”, Journal of Contingencies and Crisis Management, 1993 (1): 36-50.

④ A. Brandstom, S. Kuipers, “From ‘Normal Accidents’ to Political Crises: Understanding the Selective Politicization of Policy Failure”, Government and Opposition, 2003 (3): 279-305.

而提出了一个制式反应的假设路径，即拒绝问题—承认问题—承认问题但拒绝责任—承认问题也承认责任①。

避责博弈的目的是减少政治与政策压力，其运作核心是“框架建构竞争”（framing contest）。框架（frame）被视为记忆中的认知结构②，在符号互动主义看来，框架是人或组织对于事件的主观诠释与思考结构，而“框架建构”（framing）则是对这一过程的概念表述，且被视为认知心理、意义建构以及社会互动研究领域的有效概念工具。框架建构的竞争实际上是各个主体对事物诠释话语权的争夺过程，其目的是塑造成员认知。在灾害危机事件中传统社会、政治、行政主导话语发生混乱（dislocation），政治话语空间被重新开启，更多主体加入对相关议题的定义，从而推动了制度变迁的进程。框架建构竞争是针对灾害危机的性质、程度、成因、责任、管理、政策等议题而展开的话语权竞争。阿金·伯恩（Arjen Boin）等人认为，框架建构竞争会对后危机时期的政治与政策产生影响，并将框架建构竞争类型划分为最小化事件影响、承认事件影响、最大化事件影响等三种，不同类型的框架建构竞争会在政治与政策层面产生差异性影响③。本质上，框架建构竞争过程乃是对灾害危机现实的社会建构过程，危机事件将应急管理系统在政治与政策层面的脆弱性显化，使危机管理变革议题进入政策议程。从公共政策视角来看，一种社会状况成为问题并进行公共政策干预，受制于官员了解状况的手段与状况被界定成问题的途径④。在该主题的研究中，德博拉·A. 斯通（Deborah A. Stone）总结了三种传统分析维度：政治主体特征、事件本质、语言与符号。她从社会建构主义视角出发考察政策议程，认为三种研究传统忽视了灾害危机事件转化为政治与政策问题的核心——因果叙事（causal stories）⑤。因果叙事影响着问责过程、调查以及制度变迁导向。在灾害危机研究话语中，无论是“框架建构竞争”还是因果叙事，它们

---

① H. Christopher，“What Happens When Transparency Meets Blame-Avoidance?”，Public Management Review，2007（2）：191－210.

② D. Kahneman，“A. Tversky. Choices，Values，and Frames”，American Psychologist，1984（4）：341－350.

③ A. Boin，P. ‘t Hart，A. McConnell，“Crisis Exploitation：Political and Policy Impacts of Framing Contests”，Journal of European Public Policy，2009（1）：81－106.

④ 金登. 议程、备选方案与公共政策. 2版. 北京：中国人民大学出版社，2004：249.

⑤ D. A. Stone，“Causal Stories and the Formation of Policy Agendas”，Political Science Quarterly，1989（2）：281－300.

所聚焦的核心皆为灾害危机的动力演进过程即灾害链。

（2）灾害链：灾害认知与管理政策产出的逻辑基础。

灾害动力学旨在揭示灾害危机产生原因及其演进过程中各要素的作用机制，灾害链分析成为防灾减灾领域的重要范式。灾害动力学作为灾害科学研究的重要领域，为灾害学术研究与管理实践提供理论支持。长期以来，自然-科技的灾害链分析较为发达，如马宗晋早在20世纪80年代就发起成立了“综合减灾小组”，提出了三种灾害链①，史培军又增加了寒潮灾害链②，克里斯托弗·霍亨尼姆塞（Christoph Hohenemse）、罗杰·卡斯帕森（Roger Kasperson）以及罗伯特·凯茨（Robert Kates）则提出了“科技危害因果结构”等概念③。在灾害社会科学看来，关于灾害动力学演进过程的分析需要注重对社会背景要素的考察，如尼尔·斯梅尔瑟（Neil Smelser）创设的“加值理论”④、牛文元提出的“社会燃烧理论”⑤，以及“风险-危机转化理论”⑥等，都为灾害动力分析提供了社会过程剖析的可能。可见，灾害链的认识无论是在自然科学传统还是在人文社科传统中都引起足够重视，对于灾害链的分析构成了灾害研究的基本话语体系，决定着学科的分析传统、话语体系以及研究范式。

一旦灾害危机事件发生，一系列问题就会自然而然地被提出，如“发生了什么”“发生的原因是什么”“造成的影响怎么样”“由谁管理此问题”等，在灾变条件下，弄清事实（sense making）被视为政府决策的基础与集体行动起点。灾害链是解释灾害动力演进过程的核心，它对危险（源）、作用过程（关系链）以及影响（结果）进行理论诠释，探寻灾变事件的客观本质。而作为结果的灾害与作为原因的危险（源）之间存在着一果多因的关系，在动态联系的世界中，很难从一个因素推出灾害结果，更何况危险（源）已不再被认为是单一、客观的因素，而是多样

① 马宗晋，高庆华，陈建英，等．减灾视野的发展和综合减灾．自然灾害学报，2007（1）.

② 史培军．三论灾害研究的理论与实践．自然灾害学报，2002（3）.

③ 克里姆斯基．理论在风险研究中的作用//克里姆斯基，戈尔丁．风险的社会理论学说．北京：北京出版社，2005：2-24.

④ N. Smelser，Theory of Collective Behavior，New York：The Free Press of Glencoe，1963.

⑤ 牛文元．社会物理学与中国社会稳定预警机制系统．中国科学院院刊，2001（1）.

⑥ 童星，张海波．基于中国问题的灾害管理分析框架．中国社会科学，2010（1）.

的并散落在主客观连续统之间。

从灾害概念的定义结构可以看出（见图 6－1），就灾害链的探索现状来看，主要存在以下三种认识，即自然作用过程、自然-社会互动过程、社会建构过程，它们分别散落于客观现实与主观建构所构成的连续统之间。一是自然-科技视域下的灾害链认识。危险（源）主要源于自然-科技系统，而其作用后果常被认定为物质后果，原因与结果之间的联系性表现为自然作用过程，认为灾害链的科技倾向显著。二是自然-社会互动视角的灾害链认识。在不否认致灾过程的自然作用前提下，强调社会背景要素对于灾害动力学演进过程的作用，将危险（源）逐步拓展到宏观社会背景，认为灾害现状乃是社会、政治、经济、文化要素与灾害事件共同作用之结果，还将灾害影响拓展到制度层面，将原因与结果之间的联系归于自然与社会之间的互动过程，使得灾害链与本地深层社会特征互联。三是社会建构主义维度下的灾害链认识。在不否认灾害事件客观存在的前提之下，社会建构主义的灾害链思想认为，危险（源）、灾害结果、作用过程皆为社会相关主体依据自身知识经验、利益导向而建构的结果，在灾害发生的过程中，社会主体的建构性影响明显，灾害链乃是社会主体建构与话语博弈的产物。

原因 ←→ 结果

| 客观 ↑↓ 主观 | 危险（源） | 关系链 | 结果 |
| --- | --- | --- | --- |
| | 自然-科技 | 自然作用 | 物质后果 |
| | 社会 | 互动关系 | 社会后果 |
| | 社会建构 | 建构过程 | 主观建构 |

**图 6－1 灾害概念的定义结构**

资料来源：陶鹏，童星. 灾害概念的再认识：兼论灾害社会科学研究学派及整合趋势. 浙江大学学报（人文社会科学版），2012（2）.

在传统传播媒介和新兴媒体所形成的舆论环境中，不同灾害链认知形式在灾变事件中呈现一致或冲突的情形。对灾变事件的话语解释所呈现的混乱无序与灾变情境特征的不确定性有关，同时，人类社会对灾变事件的认识形式也是重要影响因素。灾害链的差异性认知挑战了政治-行政系统的灾害解释的权威性，而灾害链不仅体现为对灾变过程本质的认识追求，而且会对政治-行政系统的灾后管理制度变迁造成影响。

**2. 灾害治理制度变迁：三类灾害链作用**

框架建构是灾后政治-行政系统关于灾变现实的认知形塑过程，灾害链是框架的核心要素，不同形式的灾害链反映各主体诠释客观现实的差异性，而灾害链的多样性影响了灾害管理制度变迁的路径。灾害危机事件通常被视为“政策窗口”，推动政策议程、方案的变革①。灾害管理制度变迁受到灾后政治的影响。在应对灾变事件的冲击之后，问责与社会学习成为灾后政治-行政系统的核心内容。问责是对灾害事件演进过程中相关主体要素作用的调查与咎责过程，而社会学习则是基于各种调查分析，在制度层面进行的反思与改革。灾害链作为解释灾害危机动力演进过程的框架，直接影响着人们对于灾害危机事件的判定，并主导着随之而来的问责过程与社会学习过程。

官僚问责、法律问责、专业问责、政治问责是问责的主要类型②。从制度变迁角度看，深层社会体制变迁、危机管理模式变迁、危机管理机制变迁体现了不同程度的变迁方式。深层社会体制变迁是指深层体制因素对危机演进产生作用，导致公众对社会制度的反思。危机管理模式变迁主要针对宏观社会在危机应对中的制度缺陷而展开。危机管理机制变迁则是对危机管理政策领域的重塑。在分别以技术为导向、以制度为导向、以建构为导向的灾害链认知框架下，制度变迁呈现出不同的特点。

（1）以技术为导向的灾害链与制度变迁。

技术导向灾害链从科学技术视角诠释灾害动力学演进过程，强调危险源与灾害后果之间的客观联系。在灾害危机的框架建构竞争过程中，技术话语构成认知框架的核心基础，危机问责与灾害管理制度变迁呈现技术导向性。

危机问责是灾后社会学习的起点，其中，问责主体、问责客体、问责内容、问责方式等乃是问责制度的基本要素。在以技术为导向的灾害链认知框架之下，灾害危机被认定为客观作用的结果，问责客体或是被

① T. A. Birkland, “Focusing Events, Mobilization, and Agenda Setting”, Journal of Public Policy, 1998 (1): 53-74.

② B. S. Romzek, M. J. Dubnick, “Accountability in the Public Sector: Lessons from the Challenger Tragedy”, Public Administration Review, 1987 (3): 227-238.

归结为自然原因或是被认定为技术问题，由行政、司法、人大、专家、媒体以及大众所构成的问责主体对灾害危机演进过程中的技术要素进行调查与分析，技术层面的反思成为灾后政策议程的中心议题，技术专家或技术权威的话语主导着危机事件管理与反思的全过程。从制度变迁路径来看，以技术为导向的灾害链引致的是应急管理在器物层面的变迁。当达成关于危机认知的共识之后，灾后政策议程围绕技术层面展开，对于原有应灾设备、技术标准、操作流程、预警技术等方面呈现的缺陷加以分析和解决。显然，在此认知框架之下，灾害危机事件被认定为纯技术或纯自然的问题，其制度变迁至多触及应急管理的技术运作机制，较少触及应急管理深层体制层面。技术导向灾害链认知共识的达成显然对政府合法性的威胁程度较低，对事件技术层面的探讨并不会触及应急管理制度内核，在灾后认知框架竞争中，技术共识的达成显然受到事件责任主体的青睐。

（2）以制度为导向的灾害链与制度变迁。

以制度为导向的灾害链视灾害危机为人类社会系统与危险（源）共同作用之结果，强调灾害危机动力演进过程中的互动性与社会性。在灾害危机事件的框架建构竞争过程中，来自管理与制度领域的话语对事件拥有诠释的主导权，制度导向的灾害链将灾后问责与政策改革引向应急管理制度层面。

与技术导向灾害链认知所强调的客观作用过程不同，制度导向灾害链在不否认技术要素作用的前提下，将社会系统纳入灾害链形成的过程。在以制度为导向的认知框架之下，在由多元问责主体所构成的话语场域中，应急管理制度、社会结构、文化背景在灾害危机演进过程中的作用成为基本议题，对本地社会系统的制度反思成为灾后问责的重要目标，问责客体与问责内容不再局限于技术层面，而是拓展到应急管理的制度层面。随着政策窗口的开放，以制度为导向的灾害链认知主导着灾害管理制度变迁，应急管理的体制性与机制性问题被纳入灾害管理政策反思之中。同时，对于应急管理制度背后的深层社会系统与文化系统因素，以制度为导向的灾害链框架也有触及。以灾变事件及其应对过程为触点，灾后社会学习过程还与社会结构、制度、价值等宏观层面要素相联系，深层社会要素的转变是应急管理制度变迁中的决定要素。在灾害危机的认知博弈中，制度导向的认知框架可能会威胁到政府合法性，但其对应急管理制度的机制与体制内核的反思有利于应急管理制度的创新与优化。

(3) 以建构为导向的灾害链与制度变迁。

建构导向的灾害链认知强调灾害原因与结果之间联系的主观建构性，灾害链的形成实为多方话语博弈的产物。灾害危机与危险（源）之间本质上是一果多因的关系，一般个人、专家、机构、官方、媒体等主体依据自身知识经验、利益出发点可做出不同的灾害链解释。该状况受两股力量的推动而形成：第一，事件本身。灾害危机作为一种未预期事件，它的出现必然伴随着不确定性，从而挑战了现存的知识与传统。第二，在新型社会媒体的推动下，灾害链话语场域的边界被不断放大，这就必然出现解释话语的多样性。在以建构为导向的灾害链认知框架下，灾后问责与制度变迁的方向、程度、方式、过程皆呈现复杂性与非稳定性。

多个社会主体进入灾害链认知场域的话语竞争中，在风险社会与网络社会背景下，社会问责形式得以出现，于是，问责主体的范围突破了官僚、专业人士的限制而呈现社会性。问责客体的范围亦不断扩展，原先看似与事件发生不相关的主体亦成为问责对象。与技术导向和制度导向的问责体系表现出的明确指向性不同，在建构主义认知框架下，问责内容亦表现为多样性与非稳定性。在灾害链认知话语竞争过程中，不同主体依据自身知识经验与利益给出了不同的灾害链解释，短期内无法产生占据主导地位的解释话语，而灾害问责过程难以漠视灾害链解释场域中的诸多话语。为维护问责过程的合法有效性，问责过程实际上受到多种解释话语力量竞争与平衡的影响。在建构导向的灾害链认知框架下，制度变迁也受到多元主体的建构过程影响，应急管理制度变迁路径与相关利益团体、个人、专家、政治-行政系统等主体的主观建构有关，制度变迁在多元博弈平衡中展开。建构导向的灾害链认知框架对于政府合法性挑战最大，在多样、复杂、无序的解释话语中，由于难以准确地把握国民情绪，官方处于被动应对之中，最终在各方博弈中寻求平衡，制度变迁作为各方话语博弈的产物具有不确定性，其变迁内容可能触及应急管理制度的内核，也可能造成宏观社会制度的突变。

**3. 灾后社会学习：提升灾害管理制度绩效的基本路径**

减灾、整备、反应、恢复可作为灾害管理全周期，在动态循环过程中，灾后恢复作为衔接阶段，它不仅包括灾后救助与重建，还包括灾后社会学习，所以，灾后恢复常具有防灾减灾的含义。灾害危机被视为“焦点事件”（focusing event），成为灾后学习触点并引致相关制度变迁。灾后社会学习影响着整体社会的灾害认知水平、价值判断以及行为规范，为未来灾害应对提供有益经验。灾后社会学习过程围绕着灾害事件而展开，对灾害出现的原因、影响以及社会应对之得失进行分析评估。灾害链是对事件本质及其过程的分析，不同类型的灾害链会引致不同的制度变迁路径，当三种灾害链认知中的某一种被确立时，其制度变迁内容亦被定调。作为理想类型的三类灾害链认知揭示认知建构竞争所可能产生的不同类型的制度变迁路径。然而在复杂的社会条件下，对于灾害危机事件的本质性、全面性、客观性的认识仍然受到政治、社会、经济、文化等方面要素的影响，改善灾后社会学习过程成为优化灾害危机管理制度的核心机制之一。

首先，树立全景思维模式，在动态联系中全面调查分析灾害链。灾害危机事件的发生会造成社会系统功能的紊乱与中断，对事件的反思与相关制度的改进应以事件调查与问责为基础。如今，在耦合程度增强的社会条件下，政府部门作为调查与问责的重要主体，需要认识到在全面动态联系的社会系统之中，难以通过单一视角来认识危机动力演进的全过程。作为一果多因的危机事件，其原因分析不仅需要来自技术导向的认知与分析方式，还需要社会制度分析层面以及草根力量的参与。全景思维下的灾害链认知，可以摆脱以往纯技术性、纯制度性以及无序性的灾害危机成因认知，在动态联系的复杂世界中探究事件发展演进的本质。

其次，正确认识灾害链的建构特性及社会影响。灾害危机事件在本质上是一种具有不确定性特征的风险的现实化，尤其是在深度不确定的条件下，传统知识与经验无法解释现实事件，加之灾害危机对于信息流的阻滞影响，这必然会造成社会恐慌与失序。了解事件过程、解释事件本质等大众认知需求需要政府部门的有效回应，当公共沟通渠道受阻或政府也缺乏对于事件的基本认知时，各种对于灾害链诠释的言论便会在不确定性背景下快速传播扩散，一些谣言还会造成社会负面影响。对灾害链的认知具有建构性特征，不同主体对于灾害链的诠释不完全相同。在混乱无序的话语场域，政府部门公共沟通机制必须拥有传播与回应的双重能力，改进话语方式，重新认识灾害链的建构特性所带来的话语失序格局，客观对待话语场域中的各种力量，并最大限度地消减灾害链建构特性所产生的社会负面影响。

再次，政府部门应以公共性为依归，防止对灾害危机事件的片面处理。政治-行政系统在灾害危机事件的认知竞争中可能会倾向于将灾害危机的责任归咎于技术与自然因素，而背离其组织的公共价值基点。对于事件的全面客观分析，有利于社会整体对于灾害危机演进过程的认知，应通过社会学习过程不断传承有益经验与知识，为成功应对未来的灾害危机提供基本保障。一旦政治-行政系统片面看待灾害危机事件，从纯技术、纯自然或是边缘性管理政策的角度做出判断，掩盖灾害危机演进的深层制度的脆弱性，就会为政府的合法性埋下隐患。

又次，摆脱政治符号操作和运动式问责，保障制度变迁的长效性。多米尼克·埃利奥特（Dominic Elliott）将组织灾后学习过程细分为焦点事件—知识获得（knowledge acquisition）—知识转化（knowledge transfer)—知识吸收（knowledge assimilation)—文化转变（cultural readjustment)，并认为只有通过一个完整灾害学习过程才能达成组织与个人价值和理念上的转变①。在一场灾变事件后，往往会出现该地区或政府部门领导者引咎辞职的现象，作为一种符号意义上的政治操作，这一行为可以缓解政府面临的外界指责，却没有触及解决灾害问题这一本质。这种问责局限于灾害事件追责机制的表层，没有深入“风险制造”层面，更没有将问责导向内化为切实的行动策略。危机问责作为灾后社会学习的重要手段，如果仅仅被看作一项处理公共关系的政治符号，不运用其反思社会制度、结构、政策以及价值规范，则危机问责的实质意义不彰，灾后社会学习便只能停留在运动化、政治化境地，甚至落入肤浅地照搬或简单模仿国外灾害管理制度的境地，而无法在科学、制度层面推动组织灾后社会学习行为的开展，更不必说对灾害管理制度的创新与发展。

最后，构建民主参与机制，实现双向社会学习过程。在弹性开放的思维空间中，灾害链形成过程需要多元主体的有序参与。民主参与机制的建设可以有效防止灾害链走向纯技术或纯制度倾向，同时也可消减社会风险。灾害危机事件调查与问责过程中的多元参与机制，有利于灾害管理制度的优化与创新。同时，在多元参与格局下，灾后社会学习应当

---

① D. Elliott，“The Failure of Organizational Learning from Crisis：A Matter of Life and Death?”，Journal of Contingencies and Crisis Management，2009（3）：157-168.

突破政府自上而下式的应灾组织模式，让更多的社会主体加入学习过程。从社会恢复力的文化层面建构来看，群体灾害风险知识水平对于防灾减灾、互助自救以及灾后恢复过程起着至关重要的作用。在开放协调的参与格局下，多元主体的参与扩展了人们对灾害链的认知，社会学习效益得以提升。

## 第三节　公共安全治理中的政府责任①

公共安全属于公共物品，在公共安全治理中，政府无疑发挥主导作用、承担主要责任，世界各国概莫能外。公共安全治理有一项特殊的任务，就是应对群体性事件。群体性事件类型多样，由于不同性质的群体性事件所表达的社会政治信息不同，所以需要对群体性事件进行类型学研究，针对不同类型群体性事件的特点引入制度化管理程序，提升管理效度。有些群体性事件与政府行为直接相关，有些则与政府有关监管部门工作不力、不到位有关，也就是说，群体性事件的产生与政府管理有着直接或间接的关系。我们从政府管理的视角出发，依据政府在事件发生发展中的责任和管理行为特征，将群体性事件分为“政策不当诱发型”“政府介入管理型”“政府强力稳控型”三类，并结合江苏省的案例予以分析。

### 一、“政策不当诱发型”群体性事件及其应对

这类事件多因相关政策制定和执行不当，对政策客体的共同利益造成侵害而产生。矛盾产生后又缺乏有效维权的渠道和方式，于是失利方以集体抗议的形式来维护共同权益或争取更多利益。事件参与者具有明显群体特征，相互之间认同度高、联系较紧密，常会有不同程度的组织策划。以 2010 年苏州通安拆迁事件和 2012 年南通启东制纸排海事件为例（见表 6－4），事件由于同政策的制定和执行有关，因此牵涉面较广，且诱发事件主体和事件管理者之间往往高度重合或具有错综复杂的利益关系，这导致事件不确定性高、难以疏导和解决，易成为地方政府管理群体性事件的难点。

① 童文莹．政府管理介入群体性事件的类型化分析．中州学刊，2014（6）．

表 6-4　　“政策不当诱发型”群体性事件案例的特征

| | 群体利益诉求 | 群体组成 | 政策因素 | 事件后果 |
|---|---|---|---|---|
| 2010 年苏州通安拆迁事件 | 拆迁补偿：农户希望获得相应补偿或其他日常生活利益等 | 当地因拆迁而利益受损的失地农民（以 2008 年已拆迁安置的为主） | 近年来当地有关拆迁的政策变化大，早期拆迁补偿较后来差别过大 | 官员涉贪：民众认为政府克扣补偿款 |
| 2012 年南通启东制纸排海事件 | 生态保护：呼吁政府永远停止发展有关制纸排海工程项目 | 当地担心污染企业损害市民利益的普通市民 | 地方政府重点发展的“南通大型达标水排海基础设施工程”存在影响当地生态、渔业等的风险 | 官员涉贪，政府公信力受损 |

**1. “政策不当诱发型”群体性事件中的矛盾生成**

“政策不当诱发型”群体性事件中的矛盾生成常与政府的政策制定或实施相关。例如，苏州通安拆迁事件就是因为当地政府对于拆迁补偿的政策前后变化过大（以 2008 年为节点，前后所涉补偿款相差 3 倍以上），部分先前被征地的农户利益受损，且缺乏其他后续保障，从而产生不满，使矛盾不断激化；南通启东制纸排海事件则是南通市政府批准日本王子制纸排海工程项目，引发启东民众对环境污染、渔业受损等方面的担忧而致。综观此类案例，其相关政策出台往往较多体现政府利益而忽视民众利益，如苏州通安大面积拆迁是为了确保苏州高新开发区的建设用地；南通启东制纸排海事件则是由于南通市政府为发展地方 GDP，积极支持王子制纸排海工程项目。事件中均存在当地政府利益与民众利益的矛盾，且这种利益上的不同诉求在政策制定前缺乏沟通，导致政策形成后，民众对地方政府不满继而引发冲突。因此，“政策不当诱发型”群体性事件的矛盾生成与演化，可以概括为政策制定过程中的全面信息表达不畅、政策执行过程中的全面信息反馈不畅、化解矛盾冲突的制度柔性不够等三个方面。这导致在社会政策的形成和执行过程中，难以真正实现公众利益。民众在社会政策运行中缺乏话语权，容易出现利益受损和维权困难，难以形成合适的对话环境，从而激化矛盾冲突。这一“政策不当诱发型”群体性事件的生成过程如图 6-2 所示。

**2. “政策不当诱发型”群体性事件的管理过程**

此类事件中的参与者往往具有直接利益诉求，即在事发前群体中的一些个体已经有表达诉求的经历，但诉求并未得到很好的回应和解决，案例发生过程分为完整的事件准备期、事件发生发展期、事件消退期三个阶段（见图 6-3）。

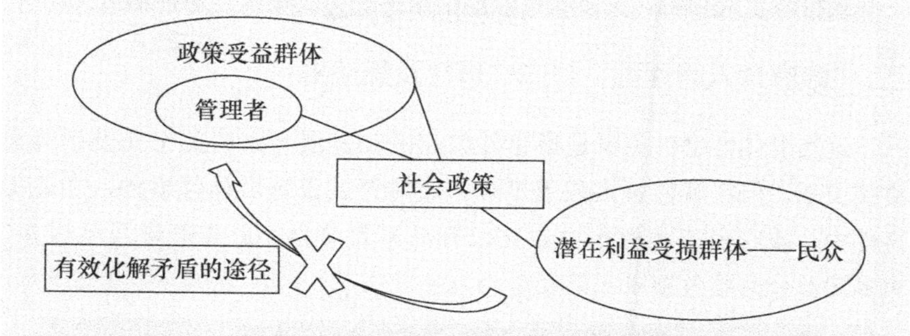


**图 6-2 “政策不当诱发型”群体性事件的生成过程**

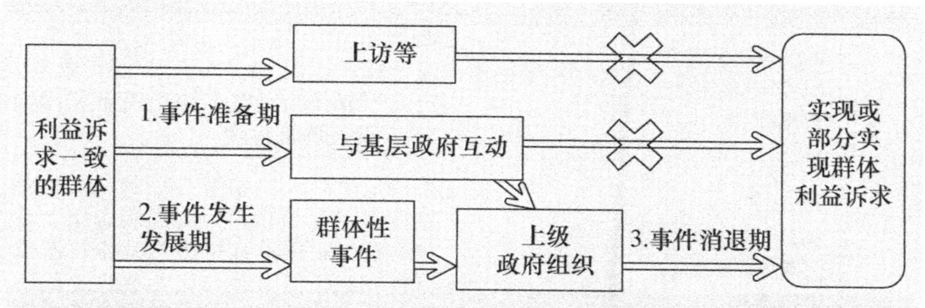


**图 6-3 现实空间中的“政策不当诱发型”群体性事件的管理应对**

第一阶段：事件准备期。群众的利益诉求无法通过制度化的途径达到，群众便选择通过“集会”表达诉求意愿。在上述两起事件发生前，均有当地居民通过上访等制度允许的方式维权，然而访民的诉求并没有得到重视。为维护自己的合法权益，群众便开始有了群体抗议的意愿。这些方式在当时都没有引起政府的足够关注，因此群众的怨气逐渐积累并持续扩散，潜在群体的共同利益意识被唤醒，显在群体的人数激增，制度化的途径一旦行不通，群体就会诉诸其他的宣泄、呼吁方式，以引起更多的关注。

第二阶段：事件发生发展期。有一致利益诉求的群体为维护自身权益，产生“大闹大得、小闹小得、不闹不得”的态度倾向，希冀通过群体性事件，形成群体性压力，引起当地政府及其上级部门的关注，从而运用更多的社会资源使群体成员实现或部分实现利益诉求。因此事件一旦发生，就极易在极短的时间内持续升级。

第三阶段：事件消退期。政府为控制事态，往往会答应群体的部分利益诉求，而这些诉求一旦被兑现，事件就会立刻进入消退期。如南通启东制纸排海事件发生后，南通市政府决定改“暂停”为“永远取消”有关王子制纸排海工程项目，大多数民众的情绪逐渐得到平复，事件消散。

## 二、“政府介入管理型”群体性事件及其应对

这类群体性事件主要是指事件的起因和发展与政府的工作及政策无直接关系，但在事件进入发展期后，政府开始管理群体性事件。在此类事件中，政府由于相对中立，比较容易平息事件。此类事件发生较多，大多涉及公共服务领域（见表 6-5）。

表 6-5　“政府介入管理型”群体性事件的案例

| 序号 | 案例 | 所涉行业 | 危机结果 |
| --- | --- | --- | --- |
| 1 | 2009 年发生于南京市的徐宝宝事件 | 公共医疗卫生服务 | 南京市卫生局介入，组建联合调查组，并对医院相关责任人进行处理。患儿家属获儿童医院协商民事赔偿金 51 万元，危机解除。 |
| 2 | 2011 年发生在张家港市的挂水门事件 | 公共医疗卫生服务 | 事件发生当天出动警力控制局面，张家港市卫生局介入，成立调查组。专家组认为：在治疗抢救过程中，医院存在问题，但问题与患儿死亡之间的因果关系无法判定。对医院相关责任人予以处理，危机解除。 |
| 3 | 2011 年江苏无锡化工厂火灾事件 | 环境保护——大气水源安全 | 无锡新区的环境监测部门对该厂附近进行大气和水质监测，水质未见异常，大气环境也未检出有害、有毒物质，危机解除。 |
| 4 | 2012 年发生在南通市的水源受污染事件 | 环境保护——用水安全 | 南通市 2 月 3 日自来水出现异味，引发民众恐慌，出现抢购矿泉水现象。7 日下午，南通市环保局通过媒体发布通告，称南通市区饮用水源水质达标，水厂供水安全，建议广大市民不要听信传言，盲目囤积矿泉水。此后持续监测水源，没有发现污染物，消除了民众质疑，危机解除。 |

资料来源：童文莹. 建立良性医患关系尚需体制突破：基于“徐宝宝事件”的个案研究. 中国行政管理，2010 (7)；10 天内，两名挂水者意外死亡. 现代快报，2012-12-02；夏臣森医疗纠纷事件最新进展情况. 张家港在线，2010-12-02；江苏张家港 5 岁患儿输液死亡引发千人集聚事件. 人民网，2010-12-06；李晨. 无锡化工厂火灾后续：村民质疑该厂有污染. 第一财经日报，2011-02-25；王俊秀. 江苏南通市民疑水源污染抢购饮用水. 中国青年报，2012-02-08；陆建国. 饮用水源受污染传言渐平息　南通市民表现淡定. 中国新闻网，2012-02-09.

### 1. “政府介入管理型”群体性事件的矛盾生成

这类事件的缘起似乎常和社会公共服务的缺陷有关，类似“看病贵，看病难”等公共卫生类问题很容易引发群体性事件，如表 6-5 中的例 1、例 2。例 3、例 4 则与近年来另一热点议题——环境保护密切相关，且都涉及居民用水安全。愈演愈烈的生态环境危机已经引发民众的普遍担忧和敏感，相关事件一旦发生，就很容易引发普遍恐慌，诱发群体性事件。因此，促进公共服务的完善，减少民众的普遍不安是减少此类群体性事件的关键。但这不是短期内就能做到的，因此仍需要对此类事件的管理进行梳理，创新应对模式，提升管理效果。

### 2. “政府介入管理型”群体性事件的管理过程

如前所述，这类事件的发生往往和政府没有直接关联，但是只有政府参与才能更好地得到解决。此类事件的发生发展大致经历三个阶段（见表 6-6）。

表 6-6　　“政府介入管理型”群体性事件的管理过程

| | | |
|---|---|---|
| 第一阶段：<br>事件潜伏期 | 潜在影响因素 | 大量潜在的利益群体<br>开放的信息发布平台<br>公共资源分配不公正，社会存在较普遍的不满情绪<br>存在行业信息壁垒 |
| 第二阶段：<br>事件发生发展期 | 促发和激化因素 | 促发事件能够引发普遍关注、同情和不满<br>缺乏合理合法的制度化处理途径<br>依赖权威管理，弱化法制建设<br>社会二元结构不利于有效化解矛盾 |
| 第三阶段：<br>事件管理控制期 | 直接影响因素 | 政府在事件中的作用和角色<br>诉求群体的组织性、利益诉求的明确性 |

第一阶段：事件潜伏期。

首先，存在大量潜在的利益群体。正因为这样的群体是潜在的，所以其形成具有不确定性，只有在公众普遍关注、普遍同情、普遍质疑的情况下，群体才会从潜在变成显在。上述 4 个案例中，大多涉及公众利益（如医疗、环保等），正因为普遍关注此类公共服务，且对现实中的此类公共服务存在不信任或不满意，人们才容易相信相关负面信息甚至是谣言。

其次，要有事件被广泛接受的平台，尤其是互联网。在现代社会中，人与人之间的关系越发具有“有机团结”的特征，人们获取信息的方式也越发依赖传统信息渠道以外的途径，新媒体日益发展和扩张，依赖电脑、手机等电子设备运行的各类新媒体备受关注，此类信息平台向人们提供大量短平快的信息，一旦突发事件发生，并被某一媒体平台报道，就会在短时间内引发海量关注，原有的新闻管制手段已难以适应新情况。例如在一些事件中，一旦网民曝光的情况最后被证实是事实，人们便会对传统媒体不信任。

再次，对公共资源的享用相对不公平，且已引起普遍的不满。改革开放带来的经济社会发展成果令世界瞩目，人民群众对教育、医疗、安全、公平、正义等公共服务方面的需求也日益增大。但与人们的需求相比，政府更加关注经济发展，公共服务相对落后。此外，在物质丰富以后，原有的分配制度也体现出一些弊端，引发了一些不满情绪，这容易激发群体性事件。

最后，行业信息具有非对称性和不确定性。事件的责任认定由于涉及复杂的专业知识和对未知领域的探索，需要时间。但是群体性事件一旦发生，控制事态就需要顺应民意，从重从快处理相关人员以平息民怨，但这一处理方式易造成业内人员的不满和工作中的自我保护，从而不利于业内外人员的良性互动，有时甚至会激化矛盾。

第二阶段：事件发生发展期。

上述潜伏期中的各类因素并不必然引发群体性事件，还需要以下一些因素才可能进入事件发生发展期。

首先，要有促发事件，且能激发人们的普遍关注，以及对事件双方当事人的同情心或不满情绪。

其次，事件发生后，缺乏合理合法的制度化处理途径，使人们普遍认为只有“闹大”，引发上层关注才可促进问题公正地解决。例如缺乏法制能力建设、过度依赖传统威权管理、刚性维稳逻辑等，在一定程度上鼓励了事件的发生发展。在中国传统社会，当个人受到伤害时，往往会采用引起权威关注（告状）、抢占道德高地（合情理）、激发围观者同情等方式。在上述几个案例中也都有“医闹”“水军”等情况发生。

最后，社会管理的一元化使得很多矛盾难以化解。这样的体制强调权力权威的集中统一，有利于集中社会优势资源处理重点社会问题，也有利于在全球化进程中的后发复兴事业，但其副作用就是在发生矛盾时，难以形成调解矛盾所需要的公平的第三方力量，事件常常演变成政府和民众的矛盾。于是，对于事件的处理常常依赖于维稳与服从，难以形成公平、公正的调解结构，进而导致事件虽然在表面上被控制，但容易转化成潜在矛盾，成为下一次危机事件的风险源。

第三阶段：事件管理控制期。

在维稳高于一切的管理逻辑下，群体性事件一旦发生或发展，政府相关部门就会很快介入并进行强力管控。

首先，此类事件的发生常常并不和政府行为直接相关，因此相对于“政策不当诱发型”群体性事件，政府容易通过扮演第三方角色对发生纠纷的双方进行调解。

其次，诉求群体的组织性和利益实现对于事件是否能够被快速控制也具有重要影响。例如从医疗纠纷转化而来的群体性事件，不论是“医闹”参与还是网络炒作，都相对有组织性。在进行谈判调解时，容易明确谈判的主要参与者，且此类群体性事件的直接利益诉求者人数和所诉数额相对有限，因而赔偿协议往往容易达成，从而使事件得以平息。

## 三、“政府强力稳控型”群体性事件及其应对

这类群体性事件的起因往往具有偶发性，通过在场群众的泄愤式参与，事件性质迅速发生改变，甚至原发因素都变得不再重要，相关利益诉求不明确，常常需要地方政府运用强力维稳手段介入，但现场极易失控，引发群体性暴力冲突。此类事件相对较少，但是对社会的伤害极大，影响极为恶劣，后果极为严重，属于各级政府应急管理的重点和难点。

### 1. “政府强力稳控型”群体性事件的矛盾生成

首先，快速、集中的城市变迁带来社会结构、文化观念、生活状态的剧变，使得由生活成本、工作压力、社会控制等方面构成的生存压力加大，同时社会缺乏压力疏导机制，在外部因素的刺激影响下，容易引发应激性群体性事件。加上人口流动加速带来的文化适应冲突，城市或发达地区大量人口聚集，这在增加地区压力的同时也使得“游民政治”产生的可能性大大增加①。这些构成了此类群体性事件的群体参与基础。

其次，社会转型和改革深化都使当前社会风险增加、社会矛盾频现。研究表明，基层社会矛盾多是由政治决策的民主化程度较低、政府服务

① 刘义强. 游民政治：社会风险与群体性事件的结构背景. 华中师范大学学报（人文社会科学版），2009（6）.

能力较弱引发的。当某个群体利益受损时，由于制度内缺乏有效的沟通途径和方式，会在一定程度上使社会矛盾不断升级，成为激发群体性事件的潜在危险因素①。

最后，长期以来，我国官员的权力行使缺乏有力监督，腐败蔓延，加之信息管控和不公开透明等因素，政府公信力下降，民众不信任政府和不满政府一些做法的情况普遍存在。尤其是当敏感事件发生后，由于政府的公信力下降，官方媒体发布的信息常被质疑或反向解读，这不利于群体性事件中的个体进行理性判断，也加大了事件管控的难度。

此类事件大致又可分为两个亚类型，即原发性事件和继发性事件。前者的产生背景常常是由于一些令人不满的事件、现象等刺激长期存在，人们对此产生了不满和怨气，却难以寻找到解决问题的途径和方法；如果在某个空间中具有较多怀有共同积怨的人，现场某一偶发事件就能够在短时间内引起人们强烈的共鸣，从而激发原发性“政府强力稳控型”群体性事件。事件一旦发生，往往难以控制，容易造成严重后果。而且这类事件参与者的行动目的只是发泄情绪，因此难以寻找到大家共同关心的利益作为解决问题的突破口，加上正处于发泄过程中的人往往不够理性，因此通过谈判方式解决事件也变得异常困难。相比之下，继发性事件的参与者则常常有较为明确的诉求，且这种诉求此前一直没有受到管理者足够的重视，他们的参与又导致事态扩大化。这就需要政府运用“强力维稳”的方式来控制现场。

**2. “政府强力稳控型”群体性事件的管理过程**

这类群体性事件常常骤起且强度很大，相伴随的舆论舆情复杂，互信程度低，诉求有但不明确，且参与者情绪激动、理性谈判力弱，这就导致管理难度极大，难以控制冲突现场，常常需要动用警力驱散人群，甚至逮捕部分涉事人员以控制现场。我们仍然从事件发展的三个阶段来分析管理要素：

第一阶段，事件爆发期。

首先，冲突双方力量不平衡，现场群众几乎一边倒地支持受害的弱势一方，到场的执法人员少且不被相信是在秉公执法。其次，现场群众都是临时起意的聚集者，缺乏组织性，每个人都在激动地表达，难以形

---

① 童星，张海波. 中国应急管理：理论、实践、政策. 北京：社会科学文献出版社，2012：154.

成理性意见，除了少数直接的利益相关人具有较明确的利益诉求外，大多数个体更多的是情绪宣泄、价值表达。在一些较大规模的事件中，容易产生“一呼百应”的“广场效应”，参与者的情绪相互感染，产生集体无意识，出现像勒庞（Gustave Le Bon）所分析的“乌合之众”的集体行动①。最后，在场的人们通常希望将事情闹大，认为法不责众，缺乏自我克制的意愿。这些因素导致这一时期的管理多是无效的，甚至管理本身就成为引发人们不满情绪的因素。例如，在“渣土车事件”中，警察为防范意外对肇事者的安全保护行为被看作对肇事者的庇护；“城管执法冲突”常被认为是强权压迫弱势民众的表现；在“医疗纠纷”中出面的医院领导常被认为是院方的袒护者，欺负处于弱势的患者及其家属。

第二阶段，强力快速稳控期。

这时事件已临近失控状态，如果再不予以快速控制，就可能酿成更为严重的后果。为了达到尽快控制现场的目标，常常会有更高级别的官员到场向现场群众做出某些承诺，如表明高层高度重视该事件，会运用更多资源对事件进行管理，每个利益相关人会得到满意的答复，等等。高层官员的承诺容易受到现场部分群众的信任，可以缓和部分民众的情绪，再在警力的配合下，基本能够达到快速维稳的效果。总体而言，这个阶段的管理效果虽明显有效，但过程常常不能令人满意。

第三阶段，后续处理期。

事件现场被快速控制并不意味着事件结束，而是解决矛盾和化解冲突的开始。本阶段的后续处理更为重要、更能治本。这个阶段的管理工作如果有理、有节、有序，那么会促进社会的长治久安；如果工作马虎、糊弄群众、不负责任，则可能在未来诱发新的社会冲突。由于引发群体性事件的因素通常多元、复杂、涉及面广，事件往往追责难，这在管理上容易产生“替罪羊”，即一些当时被问责的官员和一些被处置的当事人往往并不是事件的直接责任人。所有这些都会增加后续群体性事件管理的难度和民众不满的程度。

分析群体性事件的矛盾生成和管理过程，是为了今后进一步做好群体性事件的预防和治理，促进社会的和谐稳定。在预防方面，政策制定及调整应充分重视民众利益的表达和维护，政策执行过程中应重视准确完善的信息反馈环节建设以及解决问题的制度化建设、社会力量的有序

---

① 勒庞. 乌合之众. 桂林：广西师范大学出版社，2007：85.

发展等。在治理方面，管理制度的改革与完善、官员专业管理素质的改进、弱势群体的维权组织建设等方面的因素，都应在政府管理过程中予以足够的重视。

值得指出的是，上述从政府责任视角对群体性事件的分类研究，也印证了加快形成“源头治理、动态管理、应急处置相结合”的社会治理机制的紧迫性。在三者相结合的前提下，对“政策不当诱发型”群体性事件的应对，更需要注重源头治理；对“政府介入管理型”群体性事件的应对，更需要强调动态管理；对“政府强力稳控型”群体性事件的应对，则更需要依赖应急处置予以及时的补救。

## 第四节　灾害危机的组织适应①

政府以预案编制主导并建构了人造的、权威主义的正式应灾结构，它取代了被认为无法应对灾害事件压力的原生行为与结构，各种预案被创造出来并将人们纳入理性行动体系②。然而，在现实层面，灾害管理政策与政治系统的紧密关联，使社会应灾能力得到提升的同时，也加剧了灾害的社会脆弱性效应。

### 一、从社区应对到政府应对：现代灾害管理的官僚化倾向

灾害相伴于人类社会进程，与社会历史发展紧密关联。长期以来，社区应对模式和行政管理模式是人类社会应对灾害的两种基本路径。

社区是基于家庭、人际关系与网络相互作用而形成的社会基本载体。灾害的社区应对模式由来已久，它是以自组织为代表的自发社会过程的灾害适应③。在社区应对模式下，社会基于环境与自身变化来识别紧急情况下的需要，人们出于自愿并利用时间、物品、技术、知识帮助社区进行应对与恢复。有研究表明，社区的灾前防范、灾后重建的作用明显④，而

① 陶鹏，童星．灾害危机的组织适应：规范、自发及其平衡．四川大学学报（哲学社会科学版），2012（5）．

② R. R. Dynes, “Problems in Emergency Planning”, Energy, 1983, 8（9）：653-660.

③ L. K. Comfort, “Self-rganization in Complex Systems”, Journal of Public Administration Research and Theory, 1994, 4(3)：393-410.

④ T. E. Drabek, Human System Responses to Disaster：An Inventory of Sociological Findings, New York：Springer-Verlag, 1986.

由社区避难行为所形成的“灾害亚文化”（disaster subculture）则被体制化到正式组织的灾害应对之中。

以自发、弹性为基础的社区应对模式逐渐被以自觉、理性为基础的行政应对体制所取代，后者成为当代社会主流应灾模式。这一转变由多种因素驱使：一方面，人口增长与城市化进程的推进使人类受到灾害冲击的可能性增大，灾害自身所带来的损失的范围、程度引起了更大的社会关注并成为公共问题，灾害越来越具有政治符号意义，政府不得不应对灾害；另一方面，随着现代科学技术与科层制的发展，政府愈益强大，愈益有能力应对灾害。这两方面的力量共同促使灾害应对模式走向依靠行政体制。现代化过程总是试图控制风险，灾害管理已扩展到自然灾害、人为灾难、混合型灾难，全灾种（all-hazards）管理将行政体制应灾范围不断扩大，科层制延伸到具有不确定性、无序的灾害环境应对之中。

科层制亦称“官僚制”（德文为“bürokratie”，英文为“bureaucracy”），尽管后者在中文中具有负面的含义，但其实二者在西语中原本是一回事，均被马克斯·韦伯（Max Weber）理解为横向设科、纵向分层的组织架构，去除人情、照章办事的刻板逻辑，现已成为以政府为代表的大型正式组织的运行基础。它是完成复杂任务和应对特殊情况的组织和制度保障。艾森施塔特认为，“在现代社会中，官僚组织是政治与经济权力的拥有者在面对内部（经济发展、政治需要）、外部（战争）的问题时被创造出来的”①。在政府灾害管理中，官僚化倾向表现为：第一，政府危机管理的目标清晰性。危机生命周期理论将危机过程分为发生前、发生、发生后，政府的危机管理目标被明确为预防、准备、应对、恢复。第二，政府危机管理的分工明确性。中央及各级地方政府都有各自的职责，基层政府处在危机处置的第一线，迅速动员应对危机，中央和省级政府主要负责政府间的协调和技术、资金支持。各层级政府以及政府内部各部门在危机中都扮演着自己的角色，发挥特有的功能，以确保整个应急管理系统有效运行。第三，政府危机管理的结构正式性。依靠政府的科层组织为载体，危机反应系统其实是一个由相互分割的各级政府及其各部门所组成的正式结构②。第四，政府危机管理的政策导向性。政府在危机应对中的行为都需要在事先设计好的政策、法规、预案、程序中予以明确规定，在面对危机时各部门

① S. Eisenstadt, “Bureaucracy, Bureaucratization and Debureaucratization”, Administrative Science Quarterly, 1959, 4 (3): 302-320.

② L. K. Comfort , Managing Disaster, Durham: Duke University Press, 1988: 349.

必须按照设定的方式进行反应，否则整个系统将会面临崩溃。

## 二、情境差距与组织适应：灾害管理系统的本质属性

“灾变”是对灾害事件所造成的社会影响状况的简称。通常灾变情境下充斥着不确定性、紧急性、威胁性、联系性。首先是不确定性。不确定性是指由未被预见、未想象到且几乎不可管理的事件造成大范围的模糊性与混淆性。如今，风险具有产生原因复杂、难以察觉、不可预测、影响不限于时空与阶层、由人类自身行为所致等特征，且越来越具有不确定性，其未来变化指向、程度、概率、结果都难以预计。其次是紧急性。灾变属于一种突变，要求行政系统在时间压力下做出恰当决策，并紧急回应变化中的社会需要。再次是威胁性。无论是自然灾害、人为灾难还是混合型灾害，都越来越多地体现出对政府合法性的考验，现代灾难中的人为因素成为灾后问责重点，如墨西哥大地震造成的政治动荡①。从社会总体来看，灾变导致的人的行为的改变对社会发展构成威胁：从短期看，灾变带来的社会破坏是对社会价值、社会规范、社会结构的冲击；从长期看，灾变产生的威胁（如社会心理）将持续较长时间，并具有较强的社会破坏力。最后是联系性。灾变后，现代社会系统各部分之间耦合程度增强，社会因此变得更加脆弱。单个小危机可能带来链式“滚雪球”效应，跨越人口、地区、行业、阶层等限制，形成更大范围、不同类型的“越界危机”（transboundary crisis），其特征是产生的威胁可能跨越地域和功能边界，从一个系统延伸到另一个系统。

对比灾变情境与上述的官僚制特征，我们提出“情境差距”的概念，它是指官僚制导向的应急管理体系在面对现实灾变情境时所产生的能力滞后困境。官僚制在面对危机情境时虽然有其优势，但也存在缺陷。情境差距主要体现为目标差距、结构差距、弹性差距、知识信息差距、动态差距②。于是得出：

命题1：灾害影响不仅取决于灾害自身，还受到情境差距影响，灾害社会影响与情境差距正相关。

随着灾害认知与研究的多学科转向，对于灾害原因的认识也从超自然（act of god）和纯自然（act of nature）扩展到人为因素（act of hu-

---

① S. O. Richard，“From Disaster Event to Political Crisis：A ‘5C+A’ Framework for Analysis”，International Studies Perspectives，2010，11（3）：205-221.

② 陶鹏，童星. 深度不确定性与应急管理. 学术界，2011（8）.

man）层面。灾害被赋予可管理的内涵，灾害管理系统成为影响灾害发生发展的重要变量。作为官僚制导向的灾害管理系统与灾变情境之间的情境差距，其实质是灾害管理系统对灾变情境的应对能力不足。从理论上说，情境差距可以通过优化灾害管理系统来解决。影响情境差距的要素包括灾害强度、整备程度以及社会韧度。灾害强度是指灾害本身所带来的破坏程度，整备程度是指灾害管理系统对灾害所做的准备工作，社会韧度则是指社会在面临灾害时所展现出的恢复力。它们综合作用并影响情境差距程度，情境差距越大则灾害社会影响越大，反之亦然。就政府灾害管理而言，组织目标、结构、弹性、知识信息、动态性这五项是决定灾害社会影响大小的重要因素，灾害管理系统针对这五项要素进行调试以弥合情境差距。于是得出：

命题2：情境差距的弥合是官僚制导向的行政组织体系的灾害适应过程。

鉴于多种情境差距的存在，政府灾害管理实际上是弥合差距的过程，政府灾害管理中的减灾、整备、应对以及恢复都属于该过程。诚然，韦伯将官僚制视为一种理想类型，但纯官僚制体系并不存在。艾森施塔特认为，官僚制的发展可以分为三种情形：其一是注入一定的自治与多样化，改造官僚制；其二是官僚制将其规则拓展到其他社会组织中以实现官僚化；其三是去官僚化，即官僚制的功能和特征被最小化，甚至被取代①。官僚制已引起广泛讨论，对它的“摈弃”“超越”“正名”等认识，恰恰反映了人们在现实中调试官僚制的种种努力。现实中的社会组织总是分布在官僚化与去官僚化的连续统之间。就灾害管理而言，官僚制总是处在不断的适应和调整中，政府灾害管理实际上就是官僚行政体系根据灾变情境所做的适应行为。

## 三、预案适应与组织自适应：灾害的组织适应双重动力

灾害应对过程中存在着扮演各自不同角色的各类组织机构，包括：政府的公共服务与管理部门，如消防部门、公立医院、应急办公室等；NGO或社会组织，如群众性组织、社区自治组织、专业及民间社团、基金会等；私人部门、自组织等。美国特拉华大学灾害研究中心（DRC）经

① S. Eisenstadt，“Bureaucracy，Bureaucratization and Debureaucratization”，Administrative Science Quarterly，1959，4（3）：302－320.

过对灾害中组织行为的长期研究，提出了“经多年检验”的组织类型学模型，描述灾变情境下的组织变革方式①。该模型通过“结构-功能”的二维交叉，将危机情境下的组织适应行为分为四种理想类型（见图 6－4）：

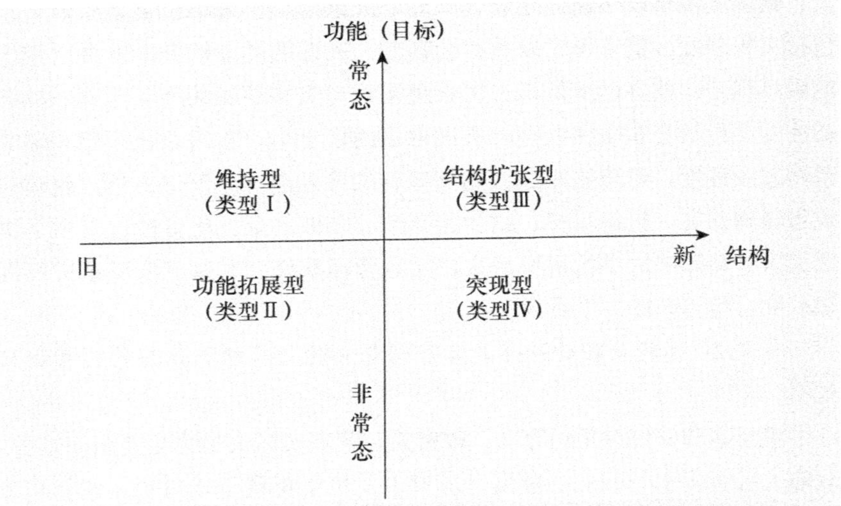


**图 6－4　危机情境下的组织适应行为的四种理想类型**

类型Ⅰ——维持型（established）。此类组织在面临灾害危机时，其组织结构与功能并没有明显变化，灾前组织系统存在连续性；在灾变情境下依然遵循一般官僚制管理原则，依然延续旧有的组织结构与常态的管理目标。例如危机相关组织（crisis-related organizations），即专门的危机处理部门、警察局、医院以及消防部门等，灾变前后的组织功能相似。一般地，如果维持型组织能完成灾害应对任务，那么此类灾害就被视为常态灾害或常态危机。

类型Ⅱ——功能拓展型（expanding）。此类组织具有潜在的应急功能，可以比较容易地加入灾害反应。此类组织适应的特点是结构保持不变而功能发生转变，在面对危机时，不以危机反应为常态管理任务的组织，可以通过转变其功能定位完成危机应对。例如，不以危机管理为常态组织目标的政府部门、私人部门以及其他社会组织，在危机中重塑其功能。此类型的组织适应方式为大多数大型官僚组织所采用。

类型Ⅲ——结构扩张型（extending）。此类组织维持原有的组织功能

① E. L. Quarantelli, Disasters: Theory and Research, London: Sage, 1978: 65-87.

而在结构上需要扩张，以适应处理危机的需要，结构要素常常与资源有关。例如，以中国红十字基金会为代表的NGO以及地方应急管理部门，在危机中扩展其组织范围，增加或吸纳外部专业人士和志愿人员。

类型Ⅳ——突现型（emergent）。这种组织在灾前并不存在，它的出现在功能和结构上都是全新的。例如，灾害危机中在灾区内、外出现的各种自组织现象。

以上四种组织适应类型之间存在着动态转换关系。当组织以类型Ⅰ来适应灾变时，若发现其功能和结构无法满足危机应对需要，组织会向功能拓展或结构扩张变迁。例如，危机中的医院起初是以原有结构和功能来应对危机，当发现无法满足需要时，其功能可能会拓展成避难所，也会吸纳更多的医务工作者和志愿人员。只有在功能拓展和结构扩张均无效的情况下，才会出现突现型。

从类型Ⅰ，经类型Ⅱ、类型Ⅲ，再到类型Ⅳ，就是一个“去官僚化”的过程。然而类型Ⅳ不会长久地持续，它只在灾变条件下产生，并没有在常态条件下运行的必要。同样地，类型Ⅱ与类型Ⅲ也会随灾害生命周期终结，回到类型Ⅰ适合日常管理的结构与功能水平上。命题1、命题2表明，情境差距的存在是政府灾害管理体系进行灾害适应的主要原因，以上四种适应类型实际上是官僚应灾体系与灾害危机事件互动的结果。于是得出：

命题3：灾害危机会打破正式应灾体系的封闭性，越严重的灾害有越多类型的组织进入灾害应对体系，且会有越多形态的组织适应出现。

灾害危机的影响不局限于受灾地区，利他主义的情结会使灾区外部社会力量积极加入灾害应对中。在维持型组织（应急管理组织）所能处理的常态灾害中，各类社会组织的参与度不高；灾害的严重程度越高，社会组织的参与度就越高。政府作为应对灾害的主要力量，在面对灾害时，其战略首先是依靠正式应急管理组织；其次是随灾害的发展出现结构-功能的转变，并增加与体制外组织的互动，在灾害管理中逐渐呈现合作治理的现象。于是得出：

推论1：社会组织的参与越多，越需要对体制外力量的参与进行制度建构。

社会力量的参与是灾害应对所不可或缺的，自组织、NGO、志愿者、国际救援组织等在灾变情境下共同参与灾害应对。政府具有引导并发挥社会力量进行灾害应对的职能，社会力量的有序参与需要政府做出相关的制度安排，同时还要培育体制外应灾力量，并通过社区培训使其成为基层应灾的重要资源。

推论 2：组织结构-功能的转换越顺畅，对灾害的应对就越有效率。

从理论上说，在灾变环境下能够做到各种社会组织迅速适应危机情境并及时发挥各自作用，使社会从无序中迅速恢复到原先的有序状态。组织的结构-功能迅速转变是各类组织适应无序环境的手段，结构-功能转换越迅速，灾害管理就越及时，应变也就越有效率。

推论 3：被感知的需要或风险越多，组织结构-功能的转变就越有可能实现。

由灾害危机的社会影响而产生的需要，可划分为“反应引致需要”(response-generated demands) 与“事件引致需要”(agent-generated demands)①。需要被感知是组织结构-功能转变的起点，一旦常态应急管理组织意识到灾变已达到自身能力的临界域时，就会出现组织结构-功能转变的可能。

推论 4：组织的弹性程度越高，组织结构-功能的转变就越及时。

地方组织的自治程度越高，其进行组织目标与组织结构方面调整的可能性就越大。在具有弹性、相对分权的组织体系中，组织适应的能力更强。

推论 5：组织内外关系越协调，组织适应灾变就越有效。

结构-功能的改变会产生组织边界的模糊与渗透。由于自身结构-功能的双重改变所带来的适应困境，组织自身功能定位会产生模糊；由于组织间常态互动方式与频率发生改变，管理边界相互渗透交叉进而呈现模糊与冲突。此时，应对灾害的组织内外部的关系越协调，组织适应灾变的能力就越强。

综上所述，从应然层面看，组织对灾害的有效适必须具备以下一些基本要素：能够及时正确感知到各种灾害需要；建立具有弹性、松散耦合的灾害管理体制；灾害管理组织的结构-功能可以迅速转变以适应灾害中的动态需要；建立合作共治机制，充分调动社会力量参与救灾。

然而，从实然层面看，组织对灾害适应的实现被划分为预案适应与

① E. L. Quarantelli, What Is A Disaster? Perspectives on the Question, London: Routledge, 2005: 118.

组织自适应两个阶段，前者是灾害管理的基础，后者是有效管理灾害的保证。于是分别得出以下两个命题：

命题 4：预案编制过程（planning process），即官僚制灾害管理组织结构-功能适应的基本方式，是弥合情境差距的第一重适应。

组织结构-功能的转变是官僚制体系下的灾害管理解决自身弹性不足问题的基本路径。面临灾害危机，传统官僚制会选择在原有结构基础上建立一种新结构，以应对非常态任务（危机）。用预案来协调组织结构-功能的调适，其实质就是建立一套从常态管理向非常态管理的过渡机制。新组织结构的运行机制以预案为基础，通过预案编制来完成灾前相互独立的组织间面临灾害危机时的协调和分工，以便共同应对灾害危机，它是绝大多数组织面对危机时采取的措施。组织出现混乱失序的重要原因在于灾变情境超出了组织预期即预案设定，导致组织缺乏相关处理经验。而预案编制过程就是一种教育、学习和发挥想象力的过程，以专业知识为基础、充分兼容想象力的行动规划，为组织在预期出现的各种灾变下迅速合理的反应做出规定，从而最大限度地消减组织在灾害情境下的各种冲突和无序。可见，预案是基于可预见的灾变情境所做出的组织结构-功能调整，是关于组织应变的行为规范。

但是，以预案为基础的组织适应无法完全弥合情境差距，这是因为相对于千差万别、变幻莫测的客观世界来说，组织预期、专业知识、既有经验甚至想象力等都是有限的。灾害管理的困境依然存在，因此，预案编制是必要的，但不是灾害管理的全部①。目前普遍采取的以预案为核心的组织结构-功能调适方式，在应对可预见灾变时起到了明显作用。应急管理的重点和难点在于，如何针对"残余风险"（residual risk）② 演化为危机及时采取有效的应对行动。残余风险被认为是一种特殊类型的风险，即常规风险管理策略所无法消除或被忽视的一种风险，亦即人类知识体系可以感知到的风险之外的其他风险。残余风险的出现与客观世界、人类主观认识的共同影响相关。预案所针对的危险（源）假设是有

① A. Boin, "Preparing for Critical Infrastructure Breakdowns: The Limits of Crisis Management and the Need for Resilience", Journal of Contingencies and Crisis Management, 2007, 15 (1): 50-59.

② J. Handmer, "Emergency Management Thrives on Uncertainty", in G. Bammer, M. Smithson (eds.), Uncertainty and Risk: Multidisciplinary Perspectives, London: Earthscan Publications, 2009: 232.

限的，而灾变情形是无限的。这就意味着在超越预期、超越预案的灾变情境下，现存灾害管理体系存在困境，这实际上是预案功能边界的表现。此外，虽然预案在面对“常态灾害”或“一般事故”时有助于组织应变，但错误的预案编制、僵化的预案执行也会给组织适应带来负面影响。

命题5：动态灾变情境下的组织自适应能力，是弥合情境差距的第二重适应。

灾害所具有的不确定性、紧急性、威胁性、联系性特征，预示了灾害管理成功的关键在于对非预期和超预期灾害事件的管理水平。应急管理的本质是针对残余风险的管理与应对，由残余风险演化而来的“深度不确定性”是对现代灾害管理系统的重大挑战。深度不确定性就是“多种危险源在较短期内现实化并共同影响人类系统，从而导致不确定性重叠增加的情形”①。面对深度不确定性，科技系统可能崩溃，以往知识与经验无法解释新近发生的状况，或以往的知识本身就是错误的。同时还存在这样的困境，即人类科技的发展是为了消除不确定性，却又带来了更多新的不确定性。在深度不确定性下，社会系统走向了未知的“黑洞”，正式的应灾体系陷入困境。

艾伦·威尔达夫斯基（Aaron Wildavsky）用“预控”（anticipation）导向与“恢复力（resilience）导向”来阐述人类安全的两种不同控制方式。以风险管理为代表的预控导向，包括通过预测和预案来消减不确定性；恢复力导向则是指系统所具有的稳定性与弹性，可保证其在遭到突发事件冲击时，在不确定性条件下生存并迅速恢复②。从组织适应的视角来看，预案适应属于预控导向，而自适应则属于恢复力范畴。相对于强调通过预案编制过程将组织灾变反应纳入预先设定的反应制式之中，组织自适应被认为是官僚制灾害管理的“去官僚化”倾向。在自适应情形下，组织在面对非预期和超预期的灾害危机时，能够有效感知灾害情形及其需要并做出合理的组织反应，组织的创造与革新精神是其灾变反应的重要特征。自适应是实现组织适应的应然状态的必要步骤，与预案适应所强调的规范性不同，它更加注重组织能力与长期社会恢复力的培育。

---

① 陶鹏，童星．深度不确定性与应急管理．学术界，2011（8）．

② M. Maxey，R. Kuhn（eds.），Regulatory reform：New Vision or Old Course，New York：Praeger，1985：200－201.

## 四、规范与自发之间的平衡：走向灾害恢复力组织的变革之道

如前所述，预案适应与自适应乃达成灾害的组织适应应然状态的双重动力，二者是组织成功应对灾害的必要条件，缺一不可。自适应不是对预案适应的简单否定，而是一个硬币的两面——自适应与预案适应不能分离，自适应能力的提升以预案适应为基础。于是，组织灾害恢复力的建设方向应结合灵活性（agility）与纪律性（discipline）①，因为“凡事预则立，不预则废”②，所以既需要规范预案适应，又要超越预案，打破封闭，提升组织的弹性与恢复力，实现预案适应与自适应之间的有机平衡。

### 1. 规范灾害的组织预案适应

以预案编制过程为基础，通过资源配置和能力建设达成灾害整备。提升组织灾害恢复力是一个循序渐进的过程，预案适应是有效灾害管理的基础性工作，它包括预案编制、灾害整备、政策执行以及恢复评估等。如前所述，“预案”（plan）与“预案编制”（planning）是两个不同的概念，前者注重预案文本，后者涵盖范围更广，既包括预案文本，又指预案动态循环的更新过程，从风险管理到灾害反应再到灾害恢复，都可视为预案制定、执行、反馈、评估、修改的过程。预案编制过程中对危险源的识别、确认以及分析，对灾变中行为的预测与分析，对应灾能力的评估等，都是形成预案文本的基础与来源。预案则是预案编制结果的部分体现，是知识与实践的联结。预案编制是分析和解决问题的动态过程，预案则是消减风险以及指导无序和不确定性环境下反应行为的文本规范。成功的组织预案适应离不开有效的预案，而在预案编制中坚持以下原则对实现有效预案至关重要。

第一，防止灾害管理预案化、复制化。预案作为组织灾害管理的政策产出，受限于组织风险感知，组织的风险认知一旦出现偏差，便会造成灾害预案编制的阻力，例如，组织如果认为某类灾害风险不存在或不可管理，针对此类型的灾害风险预案便很难出现。灾害管理预案化与预案复制化倾向，则是将预案文本的完成视为灾害管理的终点，预案缺乏本地化风险特征而“千篇一律”，没有针对性和实用性。因此，要树立

---

① J. Harrald, “Agility and Discipline: Critical Success Factors for Disaster Response”, Annals of the American Academy of Political and Social Science, 2006, 604 (1): 256-272.

② 杨天宇. 礼记译注. 上海：上海古籍出版社，2007：702.

“灾害风险具有可管理性”的理念，坚持风险管理本地化策略，有效推进预案编制过程的实现。

第二，实现开放式预案编制过程。如今，全灾种应对策略已成灾害管理的主流，旨在让人们在全方位动态空间中全面思考风险的可能及其后果。在风险社会中，这种反思性思考方式尤为重要。因此，在预案编制过程中就需要关注多种危险源，将自然危险源、科技危险源以及社会危险源都纳入分析体系，将风险、灾害与危机相联系①，将灾害事件及其次生、衍生灾害相联系，在广泛联系、相互链接的世界中，以开放的思维模式来识别、确认和分析风险。于是，预案编制主体的多元参与就成为必要，一个好的预案编制过程需要搭建组织内外的协调沟通平台，将正式组织、一般大众、非政府部门、私人部门、专家团体以及其他社会组织等都纳入预案编制过程。在预案编制过程中既要实现自上而下与自下而上的双向结合，又要吸纳、集合专家系统的知识，还要获取社区支持，结合本地组织能力、资源现状，以推动预案编制的本地化。

第三，保证预案编制分析过程的科学化。危险源和脆弱性是风险转化为危机的催化剂②，对于危险源和脆弱性的科学分析是预案编制的重要工作。有效的预案编制必须首先确认危险源的存在，进而确定其可能影响的区域，并基于该区域的社会脆弱性来分析可能造成的损失。获得以上信息只是制定干预策略的部分基础，科学的预案编制还需要理解灾害中的群体行为，这对有效预案的实现同样至关重要。对灾变中的群体与个体行为反应的预设，会直接影响到应急疏散和灾害应对的政策导向及其实施效果，基于错误行为的假设如“灾害迷思”（disaster myths）③所设计的预案，常常与现实不符而出现偏差，甚至在灾害应对中起反面作用。

第四，维持预案编制的动态发展性。预案编制并不以预案文本的完成为最终目标，而是一个持续的动态过程，所以应当将预案编制视为灾害管理的常态任务。由于灾害预案最初设定的危险源在时间维度上可能

---

① 童星，张海波．基于中国问题的灾害管理分析框架．中国社会科学，2010（1）．

② 陶鹏，童星．我国自然灾害管理中的“应急失灵”及其矫正：从2010年西南五省（市、区）旱灾谈起．江苏社会科学，2011（2）．

③ K. J. Tierney，E. Kuligowski，C. Bevc，“Metaphors Matter：Disaster Myths，Media Frames，and Their Consequences in Hurricane Katrina”，Annals of the American Academy of Political and Social Science，2006，604（1）：57-81.

会出现变化，预案编制时所依据的技术、设备与社区背景也会随时间变迁而呈现新特征，从而需要对原先的预案进行适当调试以保障其有效性。灾害管理固然有常规的、抽象的一般模式可以遵循，但究其本质又是具体的、地方性的。地方或基层是灾害管理的第一行动者，鼓励基层应灾组织实现基于本地化特征的灾害管理，是一般灾害管理的更新与发展。

第五，保持预案编制的弹性空间。预案乃战略而非战术。在灾害预案编制中，行动具体性被广泛强调并形成了固定规范，但过度注重行动细节而忽视培育组织能力与组织弹性则可能有害，因为预案所设定的危险源与灾变情形是有限的，预案无法做到全面具体。对预案的绝对依赖是灾害管理脆弱性的表现。目前种类繁多的预案，似乎已经给管理者造成了“一切都在掌控之中”的错觉，一旦灾变情形与预案所设定的情况有所不同，灾害应对便会出现问题。此外，过于烦琐冗长的预案还会造成预案理解与执行上的混乱。预案编制应注重行动原则而不应过分关注行动细节，合适的反应要比最快的反应更重要，在预案中应给予适当的组织弹性空间，提升组织基于反应战略的弹性应对能力。

第六，注重预案的执行性。预案文本的形成是预案编制过程的重要节点，执行预案的能力决定着预案适应的成败。灾害整备与演习是提高预案执行能力的重要步骤，它通过模拟训练与资源配置来实现预案的优化。演练对于预案适应功能的实现十分必要，它可以发现预案中的相关问题，实现组织内外各种纵向与横向关系的协调，达成预案优化。预案适应的基础是预案编制过程，而在整备与演练过程中组织成员共同参与协作和资源调配，则是组织预案适应的关键。

**2. 培育灾害的组织自适应能力**

情境差距与组织适应的过程具有长期性，单纯的预案适应难以完成该过程，以组织自适应为基础的长期能力建设才是灾害的组织适应之根本。组织自适应能力的培育主要可在应急管理结构、组织文化以及社会恢复力建设等方面着力。

首先，建立弹性应急管理结构。组织灾变应对模式可以分为命令-控制导向和问题解决导向：命令-控制导向强调灾害应对的正式组织主体，集中导向、层级控制、事前规划是其重要特征；问题解决导向注重组织反应的“去中心化”决策与行动，以突发问题为导向，协调应灾组织与资源。命令-控制结构倾向于封闭系统，而问题导向模式则将应灾行动视为开放系统。组织自适应能力的培育要求树立动态开放的灾害管理系统观，打破灾害危机应对在管理主体、资源体系、组织目标等方面的壁垒。

以脆弱性评估为基础的风险管理应被纳入适应型的管理决策系统，面对各种不可预知的灾害危机事件，摒弃线性决策方式，建立更具弹性与适应性的决策系统。对在决策参与体系、知识管理、信息沟通、组织结构、组织协调等方面具有传统官僚制倾向的应急管理模式进行优化。如在组织结构上，主张具有高度的弹性，强调组织在面对灾害冲击后短期内就可以实现自我再生（recreating）；在组织协调上，促使资源、信息、权责在横向与纵向上的合理有序流动，而不只是纵向上的流动；在信息沟通上，允许公开不确定性现状与知识欠缺；在组织决策管理上，结合社会科技系统及社会生态系统将决策过程推向更广的视域；在多主体参与方面，强调主要利益相关主体进入应急管理组织，进入决策的各个阶段。

其次，注重组织文化建设。价值、规范、信念、知识是文化的重要维度，在灾害文化语境下，它们共同影响着灾害管理政策的产出、执行与评估环节。应当克服官僚组织文化的限制，建设具有灾害适应力、恢复力导向的"高信度组织"（high reliability organization）① 文化。其中，组织风险意识、组织灾害学习、组织发展理念等方面对于培育组织自适应能力作用明显：（1）组织风险意识。树立风险管理意识，强调风险的组织内部控制，如对重大政策项目开展稳评；关注并能够回应微弱的危险源信号，将危险消除在萌芽状态；以开放和富有弹性的思维模式，全方位地认识各种风险可能的来源和后果，强调整体关联性，不执迷于专业性，全面提升自身的风险管理能力与责任意识。（2）组织灾害学习。危机具有危险与机遇这双重含义，并有向两极迅速转化的可能。灾害事件可作为灾后组织学习的触点，完善组织的灾害问责，尊重专业知识，拒绝将事情简单化处理。灾害问责过程不仅仅是对行政官员的行政行为、规范、道德、价值的拷问，更是对灾害管理制度的反思，并将新的经验教训内化为灾害应对新策略，从而真正达成组织学习的目的。（3）组织发展理念。应鼓励基层组织的创新与发展。作为灾害管理的第一线执行者，基层应灾组织不能固守既有的经验模式，应根据环境的变化而改变应对方式，不断寻找最优方案；应客观理性地看待以往的经验认知，避免沉溺于过去的成功经验而失去创新的动力。在动态开放的灾害管理系

① T. R. La Porte, "High Reliability Organizations: Unlikely, Demanding and At Risk", Journal of Contingencies and Crisis Management, 1996, 14 (2): 60-71.

统中，基层组织要在注重执行的同时重视组织的发展。

最后，政府组织应承担起培育“社会恢复力”的责任。社会恢复力概念的提出是基于灾害危机已经出现的假设，是指从社会各个系统要素层面提升社会整体的应灾能力，以保证社会系统“弹回”（bouncing back）到原先状态。社会恢复力的主体范围更广，分别超越了以政府为主体的正式应灾体系和以社区为主体的自发应灾体系，在整体社会层面强调对灾害危机的应对能力。一个具有社会恢复力的地区为灾害的组织自适应的实现提供价值、信念、能力和资源支持，社会恢复力与组织自适应两者相辅相成。社会恢复力的培育应当成为政府灾害自适应能力建设的重要目标。

社会恢复力概念并不抽象，它由一系列包括价值、信念、能力、资源等方面在内的应灾要素所构成。社会恢复力的培育应该基于灾害管理要素而展开。如在价值与信念层面，面对深度不确定性与无序，社会信任可作为社会恢复力的一项基本资源，不确定性越多，就越需要社会信任。在应急管理中，社会信任的获取有赖于建立公平的决策机制，鼓励公众参与决策；提升部门管理能力，让民众对应急管理系统应对各种危机的能力有信心。正如吉登斯定义信任时所强调的，“信任是对人与系统的可依赖性的信心”①。又如在能力建设方面，应着力改变社会部分群体的权利、资源可得性差的境地，注重社会公平与共建共享，提升社会脆弱群体的灾害恢复力；同时，还要通过灾害风险文化教育，培育个人安全文化，提高民众防风险、抗灾害的知识和技能水平。再如在应灾资源方面，培育和吸收国内外民间应灾组织，将社会力量与国际力量纳入灾害社会恢复力的资源建设体系。

规范性主导的预案适应与自发性导向的组织自适应，是现代灾害管理体系实现灾害危机情境适应的双重动力，作为灾害的组织适应的完整过程，二者缺一不可。应以完善预案编制过程为基础来保障组织的预案适应的有效性，并树立动态开放的灾害管理系统观，在弹性的管理结构与开放思维下，注重组织文化与灾害管理之间的关系，注重社会恢复力与政府应灾体系之间的关系，全面提升灾害的组织自适应能力。

---

① 吉登斯. 现代性的后果. 南京：译林出版社，2000：26.

# 第七章 化解社会矛盾

社会建设与社会治理的总目标是构建和谐社会。所谓“和”，“口”字旁边有“禾”，指“张口就有饭吃”，延伸之意为人们的物质生活需要能够得到满足；这主要靠以保障和改善民生为重点的社会建设来实现。所谓“谐”，指人人“皆”能“言”，延伸之意为理顺关系，增强活力，当家作主，心情舒畅；这主要靠以化解社会矛盾为宗旨的社会治理来达成。

社会矛盾是一个复杂的系统，俗话说“牵牛要牵牛鼻子”，应对复杂的社会矛盾系统，首先要准确认识社会的主要矛盾，“捉住了这个主要矛盾，一切问题就迎刃而解了”①。

## 第一节 社会主要矛盾与政府主要任务的转变②

一切从实际出发、实事求是、在实践中检验和发展真理，是中国共产党一贯坚持的思想路线。认真分析当前形势，梳理社会面临的主要矛盾，从而确定所要完成的主要任务，是党多年来保持的优良传统。党的这一思想路线和优良传统，对我们做好当前工作，仍然具有重要的指导意义。

### 一、新中国成立后社会主要矛盾与政府主要任务的历史演变

新中国成立之初，党和政府相当重视发展生产力。国内的主要矛盾，是人民对于建立先进的工业国的要求同落后的农业国的现实之间的矛盾，是人民对于经济文化迅速发展的需要同当前经济文化不能满足人民需要

① 毛泽东．毛泽东选集：第1卷．北京：人民出版社，1991：322.

② 童星．社会主要矛盾与政府主要任务的转变．中共浙江省委党校学报，2015（6）.

的状况之间的矛盾，党和全国人民的主要任务是把我国尽快地从落后的农业国变为先进的工业国。

但就在这时，国际上连续发生了赫鲁晓夫在苏共二十大全盘否定斯大林的事件以及波兹南事件、匈牙利事件，于是开始认定社会主义社会的主要矛盾是无产阶级和资产阶级两个阶级、社会主义和资本主义两条道路、无产阶级革命路线和资产阶级反动路线两条路线的斗争，主张“以阶级斗争为纲”，直至发动“文化大革命”。

1978 年，党的十一届三中全会果断终止“以阶级斗争为纲”的政治决策，重新回到以经济建设为中心的轨道上来。邓小平在题为《坚持四项基本原则》的重要讲话中指出：“至于什么是目前时期的主要矛盾，也就是目前时期全党和全国人民所必须解决的主要问题或中心任务，由于三中全会决定把工作重点转移到社会主义现代化建设方面来，实际上已经解决了。我们的生产力发展水平很低，远远不能满足人民和国家的需要，这就是我们目前时期的主要矛盾，解决这个主要矛盾就是我们的中心任务。”① 后来，人们就习惯性地认定，落后的社会生产同人民群众日益增长的物质文化需要之间的矛盾是整个社会主义初级阶段的主要矛盾。

改革初期的目标就是最大限度地激发劳动者和生产经营单位的活力，实现的途径则是“放权松绑”。具体来说，在农村，实行家庭联产承包责任制，并且允许农民务工经商、多种经营；在城市，扩大企业经营自主权，实行利改税；允许早已绝迹的个体经济、私营经济和外资企业等非公有制经济重新建立，并扶持其发展。这些举措很快改变了原先的“短缺经济”局面，使得人民群众摆脱了贫困、实现了温饱。

接着，确立了社会主义市场经济的目标模式，在城乡各地培育和发展市场，建立健全市场规范，维护市场秩序，不断发挥市场配置资源的基础性作用，并更好地发挥政府的调节作用，从而激发起中华民族创造物质财富的巨大活力，实现中国经济的腾飞，迅速使中国成为世界第二大经济体。

近年来，国家开始鼓励并引导企业“走出去”，更加积极地参与国际竞争，特别是提出了“一带一路”倡议，主导成立“亚投行”，推动人民币的国际化，增进中国在国际经济秩序中的话语权。

总之，经过改革开放 40 年的努力，中国成了“世界工厂”，“中国制

① 邓小平．邓小平文选：第 2 卷．北京：人民出版社，1994：182.

造”远销世界各国；几乎所有的产业都不愁“产不出”，只愁“卖不掉”。显然，原有的关于社会主要矛盾的提法已不能成立。2017 年 10 月，党的十九大正式确认，我国社会的主要矛盾已经转变为“人民日益增长的美好生活需要和不平衡不充分的发展之间的矛盾”①。

## 二、当前社会主要矛盾的具体表现

不平衡、不充分的发展首先就表现为经济建设与社会建设之间的不平衡、不充分，社会建设严重滞后于经济建设。近年来，在私人物品（服务）极大丰富的同时，凸显了公共物品（服务）和准公共物品（服务）的短缺。“择校难，读书贵”“看病难，看病贵”“房价高，当房奴”等现象，就是当前社会主要矛盾的典型表现。

面对城市的高房价，一部分城市居民和外来新移民买不起商品房，于是城郊和城乡接合部的一些村集体组织或者开发商就在集体土地上建房，以低于商品房的价格出售。虽然没有国家颁发的房产证，可是却有乡镇政府颁发的房产证，这就是所谓的“小产权房”。然而，国家现行法律却认定“小产权房”是非法的，不予承认。

中国已经进入老龄化社会，人口正在加速高龄化，众多老年人急需获得医养结合式的服务，可是这件事情涉及民政、卫生、人社等三个部门，部门相互之间争权诿责，甚至还闹出过“非法行医”的指责。目前情况虽有好转，如由养老机构提供场所，由医院提供设备和药品，派出医护人员，在养老机构内建立门诊部，但是，这类服务收费昂贵，普通老人无法承担。如何推动医养结合进社区、进普通百姓家庭，亟待探索解决。

外来农民工进城后，随迁子女读书难、读书贵，有些只好进入教学质量相对较低、收费相对较低、专门面向农民工子女的幼儿园（这些幼儿园中有的又称“地摊式幼儿园”）、小学和中学就读。然而，这类教育机构又常常由于“存在安全隐患”“教学质量差”而被教育部门查封。

农村不同于城市，人口密度低、教育资源少，且学校集中在县城和中心镇，没有发达的公共交通服务体系，政府和学校购置的校车又凤毛麟角，可是农家孩子每天却需要往返于家庭和学校之间。于是，一些没

① 习近平．决胜全面建成小康社会　夺取新时代中国特色社会主义伟大胜利：在中国共产党第十九次全国代表大会上的报告．北京：人民出版社，2017：11.

有取得相关资格证件、未到交管部门登记或登记为自用车、未投强制责任险的社会车辆，便承担起接送学生的任务，加上农村路况较差，违章驾驶层出不穷，结果是交通事故频发。而一旦发生车毁人亡的事件，政府便立即启动“倒查”机制，最终对“黑校车”进行整顿查封。但由于每天运载学生往返于学校和家庭之间的公共交通服务体系还是没有建立，不久又一切如故，从此陷入循环往复的“怪圈”。其实，一方面要严查“黑校车”，另一方面要大力发展农村公共交通并针对校车营运制定严格的准入制度和监管制度。

近年来，许多大中城市又出现了各种打车软件，向有不同需求的民众提供更加多元化的出行服务。此举在便利了民众打车需求的同时，也动了坐收“份子钱”的出租车公司的“蛋糕”，并为各城市出租车调度管理带来了难题。各地各级相关行政管理部门对此意见不一，“禁”与“不禁”的争执此起彼伏。如此等等，不一而足。

上述一系列对执法、管理部门提出的质疑，同全面依法治国的要求与初衷并不矛盾。党的十八届四中全会指出，同推进国家治理现代化目标相比，法治建设还存在许多问题，首先就是“有的法律法规未能全面反映客观规律和人民意愿，针对性、可操作性不强，立法工作中部门化倾向、争权诿责现象较为突出”①。同过去在列举立法方面的问题时只提“无法可依”的情形相比，是一个极大的进步。显然，对上述立法有瑕疵、执法粗暴的现象，提出质疑并呼吁改正，是完全符合全面推进依法治国精神的，应当理直气壮。

概而言之，上述种种情况说明：第一，目前的公共服务体系满足不了人民群众多方面、多层次的需要；第二，人民群众自谋生计的努力常常受到限制。由此可见，落后的社会管理体制和公共服务体系满足不了人民群众美好生活的需要，并且束缚了人民群众自己解决自己生计问题的努力，这就是当前社会主要矛盾在政府职能领域的表现。“矛盾着的两方面中，必有一方面是主要的，他方面是次要的。其主要的方面，即所谓矛盾起主导作用的方面。”② 显然，当前社会主要矛盾的主要方面就是主导社会管理和公共服务的政府，解决这一主要矛盾的途径就是依靠政府任务的调整和职能的转变，强化公共服务，完善社会治理。

---

① 中共中央关于全面推进依法治国若干重大问题的决定．人民日报，2014-10-29.

② 毛泽东．毛泽东选集：第1卷．北京：人民出版社，1991：322.

## 三、当前政府的主要任务

主要矛盾是确立主要任务的客观依据。随着主要矛盾形态的变化，党和政府的主要任务也应有所调整。实际上，党的十八大以来，党和政府已经开始进行这种调整。

首先，是政府职能的转变。在“以阶级斗争为纲”的年代，政府的主要职能是抓政治革命，因而是管制型政府；落后的社会生产同人民群众日益增长的物质文化需要之间的矛盾是社会的主要矛盾。在以经济建设为中心的时代，政府的主要职能是抓经济发展，因而是建设型政府；当前社会的主要矛盾表现为落后的社会管理体制和公共服务体系不能满足人民群众的需要，并且束缚了人民群众自己解决自己生计问题的努力，此时，政府的主要任务是完善公共服务，创新社会管理，政府就应当转型为服务型政府。《国务院工作规则》将政府职能明确为经济调节、市场监管、社会管理和公共服务四项，增加了“社会管理、公共服务”两项。现在看来，随着时间的推移，社会主义市场经济越来越完善，市场越来越在资源配置中发挥基础性决定性的作用，政府职能中的“社会管理，公共服务”权重也将越来越大于“经济调节，市场监管”；随着在空间上政府层级的下移，越是基层政府其职能越聚焦于“社会管理，公共服务”。

其次，政府职能转型需要内在的推动力，就是改革创新。40 年前，我们借助于全面改革，尤其是经济发展方式创新和经济体制改革，完成了由管制型政府向建设型政府的转变；现在，同样需要借助全面深化改革，尤其是社会治理创新和社会体制改革，推动建设型政府向服务型政府的转变。40 年前的经济体制改革，其中心环节是培育和发展市场，激发生产者的活力；现在的社会体制改革，其中心环节则是培育和发展社会，激发社会组织活力，增强社会发展活力。

最后，体制改革和政府职能转型需要明确的目标方向。而这个目标方向的认定往往要经历一个艰苦探索的过程，不会一蹴而就。当年的经济体制改革就经历了由计划经济到有计划的商品经济，再到社会主义市场经济的过程。目前社会体制改革的探索过程已经开启，党的十七大提出要建立“党委领导、政府负责、社会协同、公众参与”的社会管理格局；党的十八大不仅在社会管理体制中增加了“法治保障”这一新元素，而且系统地提出了“四个加快形成”，即“加快形成党委领导、政府负责、社会协同、公众参与、法治保障的社会管理体制，加快形成政府主导、覆盖城乡、可持续的基本公共服务体系，加快形成政社分开、权责明确、依法自治的现代社会组织体制，加快形成源头治理、动态管理、应急处置相结合的社会管理机制”；党的十八届三中全会则进一步将社会治理体制发展为“加强党委领导，发挥政府主导作用，鼓励和支持社会各方面参与，实现政府治理和社会自我调节、居民自治良性互动”。经济体制改革经历了长达 14 年的探索，直到党的十四大召开，“社会主义市场经济”的目标模式才最终确立；我们也可大胆地预测，在未来，社会体制改革会出现社会主义民主政治、社会主义市场经济、社会主义自治社会“并驾齐驱”的局面。

### 四、主要任务不等于全部任务

尽管在纷繁复杂的矛盾体系中，主要矛盾起着决定性的作用；但主要矛盾毕竟不等于纷繁复杂的矛盾体系，把握了主要矛盾毕竟不等于把握了整个纷繁复杂的矛盾体系，相应地，完成了由主要矛盾确定的主要任务，也毕竟不等于完成了全部任务。

在当今创新社会治理、完善公共服务、建设服务型政府的过程中，既要抓准主要矛盾、抓紧主要任务，也要统筹兼顾城乡和东中西部地区，综合协调改革、发展和稳定，实现经济建设、政治建设、文化建设、社会建设、生态文明建设“五位一体”发展布局。以习近平同志为核心的党中央概括出的“四个全面”即“全面建成小康社会，全面深化改革，全面依法治国，全面从严治党”，就是突出重点与统筹兼顾的有机统一，我们必须认真予以贯彻落实。

## 第二节 社会结构与社会矛盾①

笔者所带领的团队，在多年研究社会预警和应急管理的基础上，从社会学和公共管理学交叉的视角，针对中国的实际，独创性地提出了“风险灾害危机演化连续统”（见图 7－1）②。

---

① 童星．社会管理创新八议：基于社会风险视角．公共管理学报，2012（4）．

② 童星，张海波．中国应急管理：理论、实践、政策．北京：社会科学文献出版社，2012：60．

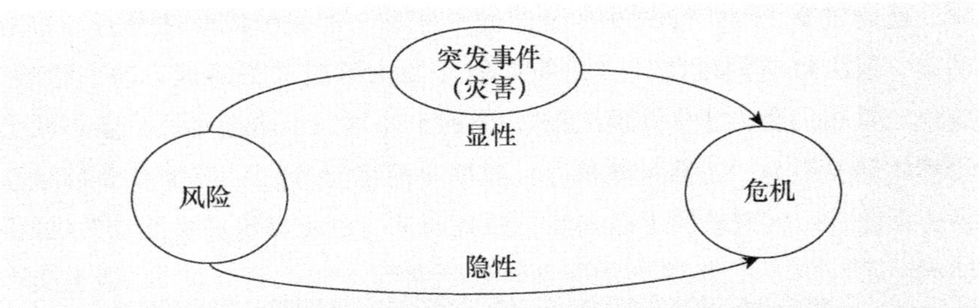


**图 7－1　风险灾害危机演化连续统**

## 一、“风险灾害危机演化连续统”

就风险与危机之间的逻辑关联而言，在公共性的层面上，风险是指一种可以引发大规模损失的不确定性，其本质是一种未发生的可能性；危机则是指某种损失所引发的政治、社会后果，其本质是一种已发生的事实。因此，风险在前，危机在后，二者之间存在着因果关系，造成危机后果的根本原因是风险①。然而这种前因后果的关系却是隐性的，只有专门对其进行研究的人才有可能发现它②，一般的民众却不知晓；特别是在一些缺乏风险文化的民族以及担负一定领导责任的人看来，这种因果关系不应被公开挑明，其理由是避免引起民众恐慌。

一旦作为导火索的“突发事件”爆发，风险与危机之间的这种隐性因果关系就立即转变为显性，成了人们不得不承认的“铁”一般的事实。这一显性的因果关系往往有两种表现：（1）某一起特定的大规模的突发事件就可以使风险与危机之间潜在的因果关系显性化，这是隐性因果关系的集中暴露，因而容易引起社会关注；（2）多起不明显的小规模的突发事件逐渐使风险与危机之间潜在的因果关系显性化，这是隐性因果关系的缓慢释放，因而不易为人们所觉察。这两种由风险到危机的不同路径，正好对应急性危机（instant crisis）与慢性危机（creeping crisis）。

按照这一“连续统”的解释理论，灾害（突发事件）并不等同于危机。灾害（突发事件）之所以不同于危机，原因就在于二者之间存在着脆弱性及其作用。脆弱性一般被定义为暴露于风险源，缺乏足够能力来应对其影响。

---

① 张海波．风险社会与公共危机．江海学刊，2006（2）．

② 当然由于科学技术和人的认识在任何历史阶段都有其局限性，人不能够认识到这种因果联系。因而某些特定的突发事件之所以在现在看来是“突发的”，其原因是人类现有的科学技术和认识水平还不够高。

脆弱性是将风险转化为危机的催化剂，也就是说，灾害（突发事件）及其后果与现存社会状态有密切的联系，脆弱性可以来自政治、经济、社会、文化领域，群体脆弱性则是指个人、群体及其所在的社会缺乏系统抵御灾害风险、应对灾害以及进行灾后恢复的能力①。

对应上述"连续统"解释框架，我们又设计了"风险治理—灾害救援（应急处置）—危机管理"全过程应对体系（见图 7 - 2）②。这与"源头治理、动态管理、应急处置相结合"的社会治理机制也是吻合的。

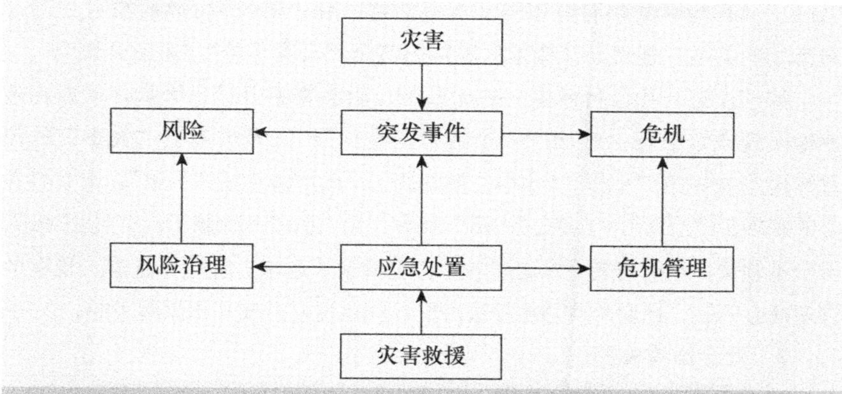


**图 7 - 2 "风险治理—灾害救援（应急处置）—危机管理"全过程应对体系**

## 二、中国当前主要的社会风险

根据上述"演化连续统"，社会矛盾乃至社会安全事件频发的根源在于社会风险的积累与叠加；根据上述"全过程应对"体系，社会矛盾的化解和社会安全事件的治理尤其需要从危机管理（治理）推进到风险治理，优化社会结构，从根本上降低不确定性。中国当前的主要社会风险可以概括为以下四个方面：

**1. 社会目标单一**

社会目标是多元的，且难以实现统一，只能并存互补、相辅相成。当然，在遭遇特大自然灾害和大规模战争的背景下，全社会的目标可以暂时只有一个——战胜灾害、赢得战争。中国共产党在战争年代的根据地建

① Ben Wisner, Piers Blaikie, Terry Cannon, Ian Davis, At Risk: Nature Hazards, People's Vulnerability and Disasters, London: Routledge, 2004: 11.

② 童星，张海波. 中国应急管理：理论、实践、政策. 北京：社会科学文献出版社，2012：63.

设，以及后来学习借鉴的苏联社会主义模式，其产生和发展都与严峻的自然灾害以及军事斗争压力紧密相关，目标单一是其重要特征，因而在面临大规模战争和大规模自然灾害时往往体现出巨大的优越性。在毛泽东时代，开始是夺取政权，以后是巩固政权，都“以阶级斗争为纲”；改革开放后转向经济建设，迎来了中国发展的新时期。然而目标单一的特征基本没变，形成了党政机关企业化、党委书记董事长化、行政首长总经理化，政府运作过程中出现了大量的“越位”（政府做了应该由市场做的事情）、“缺位”（有些事情政府应该做却没有做好）和“错位”（政府没有处理好与市场的关系）现象，某些地区和部门甚至“官商不分”“官商合谋”。

如前所述，社会目标单一的优点在于能够集中力量办大事，从而高效率地实现既定目标。然而“一个钱币两个面”，许多排不上“大事”的位置却应当做好的“中事”“小事”被耽搁了。政府善于抓“大事”，老百姓关心的则多为“小事”。于是，“大事”抓好了，“小事”耽搁了；官员很辛苦，群众不领情；政府与老百姓之间的矛盾也就多了起来、尖锐了起来。现存的许多社会问题、社会矛盾乃至社会冲突，就是这样形成并积累起来的。

**2. 社会结构失衡**

首先表现为比例结构失当。城乡之间、地区之间、部门之间发展不平衡，经济发展与社会发展之间不平衡，经济社会发展与环境保护之间不平衡，以及各种比例结构（如人口的性别比、老少比，社会的上中下层之比等）失当。贯彻科学发展观，注重统筹兼顾，强调全面协调可持续，就是为了改变和扭转上述种种失当失衡现象。

其次体现在要素组合失序。劳资矛盾、征地拆迁、执法纠纷一直是社会冲突特别是群体性事件爆发的“由头”，这实际上反映了企业员工、老板高管与政府之间，城乡居民、开发商与政府之间，老百姓、执法人员与政府之间存在着深刻的结构性矛盾。以劳资矛盾为例，市场经济较为发达、法治较为健全的一些西方国家，形成了较为稳定的“政府-老板-员工”的“三角结构”（见图 7－3 右），老板与员工之间的关系既对立（企业赚钱有限，一方得利多则另一方就得利少）又统一（双方都与企业共进退），平时通过自组织、自调节来处理相互关系，只有当双方对立压倒统一、出现冲突时，政府才出面协调、仲裁。由于政府和老板、员工之间都没有直接的联系，且都存在着几乎等距离的间接联系（政府与老板的联系依靠“钞票”做载体，政府与员工的联系依靠“选票”做载体，“钞票”和“选票”对于政府及其官员的制约作用保持动态平衡），因而基本都能化解老板与员工之间的矛盾。中国在计划经济时期建立了"政府-企业-员工"的"直线结构"（见图7-3左），国家主张"正确处理国家、集体、个人三者关系"。改革开放以后，通过招商引资、企业改制等一系列政策，这种"直线结构"演变为"政府-老板-员工"的"不完全三角结构"（见图7-3中），政府和老板（企业）之间有着直接的联系，然而政府和员工之间却几乎没有任何联系（各级政府官员几乎都不是通过民选直接产生的），这一失衡的结构必然导致政府在处理老板（企业）与员工关系时常常失之偏颇，必然导致政府公信力的减弱乃至丧失。在城乡居民、开发商与政府之间，老百姓、执法人员与政府之间，也存在着同样的失衡的结构。显然，由这种"不完全三角结构"退回到原先的"直线结构"是根本不可能的，那么只能得出这样的结论：必须加快从"不完全三角结构"向稳定的"三角结构"演变的进程。

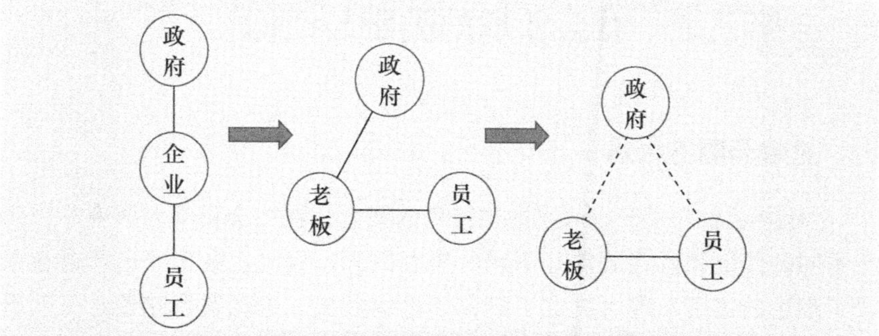


**图7-3 三方关系图（以劳资关系为例）**

### 3. 社会关系失调

社会结构的失衡导致社会关系的失调。城乡之间、地区之间、部门之间发展的不平衡，直接带来城乡居民之间，东中西部居民之间，不同产业、部门、单位人员之间关系的失调。社会构成要素组合失序，自然带来政府与雇主、员工之间，政府与开发商、居民之间，政府与执法人员、老百姓之间的关系失调。在社会关系失调的背景下，几乎任何一项公共政策的提出，都会形成政策受惠者与政策受损者之间的张力。政策受惠者总是试图以"服务大局"或"发展的代价"为理由来迫使政策受损者接受现实，但政策受损者越来越不满意于这种强加的分配格局，试图通过抗争来实现合理的利益和理性的收益①。于是，政策效应又在强

① 张海波，童星．社会管理创新与信访制度改革．天津社会科学，2012（3）.

化并扩大社会关系的失调，造成当今社会诸多关系失调的乱象。如贫富关系的失调、劳资关系的失调、官民关系的失调、医患关系的失调、警民关系的失调等。

**4. 社会冲突增生**

社会关系失调必然加剧社会冲突。在过去40年的发展历程中在激励人们解放思想、大胆创新的同时，也使得一些人为达成目的不择手段。在贫富差距不断拉大的过程中，正当的利益追逐对人们追求美好生活起到了良好示范，但也有一部分人为了牟取暴利不惜走上犯罪的道路，进而激起一部分群众对高收入阶层的怨恨。随着利益格局的相对固化、社会差异的日益强化、向上流动机会受到钳制，怨恨等负面的情绪也在社会中蔓延扩散。

## 第三节　社会矛盾的类别与结构①

### 一、社会矛盾的内涵

“社会矛盾”是带有浓厚中国特色的概念。在社会科学的研究中，由于不同的传统和范式通常有不同的核心概念，因此，概念的选择通常预设了理论的适用，进而决定了研究结论的形成。这也就意味着，一项研究在一开始选择概念的时候可能已经预设了研究结论。这就形成一个悖论：一方面，研究者需要借助概念和理论来实现对社会现象的深入认识；另一方面，研究者一旦选定了概念和理论，便局限了视野，将对社会现象的解释异化为对理论有效性的验证，从而偏离社会研究的初衷。对这一悖论的破解成为跨学科研究兴起的重要背景之一。不同于传统的研究范式，跨学科研究的本质就是从多学科的视角出发，而非拘泥于某一个特定的核心概念或理论。

化解社会矛盾是社会治理的三大目标之一，社会矛盾也因此成为社会治理研究的重要概念和内容。即便从学科属性上看，社会治理与公共管理最终可能殊途同归，但与“舶来”的“公共管理”不同，“社会治理”缘起于中国经济、政治、社会发展的现实需求，更具中国转型期

① 张海波，童星．当前中国社会矛盾的内涵、结构与形式：一种跨学科的分析视野．中州学刊，2012（5）．

的独特性，如果要将其纳入学术研究，则必须突破传统的理论框架和单一的分析视角，以跨学科的方法尽量“还原”社会矛盾的全貌。当然，以社会学中的“社会冲突”“社会运动”，或政治学中的“政治抗争”“集体行动”来解读中国的“社会矛盾”，也能获得一些洞见，但难免失之偏颇。因此，我们旨在从中国社会矛盾的现实出发，以一种跨学科的分析视野，从学理的层面厘清中国社会矛盾的内涵、类别与结构。

在中文中，“矛盾”的典故出自韩非的《矛与盾》：“以子之矛，陷子之盾，何如?”“矛盾”通常泛指事物之间的对立关系。因而，社会矛盾就是指社会中的对立因素。然而，“社会”是什么？虽然古汉语中也有“社会”一词（主要指祭祀“土地神”的集会），但与我们今天所用的、由日本学者从西语翻译而来的“社会”（society）并不完全相同。德国学者滕尼斯（F. Tonnies）在《共同体与社会》中将社会与共同体相对而论，认为共同体是自然形成的、小范围的、古老的，社会则是人有目的的联合，是大范围的、现代的①。在更一般的意义上，“社会”主要指西方的市民社会，它与政治国家相对。

很显然，中国的社会矛盾是关于当下中国“社会”的矛盾，既非中国传统“社会”的矛盾，也非完全西方意义上的“社会”矛盾，而是中国经济社会发展水平和阶段性特征的集中反映。依此观点，并非社会上存在的一切人与人之间的矛盾都是社会矛盾，如婆媳矛盾、邻里纠纷、同事隔阂、街上陌生人之间因小事突发的冲突等，尽管都是现在社会上实际存在的人与人之间的矛盾，但它们并不属于社会矛盾的范畴。只有社会结构缺陷、社会分配不公、社会关系不顺、社会目标偏差、社会政策有误等导致的人与人之间，特别是阶层与阶层之间、群体与群体之间的矛盾，才能称得上是社会矛盾。

照此思路，根据社会矛盾的表现强度和数量关系，就可以从各种特定的社会矛盾中归纳中国当前社会矛盾的类别和结构。

## 二、中国社会矛盾的类别

### 1. 暴力群体性事件（含极端个体事件）

最为极端的是带有暴力行为的群体性事件，也被称为“无组织-无直

---

① 滕尼斯．共同体与社会．北京：商务印书馆，1999.

接利益诉求”群体性事件①，可因具体的利益冲突迁延日久而越拖越大，也可因偶然的官民纠纷而瞬间爆发，容易失控。冲突的一方是大量的“围观者”，他们既可以是路见不平的市民，也可以是县域中的“游民”②；另一方则是政府或其代理机构。在这些群体性事件中，有的开始有具体的利益冲突，但一旦达到一定的群体规模，便可能形成勒庞所说的“乌合之众”，“自觉的个性消失，形成一种集体心理”③，容易诱发集体暴力；有的一开始就没有具体的利益冲突，参与者有意发泄对政府或其代理机构的不满，围观者也迅速地分化、站队④，形成集体对集体的冲突，由齐美尔（George Simmel）所说的“作为手段的冲突”转向“作为目的的冲突”⑤。

值得注意的是，原本一些并不属于社会矛盾范畴的个体因素，在特定条件下也会转化为社会矛盾，并严重破坏社会的和谐稳定，这是极端个体事件，也称为个人极端行为、“独狼”事件。极端个体事件源于“个体疏离化”。“个体疏离化”是指个体从传统伦理、社会制度和社会关系的束缚中脱嵌出来，并失去社会关联、疏远社会的过程。这个过程既有利于个体崛起，也带来个体迷失的隐忧。从社会稳定层面看，“个体疏离化”可能带来如下三个风险：（1）迷失个体大量催生的风险。迷失已成为一部分都市人生存的心理状况和都市社区的特征。断裂社会催生了分裂型人格，直接制造了无数生活和精神处于分裂状态的人，制造了一些充满失败感、对社会不满、对未来迷茫的人。随着社会分化与社会流动的加快，在“个体疏离化”作用下，迷失的个体也逐渐向农村蔓延。（2）极端个体事件剧增的风险。极端个体事件中的极端行为如果不予以有效的预防和治理，可能会不断再现。（3）维稳成本不断攀升的风险。群体性事件数量的上升直接导致维稳成本的增加，然而，毕竟因其群体性特征，它的发生和演变有一定的规律可循，可以通过研究其内在的发生机理来寻找降低成本的对策。相比而言，应对极端个体事件和迷失的个体却要复杂得多，因为它们更多地呈现个体化特征，且行为怪异、不

---

① 童星，张海波．群体性突发事件及其治理：社会风险与公共危机综合分析框架下的再考量．中国社会科学（内刊），2007（5）．

② 徐勇．“接点政治”：农村群体性事件的县域分析．华中师范大学学报，2009（6）．

③ 勒庞．乌合之众．桂林：广西师范大学出版社，2007：45．

④ 迟福林．2007中国改革评估报告．中国（海南）改革研究院．北京：中国经济出版社，2007．

⑤ 齐美尔．社会学：关于社会化形式的研究．北京：华夏出版社，2002：186．

合常规，防不胜防，这种应对成本是无法估量的“天价”。

**2. 具体利益冲突**

具体的利益冲突通常由特定的政策和决策引发，如征地拆迁、转业安置、资源分配等，包括实质性的抗争行动，如上访、堵路等。其冲突的一方是因政策和决策不当造成的利益受损者，是严格意义上的群体，共享特定的目标和期望；另一方则通常是政策和决策的制定者与执行者。这种冲突通常是有节制的、可控的，有些可被称为“集体行动”（collective behavior），如正常的上访（不是所谓的越级上访或进京上访），是现行制度允许的合法抗争，与蒂利在《法国人民抗争史》中提到的西欧十七八世纪的反应性抗议类似①；如果人数达到了群体性事件的数量规模②，也可称为“有组织-有直接利益诉求”的群体性事件③。这是典型的“作为手段的冲突”，即将冲突作为争取或维护自己权益的手段，也因此被称为“维权事件”。

**3. 集体性敌视**

少量的暴力群体性事件则是集体性敌视的集中宣泄，而这种集体性敌视则主要由参与者的身份区隔所致。这种身份区隔在客观上源于财产、职业、住房制度所形成的“社会闭锁”（social disclosure），进而形成主观上的阶层归属，或是群体的文化疏离与敌视。前者如“底层”“下层”的自我归类。据李培林的调查发现，主观的阶层认同比客观的阶层归属更能考察人们的冲突意识④。后者如“蚁族”“穷二代”“官二代”“富二代”“高富帅”等网络语言所构建的身份标签，按照文化冲突理论的观点，这表面上是一种自我嘲讽或调侃，实质上则是在社会流动不畅的情况下对主流文化的疏离和敌视，是一种亚文化与主流文化的对立。这种对立已经从内在的心理层面发展为外在的语言层面，如一些网络用语、热词的流行，就是典型的一种表现。

**4. 普遍的社会挫折感**

在更为基础的层面上，中国社会矛盾主要源于社会挫折感和相对剥

---

① 裴宜理，阎小骏. 社会运动的理论发展. 当代世界社会主义问题，2006（4）.

② 在实践中，群体性事件的统计口径很不一致，公安部门的治安群体性事件通常是指10人以上，信访部门的集体上访是指5人以上，各地在应急预案中规定的群体性事件的人数规模通常在几百人到几千人不等。

③ 童星，张海波. 群体性突发事件及其治理：社会风险与公共危机综合分析框架下的再考量. 中国社会科学（内刊），2007（5）.

④ 李培林. 社会冲突与阶层意识：当代中国社会矛盾研究. 北京：社会科学文献出版社，2005.

夺感所致的社会不满。这是变革社会中的普遍现象，主要体现在心理层面。法国历史学家托克维尔通过对法国大革命发生的过程进行观察发现，这种持续稳定增长的繁荣，远没有使人民乐其所守，却到处滋生着一种不安定的情绪①。美国社会学家戴维斯（Davies）将这一现象解释为“发展型相对剥夺感”，在快速发展的社会中，社会的价值能力和人们的价值期望都在提高，但社会的价值能力提高的速度赶不上人们价值期望提高的速度，导致价值期望和价值能力之间的落差逐渐扩大，这就会产生“发展型相对剥夺感”②。中国社会用40年完成了西方用二三百年走过的道路，经历了急剧的社会变迁，这造成巨大的心理落差，也不可避免地带来大量的社会矛盾③。从总体上看，民众都承认生活水平得到了大幅提升，但也都有这样或那样的不满，社会的分化带来参照群体的变化，民众并不总是和自己的过去比，而是和现在的他人比。这种对比集中体现在城市拆迁中，抛开其他各种因素，拆迁户谋求经济利益最大化的心理动因也是推动拆迁矛盾生成与演化的重要因子，这种心理主要源于和某些群体在城市化进程中所获高收益的比照。

## 三、中国社会矛盾的结构

如果按照冲突激烈的程度（纵坐标）和数量规模（横坐标）两个维度，将上述四种类别的社会矛盾加以排列，就构成以下反映中国转型期社会矛盾的“冰山结构”（见图7-4）。

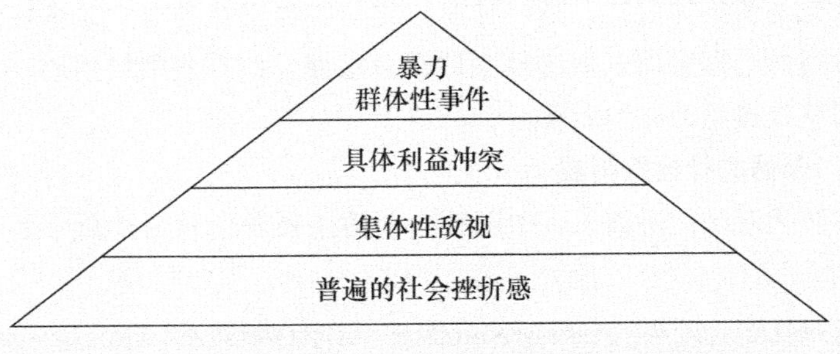


图7-4 中国转型期社会矛盾的“冰山结构”

① 托克维尔. 旧制度与大革命. 北京：商务印书馆，1996.

② 赵鼎新. 社会与政治运动讲义. 北京：社会科学文献出版社，2006：80.

③ 贝克. 世界主义的观点：战争即和平. 上海：华东师范大学出版社，2008：5.

从图 7－4 中可以看出，中国转型期的社会矛盾是一个“连续统”：一是作为社会矛盾极端类别的暴力群体性事件（含极端个体事件）是逐步演化而来的，以普遍的社会挫折感、集体性敌视、具体利益冲突为基础。当然，特定的暴力群体性事件的演化路径可以不同。有的是具体利益冲突失控，直接转化为暴力群体性事件；有的则是集体性敌视或普遍的社会挫折感在特定情境下的集中宣泄。二是这四个层次之间的相关性，普遍的社会挫折感可以向集体性敌视转化，集体性敌视则可以向具体利益冲突转化，而具体利益冲突也可以向暴力群体性事件转化。当然，这种转化并不一定是线性的，普遍的社会挫折感和集体性敌视在特定的时间、空间节点和情境条件下都可以直接转化为暴力群体性事件；具体利益冲突也并不一定表现为暴力群体性事件，有可能在被压制的过程中进一步反过来强化集体性敌视和普遍的社会挫折感。因此，研究中国转型期的社会矛盾必须要有整体视野，不能人为割裂社会矛盾不同类别之间的相互联系。

从总体上看，中国转型期的社会矛盾还是一个浮在水中的金字塔形的“冰山结构”。在管理学中，麦克利兰提出了“冰山模型”，指出“冰山”吃水线之下的部分才是决定性因素，却常常被忽视。用“冰山”来形容中国转型期的社会矛盾结构十分恰当：第一，暴力群体性事件、具体利益冲突是“冰山”吃水线之上的部分，是外显的，容易被认知；而集体性敌视、普遍的社会挫折感则是“冰山”吃水线之下的部分，是潜在的，容易被忽视。第二，“冰山”吃水线之下的部分更具决定性作用，这不仅体现在数量规模上，也体现在对立性质上，即使在特定的事件中，具体利益冲突或暴力群体性事件也会外显为不同的形态，但实际上，普遍的社会挫折感、集体性敌视这两个层面上的要素内在地决定了具体利益冲实或暴力群体性事件的基本特征，例如行动直接指向政府或国家、弱势群体与强势群体的对抗等。

通常情况下，研究者只关注外显的、实质性的冲突，而忽视内潜的、情绪性的对立。但事实上，正如迪尔凯姆所言，“一切行为方式，不论它是固定的还是不固定的，凡是能从外部给予个人以约束力的，或者普遍存在于该社会并具有其固定形态，不管其在个人身上的表现如何，都叫作社会事实”①。因此，人们在社会互动中建构出来的普遍的社会挫折感

① 迪尔凯姆. 社会学方法的准则. 北京：商务印书馆，2009：33.

和集体性敌视是中国社会矛盾中不可忽视的结构性因素。

这一“连续统”式的“冰山结构”更重要的启示在于，中国的社会矛盾并非以单一、静止的形式存在，而是在不同的类别之间进行动态转化，其中的关键变量则是现行制度对社会矛盾的阻断、吸纳和整合。

采用倒推的方式，首先来看暴力群体性事件，它的存在形式和数量规模主要取决于两项制度：一是应急管理制度。如果回应及时、适当，信息公开、透明，则可以减少因“乌合之众”造成的集体无意识，降低暴力群体性事件发生的概率，减轻其对政治和社会系统的冲击。二是以信访为主体的社会矛盾化解制度。如果制度灵敏、高效，则可以将大量的具体利益冲突吸纳在制度之内，减少具体利益冲突向暴力群体性事件转化的概率，减少暴力群体性事件的数量。

其次来看具体利益冲突，它的存在形式和数量规模除取决于现行社会矛盾化解制度的吸纳效率外，还受到稳评制度的影响。如果稳评制度是灵敏、高效的，则可以大幅减少因政策问题引发的具体利益诉求。

再次来看集体性敌视，它的存在形式和数量规模主要取决于社会整合制度，通过有机的社会整合，可以减少因社会排斥而产生的身份区隔。

最后来看普遍的社会挫折感。按照亨廷顿的观点，政治稳定不稳定，全凭它能否在完善其政治制度的速度和扩大群众政治参与水平二者之间求得最佳平衡值①。因此，要减少普遍的社会挫折感，最为理想的制度安排就是通过建立健全诉求表达机制、利益协调机制、矛盾调处机制、权益维护机制，完善底层群众的政策参与。

## 四、阻断与化解社会矛盾的制度安排

任何社会都有矛盾，矛盾并不可怕，可怕的是矛盾的不良结构。由于缺乏有效的制度吸纳和相互合作的制度阻断，中国的社会矛盾在总体上可能向着更为不良的结构转化。针对这种状况，必须建立健全阻断和化解社会矛盾的制度安排。所谓“阻断”，就是阻止与切断社会矛盾由“冰山结构”下部的形式转化为上部的形式；所谓“化解”，就是促使社会矛盾由“冰山结构”上部的形式转化为下部的形式，并最终消解。为此，就需要建立健全以下三类七套制度：

---

① 亨廷顿．变化社会中的政治秩序．上海：上海世纪集团出版社，2008.

**1. 针对暴力群体性事件和具体利益冲突的三套应急管理制度**

由于暴力群体性事件和具体利益冲突二者外显且冲突性较强，基本上都属于公共突发事件，按照上述“全过程应对”体系和群体性事件的三种类型，相应地就应有三套制度来进行阻断与化解：

（1）事中的应急处置（含维稳）制度。

这适用于几乎所有类型的群体性事件，尤其适用于“政府强力稳控型”和“政府介入管理型”群体性事件。当前对群体性事件的应急处置更多的是僵化地按照群体性事件的人数规模来划分政府责任，主要依靠政府拥有的资源和能力来进行强力干预，缺少对群体行为规律的深入研究和分析；此外，忽视对暴力群体性事件和具体利益冲突的严格区分，动辄采用“刚性维稳”“强力维稳”。其实，只有在对付暴力群体性事件（含极端个体事件）时才适用“刚性维稳”“强力维稳”，对于具体利益冲突则应当采用调解、沟通、谈判、协商的办法，并在建立健全诉求表达机制、利益协调机制、矛盾调处机制和党政主导群众维权机制上狠下功夫，降低暴力群体性事件和具体利益冲突的发生概率，特别是降低具体利益冲突向暴力群体性事件转化的概率，减轻其对政治和社会系统的冲击。

（2）事后的社会矛盾化解（含诉讼、调解、信访、仲裁与行政复议）制度。

这适用于几乎所有类型的群体性事件，尤其适用于“政府介入管理型”群体性事件。在多数时候，政府相关部门对群体性事件的应对还是高度重视、行动得力的，即时效果较为明显；但是，忽视事后的矛盾化解工作，导致参与者相同且诉求也相同的同类型群体性事件反复发生。可见，应急处置只能控制局势，使其不恶化，却不能从根本上解决问题。真正解决问题需要依靠诉讼、调解、信访、仲裁与行政复议等构成的“组合拳”。如果政府相关部门态度认真而非敷衍了事，所运用的“组合拳”灵敏、高效、有针对性，则可以将大量的具体利益冲突吸纳在制度之内，既减少具体利益冲突向暴力群体性事件的转化，也减少同类型群体性事件的反复发生。

（3）事先的稳评制度。

这尤其适用于“政策不当诱发型”群体性事件。如果稳评制度是灵敏、高效的，相应的决策与执行是适当、有备的，则可以大幅减少因政策与决策问题而引发的具体利益冲突。

### 2. 针对集体性敌视的两套社会整合制度

通过有效的社会整合，可以减少因社会排斥而产生的身份区隔，进而减少集体性敌视。目前，特别需要建立健全公平的竞争制度和社会保障制度。

(1) 公平的竞争制度。

改革开放初期，坚持“效率优先、兼顾公平”的原则，实施“允许乃至鼓励一部分地区和一部分人先富起来”的“大政策”，这是必要的，因为改革开放之前的10年，平均主义已经造成普遍贫穷，而且当时还没有发达成熟的市场。经过多年培育和实践，情况已经不同了。市场竞争机制所固有的“马太效应”有力地提升了效率，也拉开了贫富差距。按理来说，市场的功能在于促进效率，政府的责任则是确保公平，二者相辅相成。然而，近年来，不仅市场在刺激竞争、促进效率，政府也在刺激竞争、促进效率，因为各地方政府仍然在培育和经营市场、组织和发展经济，不同程度地背离了“经济调节、市场监管”的应尽职能。市场和政府朝同一个方向发力——竞争、效率，所以中国这些年来经济高速增长，“公平”则因责任者缺位流于口号。因而，政府必须回归“经济调节、市场监管”的职能定位，放手让市场去刺激竞争、促进效率，自身则专注于“公平正义”，努力消除市场“马太效应”的消极后果，通过建章立制，确保市场竞争的起点公平、机会公平、过程公平、结果公平。

政府不仅要大幅减少对市场行为的行政审批，而且应当在各方面大幅减少人为的等级划分所造成的不公平，坚持公平公正、一视同仁。比如在基本公共服务领域，逐步取消学校、医院的分等定级，促进教育资源、医疗资源的合理配置，实施基本公共服务均等化；在人力资源领域，取消绝大多数的“人才资助计划”，为知识分子和工程技术人员创建一个公平竞争的氛围；在区域、行业、项目管理领域，许多旨在区别对待的政策，似也有反思、取消的必要。当前创新发展的理念已深入人心，但创新具有极大的不确定性，国际通则是由市场创立“创投基金”，我们则是由政府来识别何种创新值得资助，这不仅有失公平，而且会造成巨大的浪费。

(2) 公平的社会保障制度。

这些年来，各级政府和财政都非常重视民生保障，加大对民生保障的投入。党的十八大以来，社会保障的公平性问题被赋予相当高的地位。党的十七大将社会保障的重点定为基本养老保险、基本医疗保险、城乡居民最低生活保障等三个具体项目，党的十八大报告提出要将社会保障的重点确定为“增强公平性、适应流动性、保证可持续性”。

**3. 针对普遍的社会挫折感的两套政治参与制度**

（1）阳光政府建设制度①。

一方面，公开是监督的前提，没有公开，监督就无从谈起。平心而论，中国监督的种类比世界上任何一个国家都多，但其效果却不理想，其原因在于缺乏公共部门的政务公开。诚然，近些年这方面有一定的进展，但做得远远不够，远不能满足公众的知情权要求，也远不能遏制一些滥用公权力的现象。因此，应当尽快实施各级财政预决算公开，各类公务办事原则、流程及结果公开，“三公”（公车使用、公款接待、公款出国）消费公开，领导干部离任审计及其公开，领导干部个人与家庭财产申报及其公开，领导干部个人与家庭重大事项报告及其公开等，并且应公开其中的明细内容，在形式上也应让大多数人能看得懂。暂时不能公开的事项，也应明确列出“路线图”和“时间表”。确保权力正确行使，让权力在阳光下运行的庄严承诺，必须真正兑现、真正落到实处。

另一方面，要进一步加大制约和监督的力度。首先是以权力监督权力，按照“决策权、执行权、监督权既相互制约又相互协调”的原则建立健全权力结构和运行机制，特别是在地方党政机构、国有垄断企业这个层面，在征地拆迁、建设规划、人财物管理使用等关键领域；其次是充分发挥媒体（包括新媒体）舆论监督在社会监督中的主力军作用，对媒体的管理应尽快转入法治轨道，尽早出台国家新闻法，结束目前由个别部门、少数人员说了算的局面；最后是适度放开各类社会组织对政府事务的监督。

（2）公众参与政策过程制度。

改变目前过于重视科技理性、领导决断与专家话语，而将公众排斥在政策过程之外的状况，通过建立健全诉求表达机制、利益协调机制、矛盾调处机制、权益维护机制，完善底层群众的政策参与。

诚然，上述应急管理、稳评、社会保障、政策参与等制度都已存在，但分属不同的部门执行，缺乏总体安排，呈现出“碎片化”状态，难免在工作目标上各行其是，甚至互相抵牾。因此，必须通盘设计、统筹规

---

① 童星．完善信访制度，推进政务公开．南京大学学报（哲学·人文科学·社会科学版），2012（2）．

划，予以整合。这是社会矛盾化解对社会治理创新提出的迫切要求。

## 第四节　社会矛盾化解的第三方模式①

充分发挥社会力量参与调节作用，健全社会矛盾多元化解机制，既是构建社会主义和谐社会需要解决的重大理论问题，也是提升转型期中国社会治理创新科学化水平的重大实践路径。

### 一、矛盾化解传统机制面临的困境与第三方模式的提出

随着中国社会的转型和利益格局的调整与多元化，近年来社会矛盾也呈现相应的主体多元化、成因复杂化、处理关联化与形态对抗化等新型特征②。长期以来，调处社会矛盾的方式，主要集中于人民调解委员会对民间纠纷的人民调解、国家行政机关或基层政府的行政调解，以及人民法院的司法调解。这三种解决方式具有各自独特的功能和价值，对在一定时期内、一定程度上化解社会矛盾、维护社会稳定发挥了重要作用，但在当前利益关系多元多变的情况下也都表现出相应的局限性，难以应对社会快速转型发展中的新变化。主要表现在：人民调解机制的功能还未能得到充分发挥，行政性纠纷解决机制趋于弱化，诉讼内外纠纷解决机制衔接不尽合理等③。近年来兴起的大调解机制，力图将各种调解方式整合成统一的矛盾化解机制，总体而言，在实践中显示了一些积极效应，但也暴露出一系列内在缺陷。例如：在矛盾化解范围上仅限于现实性社会矛盾，而未实现对各类社会矛盾全覆盖；在矛盾化解过程中，是割裂而非全过程应对；矛盾化解主体分散化，缺乏整体合力；在矛盾化解方式上，强调外在结构性条件的改善和政策工具的运用，却缺乏更加深入、柔性的化解手段；等等④。究其深层原因，主要是改革开放以

---

① 刘中起，童星．社会矛盾化解的第三方参与机制：上海个案．重庆社会科学，2014 (8).

② 刘中起，风笑天．走向多元治理化解：新形势下社会矛盾化解机制的新探索．福建论坛，2010 (1).

③ 杨夔蛟．中国式多元化纠纷解决机制的建构．行政与法，2010 (5).

④ 刘霞．多元社会的稳定逻辑：论转型期社会矛盾化解的协同治理机制构建．学术前沿，2013 (1).

来，社会矛盾纠纷解决机制发展的基本思路依然是国家中心主义，着力于推进公力性和准公力性纠纷解决机制的发展。民间性纠纷解决机制的发展问题并未受到重视，甚至在某种程度上还受到人为的压制。然而，随着社会矛盾纠纷的快速增长，国家公权力解决纠纷的能力越来越捉襟见肘，维稳成本（纠纷解决成本）不断攀升，国家公权力相对膨胀①。据统计，20 世纪 80 年代调解和诉讼之比约为 10∶1，至 2001 年已变为 1∶1②。越来越多的社会矛盾纠纷进入司法轨道，司法压力及资源短缺问题日益突出，司法信任危机加深，与此同时，信访数量激增且居高不下，政府部门疲于应对。由此可见，原有的社会管理体制和机制无法适应新形势下社会矛盾的化解需求，要摆脱社会矛盾化解传统机制遇到的困境，就需要研究如何大力发展社会性力量介入解决机制，充分发挥第三方模式在社会矛盾化解协同机制中的作用。

党的十八大报告提出："加强基层社会管理和服务体系建设，增强城乡社区服务功能，强化企事业单位、人民团体在社会管理和服务中的职责，引导社会组织健康有序发展，充分发挥群众参与社会管理的基础作用。"③ 在现代民主政治下，社会组织作为人们特定的组织集合，是表达利益、集合利益和实现利益的主要平台。社会组织作为重要的第三方力量，生长于公众，是不同群体实现自己意愿、维护自身权益的利益共同体，对于引导群众理性合法表达利益诉求具有非常重要的作用。它不但可以成为政府和民众之间的沟通桥梁，及时有序地释放"健康信号"，而且是使民间声音温和化、理性化的一个机制④。莱斯特·萨拉蒙（L. M. Salamon）在论述 20 世纪 90 年代以来全球性社团革命蓬勃发展时指出，我们置身于一场全球性的"社团革命"之中……其结果是出现了一种全球性的第三部门，即数量众多的自我管理的私人组织，它们不是致力于分配利润给股东或董事，而是在正式的国家机关之外追求公共目标⑤。第三部门的概念虽然来自西方社会，但是，随着中国改革的不断深入和社会主义市场经济体制的逐步建立，计划经济时代的"总体性

---

① 黄文艺. 中国的多元化纠纷解决机制：成就与不足. 学习与探索，2012（11）.

② 范愉. 纠纷解决的理论与实践. 北京：清华大学出版社，2007：301.

③ 胡锦涛. 坚定不移沿着中国特色社会主义道路前进　为全面建成小康社会而奋斗：在中国共产党第十八次全国代表大会上的报告（2012-11-08）. 新华网，2012-11-17.

④ 范铁中. 社会组织参与社会矛盾化解的作用探析. 青海社会科学，2013（1）.

⑤ L. M. Salamon，H. K. Anheier，Defining the Nonprofit Organization，New York：Walter de Gruyter，1997.

社会”瓦解，大量“自由资源”和“自由活动空间”涌现，第三部门或社会民间组织迅速发展起来，涉及政治、经济、文化、教育、体育、卫生、科技、民族及宗教等各个领域。据统计，中国社会组织从1988年的4 446个发展到2010年的445 631个，增长了100倍，其中社会团体245 256个、基金会2 200个、民办非企业单位198 175个①。近年来的实践表明，在多元化的社会矛盾协同治理格局中，第三部门在社会矛盾解决上有着政府难以具备的消解功能，特别是以消费者协会、妇女联合会、残疾人联合会等为代表的第三方社会组织力量，在维护特殊群体权益、化解社会矛盾纠纷方面发挥了不可替代的重要作用。

## 二、上海市Y区的案例：实证社会矛盾第三方协同化解新机制

从20世纪90年代起，上海市开始进行大规模的城市旧区改造工作。这一举措在促进上海产业结构转型和城市空间转变的同时，也引发了大量的社会矛盾。动拆迁矛盾一度成为影响上海改革、发展、稳定的突出问题。如何创新社会矛盾化解机制，妥善处理城市房屋征收与补偿引发的信访矛盾，是上海地方党委和政府亟待解决的一个新的时代课题。从2009年开始，上海市Y区针对当时矛盾最集中的动拆迁领域，以“再造流程，办成铁案”为原则，以“增量控制、存量化解”为目标，通过政府购买服务的方式，引入“第三方律师事务所”，大胆创新第三方参与的信访突出矛盾化解暨终结长效工作机制，建立了“第三方模式”，妥善解决了具有复杂性、疑难性、重大性的信访突出矛盾。政府制定颁布了《Y区动拆迁信访突出矛盾化解暨终结操作规程（试行）》《Y区动拆迁信访突出矛盾化解口径认定办法（试行）》《Y区动拆迁信访突出矛盾化解暨终结操作规程实施细则（试行）》《Y区动拆迁信访突出矛盾化解方案论证规则（试行）》等规范性文件，从制度层面对化解这一社会矛盾的“第三方模式”进行了深入探索。

Y区社会矛盾“第三方”协同化解机制为了维护信访人的合法权益，维护社会公平正义，引入律师作为独立第三方，参与信访突出矛盾化解和终结工作。目前，这一社会矛盾化解新模式以法律类社会组织“上海T市民诉求调解中心”为载体，在Y区扎根下来，成功化解了区内以房屋征收与补偿为主的诸多信访矛盾，成为新时期多方协同化解社会矛盾

① 国家统计局. 中国统计年鉴（2011）. 北京：中国统计出版社，2012.

的重要路径和机制。新机制的核心在于：（1）引入第三方律师以及其他公信人士介入信访案件的调查、分析与评估，在律师尽职调查报告的基础上，协同街道联席办基层组制定初步化解方案；（2）引入第三方公信人士，比如人大代表、政协委员、相关专家学者，对尽职调查报告、初步化解方案进行充分论证，在论证意见书的基础上，经区委、区政府领导审核签发最终化解方案，由区信访办抄告区房管局、区财政局以及相关部门（单位）落实房源、资金和帮困措施等；（3）各相关部门依据各自职责，建立专项工作组，积极配合，发挥合力，提高工作效能，将工作队伍设置成五个组，即“基层工作组”、“方案审核组”、“方案论证组”、“资源保障组”和“律师工作组”，各个组均由一定的牵头部门、参加部门组成，要求参加人员均为各部门负责人，可及时、有效地做出相关决策①。

根据国务院《信访条例》《城市房屋拆迁管理条例》等相关规定，结合Y区信访人的实际情况，以及该区动拆迁矛盾的历史成因和化解的方式，T律师事务所律师在尽职调查和研讨化解方案时，恪守“依法办理、实事求是、有错必纠、合理补偿、及时处理、特困帮助、责任追究”等七大原则。一方面，加强信访积案的调查化解工作，无论是从程序上还是从实体上，均应规范在法律、法规和相关政策的框架之内；另一方面，基于信访人的诉求，充分考虑项目的历史背景，对化解方案的制定以“政策方案还原”为原则，以实物配置为主，妥善化解矛盾。所谓“政策方案还原”，就是指征收拆迁信访突出矛盾化解口径应依据当时房屋拆迁补偿安置的政策方案予以认定。在具体操作中，依据相关房屋拆迁许可证，按照当时的有关法律、法规和政策，核发拆迁补偿安置方案所规定的被拆迁人、房屋承租人及其他利害关系人享有的货币补偿款总额或价值标准房屋、面积标准房屋；涉及信访人诉求赔偿、补偿的，依据相关法律法规予以处理；对因征收拆迁造成生产、生活特殊困难的，可酌情给予帮助。2009年8月17日至9月30日，在Y区信访办的协调下，律师对该区83件信访积案中的72件逐一出具了《尽职调查报告》和《律师意见书》，并提出矛盾化解意见和建议。在核查过程中，经多方努力成功化解11件信访积案②。

---

① 张善美. 律师作为第三方参与征收（拆迁）信访矛盾化解的工作思路. 上海律师，2013（3）.

② 上海市Y区“政府-律师-信访人”信访矛盾三元化解机制模式探索. 人民网，2013-04-10.

上海市Y区“第三方”社会矛盾化解新模式的工作，总体上分为六个环节，即律师尽职调查—拟订化解方案—进行内部审核—组织外部论证—报请领导审批—化解方案落地（见图7-5）。其中第一个环节由T律师事务所牵头，组织律师对相关动拆迁矛盾展开尽职调查，开展工作时限为10个工作日，由街道（镇）、区房管局、区国土局、区建交委、原拆迁单位、建设单位等协助。律师在《尽职调查报告》中对拆迁过程中行政部门、拆迁实施单位存在的违法违规行为以及信访化解过程中没有充分保护信访人权益的方案进行分析、评估；也会对信访人确属无理取闹、违反《信访条例》实施非法信访的行为进行法律分析。而在其后的拟订化解方案环节，由街道（镇）牵头，律师协助，拟订化解方案。在内部审核阶段，律师事务所作为审核单位之一，参加由区政法委牵头的审核会议，介绍调查情况，独立发表法律意见，并投票表决是否进入外部论证环节。在外部论证环节，律师则介绍尽职调查过程和结果，并和与会各方交换意见。

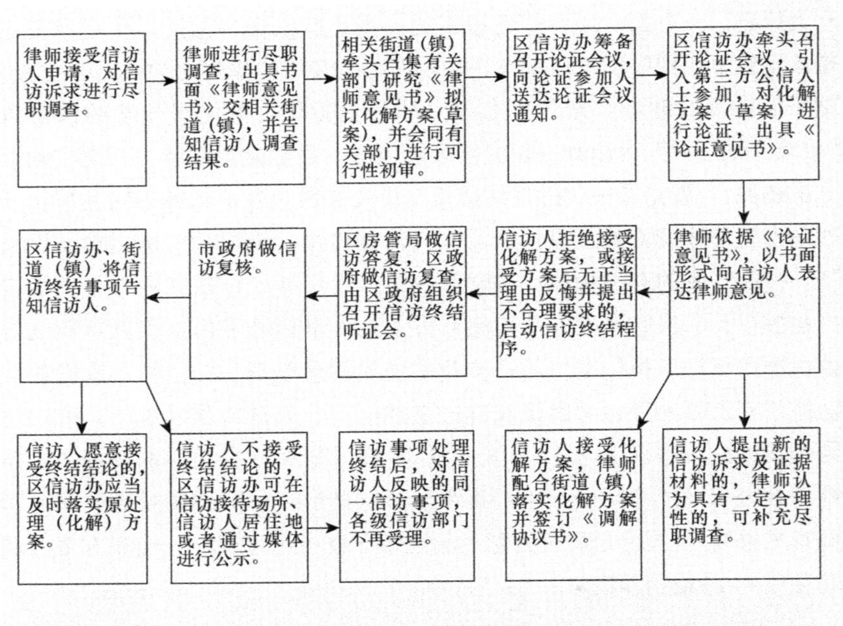


**图7-5　Y区信访突出矛盾化解、终结操作流程图**

在这一具体流程和相关原则的指导下，Y区各相关部门和T律师事务所于2009年10月初至2010年10月31日世博会期间，累计化解突出信访矛盾32件，终结10件；处理个人和群体矛盾各40件，为世博会的顺利举办营造了良好的社会秩序。进入“后世博”时期，Y区让T律师事务所在化解积案的同时提前介入Y区两个动拆迁基地。律师在动拆迁之前开展市民法律大讲堂，在动拆迁中及时分析归纳各个地块的共性和个性问题，为政府提交《关于进一步加强P地块一期矛盾化解工作的实施意见》《关于P地块（西块）基地的动迁瑕疵》等咨询报告，参与Y区“阳光动迁”各种机制的制定，为政府、街道妥善安排动拆迁工作提供了法律保证，为市民合理维护权益提供了法律服务。不仅如此，Y区还不断总结完善矛盾多元化解机制，在原有律师介入的基础上，进一步稳定合作机制。T律师事务所在多方面的协助下，出资注册成立了Y区第一家调解类公益性社会组织。2011年6月，“T市民诉求调解中心”正式挂牌成立。Y区委、区政府以政府购买社会组织服务的方式，与市民诉调中心建立了稳定的、契约性的政社合作关系。

T律师事务所志愿者以Y区信访联合接待大厅和T市民诉求调解中心调解工作大厅为主要平台，辅之以动迁基地、街道社区等若干点，开展四类工作：(1) 在区信访接待大厅接待，为信访人直接提供法律咨询；(2) 受区信访办委托深入参与信访矛盾化解；(3) 信访代理；(4) 为社区提供法律宣讲，为弱势群体提供法律援助、代写法律文书等①。其中，区信访办支持律师在信访联合接待大厅设置接待服务专门窗口，律师协助信访部门工作人员接待来访群众，参与党委、政府领导接待日信访接待，有效地将一些信访矛盾转入司法途径予以解决；律师利用街道办基层信访综合服务窗口，加大对初信、初访矛盾的评估和化解力度，促使信访矛盾化解在基层；对于历史存量信访矛盾或突发性、群体性、复杂性信访案件，区信访办聘请律师介入，由律师先行展开尽职调查，及时调查、分析与评估，调查范围覆盖信访案件的全部环节。以动拆迁信访突出矛盾为例，律师受托对建设项目立项、规划到拆迁许可证的核发、拆迁过程的协商、行政裁决、行政强迁及强迁后的矛盾化解等各个环节进行尽职调查，全面分析拆迁过程中所涉行政行为、民事行为的合法性、合理性。对信访人反映的诉求进行研究、分析，并答复信访人，引导信访人合法、合理地表达诉求，回归理性。待尽职调查报告完成后，由律师交至区信访办，由区信访办责成有关部门（单位）在尽职调查报告基

① 徐维欣．杨浦区引入第三方律师事务所化解动拆迁矛盾．文汇报，2013-05-08.

础上做出初步化解方案，然后再将《尽职调查报告》以及《初步化解方案》提交给第三方（如人大代表、政协委员、专家学者等）组成的论证组进行论证，通过论证程序将每一起信访案件办成铁案，对有理的信访诉求予以及时化解，对无理的信访诉求予以终结；对于重要、复杂、疑难的信访案件听证会（调查会）等，区信访办会要求有关部门（单位）邀请第三方律师参与讨论，发表独立的律师意见。据了解，自2011年6月以来，T律师事务所参与Y区调处信访突出矛盾方面共出具《尽职调查报告》240余份，诉求调解中心累计在Y区信访联合接待大厅派驻值班律师480次、接待信访居民700余次、接待咨询电话320余次，咨询解答满意率达96%①。

## 三、第三方社会矛盾协同化解：机制建构及功能定位

上海市Y区社会矛盾化解“第三方模式”的生动实践表明，通过政府与社会力量合作培育各种能代表群众利益、范围广泛的社会组织，使群众能通过这些社会组织与政府建立长效的互动对话机制，成为化解社会矛盾、沟通协商处理问题的有力平台，这是对政府工作的一种补充，弥补了政府决策的不足，是有效预防和化解社会矛盾的重要举措。这一第三方社会矛盾协同化解新机制，在其制度建构与治理实践中彰显出内在的功能架构与价值定位。

### 1. 有序吸纳：利益整合机制

由传统社会向现代社会转型，社会面临解组的危险，因为传统社会是由具有共同意识信念的同质性的人所组成的，而现代社会是缺乏共同信念的异质性的人所构成的，因而社会整体易蜕变成个体相互分裂的“原子式堆集”状态。在现代社会，即使靠国家强制力量，社会整合也难以完全实现，必须依靠多种社会力量进行整合，才能消解社会矛盾和冲突，实现社会整合和社会健康和谐发展②。当前诸多社会矛盾产生的重要原因之一，是国家与社会之间缺乏一种利益整合机制，公共政策与社会成员的利益诉求之间存在一定的矛盾。从近年来频发的大规模社会矛盾来看，由于政府面对的是完全松散、缺乏组织化的大量个体，缺少可

---

① 张善美. 社会力量化解信访难题的机制与方法：上海市委党校第84期局级领导干部进修班讲义，2013.

② 戴桂斌. 第三部门对社会矛盾冲突的调控作用探析. 江西社会科学，2007（11）.

以有效沟通对话的组织，社会矛盾正逐步呈现高频率发作、影响面广等诸多特点。现代社会组织作为重要的第三方力量，一方面，是把分散的个人组织起来，通过秩序化的组织方式向政府反馈民情、民意、民智，发挥着整合群众利益诉求、畅通利益表达渠道的重要作用；另一方面，则是通过制度化的组织生活对其成员进行有效整合，将其组织成员的日常活动由无序状态变为有序状态，通过向民众解释政府制定政策的依据、过程、目的等，增加民众对公共政策的认同度。由此，能够增进公民与政府之间的沟通与了解，使公共机构的有关决策得到认同，有效地从源头上预防、减少社会矛盾的产生，增进社会稳定，推进社会发展①。在现代社会，要消解社会矛盾和冲突、实现社会整合，必须充分发挥第三部门在多元社会中的整合作用。通过各类社会组织建立不同阶层、群体理性的利益整合机制，将社会矛盾的解决纳入理性有序的轨道②。

**2. 理性对话：沟通协调机制**

"在最积极的意义上，稳定指的不是对公开冲突的压制，也不是一种处于紧张和脆弱状态下的表面的平静，它是通过创造性地处理冲突得到的结果，不同的团体协调了它们之间的矛盾并达成了真正的一致。"③在市场经济条件下，人们的需求呈现多样性的特点，政府要进行有效的社会管理，就必须在各种利益主体之间搭建制度化对话、程序性协商的平台，以合约、协议、一揽子行动计划等可以实施的具体方案为对话和协商的结果，推动形成相互信任、良性互动的关系，在合作过程中实现双方或多方的共同利益。一方面，社会组织及时把民众对政府的要求和愿望转达给政府，同时将政府制定政策的宗旨与意图转达给民众，起到在政府与民间搭建桥梁的作用；另一方面，社会组织根植于基层，了解社会各阶层的不同需求，并能及时、准确地把这些利益要求以理性合法的方式表达出来，促进各群体之间的相互沟通、协调和融合，化解社会矛盾，维护社会和谐稳定④。在政治过程中展开平等对话，正是社会问题避免走向政治问题的解决之道。社会组织通过"下情上传，上情下达"

---

① 谢舜．非政府组织与当代中国的社会转型．中国行政管理，2005（2）．

② 胡仙芝．积极培育社会组织　构建社会矛盾调节体系．国家行政学院学报，2006（6）．

③ David G. Myers，Social Psychology，New York：McGraw-Hill Ryerson，Limited，1993.

④ 刘忠祥，高成运．论社会组织在防范化解群体性事件中的作用．社团管理研究，2008（4）．

功能的发挥，势必降低政府与民众的对话成本，是对体制内利益表达渠道的有效补充。

**3. 防微杜渐：冲突预警机制**

近年来群体性突发社会安全事件频频发生，这主要由社会矛盾的累积、社会关系的失调所导致。“凡事预则立，不预则废”，准确预测基层社会矛盾的发生及发展过程，就可以有的放矢地预防和化解有可能产生的对抗性的社会冲突①。通过建立社会矛盾发生、处置的相关数据库，建立动态的社会矛盾监控系统，跟踪社会各个群体对某些问题的态度，分析以往社会矛盾发生的原因、频率、发展趋势，力求在社会矛盾的潜伏期，及时察觉、预告有关迹象，提请有关决策部门采取相应的对策措施，防微杜渐，使问题在萌芽状态就得到有效遏制，从而把社会问题造成的负面效应和消极影响降到最低，努力掌握矛盾调解的主动权②。社会组织作为根植民间的第三方力量，触及社会基层，具有高度的敏感性，能够在第一时间发现社会矛盾从而向监控系统发出信号，早觉察、早预警、早处置，就可以及时采取措施，将社会矛盾控制在萌芽状态，避免局部矛盾酿成全局性冲突。在社会冲突发生以后，社会组织又可以置身利益冲突之外，利用其内部调解与疏导功能，进行协商对话，缓和利益受损者的情绪，从而充当化解矛盾的“安全阀”角色。中国每年民众集体维权的群体性事件达十余万起③，其中多数是由于诉求得不到表达。通过培育社会组织等第三方力量，及时察觉并监控社会矛盾，就可以在第一时间通过冲突预警机制有效遏制矛盾升级与蔓延。现在各地纷纷成立的农民耕地保护协会等第三方社会组织，由于更好地表达了农民的利益诉求，实现了农民、村委、政府三者间的共赢，减少了矛盾纠纷，促进了社会的稳定。

**4. 源头治理：专业服务机制**

社会服务越完善、越专业，民众的不满情绪就越少，社会就越和谐稳定，社会矛盾冲突出现的可能性也就越少④。随着经济发展和体制改革的深入推进，政府在加快职能转变的过程中，诸多公共产品和服务供

---

① 曹艳．论基层社会矛盾和社会冲突的化解机制．学术论坛，2008（5）．

② 刘中起，风笑天．走向多元治理化解：新形势下社会矛盾化解机制的新探索．福建论坛，2010（1）．

③ 陆琪．用民主法治推动广东全面发展．改革内参·综合，2012（4）．

④ 张仲涛，徐韩君．试论社会中介组织化解社会矛盾的优势与路径．苏州大学学报，2013（2）．

给的职能被释放出来，为各类社会组织所吸纳，同时政府又通过购买服务的方式保证这些产品和服务的有效供给，这也成为社会组织发展的重要契机。社会组织逐渐成为社会提供公益服务的重要平台，从而减轻了政府处理基层社会矛盾的压力。特别是作为第三方力量的慈善组织、社区组织和社会服务组织，可以通过捐赠财物、提供无偿的或低于市场价值的服务，帮助弱势群体解决生活困难，提高生活质量，使社会充满互助、友爱、温馨、融洽的氛围，从而收到缓解矛盾、消解冲突、促进和谐之效。目前中国正处于经济社会结构转型的关键时期，利益相对受损群体以及失利阶层的相对剥夺感较强，社会中存在一些失落、不满、怨恨等消极社会情绪，这些已成为引发社会矛盾和社会安全问题的关键性因素①。社会组织作为专业的第三方力量，可以发挥自身优势，提供专业化的社会服务，积极排忧解难，提前化解矛盾和有效消解群体性事件。上海市 Y 区引入律师第三方“用专业人、做专业事”，从更加专业的角度去剖析各类信访矛盾，从不同视角依法提出更加合理的化解方案，从而有效化解了社会矛盾。

引入多方协同治理与善治理念，在充分整合政府各部门社会矛盾化解机制的基础上，充分纳入包括社会公众、NGO、企业组织、大众媒介、社区等在内的各类社会力量和矛盾主体的广泛参与，搭建各种社会利益主体诉求表达、平等对话和博弈协调的制度化平台，实现从单一的强势国家、单一的政府主体、单向度的管理向多主体、双向度、开放式的社会共同治理网络转变，从而构建起社会公众、社会组织、政府部门、国家一体化，点、线、面相结合且“网格化”、全覆盖的社会矛盾化解协同治理机制②。目前，真正独立、中立的第三方机构和力量的成长刚刚起步，基于中国国情，其他国家的经验未必全都适用。因此，需要积极探索、培育更多的第三方力量和第三方监理、监督机制，从而探索更多有效化解社会矛盾的途径。在此期间，一方面要加大政府的资金投入和政策支持力度，推动更多的社会组织参与到矛盾纠纷调解中；另一方面要培育和规范各类社会组织，确保社会调解组织依法成立、有序管理，进一步规范调解程序，确保提高调解效率。

---

① 刘中起，龚维斌．群体事件中的集体认同生成及其干预路径．国家行政学院学报，2013 (1).

② 刘霞．多元社会的稳定逻辑：论转型期社会矛盾化解的协同治理机制构建．学术前沿，2013 (1).

# 第八章 培育自治社会

在政治上，中国早就确立了社会主义民主政治政体；在经济上，中国已经建设起社会主义市场经济体制；与此相适应，必然要求有一个社会主义自治社会。

新中国成立以来，形成了政府独大、包揽一切的“总体性社会”：通过计划体制组织经济活动，通过单位制度处理社会事务。改革开放培育和发展了市场，现在国内市场已经相当发达，并且同国际市场接轨，但社会这一块还相当薄弱，远不能实现自我组织、自我教育、自我管理。因此，培育自治社会既是社会治理的关键前提，也成了社会治理的重要目标。

## 第一节 社会治理体制及其目标模式

早在国家提出“社会管理”和“社会治理”的概念以前，20 世纪 80 年代，随着人民公社、企业这两类“单位”性质的消失，城乡出现大批“社区人”，民政部门便开始了“社区管理”的实践，以填补“单位制”的缺口。

### 一、“社区”及其相关概念辨析①

人们对“社区”概念的理解不尽相同。据美国社会学家乔治·希勒里 1955 年的研究和统计，有关“社区”的定义有 94 种；到了 1981 年，美国的华人学者杨庆坤发现，有关“社区”的定义已经增加到 140 多种②。同

① 童星，赵夕荣.“社区”及其相关概念辨析.南京大学学报（哲学·人文·社会科学版），2006（2）.

② 徐永祥.社区发展论.上海：华东理工大学出版社，2000：30-31.

样，在中国的语境下，“社区”的含义也多种多样。

**1. 相对于“社会”的“社区”**

提起“社区”的概念，人们不由联想到德国著名社会学家费迪南德·滕尼斯对它的经典提法。1957年，滕尼斯的主要著作《共同体与社会》（*Gemeinschaft und Gesellschaft*）被译为英文——“*Community and Society*”出版，德文词“Gemeinschaft”与英文词“community”在中文里有“共同体”“社区”“公社”之含义，与“社会”相对。

按照滕尼斯的观点，社区是指那些有着相同价值取向、人口同质性较强的社会共同体，其体现的是一种亲密无间、守望相助、服从权威且具有共同信仰和共同风俗习惯的人际关系，它不是社会分工的结果，而是由传统的血缘、地缘和文化等自然因素造成的，其外延主要限于传统的乡村社区。而社会则总是和劳动分工以及法理性的契约联系在一起，其体现的是一种自私自利的、缺乏感情交流与关怀照顾的人际关系，其外延是指人口异质性特征鲜明、价值取向多元的城市社会群体①。

在滕尼斯的视野里，“共同体是古老的，社会是新的，不管作为事实还是作为名称，皆如此”。“共同体是持久的和真正的共同生活，社会只不过是一种暂时的和表面的共同生活。因此，共同体本身应该被理解为一种生机勃勃的有机体，而社会应该被理解为一种机械的聚合和人工制品。”② 也就是说，共同体即社区的生活方式更趋于情感性，而社会则更趋于理性。尽管滕尼斯以浪漫主义的笔墨表达了对传统人情社会的缅怀，但他也承认，历史发展的趋势是由社区变为社会。当然，这种进化又是前后包容的，后一阶段的出现并不意味着前一阶段生活内容的完全消失，“共同体的力量在社会的时代内，尽管日益缩小，也还是保留着，而且依然是社会生活的现实”③。

显然，按照滕尼斯的原意，社区是传统性的人群共同体，我们今天所要加以建设和发展的社区，绝非滕尼斯所讲的与社会相对立、在历史发展进程中日益式微的社区。

**2. 相对于“社团”的“社区”**

从传统上看，西方普遍存在着与政治国家相对的市民社会。犹如国家政治体系中存在着纵向的“条”（部门）与横向的“块”（地方）及其

---

① 滕尼斯．共同体与社会．北京：商务印书馆，1999：58，94.

② 同①53-54.

③ 同①341.

相互关系一样，在市民社会中也有纵向的“条”——社团（association）与横向的“块”——社区（community）及其相互关系。社团强调的是其组成人员的共同的职业性，社区强调的则是其组成人员的共同的地域性，它们都是市民社会中不同的利益群体。1955 年，英国还曾以“*Community and Association*”为题，翻译出版了滕尼斯的德文名著《共同体与社会》①。

这样就出现了相对于社团概念的社区概念。西方国家常常在相对于社团的意义上使用社区概念，强调其地域性，二者存在着“条”与“块”的关系。显然，这也不符合我们今天所要建设的社区，因为我国从传统社会直到今日，始终不存在一个与政治国家相对应的市民社会，而是呈现“家国同构”、政治权力囊括一切的社会结构。正因为如此，西方所说的社团和社区，在我国都很不发达。

**3. 相对于“单位”的“社区”**

我们今天所讲的社区其实是与“单位”（“unity”“danwei”）相对的。

如前所述，中国传统的社会结构是家国同构，家与国之间的长距由家族来填补。近代激烈的以暴力革命为主要形式的民族斗争和阶级斗争，击碎了家族。新中国成立以后，原来家族的地位被单位所填补：在农村，政经社合一的单位——人民公社，联结着国家和家庭（及个人）；在城市，政经社分立的单位——政治型机关、经济型企业、社会型事业单位，联结着国家和家庭（及个人）。

中国所特有的“单位”，具有组织形式的行政性、资源配置的非契约性、社会行为的身份性等特征。它既是一种高效的社会资源动员、配置与社会控制的制度，也是一种高能耗、低效率的生产制度；既是传统计划体制的产物，也是计划体制的主要支柱之一。在中国社会由计划经济转向市场经济的发展过程中，环境的急剧变化也使得“单位”发生了重大变迁。国家所进行的一系列配套改革，力图打通单位组织与非单位组织之间的壁垒，把改革推向深入。这首先表现在单位结构和单位功能的进一步分化中。机关单位实行国家公务员制度，转变政府职能，其经济功能和社会功能被逐步剥离；企业单位建立现代公司制度，对其原来承担的社会功能逐步进行社会化改革；事业单位的全员聘用制度正在推进之中。与此同时，国家大力推进社会保障制度的改革，把原有

① 曼．国际社会学百科全书．成都：四川人民出版社，1989：692.

的单位保障改为国家保障，把单位福利改为国家福利，并试图建构一个覆盖全体国民的社会保障体系，打破单位组织与非单位组织之间的壁垒①。

在这种背景下，原有的“单位制”开始松动，出现了许多“单位人”退出单位、许多“单位事”社会化的新形势，客观上产生了用社区取代“单位”的需要，以社区接纳原有的“单位人”，办理原有的“单位事”，承担原来由“单位”所行使的社会功能。从一定意义上讲，在中国当代，正是“单位”的衰落导致了社区的兴盛。

**4. 相对于“政府”的“社区”**

在中国这样一个政府占绝对主导地位的国度里，原有的“单位”面临着如何处理与政府关系的大问题，刚刚出现的将逐步取代“单位”的社区，也不可避免地面临同政府之间相互关系的问题。于是，社区又有了第四层含义，即相对于“政府”的社区。它是一定地域范围内由所住居民自治的组织，同时接受政府的领导。后面我们将会看到，处理它同政府相互关系的难度绝不亚于处理企业同政府相互关系的难度。

总之，在中国理解社区，应当从相对于“单位”“政府”的意义上加以把握，而非把社区理解为“社会”“社团”的相对物。既然如此，社区的成熟与发展就要受制于“单位制”改革和政府职能转变进展的程度，而且会与单位、政府以及日趋强大的市场力量发生种种互动，产生种种矛盾。

**5. 社区服务**

国家于20世纪90年代提出“社区服务”的概念，1992年，党中央、国务院将社区服务列入“第三产业”的范畴，1994年民政部、国家计委等部门颁布《关于加快发展社区服务业的意见》(简称《意见》)②。但从那时起，“社区服务”概念中隐含的内在矛盾一直没有得到厘清：社区服务既是公益性、福利性的社会服务事业，又是便民利民的第三产业。其实，当前社区服务所涵盖的范围太宽，既包括社区福利服务，又包括社区社会化服务。前者是社会保障向基层的延伸，给社区居民以基本的服务保障；后者则是在社会化服务业（第三产业）发展尚不充分，而居民对服务需求的质量日益提高的情况下出现的。

---

① 童星. 现代社会学理论新编. 南京：南京大学出版社，2003：173.

② 徐永祥. 社区发展论. 上海：华东理工大学出版社，2000：168-169.

由于国家投入的资金有限，社区服务从一开始就面临着资金短缺的困境，在经济市场化的背景下，社区服务只有走产业化经营的道路才能保证自身的良性循环，而走产业化经营道路的只是社区社会化服务这一块，是用这一部分经营所获利润来弥补福利性服务经费的不足。这就是所谓的“以服务养服务”“以业养业”。1994 年颁布的《意见》正式将社区服务划为第三产业，其实就是针对社区社会化服务这一块而言的。

在社区服务发展的初期，它的对象主要是有困难的老年人、残疾人等特殊群体，即传统的民政服务对象。随着城市经济的发展、居民收入水平的提高，传统的民政服务对象所占比重逐渐下降，服务对象由特殊群体扩大到全体居民以及社区内的企事业单位和机关团体。相应的，社区服务的内容也就分成了三个层次：（1）面向有困难老年人、残疾人、优抚对象提供的社会福利服务；（2）面向全体社区居民提供的便民利民服务；（3）面向社区企事业单位和机关团体开展的双向服务，即社区为其范围内的各单位提供服务，社区内的单位也利用它们的资源为社区主要是社区内的居民提供服务。

社区福利服务包括服务内容的第一层次和第二层次中为满足社区居民基本生活服务需要的部分，具有福利性，提供免费或低费服务，不以营利为目的。社区社会化服务则包括服务内容第二层次中为满足居民较高层次的服务需要的部分及第三层次，“服务享受者一般要按照市场价格付费”，具有经营性。

社区服务所面临的外在条件、对象及内容等的变化，使得它的性质发生变化，现已从计划经济条件下国家包揽一切的“福利性服务”转变为适应市场经济需要的“具有福利性和经营性的双重属性”的服务。但是根据西方发达国家的经验，这种具有福利性和经营性双重属性的社区服务只是一个过渡状态，随着国家经济状况的根本改变及社会化服务体系的逐步健全，社区服务必将发生分化，部分项目被吸引进社区福利服务中。到那时，社区服务（社区福利服务）又将显现福利性的特征，当然这不是短时期内能够达到的。

明确了社区服务的性质，再给它下定义就容易多了。目前，学术界关于社区服务的定义有几十种之多，但概括起来不外两大类型：规范型和实证型。规范型定义强调社区服务是在政府支持下，通过调动社区的各种资源进行的福利型服务，不包含商业化服务；而实证型定义认为社区服务是在社区内动员社区资源为居民提供的福利性服务和便民利民服务①。两种类型定义的区别在于是否包含商业化服务，是否具有营利性。规范型定义是对社区服务理想状态的描述，但缺少动态分析；实证型定义则较好地揭示了社区服务的现状。我们以为，可以将社区服务定义为：社区服务是在政府倡导和支持下，为满足社区成员多层次需要，依托街道办事处和居委会（或社区委员会），发动社区内的各种力量（包括法人社团、机构、志愿者）开展的具有福利性和营利性双重属性的社区福利服务和社区社会化服务。

总之，社区服务是有别于“国家”和“市场”的“第三部门”即社会领域的活动，是“国家无力”直接满足居民公共社会需求、“市场又不愿”以非营利的途径去满足这些需求的社会领域的服务。社区服务具有“福利性和营利性双重属性”的性质，决定了它必须走产业化的发展道路。但是应当走产业化道路的并不是社区服务内容的全部，而只应是社区社会化服务那部分，社区福利服务就不应当按价值规律和等价交换的原则运转。为此，我们认为：

一是要确定行业内部发展比例，无论是在宏观全局上还是从在微观操作上，都需要对社区服务的产业化做出规划，使各类服务组织、服务项目、服务网点构成一个切合实际、科学合理、发展有序的结构体系。根据目前传统民政服务对象比例缩小，而社区居民服务需求不断增加的情况，以经营性为主、追求经济效益的社区社会化服务，应占大部分比例；以福利性为主、追求社会效益的社区福利服务，可占小部分比例。当然社区服务业的内部发展比例，应根据各地的不同发展阶段、不同发展情况，随时加以调整。

二是要建立“行业认证”制度。各级民政部门要根据国家产业政策，实行社区服务认证制度。通过认证，明确个人和单位应承担的社区服务任务。这既有利于推进社区服务产业化的进程，又有利于推进社区服务社会化的进程。行业认证的关键在于要对社区服务证书的发放范围做一个界定：其一是各级民政、街道居委会和有关单位兴办的福利服务、优抚服务设施；其二是居委会兴办的居民生活网点和实体；其三是驻区单位对外服务的内部公益设施；其四是符合一定条件的民政对象兴办的个体经营网点和居民楼或院落内的个体经营网点。

① 郭伟和. 社区服务的性质、功能和目标之我见. 中国社会工作，1998 (1).

三是要选择好重点。当前，经济领域正进行产业结构调整，国家提出要大力发展第三产业，这给社区服务的产业化提供了良好的机遇。由于现有从事社区服务的各类人员素质还不够高，技术、资金又相当缺乏，加之居民服务需求虽有所增加，但仍以各类家政服务的需求为主，所以社区服务应将投资少、周期短、见效快作为产业发展的重点，走劳动密集型的产业发展道路。在服务项目上，则应突出社区养老服务这一重点，以适应人口老龄化、家庭小型化的社会发展趋势。

## 二、“社区治理”中的矛盾及其深层原因

管理就是服务，管理寓于服务之中。作为政府的重要职能，社会管理和公共服务也是紧密相连在一起的。在各地蓬勃开展社区服务的同时，社区管理或社区治理①也被提上了重要议事日程。

按照现有城市社区管理体制，存在着两级政府（市政府、区政府）、三级管理（市、区、街道，以街道办事处为主体）、四级网络（市、区、街道、社区，以居民委员会或社区委员会为主体）。此外，随着居民住宅小区的兴建，还出现了业主委员会和物业管理公司等机构；为了衔接好政府和社区自治组织之间的关系，许多地方还建立了从属于街道办事处的社区工作站。在社区治理实践中，上述机构或组织之间存在着相当多的矛盾、冲突，在调节它们相互关系的法律法规方面也有不少的空白、“误区”和不一致之处。

### 1. 居委会与街道办事处的矛盾

城市街道办事处是区级政府的派出机构，其职能几乎涵盖了一级政府的所有职能。现行的《城市街道办事处组织条例》还是在 1954 年制定的，至今没有修订过②。该条例将街道办事处的任务确定为：办理市、区政府有关居民工作的交办事项，指导居民委员会的工作，反映居民的意见和要求。《中华人民共和国城市居民委员会组织法》则明确规定居委会是社区居民自我管理、自我教育、自我服务的基层群众性自治组织，由区人民政府或其派出机构——街道办事处对居委会的工作给予指导、支持和帮助。社区在国家宪法、法律、法规允许的范围内，实行民主选举、

① 实际上，早在国家提出治理概念以前，受国际学术话语和国内学界的影响，社区层面已经越来越多地用“治理”取代“管理”了。

② 2009 年 6 月 27 日第十一届全国人民代表大会常务委员会第九次会议决定废止该条例。严格说来，街道办事处的合法性已经不复存在。

民主决策、民主管理、民主监督；社区居民自治，就是指社区成员除了受政府或上级单位的指导外，对自己的事务管理行使一定的权力。因此，从《城市街道办事处组织条例》和《城市居民委员会组织法》中可知，街道办与居委会之间是工作的指导关系，而不是行政的领导关系。也就是说，社区及其居委会相对政府来讲是一个非政府组织，相对企业来讲是一个 NPO，它在公共服务和基层治理中扮演着十分重要的角色。

但实际上，从新中国成立到现在，各城市居委会都是由街道办领导和管理的，属于政府领导下的非政府组织。一方面，改革开放后，随着经济发展和社会进步，尤其是企业改制后，许多社会职能都回归政府和社会，街道办的管理职能逐步增加，因为要受行政编制和经费的限制，其横向扩张的可能性不大，所以纵向延伸成了必然的选择。街道办工作职能的增加迫使其把部分需要落实的工作布置到社区，由此社区管理逐步行政化、科层化、目标政府化。街道办对居委会的行政领导并没有削弱，而是进一步增强，城市社区成了政府的“一条腿”。另一方面，改革开放后尤其是 20 世纪 90 年代后期，随着人们的民主观念明显增强，许多人开始有了参与管理和决策的意识。作为城市社区居民的自治组织——居委会（有些地方已改称为“社区委员会”），更是居民参与管理的前沿阵地。正是在这种背景下，街道办与居委会的矛盾逐步显露出来。

一是城市社区的整合矛盾。按照《城市居民委员会组织法》的规定，在 100～700 户的范围内可以设立社区居委会。因此原居委会的规模都偏小，一个新村或住宅小区中有多个居委会，且各自为政，这非但不利于各个社区开展工作，而且浪费了大量的人力资源和社会资源。为了适应社区内部统一管理的需要，有效地整合和利用社区资源，便于协调与物业管理部门的关系，为社区内广大居民提供便捷的服务，许多城市对社区居委会进行撤并，扩大规模。在此过程中却遇到了很大的阻力，主要原因是原社区管理人员认为社区的整合必然导致他们当中的一部分离开工作岗位，社区规模的扩大已经影响到他们的切身利益，因此他们举起《城市居民委员会组织法》的大旗，认为街道办无权以扩大规模为由撤并居民的自治组织。

二是社区管理队伍重新组建的矛盾。由于历史的原因，大多数城市居委会的管理工作人员虽具有很高的工作热情、乐于奉献的精神，但其年龄结构偏大、学历层次偏低，比被管理的居民整体文化水平还要低。

社区要承担原先“单位”所转移出来的大部分社会职能，依靠这支年龄偏大、学历偏低的社区管理人员队伍显然是行不通的，因此街道办要对社区管理队伍进行重组，逐步实现社区管理工作的职业化，管理队伍的年轻化、知识化。但《城市居民委员会组织法》没有限定社区管理队伍的年龄和学历，因此在社区管理队伍的重新组建上也遇到了来自原社区管理人员的阻力，其中部分人员依据《城市居民委员会组织法》第八条抵制选举工作，认为社区管理人员应是新村或小区居民，而街道办选定的人大多数不居住在该新村内，不符合法律规定的选举条件。这一矛盾愈演愈烈甚至区相关部门出面调处都无法解决。

三是社区管理人员的角色矛盾。为了推进社区工作的职业化，许多社区专职工作者一方面是街道聘任的，另一方面又是经社区居民选任的（在实际操作中，往往由街道办确定社区管理人员的人选，再经居民选举产生）。正是这双重身份，导致社区管理者必须对街道办负责，执行街道办分派下发的行政工作和任务，否则在三年后的下次选举中将落选；同时要代表居民利益，反映居民的要求，搞好居民管理和教育，为居民服务。从根本上讲这两者是一致的，但在实践中往往会产生一定的矛盾，难以兼顾，从而导致社区工作者的角色冲突。

四是社区居委会财务管理的矛盾。长期以来，居委会的经费都是由街道办统一管理，但随着社会的发展及人们自主意识的提升，尤其是社区管理经费的不断增加，居委会独立管理社区财务的意识越来越强。它们提出，《城市居民委员会组织法》第17条规定居委会的工作经费、居委会成员的生活补贴，由区人民政府或上级人民政府拨付，因此社区组织的经费应由自身来管理，这样有利于社区经费的合理使用，便于接受居民的监督，也可以防止街道截留、挪用社区经费。然而，街道办作为区政府的派出机构，其许多职能须由社区来落实，如果区财政或上级部门因此将经费直接划拨到社区居委会，那街道办的许多工作也将无法开展，因此街道办也不愿放弃经费的管理权，甚至要上收部分已下放到社区的经费支配权。

五是社区内公共设施管理权的矛盾。20世纪90年代前，还没有引进“物业管理”的概念，许多新村都是由街道办从开发公司那里接过来实施管理的，因此交接费（从开发公司转接的管理新村的费用）归街道办使用，新村内的公建配套设施也由街道办收取并管理，同时由街道办负责小区内的清扫保洁、绿化管理及道路维修等工作。但随着老住宅小区整治工作的不断推进及小区环境的不断改善，居民要求自主管理的呼声越来越高，许多居民要求街道办按照 2003 年 9 月开始实施的《物业管理条例》清退公建配套设施（包括车库），在没有聘请物业管理公司之前，由居委会或业主委员会暂时管理公建配套设施，收费也由居委会来实施，经费只能用于公益活动和公共设施的建造，并将财务情况向全体社区居民公开。但街道办却不愿放弃公建配套设施的管理权，因为当时街道办的生存经费还不能完全落实，其中的缺口需从其自身资产的租金、公建配套设施的收费上来弥补，这样就造成居民与街道办的矛盾。

社区与街道办之间的上述矛盾，源于以下三个因素：一是法律的滞后。这是产生第一、二类矛盾的主要原因，《城市街道办事处组织条例》是 1954 年制定的，距今已有 60 多年，其间社会已发生非常大的变化，因而不再完全适应现在的社会状况；尽管《城市居民委员会组织法》是 1990 年颁布实施的，但也滞后于社会的发展。法律如不及时做出适当的修改，而只是简单地废止却没有出台相应的法律法规，那么其与实践之间的冲突的集中暴发是不可避免的。二是市、区人民政府对街道办的定位不准确。街道办是区政府的派出机构，应属政府机关，而不是靠盈利养活自己的企业，长期以来，街道办的人员经费及办公经费都是其在自身办企业、搭建违章建筑、抢占新村的公建配套设施的管理权的过程中获得的。街道办的错位是产生第三、四、五类矛盾的主要原因。三是居民的民主意识增强。随着经济的发展、社会的进步和法制的健全，人们的维权意识开始觉醒，参与意识越来越强，开始在更多的领域利用法律维护自身的权益，而相当多的政府部门还停留在人治阶段。这也是产生街道办与社区间各类矛盾的重要原因。

分析社区与街道办两者之间矛盾的产生原因，不难发现社区居委会的性质定位与传统操作模式之间的背离是症结所在。按照《城市居民委员会组织法》，社区居委会是居民自我管理、自我教育、自我服务的自治组织；按照传统的操作模式，街道办作为政府的派出机构又对社区居委会进行行政领导。城市社区这种“半官半民”的性质诚然有历史的原因，但进入 21 世纪以后，这种状况就说不通了，必须实行大幅度的改革，以解决社区与街道办之间的矛盾。

诚然，近年来许多地方都已先后正视上述矛盾，通过调整社区内部机构设置的办法来加以解决，即实行行政与自治分设制度、议行分设制度，社区的行政事务与自治事务分开，议事与执行分开，既确保社区组织的自治性，又兼顾街道办布置下来的行政工作。具体来说，城市社区内部建立社区党组织、社区工作站、社区委员会三个体系：社区党组织负责党建工作，由街道办事处党工委组织社区内的党员选举产生，服从街道办事处党工委的领导，其负责人也可以由社区工作站或社区委员会的党员负责人兼任，委员由社区内的党员或社区工作站、社区委员会内的党员担任，这样既确保党对社区工作的全面领导，又节省管理经费。社区工作站主要负责街道办布置的各项行政工作，工作人员由街道办直接委派，人员数量根据社区管辖的范围来确定，其工资报酬由街道办发放。社区委员会是社区自治事务的执行机构，人员的年龄、学历等素质标准由区民政局、社区主管部门和街道办共同制定，由社区的居民代表大会选举产生，可以为 3～5 人，其工作人员的工资按照国家的标准由街道办代理发放（由国家财政下拨到街道办或由区财政直接发放到社区）。同时在城市社区中设立议事协商委员会，成员由社区居民、驻地单位的代表组成，定期召开会议，在社区居民代表大会闭会期间对社区各项管理工作进行决策、监督，并提出合理化建议，其成员不拿工资，不受年龄与学历的限制。但这样一来，原有的街道与社区之间的矛盾又转化为这几个社区内设机构及其成员之间的矛盾，事实上矛盾并没有得到真正和彻底的解决。

**2. 社区居委会与物业管理部门的矛盾**

随着人们居住条件的改善，越来越多的住宅小区被建造出来，每一个小区都有一个物业管理部门，同时不少城市原来的老住宅小区经过整治转轨后，也交由物业公司管理。这就产生了社区居委会与物业管理部门之间如何协调的新问题。根据《物业管理条例》，物业公司的管理项目有小区治安、环境卫生、绿化管理等；根据《城市居民委员会组织法》，居委会的职能有治安管理、环境卫生管理、文化教育、计划生育、社会保障等。由此可以看出，尽管两者的性质不同，物业公司是企业，社区居委会是非营利组织，但两者的管理职能存在交叉，在实际操作中往往会出现“有利的大家争，无利的大家推”的局面。物业公司认为小区内有物业公司就可以了，居委会根本没有存在的必要，或依据《物业管理条例》认为居委会没有权力对物业公司的管理进行监督，甚至设法阻止居委会的成立。这类情况主要出现在新建的住宅小区。而居委会认为物业管理部门的进入损害了社区居委会的利益。这类情况主要发生在“老新村”，因为老住宅小区原来都没有物业公司，近几年各地开始的老小区整治改造，使许多老村变新村，环境和专项设施得到了明显的改善，也引进了物业管理，但有的居委会拒绝物业公司进入，或阻碍其开展工作，甚至发动居民抵制物业公司。主要原因是“老新村”实行物业管理后，部分公建配套设施不再由居委会来管理和收费，而是由市政府通过回购的方式从街道办获得这部分资产，并交给物业管理部门管理和收费。社区管理者的补贴随着资产权属的变更而取消，这就影响了社区管理人员的切身利益，结果导致“老新村”的物业管理转轨工作非常艰难，部分“老新村”的物业管理公司因得不到社区的支持而运作困难，甚至被迫退出，部分“老新村”又回到原有的管理模式（只有清扫保洁、绿化修剪、管道疏通等三项服务，由街道办来实施），从而造成政府投入的整治经费的浪费。

物业管理是近年来出现的新事物，为改善居民的生活环境发挥了很大的作用。随着社区的整合，社区管理的范围逐步扩大，多个小型的住宅小区才能组成一个社区，而大型的住宅小区则可以单独组建一个社区，但无论社区管理的范围与物业管理的小区范围是否一致，两者管理项目的重叠性则是不容忽视的事实。《城市居民委员会组织法》是1990年制定的，那时物业管理还处于萌芽阶段，通过它来调整现在两者之间的关系是不现实的，可2003年出台的《物业管理条例》也没有明确居委会作为非营利组织与物业公司作为企业之间的关系。法律的不完善是导致居委会和物业公司之间矛盾的主要原因。

**3. 社区居委会与业主委员会的矛盾**

现在城市许多新建住宅小区的物业公司在本地居委会成立以前，就进入小区并成立业主委员会。按照《物业管理条例》的规定，应先成立业主委员会，再由其来选聘物业管理公司，但居委会却因需要民政部门审批或没有办公场地、经费配备不到位，以及小区规模不够需几个小区共同组建社区等原因，往往要半年以后（甚至要一年以后）才能成立。在居委会成立前的这段时间里，以社区居民（业主一般都是社区居民）切身利益的代表身份出现的业主委员会已开展了大量的工作，如选聘物业公司，督促物业公司做好小区的保洁、绿化维护、治安等工作，以及防止物业公司乱收费等，为小区居民争取到了一定的实际利益。居委会成立后，许多业主已经形成一定的习惯，应属于社区的许多重要权利已很难回归，从而引发了小区业主委员会与社区居委会在许多领域内的

“争权夺利”，因为两者之间有许多工作职能是重叠的。《物业管理条例》把住宅区许多重大事项的监督权、审议权、决定权交给了业主委员会，当然该条例也规定在物业管理领域内，业主大会、业主委员会应当积极配合相关社区居委会依法履行自治管理职责，支持居委会开展工作，并接受其指导和监督；规定业主大会、业主委员会做出的决定，应当告知相关的居委会，并认真听取居委会的建议。然而实际上，《物业管理条例》至少明确了社区居委会与业主委员会这两个非政府组织之间的关系是平行的关系，业主委员会已不再隶属于作为居民自治组织的居委会，在事关居民切身利益的许多领域，居委会已不再拥有监督权、审议权、决定权。

社区居委会与物业管理部门、业主委员会之间的矛盾，是新世纪开始后出现的新问题。分析三者的职能与工作职责，不难发现它们相互间既有联系又有区别。为了规范它们各自的行为，解决它们之间的矛盾，必须首先借助于法律法规。可以通过修订《城市居民委员会组织法》和《物业管理条例》，进一步明确居委会是整个社区的最高权力机构，社区范围内的重大决策都应由其做出；业主委员会仅仅是社区居委会的下设机构（如果社区管辖的范围内有多个小区，可以下设多个业主委员会），主要负责对物业公司的运作进行监督，以维护广大业主的切身利益；物业管理公司则由社区居委会聘请和监督，物业公司可承担居委会的一部分运作经费。对新建的住宅小区，因居委会的成立需要一段时间，可以先成立居委会（筹），决定聘请物业管理公司、负责社区事务的前期管理等事项，等民政部门批文下达后，再正式成立社区居委会。

上述所有的矛盾、冲突，从本质上说，都源于不同历史时期出台的国家层面法律法规之间的不统一。《城市街道办事处组织条例》颁布于计划经济建立之初，《城市居民委员会组织法》诞生于改革初期“摸着石头过河”、尚未确立社会主义市场经济目标模式的阶段，而《物业管理条例》及其依据《中华人民共和国物权法》，则是在社会主义市场经济体系框架基本建立起来以后实行的。产生背景的不同，导致这些法律法规的立法宗旨各异、所要解决的问题有别、所推崇的运作逻辑迥然。《城市街道办事处组织条例》奉行行政权力逻辑，《城市居民委员会组织法》倡导社会自治逻辑，而《物权法》和《物业管理条例》则迷恋市场资本逻辑。这三套逻辑运行起来，既有合力，更显冲突，从而出现目前社区治理中的各种乱象，表明了国家社会治理体制调整的必要性。

## 三、社会治理体制的调整及目标模式的显露

我们先回顾党的十七大以来关于社会治理体制的几个重要表述，从中考察调整的思路和目标模式的逐步明确。

党的十七大要求建立“党委领导、政府负责、社会协同、公众参与”的社会管理格局。

党的十八大提出“加快形成党委领导、政府负责、社会协同、公众参与、法治保障”的社会管理体制。

党的十八届三中全会通过的《中共中央关于全面深化改革若干重大问题的决定》强调，“坚持系统治理，加强党委领导，发挥政府主导作用，鼓励和支持社会各方面参与，实现政府治理和社会自我调节、居民自治良性互动”。

这里没有发生任何变化的仅有“党委领导”的提法。

比较党的十八大和党的十七大的提法，可以发现有两处变化：

一是将“格局”改成“体制”。因为格局的含义远比体制宽泛，它包含了体制、机制、法制、体系：体制反映的是同一主体内的结构和不同主体间的关系，其要素主要是责权利的划分与确定，犹如一个人的“骨架”，它决定了这个人但并不等于这个人；机制反映的是运行的机理和动态的过程，其要素主要是运行的动力、程序和路径，犹如一个人的各种“循环系统”；法制反映的是运行的规则和矛盾的协调，犹如一个人的“神经调节系统”；体系则是体制、机制、法制的综合，犹如一个完整的活生生的人。而格局则是这个人活动时所表露出来的外观。显然，“党委领导、政府负责、社会协同、公众参与”更像是体制而非格局。

二是增加了“法治保障”。在社区治理的初期阶段，搞得好往往是因为书记重视、政府投钱，搞得不好则是由于书记不重视、政府缺钱，也就是说，党委和政府这两个主体进场了、到位了，但社会和公众未进场、缺位。在这种情况下，如果分别承担“领导”“负责”职能的两个主体发生了歧见和矛盾，通过召开常委会的机制即可得到解决。然而，如果党委、政府、社会、公众等四大主体都进场、到位了，那么一旦发生歧见和矛盾就不能指望常委会机制了，只能依靠法治予以规范，以凝聚共识，理顺关系，合作共赢。

在党的十八届三中全会的决定中，除了保留党的十八大关于“党委领导”的提法以外，其他都有了新变化：

一是将“社会管理体制”改为“社会治理体制”。这是为了顺应以“社会治理”取代“社会管理”的大势。

二是将“政府负责”改为“发挥政府主导作用”。如上所述，在“管理”的语境下，政府是唯一的主体，社会、公众都是被管理者，因此政府当然要对社会管理的状况和后果负全部的责任。但在“治理”的语境下，政府、企事业单位、社会组织、公众都是社会治理的主体，各自都要对自己的行为及其后果负责，却没有一个主体能够对社会治理的状况和后果负全责。当然，在这几个主体中，政府的作用会更大，掌握的资源也更多，因而所担负的责任相应地也会更大些，所以强调要“政府主导”。

三是将“社会协同”改为“鼓励和支持社会各方面参与”。原先的“社会协同、公众参与”常常无法落到实处，因为如果没有发达而健全的社区和社会组织，如“原子”般存在的公众就没有参与社会治理的渠道，社会也会显得很空洞，会出现像物理学中所说的“真空”，这又如何去协同党委和政府呢？现在提出的“社会各方面参与”应如何理解？如同政府科层制组织由作为条条的“科”和作为块块的“层”组成一样，社会也有作为条条的“社会组织”和作为块块的“社区”，它们构成了社会的“各方面”，从而做实了“社会”。在此情况下，公众摆脱了“原子”般的存在状态，进入某个社区，加入某个或多个社会组织，并以此为中介，积极参与社会治理，在党委的领导、政府的主导下，共同管理好社会事务，实现共建共享。

四是提出了“实现政府治理和社会自我调节、居民自治良性互动”。其中，“社会自我调节、居民自治”就是自治社会，“实现政府治理和社会自我调节、居民自治良性互动”就是社会主义自治社会。我国经济体制改革历经14年（1978—1992年）的探索，最终确定经济体制改革的目标是建立和发展社会主义市场经济；相比之下，当前的社会体制改革刚刚启动，我们就已经较为清晰地看到其目标模式就是建立和发展社会主义自治社会。社会主义民主政治、社会主义市场经济、社会主义自治社会的“三位一体”，构成了社会主义现代化国家的总体格局，也展示了中华崛起、民族复兴的总体格局。

## 第二节　公共服务体系的建设与完善

公共服务是当今政府极其重要的一项职能，与社会治理职能密不可分。党的十八大要求，“加快形成政府主导、覆盖城乡、可持续的基本公共服务体系”①。

### 一、公共服务体系构建的原则

构建公共服务体系，必须坚持以下几个基本原则：

**1. 政府主导原则**

按照萨缪尔森（Paul A. Samuelson）的观点，所谓“公共产品”就是所有成员集体享用的集体消费品，社会成员可以同时享用该产品，而每个人对该产品的消费都不会减少其他社会成员对该产品的消费。鉴于公共物品消费的非排他性，以价格机制为核心的市场就不能使公共物品的生产和供给达到最优，也不可能靠个人之间的直接交易去解决公共物品的供给问题，私人经济部门或者由于投入多、没有对等的利润而不愿提供或无力生产；或者容易造成垄断，导致成本上升，效率下降，损害消费者利益。因此，政府必须通过国家预算开支，担负公共物品的生产和供给的主要责任。现代市场国家政府对运输、邮电通信、供水、供电信、环境保护、基础研究和公共教育等公共设施和公共服务进行大量直接投资，在基础设施和公共服务中担当提供者的角色。

公共服务与公共物品在许多相关研究中往往作为等同的概念交互使用，但事实上，公共服务的内容非常丰富，其涵盖范围已经大大溢出了学理意义上公共产品即公共物品的概念。在公共服务领域中，它并不排斥具有正外部性的私人物品，这意味着：政府并不是公共服务的唯一供给者，甚至可能不是最理想的供给者。因此，政府向企业或社会组织购买服务是向社会提供公共服务的有效途径。

政府购买公共服务，其方式有三种：第一，私人生产、政府采购。这种方式从根本上说还是政府在安排公共服务，只是政府把公共服务的

① 胡锦涛. 坚定不移沿着中国特色社会主义道路前进　为全面建成小康社会而奋斗：在中国共产党第十八次全国代表大会上的报告（2012-11-08）. 新华网，2012-11-17.

生产委托给私人进行。第二，合同承包。这是指政府通过与私人签订合同来实现对某一公共服务的供给。它的一个特征是经营者不能直接向公众收费，而要求政府向签订合同的私人付款，私人再向消费者提供服务。这样的公共服务包括垃圾收集、路面维修、街道清洁、积雪清理、树木维护、污水处理等。第三，私人生产、政府补助。政府为了鼓励私人提供公共服务，而对其进行经济补助，其形式多种多样，主要包括补助津贴、优惠贷款、减免税收等。

**2. 公平性原则**

党的十六届六中全会明确指出，“以发展社会事业和解决民生问题为重点，优化公共资源配置，注重向农村、基层、欠发达地区倾斜，逐步形成惠及全民的基本公共服务体系”。公共服务的供给可以按照不同的分配份额配置，但这应当在一个向所有中国公民开放的体系中进行，每一个公民的参与机会与适用原则都别无二致，不使任何一个中国公民在基本公共服务的体系中“缺席”。

由于长期以来实施城乡分治，为了贯彻落实公平性原则，当今中国特别需要高度重视公共服务的城乡统筹，使城市与乡村在公共服务方面相互融合、形成一体。这是城乡经济社会发展一体化的重要内容，也是促进农村经济社会健康发展的重要保障。其成效直接影响农民的素质与收入，也在很大程度上改善农村经济社会发展环境。

**3. 共建共享原则**

虽然基本公共服务体系的建构需要坚持政府的主导地位，但不等于政府要在其中演“独角戏”。各国市场经济发展的历史以及经济学的研究成果表明，没有单纯的市场经济，只有市场调节与政府调控相结合的混合经济。政府在市场经济运行中总是扮演着重要的角色，特别是在公共物品和公共服务的供给领域，政府承担着主要的作用。但是，现代政府都主张摒弃公共服务供给中传统的官僚制独占模式，引入各种市场机制和私人部门的管理技术和激励手段，在公共服务的提供上采用市场的办法或准市场的办法，强调公共服务中的民营化和顾客导向，以较少的成本实现高效的服务。社会组织或第三部门作为政府实现公共服务职能的重要力量，更是为越来越多的国家和地区所重视。因此，公共服务需要政府、市场、社会三方的共同努力。

对于社会成员来说，共建共享意味着每一个社会成员在公共服务领域的权利和义务应当统一。现代社会中，每一个公民既有受教育的权利，又有接受教育的义务；既有享受社会保险待遇的权利，又有缴纳社会保险费的义务。当然，这种统一并非数量上的绝对相等，其中也需要在一定范围甚至在全体国民中“互助共济”。

**4. 可持续原则**

公共服务体系要保障公民生存发展的基本权利。公民生存发展的基本权利主要包括生存权、健康权、居住权、公民权、受教育权、工作权等社会成员安身立命的基本权利。无论在何种意义上，公民生存发展的基本权利都是至高无上的，政府主导的基本公共服务体系的价值之一就在于保障公民生存发展的基本权利获得帮助并不受侵犯。

为了保证公共服务的可持续性，就不得不顾及中国的经济社会发展水平还比较有限、在总体上还处于社会主义初级阶段的现实国情，因而不可能做到面面俱到、事事涵盖。人们对于公共服务的需求呈现梯状结构，政府应着眼于基本公共服务，量力而行，对于更高层次的公共服务需求，可以在政府的监管下由市场与社会共同完成。

公共服务的内容和项目极其繁多，我们在这里着重讨论社会保障服务和养老服务。

## 二、社会保障服务体系的建设与完善①

《中共中央关于全面深化改革若干重大问题的决定》指出，要“紧紧围绕更好保障和改善民生，……推进基本公共服务均等化，加快形成科学有效的社会治理体制”②。旨在保障和改善民生的社会保障，不仅是社会建设领域的重点工作，也是基本公共服务的重要组成部分，同时自身还面临着由管理向治理的转变。但是，社会保障服务建设目前还存在着服务意识薄弱、服务主体单一、服务方式简单等问题，亟须强化服务意识，充分发挥国家、市场、社会等主体的服务功能，因地制宜地采取固定型、代理型、流动型等多种服务方式，以提高城乡居民对社会保障政策的可及性与可得性。

**1. 更新理念：服务保障与经济保障并重**

作为国民生活保障系统，社会保障制度建设需要在先进理念的指引下，随着经济社会的发展不断进步，治理方式要在强调管理的同时体现

---

① 白维军，童星．论我国社会保障服务的理念更新与体系构建．中州学刊，2014(5)．

② 中共中央关于全面深化改革若干重大问题的决定．新华网，2013-11-12．

服务功能，保障方式则须经济保障与服务保障并重，并动员多方力量，采取多种方式，社会化地满足不同群体在不同阶段对社会保障的不同需求。

(1) 强化社会保障服务功能。

经过几十年的发展，中国社会保障形成了以社会保险、社会救助、社会福利为基本保障，以慈善事业、员工福利、社会互助等为补充保障的制度框架，为全体国民提供了全面的生活保障①。但是，在保障方式上，一直以来偏重于经济保障，关注以现金的形式对国民进行损失补偿和生活维护，忽视了社会保障服务的提供。在社会保障相关决策部门和领导者看来，社会保障主要就是通过经济补偿和支持，使遭遇不幸者或低收入者摆脱生活困苦，且经济保障也简单明了、易于操作。例如，相对于养老金的发放数量，投在老年服务业上的财政支出明显偏少；相对于民生保障支出的增长速度，教育、医疗等基本公共服务均等化的进展明显滞后。而且由于政策和政府行为具有趋中性，政府很少能提供个性化的社会保障服务，社会保障政策“一刀切”现象较为严重，没有针对特殊地区以及特殊人群提供特殊的社会保障服务。

社会保障作为运用经济手段解决社会问题、实现政治目标的一项制度安排②，离不开充足的财政投入和合理的财政分配政策支持。但是，国家有限的社会保障服务投入，大部分投到了城市以及发达地区的民生项目上，农村和欠发达地区得益较少，影响了基本社会保障服务的公平性。在城市和农村、民族地区和非民族地区，尚不能提供有差别的、特殊的社会保障服务，忽视了残疾人、孤寡老人、流动农民工、留守儿童等特殊群体对社会保障的特殊需求，也忽视了社会经济高速发展下催生的多样化的社会保障需求。社会保障服务不足，严重影响了国家社会保障政策对于目标群体的可及性与可得性。

更应该看到，随着经济社会的发展、人民生活水平的提高以及家庭的日益小型化，单一的经济保障已无法满足社会成员多样化的民生需求，人们对社会保障服务提出了更多更高的要求，服务保障和经济保障同等重要。诚然在现代社会，各种服务都需要用货币来购买，但对于保障对象群体来说，货币只是中介手段，其最终目的还是用其购买服务、享用

① 郑功成．社会保障学．北京：中国劳动社会保障出版社，2006.

② 童星．社会转型与社会保障．北京：中国劳动社会保障出版社，2007：5.

服务；没有货币固然不能享用服务，但如果服务跟不上，即便“不差钱”也还是不能享用恰当的服务。概括起来说，社会保障服务既包括政府或经办机构提供的有关社会保障事务的服务，也指直接向民众提供的养老保障服务、医疗保障服务、就业保障服务和生活保障服务等四类服务。在养老保障服务方面，人口老龄化、流动常态化和家庭小型化使得传统的家庭养老模式难以为继，需要有强大的社会养老保障服务来保障老年人老有所养。在医疗保障服务方面，随着生活条件的改善和医疗水平的提高，人们对特需医疗服务和私人医疗服务的需求也开始逐渐增长，医疗保障服务呈多样化发展趋势。在就业保障服务方面，失业给社会稳定带来的巨大挑战和就业压力的持续增大，导致社会和个人对就业保障服务的要求强烈。在生活保障服务方面，一些残疾、孤老以及生活在绝对贫困线以下的特殊群体，则有着对基本生活保障服务的强烈需求。上述四项社会保障服务构成了不同群体最基本的生活需求，成为与经济保障同样重要的社会保障服务需求。

(2) 社会保障服务社会化。

作为一项社会化事业，社会保障服务需要通过社会化的手段实现可持续发展，充分动员国家、市场、社会积极地参与到社会保障服务提供中来，发挥各自的优势和特长，在社会保障服务的资金筹集、服务提供等方面承担起应有责任，群策群力将社会保障服务做大做强。

虽然管理与服务是政府的两大职能，但受传统“官本位”思想的影响，在社会保障领域一直存在着重管理轻服务的弊病。政府往往通过自上而下的政策过程，对社会保障对象和事务进行严格管控；各种社会保障经办机构也往往只是负责资金的筹集、发放与管理以及相关政策制度的执行，鲜有围绕保障服务开展的工作。这种计划经济体制背景下的管理理念，降低了社会保障的服务水平，背离了改革和发展的目的。社会保障服务是为满足社会成员不同民生需求而采取的一种社会治理手段，国家在提供社会保障服务时，首先，应树立“以人为本”的理念，强调政府的责任意识和服务意识，相关部门和经办机构的工作人员应深入基层听取民意、查找问题、提出办法，保证其所提供的每项社会保障服务都是从民众的现实需要出发，并能解决他们最迫切的民生问题。其次，应坚持“服务型政府”理念，变社会保障管制为社会保障服务，更全面地履行政府的社会保障责任，将更多的公共资源应用到社会保障服务中来，在注重经济保障的同时，根据形势变化提供相应的服务保障。最后，还应贯彻“公共服务均等化”原则，尽量让城乡居民、不同工作性质的职工都能享受到最基本的、差别不大的社会保障服务。当前，在服务城市理念下设计出来的社会保障服务方式，在农村遇到了实施障碍，难以有效维护农村居民的社会保障权益；同样，在非民族地区实施的社会保障政策和服务方式也难以简单地套用到民族地区。

而且，社会保障服务方式也应该是社会化、多样化的。国家提供的社会保障服务可以是固定的，也可以是流动的；可以是免费的，也可以是收费的。社会保障服务内容的多样性，决定了社会保障服务方式的多样化。政府需要根据不同地区公共服务的不同特征，采取灵活多样的公共服务供给方式，根据这些区域人员的密集程度、交通与信息是否便利等，提供不同形式的社会保障服务模式。

**2. 服务主体：政府、企业、第三部门“三位一体”**

社会保障服务主体是社会保障服务的直接提供者。随着市场经济体制的逐步建立、公民民主意识的逐渐增强，信息技术革命以及全球化的迅猛发展、传统上政府主导甚至包揽的社会保障和供给模式与社会本身的要求产生了尖锐矛盾。新形势下，社会保障服务需要由政府、企业、第三部门等主体共同提供。

(1) 政府在社会保障服务提供中的作用。

社会保障服务具有公共物品或准公共物品的属性，这就决定了政府介入社会保障服务提供的必要性和合理性，而且在社会保障服务的众多主体中，政府是第一责任承担者，因为社会保障本来就是国家和社会依法建立的社会化国民生活保障系统。国家在社会保障系统中不仅是服务的提供者，而且是服务政策的制定者、财政的支持者和法律的保障者，更是服务事务的管理者。但这并不是说政府在社会保障服务提供中的边界越宽越好，也要把握好一个“度”。长期以来，社会保障制度建设和社会保障服务提供，过多地依赖政府，几乎成了政府的“独角戏”。一项社会保障政策，如果政府重视，就能得到很好的贯彻落实；如果政府不重视，则政策难出台，即使出台也往往流于形式，难以落到实处，更不必说政策效果。也就是说，政府成了社会保障服务的唯一主体。在社会保障服务提供中承担了过多的责任，必然增加政府的财政负担，在公共财政投入比例较小的情况下，社会保障服务的人力、物力都会受到影响，从而降低社会保障服务水平；随着市场经济体制的完善和公民意识的增强，市场和社会力量本应大量地参与到社会保障服务提供之中，但制度环境和制度结构却限制了它们参与的机会和途径；政府在社会保障服务中演“独角戏”，还会带来效率低下，且难以顾及不同群体的不同的、多样化的保障服务需求。

因此，为实现2020年建成“人人享有基本社会保障”的目标格局，就需要改变目前政府演“独角戏”的状况，动员多方力量，由国家、市场、社会等主体共同提供社会保障服务。从国外社会保障制度的实践来看，无论是德国模式还是英国模式，抑或是智利模式，社会保障服务的主体都广泛地涉及政府、企业、第三部门，只是它们各自的责任和边界不同①。

（2）企业在社会保障服务提供中的作用。

随着市场经济体制的基本形成和市场决定作用的逐渐体现，市场的主体地位即企业在社会中的作用也在日益加强，并成为社会保障服务供给的重要主体和力量。首先，由企业提供社会保障服务，可以减轻政府提供社会保障的压力。企业通过工资的形式，为职工提供超过其基本生活所需的经济收入，那么职工就可以利用这部分剩余收入提高自己对社会保障服务的购买能力和消费能力，这无疑缓减了政府对社会保障投入的供款压力。如果企业不做出上述贡献，劳动者在出现养老、医疗等方面的需求时就必然要依靠政府和社会来渡过难关，从而消耗了大量的公共资源。其次，企业可以通过市场机制，较好地把握群众的保障服务需求，更多且更有针对性地提供保障服务产品，以满足这些需求。基于这两点，政府也希望企业能参与到社会保障服务提供中来，间接实现政府补贴，提高政府的社会保障服务能力和质量。这种公共服务市场化，打破了传统的公域和私域界限，让更多的私人力量介入社会保障服务提供。随着经济社会的发展，企业自身的实力越来越强大，它们在人们经济生活中的作用也越来越明显。企业提供社会保障服务，不仅体现了企业的社会责任，也让企业获得了丰厚的回报，应该被社会所肯定，被政府所鼓励。

企业提供社会保障服务主要体现在两个方面：一是企业承担一定的社会保障服务供款责任，当前主要体现在社会保险费的缴纳中。根据现行的社会保险制度，企业在养老保险、医疗保险、工伤保险、失业保险、生育保险中都负有比例不等的缴费责任，从而减轻职工的缴费压力，使得更多的职工参加到社会保险制度中。而且这种企业与职工个人共同缴

① 柯亮．社会保障服务主体探析．华中农业大学学报（社会科学版），2008（1）．

费参加社会保险的做法，使职工在退休或遭遇伤病时能通过购买服务获得一定的社会保障服务。二是企业直接提供社会保障服务产品。社会保障服务的内容和形式是多种多样的，可以是无形的制度安排，也可以是有形的服务设施和活动，市场经济体制下的企业，会以需求为导向，以利益最大化为宗旨，通过社会调研，以敏锐的眼光，努力开辟社会保障服务市场，提供人们最需要的社会保障服务产品，在企业实现盈利的同时，满足人们多样化的社会保障服务需求。

（3）第三部门在社会保障服务提供中的作用。

在社会治理结构中，存在着一些既非第一部门（政府），又非第二部门（企业）的组织，包括各种社会团体、基金会、民办非企业单位、社会服务机构以及未注册的草根组织，这些组织被笼统地称为“第三部门”。随着社会的发展和人们民主意识的增强，第三部门在现代社会治理和社会保障服务提供中发挥越来越重要的作用，在政府和市场同时“失灵”、无法有效提供某些社会保障服务时，以第三部门为主体的社会组织和机构及时查漏补缺，充当了社会保障服务的又一重要主体。对此，我们将在后面专门讨论。

**3. 服务方式：固定、代理、流动“三管齐下”**

社会保障服务作为一项综合的政策执行工程，需要有科学的制度设计和多样化的实施方式，以适应现实的国情，满足各地不同群体之需求。中国幅员辽阔、人口众多，各地发展不平衡，人群之间差异极大。既然各地实际情况悬殊，不同人群需求差异明显，那么社会保障服务就应当是多样化的。有学者曾经形象地将社会保障服务（如残疾人服务）模式分为“漏斗型”和“喇叭口”两种，前者的服务网络重心在社区，资源、技术和客户向下流动，后者则相反；前者主要面向社区客户，是一种社区化的福利体系，后者面向辖区客户，是一种行政化的福利体系；前者以客户的便利性为导向，后者以管理者的便利性为导向。显然“漏斗型”要优于“喇叭口”①。我们在这里仅根据不同区域人员的密集程度、交通信息便利程度之差异，构建出固定型、代理型、流动型等不同的社会保障服务模式。

（1）固定型社会保障服务。

为提高社会保障服务水平和效率，针对大城市和东部人口密集地区

---

① 杨立雄. 残疾人服务设施利用率低的原因分析及对策建议. 甘肃社会科学，2013（1）.

交通便利、信息发达、人口集中的特点，政府可以建立综合办事大厅，将涉及社会保障服务的各个行政审批和办事部门集中在一起联合办公，为群众提供“一站式”的社会保障便民服务，形成固定型社会保障服务模式。目前各地建立的政府服务大厅或民生大厅就是其典型代表。这种“一站式”的固定型社会保障服务，是借鉴欧美发达国家的商业模式，以公民为导向，通过设置多种便于寻找的服务前台（实体或虚拟的）和协调整合不同政府部门间的信息和服务，为民众提供全方位、一体化和个性化服务的组织形态①。“一站式”服务最早在1995年由苏州的新加坡工业园引进。1999年，浙江省金华市设立了第一个“一站式”行政服务机构，他们将相关部门的行政审批项目集中、联合，以“一条龙”服务的方式简化管理程序，获得了一致好评。2001年，国务院实行行政审批制度改革后，全国县市级地方政府纷纷成立“一站式”服务机构，采取了部门间会审、窗口式办公、一站式服务等简化程序的行政审批方式。在电子政务迅速发展的今天，“一站式”固定型社会保障服务是一种理想的公共服务模式，它符合服务型政府建设理念，充分体现了“以人为本”的理念，凝聚了公民现实的民生需求，体现了政府的服务精神和管理理念的转变。这种由政府直接经办的服务模式，坚持了“公开、公平、公正”的办事原则和“便民、为民、利民”的服务宗旨，体现了集中性、一次性和一体化，满足了公民便捷、高效、低廉地享受民生服务的要求，提升了政府的亲民形象，巩固了政权的合法性基础。它已成为城市和人口相对密集的乡镇的主要社会保障服务形式。

（2）代理型社会保障服务。

公众对社会保障服务需求的大量增长以及政府对社会保障服务供给的力不从心，催生了另外一种代理型社会保障服务模式。与政府主导的“一站式”固定型社会保障服务不同，代理型社会保障服务是指在政府法律法规的监管下，通过第三部门或私人部门，以政府购买服务或个人购买、政府资助的形式，由市场或社会充当社会保障服务供给主体，为社会成员提供优质、高效的社会保障服务。代理型社会保障服务模式的优点是可以动员更多的社会力量参与到公共服务的提供过程中，减轻政府的财政和管理负担，提高公共服务的供给效率，丰富公共服务的供给途径。

---

① 刘红波．一站式政府的概念解析与角色定位．电子政务，2012（8）．

代理型社会保障服务的表现形式也是多样的：在农村，表现为村干部发挥自己的优势，代理村民去相关政府部门办理如缴纳养老保险费、领取低保金和低保待遇等民生项目；在城市，表现为社区干部为社区居民办理一些社会保障事项，提供半主动服务。不过，代理型社会保障服务最集中的表现形式则是社会保障服务的民营化或“外包”。这种服务形式是指将原来由政府承担的社会保障服务项目，通过授权或承包的方式交给第三部门或私营企业，然后以政府完全购买或政府资助的形式为社会成员提供社会保障服务，以弥补政府主导社会保障服务供给能力的不足，并提高工作效率，改善服务质量。这种代理型社会保障服务在发达国家已有相当普遍的实践，通过“外包”提高公共服务能力，可以在有限的财力下强化政府主导公共服务和社会管理的责任。在中国，有些事业单位从事的工作实际上也属于代理型社会保障服务，然而多年来的管理体制使之愈益“行政化”，当务之急是要通过“去行政化”改革，促使其彰显公益本性。此外，还要根据民众的实际民生需求，扶持大量新的民办 NPO 和其他社会组织，让它们积极投身代理型社会保障服务工作。

（3）流动型社会保障服务。

中国城乡之间和不同地域之间，在交通条件、人口分布、社会发达程度方面存在着较大差距。在偏远和少数民族地区，人口稀疏、交通信息不畅，例如内蒙古阿拉善盟阿左旗吉兰太镇有纯牧业嘎查[①] 20 个，嘎查间的平均距离为 50 公里，每个牧户间的平均距离为 10 公里；阿拉善盟额济纳旗总面积 11.46 万平方公里，占全自治区总面积的 9.7%，但人口只有 1.6 万，每平方公里仅有 0.14 人[②]。这些农村大都远离城市，交通不发达且生活环境差，公共服务的半径大、难度高，农村居民所能享受到的社会保障服务维持在相当低的水平上。特殊的自然、人文、社会环境，使得上述固定型或代理型社会保障服务难以发挥实效，而是要以流动的方式，即相关部门和经办机构工作人员走出办公室的方式，为民众提供上门服务，并借助民办 NPO、社区工作人员、志愿者等力量，组成全覆盖、多项目的服务网络，突破“最后一米”障碍，提升民生服务可及性，为经济欠发达、交通信息不畅的偏远农村和边疆少数民族地区居民提供便捷、高效、低成本的社会保障服务。

① 系蒙古语，汉译为“村”。嘎查与行政村平级。

② 盖志毅．新牧区建设与牧区政策调整：以内蒙古为例．沈阳：辽宁民族出版社，2011.

在民生需求日益旺盛的今天，上述经济贫困、地处偏远地区、交通信息均不畅的农村，对政府提供的社会保障服务有着更为强烈的需求，而其特殊的生活环境又对这种公共服务有着一种特殊的流动性诉求，要求政府通过对社会保障服务机构、服务内容、服务手段的流动性设计，将公共服务下沉、延伸到基层，提供流动的、主动的上门服务，而不是等待式的政府行政和网点服务，以提高上述地区居民对社会保障服务的可得性。为偏远和边疆少数民族地区的农村提供流动型社会保障服务，既是基本公共服务均等化的要求，也是社会保障管理体制的创新，需要各个基层的同志努力探索，使服务型政府理念真正落到实处，提高农村社会保障事务的经办能力和服务水平。

## 三、社会养老服务体系的建设与完善①

### 1. 问题：老龄化，抑或对老龄化准备不足?

一方面，中国社会当前正在快速老龄化。统计资料显示，截至 2017 年底，60 周岁及以上人口达 2.4 亿，占总人口的 17.3%；65 周岁及以上人口达 1.58 亿，占总人口的 11.4%；失能半失能老人超过 4 000 万人，占总人口的 2.9%。预计 2025 年之前，高龄老年人口将保持年均 100 万的增长态势，他们从失能半失能到离世，平均时长 3.3 年；到 2050 年，60 周岁及以上人口将达到 4 亿，几乎每 4 个人中就有 1 个老年人。可见，今后相当长的时期内，养老服务对象将激增，养老需求会出现“浪涌”。

另一方面，自 1980 年以来，独生子女政策持续实施了 35 年，伴随着改革开放的深入，人口流动也不断加剧，导致家庭小型化、空巢化，传统的家庭养老模式难以为继；原本许多由单位提供的具有福利性质的养老服务，随着市场经济大潮中单位制的解体，基本上不复存在；专门的养老机构则总量不足、结构失衡，公办的养老机构人满为患，申请入住者往往“排队”数年，民营的养老机构则入住率不高，许多床位空置，导致老人护理占用了大量的公共医疗资源。加之公众对老年照料问题的关注度和认知度比较低，许多年轻人依赖父母的养老金生活，形成“啃老”现象，严重影响了老年人的生活质量。

现在讨论养老服务乃至老年保障问题时，似乎给人一种感觉：问题

---

①　童星．发展社区居家养老服务应对老龄化．探索与争鸣，2015 (8)；童星．大力发展社会化的社区居家养老服务．民生专报（中国社会保障学会主办），2015 (7)．

就出在老龄化，而且是快速老龄化、未老先富的老龄化。其实，老龄化本身并不是社会问题，健康长寿乃是每一个人的美好向往，也是国家公共政策的道德取向。相比老龄化社会这一现实，对快速老龄化准备不足、社会养老保障跟不上，才是问题之所在。公共政策不是要阻止老龄化，而是要寻找最佳的老龄化应对之策。应对老龄化之策是一个复杂的系统工程，本书只是着重讨论其中的养老服务体系优化，但不涵盖养老服务体系优化的全部，只是着重讨论养老服务体系优化中的一个关键环节，即大力发展社会化的社区居家养老服务。

**2. 老年保障：养老保险，抑或“养老保险＋养老服务”?**

长期以来，社会保障体系建设的关注点一直集中在经济保障即社会保险上，忽视了服务保障，甚至政府主管社会保险的部门就直接以社会保障部（厅、局）来命名。相应地，在养老保障领域，就表现为养老保险覆盖范围的不断扩大（例如城镇职工养老保险持续扩面，农村居民新型养老保险由试点到全覆盖等）、待遇标准的持续提高（例如城镇职工养老保险金 11 年连续 11 次上调、每次上调 10%①，城乡居民养老保险待遇并轨，即将农民的养老保险待遇提高到与城市居民相同的水平等），却忽视了对养老服务的发展；相对于养老金的发放数量，投在老年服务上的财政支出明显偏少。

这在由贫穷走向温饱、由温饱走向小康的历史阶段情有可原。然而，随着国民经济持续发展和人民生活水平的不断提高，现在政府“不差钱”，许多家庭和老人也“不差钱”，但有钱却不一定能购买或享受养老服务。一方面是养老服务需求的浪涌式增长，另一方面则是养老服务供给的相对滞后乃至萎缩，这就迫切要求我们调整思路，在完善养老保险制度的基础上，大力发展养老服务业，构建“养老保险＋养老服务”的老年保障体系。

早在 2000 年，民政部等 11 个部委联合下发了《关于加快实现社会福利社会化的意见》，明确提出发展“多种所有制形式的社会机构”的目标和设想，制定了社会力量举办社会机构的优惠政策，标志着中国包含养老服务在内的社会福利事业发展进入了一个新阶段。特别是在 2013 年，《国务院关于加快发展养老服务业的若干意见》出台，要求坚持以政府为主导，发挥社会力量，着力保障特殊困难老年人的养老服务需求，

① 第 11 次上调时增幅才有所下降。

确保人人享有基本养老服务；明确规定了六个方面的主要任务，即统筹规划发展城市养老服务设施、大力发展居家养老服务网络、大力加强养老机构建设、切实加强农村养老服务、繁荣养老服务消费市场、积极推进医疗卫生与养老服务相结合。当前，中国发展养老服务恰逢经济产业结构调整、大力发展现代服务业的宏观背景，这一背景为养老服务的发展提供了极好的机遇和外部条件，同时养老服务本身也成了现代服务业新的增长点，养老服务消费市场也成了扩大内需、促进经济增长的新的着力点。也就是说，养老服务既属于改善民生之举，又成为经济发展的重要举措。

**3. 社区养老：与居家养老、机构养老的关系？**

现在许多地方都将居家养老、社区养老、机构养老视为三个相互独立、平行运作的养老服务模式，以它们各自所占的百分比确定本地养老服务业发展规划，如上海市的“9073”（居家养老占90%、社区养老占7%、机构养老占3%，下同）、北京市的“9064”、武汉市的“9055”等，对社区养老提出了一系列量化考核指标，如服务用房面积、康复场所建成率、服务设施开放率、床位数、从业人员数等。这岂不是在助推“社区办机构”?!①

其实，将社区养老视为与居家养老、机构养老并列的第三种养老模式，是认识上的误区。从老人的居住方式来划分，养老只有居家养老和机构养老两种方式，当然机构可以是公共的，可以是私人的，也可以是社区办的。

纯粹的居家养老并不具备社会性，只是传统的家庭养老，不属于社会化养老。社会化养老也不排斥居家方式，在可以预见到的相当长时期内，绝大多数老人还会以“居家”的形式养老，子女都还要承担赡养老人的义务；不仅世界各国如此，东亚社会（包括中、日、韩以及东南亚各国在内）更是如此，这是由东亚各国和地区的现实国情、历史传统和文化习俗决定的。社会保障学界有一种流行的说法：“远学德国，近学日本。”具体到老年保障，则可以表述为：“养老保险主要学德国，养老服务则主要学日本。”

纯粹的机构养老如果不和面广量大的居家老人相联系，不仅发挥不

① “9732”计划是指97%的老人选择居家养老，3%的老人入住机构养老，至少2%的老人享受养老服务补贴，即养老服务由政府出钱购买。笔者比较赞同这一计划。

出自身的示范和引领作用，而且要么陷入高收费机制，仅满足少数富有老人之养老需求（现在绝大多数私营养老机构即如此），要么陷入低收费、仅能满足少数老人甚至是“关系户”老人之基本养老需求（现在许多公立养老机构即如此）的局面。这样的机构养老也不具备社会性，不能满足浪涌式增长的社会养老服务需求。

社会化养老超越家庭养老之处在于，在家庭成员老人自养、老伴互养、晚辈赡养的同时，还有政府主导、社会参与和全民关怀。社会化养老优越于机构养老之处在于，通过社会网络，可以发挥机构养老专业化服务的示范和引领作用。社会化养老服务的落脚点只能是社区，即以居家为基础、以社区为依托、以上门服务和社区日托为主要形式，并引入养老机构专业化服务的社会化养老模式，可称之为“社区居家养老”（其与家庭养老和机构养老的区别见表 8－1）。社区作为平台和纽带，可以将家庭和机构有机地联结起来，将居家养老和机构养老都转变成社会化养老服务的内容。这是一种“不离家的社会养老”，或者是一种“没有围墙的养老院”。在社区居家养老服务的统摄下，居家老人不再是传统意义上的家庭养老，而是通过社区被纳入社会化养老服务体系；机构养老也有了新的功能定位，公立养老、护理、医疗、康复机构着重承担失能半失能老人和低收入困难老人的基本养老服务，私营养老、护理、医疗、康复机构则负责高端老人多样化的养老服务，同时它们都还要通过社区，将自身的专业化养老、护理、医疗、康复服务辐射到有需要的居家老人。

**表 8－1　　　社区居家养老与家庭养老和机构养老的区别**

| | 家庭养老 | 机构养老 | 社区居家养老 |
|---|---|---|---|
| 责任主体 | 家庭 | 政府、企业、社会 | 家庭、政府、社会、社区 |
| 费用成本 | 前期投入小，交易成本最低 | 前期投入大，交易成本高 | 费用分摊成本低，交易成本低 |
| 精神支持 | 家庭成员、亲属等<br>支持程度：高 | 机构服务人员<br>支持程度：低 | 家庭成员、亲属、服务人员、志愿者、邻居等<br>支持程度：高 |
| 资金来源 | 全由家庭或个人负担 | 由家庭或个人负担，可申请政府补贴 | 享受政府补贴，低偿以及无偿服务较多，家庭负担小 |
| 养老福利投入 | 无 | 较高 | 可整合社区已有资源 |

续前表

| | 家庭养老 | 机构养老 | 社区居家养老 |
|---|---|---|---|
| 自由度 | 自由度高，隐私保密 | 自由度低，隐私难以保密 | 较为自由，隐私保密，同时享受社区及社会养老服务 |
| 养老意愿 | 居住在家庭，符合传统养老意愿 | 不符合老年人意愿 | 居住在家庭及熟悉的社区环境，符合老年人意愿 |

当然，社区也可以在居家与机构之间独立承接一些临时性、过渡性的服务工作，如“助餐中心”“日托中心”等。但这样做的目的不是模仿机构、复制机构，而是方便居家老人；因此，主管该项工作的民政部门也不应简单参照对机构的考评指标和优惠政策来要求社区、扶持社区，而应当探索一套适合社区的新的考核指标办法和优惠扶持政策。

**4. 社区居家养老：自成体系，抑或“互联网+”？**

目前的社区居家养老服务还普遍存在如下缺陷：供求信息不对称，社区服务内容有限，导致老人许多需求得不到及时有效的满足，现有的服务项目和内容并非社区老人之真正需求；政府支持力度不够，资金来源渠道单一，未能充分调动社会力量的积极性；服务资源分散，缺乏有效整合，各个养老服务主体之间的互动、沟通、配合不够；服务人员素质不高，缺乏专业技能，缺乏不怕脏、不怕累，甘愿受委屈的心理准备等。

这些问题产生的根源，是目前关于社区的体制、机制、法制还不完善，关键在于社区所能掌握和调动的资源太少。精英云集、资源丰富的机关事业单位和国企不归任何社区管辖；并行有效的三部法律法规《城市街道办事处工作条例》《城市居民委员会组织法》《物业管理条例》分别出台于计划经济时期、改革开放初期、社会主义市场经济确立期，其立法背景、理念、宗旨各不相同；涉及的街道办事处、社区居委会、社区工作站、业主委员会、物业管理公司等主体的职责既相互交叉重叠，又相互矛盾；街道办事处和社区工作站所遵循的行政逻辑、社区居委会所遵循的自治逻辑、业主委员会和物业管理公司所遵循的市场逻辑常常“打架”；在强大的行政逻辑和市场逻辑面前，真正代表社区自治的居委会手中却几乎没有任何资源。在这样的背景下，社区居家养老服务要么体现追求政绩、做表面文章的行政色彩，要么迎合追逐利润、借养老服务来“圈地”要“优惠”的资本的胃口。

当然，在相关体制、机制、法制以及资源配置方式没有做出重大调整之前，社区并非完全无能为力。事实上，许多社区也在积极开动脑筋，想方设法引入社区外部资源为社区内老人服务，如搭建平台引入社会组织开展服务，与驻区单位搞好关系、签订互助合作协议等。其实，社区居家养老要超越社区本身的狭小空间，真正彰显社会化的本质，就必须走“互联网＋”的道路，充分利用现成的互联网、物联网和移动通信网。互联网的本质特征就是开放、平等、兼容，信奉“不求所有，但求所用”，互联网技术具有创新性、扩散性、即时性等特点，追求“服务极致，客户满意”；物联网的加盟，使互联网的信息联通功能进一步扩展为信息流和物流的联通互融；移动通信网则进一步推动了互联网的空间拓展和运用普及，密切了互联网与人民群众日常生活的联系。总之，“三网合一”大大加强了互联网的集成和优化作用。“互联网＋”充分发挥互联网的集成和优化作用，将互联网技术的创新成果深度融入经济社会生活，从而改变了传统的生产生活方式和服务管理方式。

“互联网＋社区居家养老服务”，可以促使社会各方面资源进入社区为居家老人服务。比如，社区借助于互联网，加强养老服务需求与供给信息资料库建设，内联辖区内各个老年人家庭的实时需求，外引驻区单位资源、机构养老技术和志愿者服务，提供丰富多彩、讲求实效的中介服务；政府从政策扶持、标准规范、监管保障等方面鼓励社会养老机构、护理机构、医疗机构、康复机构，以各种行之有效、实现机构社区双赢的方式进入社区，为居家老人服务，充分发挥社区联结家庭和机构的纽带作用。又如，为了实现社区作为政府、市场、社会、家庭多元合作的平台功能，可以立足互联网、物联网和移动通信网，本着服务管理科学透明的原则，建立健全社区治理网；本着供求信息有效衔接的原则，建立健全社会服务网；本着多方资源合理配置的原则，建立健全社会参与网。

实际上，近年来各地都已开始了这方面的实践探索，空间范围有的已超越社区，服务内容也不局限于养老服务。早在 2006 年，北京市东城区就依托大数据技术，建立了社区卫生服务系统，实现了对医疗卫生资源、居民健康和疾病预防的综合管理。该系统承载的大数据，涵盖 38 个社区卫生服务中心约 100 万人（其中有相当比例的老年人）的个人医疗档案和 220 多万份的电子病历档案，以每天新增 3 000 多条记录的速度更新；正是这些医疗档案和电子病历，为大数据的挖掘提供了基础。在慢性病的防治中，东城区组建团队把慢性病的患病和发病情况与人们的日常生活习惯建立关联，进行相关性分析，挖掘出某些日常生活习惯如饮食结构、睡眠习惯等与慢性病的关联因素，从而为社区医生的诊治提供决策依据；大数据技术还为季节性流行病和突发性传染病的预警和应急管理提供有力支撑。如果再用上最新的高科技产品如“体况智慧腕表”，就可以在医疗机构和居家老人之间建立起直接且便捷的联系，进一步提升老人医疗服务的质量。

**5. 助推社区居家养老：三管齐下，三社联动**

为了助推“互联网＋社区居家养老服务”的发展，必须三管齐下，充分发挥政府、市场、社会三方面的积极性。

首先，作为政府来说，一是要制定并落实养老服务信息化规划。国家老龄事业发展“十二五”规划要求“做好居家养老服务信息平台试点工作，并逐步扩大试点范围”；国家社会养老服务体系建设“十二五”规划也强调，“加强养老信息化建设，依托现代技术手段，为老年人提供高效便捷的服务，规范行业管理，不断提高养老服务水平”。在“十三五”时期，要认真总结前五年、精心谋划后五年。二是要制定并落实相关扶持政策，按照“谁投资，谁管理，谁受益”的原则，鼓励和支持不同所有制性质的单位和个人以独资、合资、合作、联营、参股等方式兴建适宜老年人集中居住、生活、学习、娱乐、健身的老年公寓、养老院、敬老院等，并与社区订立互助合作协议，为协议社区的老人提供良好的养老服务，吸引市场力量和社会力量投入“互联网＋社区居家养老服务”。三是要制定准入标准，加强规制监管，以法治来保障“互联网＋社区居家养老服务”，并且发挥“托底”作用，以公办养老机构或低保救助等方式，保障困难老人，尤其是失能半失能老人的基本养老服务需求。

其次，作为市场主体的企业，一是要积极介入社区居家养老服务领域，寻求经济效益和社会效益的最佳结合点。不少介入养老服务业的企业热衷于办高档老年公寓和大型养老城，其实是把成千上万的老人集中在一起，使其离开家庭、邻里、社区，这既不符合老人的意愿，也违反客观规律。可以考虑采用连锁经营的形式，以老年公寓、养老机构为枢纽，以社区养老（助餐、日托）中心为节点，将养老服务辐射向更多的居家老人。二是要积极开发、运用智慧养老系统。建立养老电子服务平台，开发便携式养老服务软件，完善养老服务热线、养老服务求助系统和救援系统、养老服务反馈评估系统。例如，可以对老人家庭设施进行无障碍改造；可以开发助便、助浴器械以及各种类型机器人；可以在家中台阶或者床边安装压力传感器，检测老人是否摔倒并发出警报；可以用定点医疗机构的“体况智慧腕表”等对老人的生命体征进行远程监测，帮助老人提早发现疾病并进行治疗；还可以通过安装烟雾探测器、可燃气探测器等，防止老人在家中出现安全事故。

最后，作为社会来说，要实施“三社联动”（社区、社会组织、社会工作联动）。其中，社区是平台，社会组织是载体，社会工作人才是队伍。如前所述，社区是社会化养老的平台，它要引入社区外资源来为社区内居家老人服务，而资源的第一要素就是人才，特别是社会工作人才。社会工作者既是一类特殊的志愿者，又优于一般的志愿者，他们往往都具备某项特殊的专业技能，以及“助人自助”的理念。社工人才不是一个个独立的“原子”，往往需要加入某个社会组织，特别是社区福利服务类社会组织，通过社会组织进入社区、开展社区居家养老服务。当务之急是要培养和吸引专门从事养老服务的专业社工人才，创新激励机制，加强职业操守培训，提升服务者的业务素质和职业水平。我们要充分发挥家庭成员赡养照料老人的责任和义务，并考虑建立照料者津贴制度，以激励家庭成员和社会人员参与社区居家养老服务，发挥家庭养老和社会养老的合力。此外，还要向老人普及网络知识和操作技能，任何能够得到广泛运用的科技成果一定兼具技术高新化和操作傻瓜化的特性，让更多的老年人分享到“互联网＋养老服务”。

## 第三节　社会组织体制的改革与健全①

在上述公共服务体系建设中，我们多次提及社会组织发挥着不可或缺的积极作用。正因为公共服务的提供离不开社会组织，所以党的十八大在提出“加快形成政府主导、覆盖城乡、可持续的基本公共服务体系”之后，紧接着又提出了“加快形成政社分开、权责明确、依法自治的现代社会组织体制”②。

---

① 严新明，童星．市场失灵和政府失灵的两种表现及民间组织应对的研究．中国行政管理，2010（11）．

② 胡锦涛．坚定不移沿着中国特色社会主义道路前进　为全面建成小康社会而奋斗：在中国共产党第十八次全国代表大会上的报告（2012－11－08）．新华网，2012－11－17．

## 一、两种市场失灵和两种政府失灵

市场经济运行出现市场失灵时，需要政府出面进行管理；但政府也不是万能的，在政府管理经济和社会的过程中也会出现政府失灵现象。这里就市场失灵和政府失灵进行剖析，分别探讨各自的两种表现，分析其原因以及应对措施，主要是关注发展社会组织即民间组织的问题。

一方面，市场经济是人类迄今为止最具效率和活力的经济运行机制和资源配置手段，它具有任何其他机制和手段不可替代的功能优势：一是经济利益的激励性。市场经济能极大地调动人们的积极性和创造性，促进生产技术、生产组织和产品结构的不断创新，提高资源配置的效率。二是市场信息的有效性。以价格体系为主要内容的信息结构能够使每一个经济活动参与者获得简单、明晰、高效的信息，并能充分有效地加以利用，从而有利于提高资源配置的合理性。三是市场决策的灵活性。市场经济让生产者和消费者作为分散的微观经济决策主体能够高效地决策，减少资源的浪费，较快地实现供需平衡。

另一方面，市场经济也有其固有的局限性，光靠市场自身难以克服；完全摒弃政府干预的市场调节会使市场自身的缺陷大于优势，导致市场失灵，因而必须借助凌驾于市场之上的力量——政府这只“看得见的手”来弥补市场失灵。萨缪尔森分析指出，所谓“市场失灵”，就是因为市场存在不完全竞争、外部性、不完全信息等现象，它们经常破坏效率市场。此外，竞争市场会导致收入分配不均现象①。市场失灵论认为，市场在提供私人物品中的巨大作用已经得到充分肯定；由于公共物品具有不可分割性和非排他性，购买公共物品的人无法阻止别人享用公共物品；既然“免费搭车”现象存在，那么，愿意花钱提供或购买公共物品的人肯定不多，这样就会造成公共物品的匮乏。可见，大多数公共物品无法通过市场机制来提供。

市场失灵说明政府干预的必要性。但是由于公众对公共物品的需求存在差异，政府提供公共物品时往往倾向于满足大多数处于中间状态的受众的偏好，这致使少数人对公共物品的超量需求和特殊需求得不到满足。政府失灵就是指政府活动的低效性和结果的非理想性，或是指政府

---

① 萨缪尔森，诺德豪斯．经济学．16版．北京：华夏出版社，1999：223.

干预达不到弥补市场失灵的预期目标，或是虽能达到目标但其代价超过市场失灵所造成的缺陷。

其实，市场失灵和政府失灵分别有两种情况，上述说法只看到了一般性的市场失灵和政府失灵，或称“第一种市场失灵”和“第一种政府失灵”，而忽略了特殊的市场失灵和政府失灵，或称“第二种市场失灵”和“第二种政府失灵”①。所谓“第一种市场失灵”主要是着眼于私人物品和公共物品的区分，市场机制的内在属性使其在私人物品的提供方面大显其能，而在公共物品的提供方面，市场机制就失灵了；同理，所谓“第一种政府失灵”是指政府管理机制内在地要求其提供公共物品，而在私人物品领域应该尊重经济主体的自身选择，政府不应也不可能成为万能的物品提供者，它在私人物品提供中就会“失灵”。所谓“第二种市场失灵”，是指在提供私人物品时的市场失灵，例如，由于市场交换信息的不对称，消费者无法有效识别商品的性能与品质；由于劳动力市场供需双方地位的不平等，劳动者常常无法保护自身的权益。于是消费者权益保护和劳动者权益保护就成了单靠市场机制不能实现的事情。所谓“第二种政府失灵”，则是指政府在提供公共物品、从事公共事务管理方面的失灵，如政府的政策制定与公共服务常常具有“趋中性”，从而难以照顾到一些特殊的边缘群体，即使关注到某些特殊的边缘群体，往往也是只考虑到他们的一般需求，而难以顾及他们的某些特殊需求。可以说，“第一种市场失灵”和“第一种政府失灵”主要着重于市场和政府与私人物品和公共物品之内在关系，而“第二种市场失灵”和“第二种政府失灵”主要是关注二者在自身工作机制，即在各自所擅长的提供私人物品或公共物品的领域存在的失灵问题（见表8-2）。

**表8-2　　市场失灵和政府失灵的两种表现**

| 主体 | 第一种失灵 | 第二种失灵 | 民间组织的应对 |
| --- | --- | --- | --- |
| 市场 | 在提供公共物品方面的失灵 | 在提供私人物品方面的失灵 | 维权等服务 |
| 政府 | 在提供私人物品方面的失灵 | 在提供公共物品方面的失灵 | 提供公共物品 |

① 陈剑．第三部门与市场经济体制的发展．新视野，2005（5）．

## 二、第二种市场失灵的表现

市场机制强调的是平等交换，第二种市场失灵主要关注的是表面平等的市场交换中隐藏着对消费者、劳动者造成侵害的可能性。

现代市场提供的商品和服务已经比自然经济及市场经济初期提供的商品和服务具有更加复杂的特性。按劳动对象转化为劳动结果的途径划分，工业生产劳动的方式有以下四种类型：一是合成型，将不同的成分（零件）合成（装配）一种产品；二是分解型，原料经加工处理后分解成多种产品；三是调制型，通过改变加工对象的形状或功能而制成产品；四是提取型，从地下、海洋中提取产品①。在一定意义上，劳动就是劳动者借助于劳动资料作用于劳动对象，改变劳动对象的物理形态或化学形态，从而满足人们某种需要的过程。

现代企业提供的商品在物理性能和化学性能方面都更为先进，一般消费者根本无从了解和把握琳琅满目的商品的材质、形态，但在消费者享用先进商品的时候可能在不知不觉中就会受到商品的物理或化学形态的负面影响，比如手机等电子产品的辐射，油漆、塑料等化学品的侵害，食品中不良添加剂的伤害等。最新的科技成果如纳米技术、转基因技术等，已经开始逐步进入工农业生产，并融入其最终产品，其正负面影响都还在研究、观察之中，那么一般消费者就更难了解、把握了。这就是由萨缪尔森所说的不完全信息造成的。

不单是在商品领域，在现代服务领域中，普通消费者也难以全面了解自身的权利，在消费过程中往往一不小心即遭遇陷阱。这在餐饮、旅游等日常消费中时常发生，这些领域中的纠纷不断就是明证。再以住房消费为例，北京市的房地产律师秦兵多年来一直致力于集体维权的研究和实践，根据其办案经验及研究成果，编写了《204条商品房买卖合同》。他的“204条”历经90多个版本，站在维护购房者利益的立场，成了消费者维权及购房避免风险的一盏明灯，因此受到广大买房人、业主的拥护，也遭到许多房地产开发商的反对。

改革开放以来，我国的劳动力市场经历了从无到有的过程，如今规模已经很大。乔纳森·特纳（Jonathan Turner）在分析马克思的交换与冲突理论时指出：资本家有权力控制物质奖励的分配，而工人可用来交换的只

① 童星，汪和建，翟学伟．劳动社会学．南京：南京大学出版社，1992：37.

有他们的劳动，资本家虽然重视劳动的价值，但是劳动的供应是充足的，因此没有哪一个工人能处在可以同资本家进行有效交易的地位上①。同面对着日益复杂的商品和服务的消费者一样，在看似平等的劳动契约中广大处于弱势地位的普通劳动者在面对复杂的劳动合同文本以及更为复杂的劳动法律法规时，同样很难维护自身权益。工资低、社会保障覆盖面不足等问题长期存在，与此相伴的还有收入分配不均加剧等问题。

第二种市场失灵主要是因为市场机制中的缺陷，包括不完全信息、表面平等中的实际不平等的市场地位、外部性特别是负外部性所造成的。面对上述第二种市场失灵的表现，单个消费者、单个劳动者或相关个体、群体的维权成本很高，而且其知识和精力都可能不足，因此需要组织起来或由相关组织帮助他们实现维权的目标。

## 三、第二种政府失灵的表现

### 1. 政府“趋中性”行为导致的失灵

政府在提供公共物品、从事公共服务方面的“趋中性”及其决策失误，都有可能造成边缘群体或“夹心层”现象。例如，1998 年下半年开始，国家停止住房实物分配，逐步实行住房分配货币化；与住房改革相配套，国家出台了经济适用房和廉租房政策。但由此出现了“夹心层”：第一类是既不符合廉租房申请条件，又买不起经济适用房的家庭；第二类是既不符合经济适用房申请条件，又买不起商品房的家庭。不妨称两类“夹心层”为“政策夹心层”，即廉租房和经济适用房政策出台以后产生的两类享受不到政策优惠的群体。

随着社会的发展，也出现了一些新的边缘群体，它们成为政府公共服务未覆盖的新群体，如处于学龄期的农民工子弟、被拐儿童的家长等。农民工潮的涌起使农民工子弟的上学问题日益凸显。外出打工的父母要么让孩子成为留守儿童，要么将他们带到城里使其成为农民工子弟。城市的公立学校因政策或硬件限制，只能招收数量有限的外地孩子入学，剩下的大量孩子上学就成了问题，于是农民工子弟学校应运而生。现有的农民工子弟学校分三种：一是获得了办学许可证、拥有几十万甚至上百万注册资金的学校，但数量很少；二是没有办学许可证，但在当地教育行政部门有备案的、处于政策边缘的学校；三是完全处于地下状态的

① 特纳．社会学理论的结构：上册．北京：华夏出版社，2001：269．

“黑户”。而正是这些正式或非正式的农民工子弟学校，有效地弥补了政府针对这些群体的教育资源的不足，使农民工子弟有了上学的机会。

以前，被拐儿童输出地以云贵川等经济落后省份为主；近几年，随着劳动力的转移，被拐儿童输出地从传统的偏远山区向东南沿海发达地区蔓延。2003 年 4 月，广东省东莞市的 19 位寻子家长成立了“东莞民间寻子联盟”。后来成立的“宝贝回家寻子网”在寻子活动中利用网络，收到良好的效果。2008 年，“宝贝回家志愿者协会”是在民政部门注册登记，国内第一家免费帮助家长寻子，救助流浪、乞讨、卖艺等儿童，使他们回归正常生活的民间组织。

**2. 政府工作机制造成的失灵**

政府工作的边界也是其第二种失灵的重要原因。比如在扶贫济困方面，政府肯定要负起“兜底”的责任。政府在满足困难人群吃饱穿暖的同时，也要负责帮助他们实现一定程度的发展，这就有了政府工作的边界问题。政府不可能也不应该将大量的钱物和人力资源投向贫困人群，因为政府服务的扩张不能超出公众支付相应款项的意愿①。在发达国家或地区，可以看到很多民间组织提供扶贫帮困的工作，这些组织要么是自筹资金，要么是接受政府资金，有效地补充了政府的工作。国内民间组织爱德基金会开展的爱德社区发展项目分农村社区和城市社区两个方向，目前以农村社区发展为主。爱德基金会调动农村群众的积极性，因地制宜地开展满足群众基本生活需要的各类单项或综合发展项目，内容包括山坡改梯田、打井、集雨灌溉、饲养牲畜、种植果树等。爱德基金会农村发展工作通过参与式扶贫开发、可持续性农业生产等方式，提高贫困地区，特别是西部贫困地区人口的综合发展能力，实现人、社会与自然的协调和可持续发展。爱德基金会的工作与政府扶贫工作相互配合，产生了良好的效果。

## 四、发展民间组织应对第二种市场失灵和第二种政府失灵

人们通常认为，市场可以高效地提供私人物品，但在公共物品的供给方面则会失灵，于是需要政府加以弥补；政府可以胜任公共物品的供给，但对于私人物品的供给则无能为力，至少是效率很低，于是又需要

① 陈振明. 公共管理学：一种不同于传统行政学的研究途径. 北京：中国人民大学出版社，2003：402.

市场来弥补。这样一来，市场失灵时由政府来弥补，政府失灵时由市场来弥补，二者互补，“包打天下”，那么民间组织即区别于市场（企业）和政府的“第三部门”存在的理由又何在?

从前文我们已经看出，如果“第一种市场失灵”即市场在提供公共物品方面的失灵可以靠政府来弥补，“第一种政府失灵”即政府在提供私人物品方面的失灵可以靠市场来弥补的话，那么“第二种市场失灵”就不可能指望政府解决，因为私人物品提供领域本来就是政府作用的“软肋”；同样，“第二种政府失灵”也不可能指望市场解决，因为公共物品提供领域又是市场作用的“软肋”。

在出现“第二种市场失灵”和“第二种政府失灵”的情况下，具有拾遗补阙功能的民间组织可以为需求特殊的人提供适宜的公共物品。美国学者伯顿·A. 韦斯布罗德（Burton A. Weisbrod）通过“供给-需求”这一传统的经济学分析范式对民间组织在公共物品供给方面的作用进行了分析。在韦斯布罗德看来，民间组织在提供公共物品方面具有专门性和灵活性，它提供的数量取决于政府对公民的多样性需求的满足程度。在其他条件恒定的情况下，公民对于政府提供的公共物品越不满意，民间组织的数量就越多；对于特定的政府供给，公民需求的差异越大，民间组织的供给就越大。同样，保持其他条件不变，公民需求的同质性越高，不满意的需求就越少，民间组织的数量也越少①。这一理论清晰地说明了民间组织与政府在公共物品供给方面存在相互替代关系。

中国相关法规曾将民间组织分为三类：社会团体、民办非企业、基金会②。就前两类而言，分别规定社会团体是由公民自愿组成，为实现会员共同意愿，按照其章程开展活动的NPO，主要包括学术团体、行业团体、专业团体、联合性团体；民办非企业指企事业单位、社会团体和其他社会力量以及公民个人利用非国有资产举办的、从事非营利性社会服务活动的社会组织，主要涉及科技、教育、文化、卫生和社会福利等领域。在弥补“第二种市场失灵”的过程中，必须依靠各种各样维权型民间组织的介入，如消费者协会、工会、残疾人协会等，它们常常能够比政府相关监管部门更有效地保护市场中的弱势群体；同理，在弥补“第二种政府失灵”的过程中，必须依靠各种各样的公益服务型民间组织的

---

① 林尚立，王华. 创造治理：民间组织与公共服务型政府. 学术月刊，2006（5）.

② 最新的法规已将民间组织改称为社会组织，将民办非企业改称为社会服务机构。

介入，充分发挥它们的积极作用，为弱势群体、边缘群体解难，为政府排忧，促进社会的和谐。维权型民间组织和公益服务型民间组织，都旨在维护社会弱势群体的权益，从本质上讲都是在维护公共利益。

新中国成立以来，中国政府的职能经历了两次转变，形成了三种形态①：第一种形态出现在改革开放前，是以政治职能为轴心整合经济与社会职能；第二种形态来自改革的推动，是以经济职能为轴心整合政治与社会职能，从而完成了政府职能形态的第一次转变；第三种形态正在形成之中，是以社会管理职能为轴心整合政治与经济职能，这是政府职能形态的第二次转变。当前，一批公益型、志愿型、专业服务型社会（民间）组织的出现，促进了政府职能形态的第二次转变，有利于公共服务型政府职能的实现。换言之，政府与社会组织以“共同的目标”而非“天然的垄断”为合作基础，分享社会空间的公共服务，共担公共事务的治理责任。当然，这种分享与共担是以政府与社会组织各自的能力提升为前提的。基于此，在新时期，中国政府职能的转换与社会组织的成长具有内在的统一性。

## 五、发展社会组织中应注意的问题

戈登·怀特（Gordon White）在公民社会的定义中特别强调社会组织的重要性：“当代使用这个术语的大多数人所公认的公民社会的主要思想是：它是国家和家庭之间的一个中介性的社团领域，这一领域由同国家相分离的组织所占据，这些组织在同国家的关系上享有自主并由社会成员自愿结合而成，以保护或增进他们的利益或价值。”② 这些社会组织又被称为“NPO”、“NGO”或“民间组织”。社会组织作为重要的社会产品与服务的提供者，其作用主要有以下一些方面：一是为企业的经济活动提供支持和服务。在市场经济中，企业的许多活动是由社会组织支持的。例如商会、企业家协会以及各种行业协会等，它们的宗旨通常都是为企业服务，协调同企业有关的各种关系。二是可以为特殊群体、边缘群体等提供公益性或维权性的服务。三是可以促使公民发挥自身潜力，促进社会发展的多样性。社会组织特别是公益型组织为社会成员在政府机构与企业体制之外开展活动提供了组织形式，公民可以根据个人的兴

① 林尚立，王华．创造治理：民间组织与公共服务型政府．学术月刊，2006（5）．

② 严新明．公共管理学．北京：科学出版社，2007：130．

趣、意愿和利益自发地组织起来，创造性地从事各项社会活动。四是可以增进社会容忍，促进社会和谐，维护社会稳定。社会组织为各种社会成分提供了较宽松的活动空间，社会成员可以通过各种方式满足其多样性和多层次的愿望并实现其利益，社会组织能够起到排解社会怨气、释放社会压力的作用，也使各种不同的社会群体能够依法共存相容，增进社会容忍度。

为了应对市场和政府的第二种失灵，必须大力发展社会组织，尤其是公益型组织，在此过程中应注意以下问题：

第一，要正确理解社会组织的非营利性本质。非营利性并不意味着就不需要通过包括向服务对象收取必要费用在内的各种方式对服务成本予以补偿。因为如果不解决成本有效补偿的问题，任何公益性服务都难以为继。当然，成本的有效补偿可以通过但不能完全依赖社会捐助来完成，政府补贴和向服务对象收费也是可行的办法。这三个渠道此消彼长。考虑到公益性社会组织的服务对象都是社会弱势群体、边缘群体，其支付服务成本费用的能力差，不可能完全采用市场机制，因此应当拓展社会捐助、加大政府补贴。加大政府补贴理所当然，公益性社会组织所从事的许多服务本来就是服务型政府自身的职责，现在由社会组织承担了，政府就有义务将原先用于这方面的财政支出转交给社会组织，这就是所谓的“政府购买公共服务”或“钱随事转”，像前文提及的农民工子弟学校就应得到政府的资金支持。根据约翰·霍普金斯公民社会研究中心非营利部门比较项目的研究，西方几乎所有第三部门都以政府财政拨款为主要经费来源，这一比例已经超过了50%①。在拓展社会捐助方面，除社会组织自身提升募捐能力以外，政府也大有作为，可以通过调整税收政策（目前国家税源充足，有调整的空间），根据捐助款额给予捐助者或受捐者减税或抵税的优惠。

第二，非营利性也不意味着就不能在志愿者服务以外向其他参与服务者支付必要的酬金。社会组织的运行需要志愿者，但不能完全依赖志愿者，也需要非志愿的专业人员，特别是一些长期持续的、没有任何轰动效应的工作岗位，更离不开非志愿的专业人员，这就有一个向他们支付薪酬的问题。非营利性甚至也不意味着就不能赚取一定的利润。但是，

① 陈振明. 公共管理学：一种不同于传统行政学的研究途径. 北京：中国人民大学出版社，2003：406.

社会组织所赚取的利润必须服务于组织的基本使命，被用于组织的可持续发展，而不能放进所有者和管理者的腰包，也就是说，社会组织的利润不能分配给所有者和管理者，出资人不能进行分红。现在许多社会组织在提供公益性的服务的同时，还从事市场性的经营活动，并以后者的盈利来补偿前者的成本，这是很正常的。政府相关部门包括主管的民政部门和相关的工商部门、税务部门等，都应当重新审视关于社会组织的现行政策和管理制度，破除一些陈旧的观念，改革一些不合适的制度，不能再让社会组织，特别是其负责人和财务人员游走在“合法”与“非法”之间，打“擦边球”。

第三，应当承认社会组织所雇用的非志愿者的员工性质。社会组织员工中的非志愿者属不属于就业人员?《中华人民共和国劳动合同法》是否适用于这类员工？最低工资制度的覆盖范围是否包括这部分员工？所有这些问题的答案应当是肯定的，但是目前的法律法规和管理实务并不明晰，对就业和失业人员的统计、对劳动者平均工资数的统计，都还没有将这部分员工纳入进来。《中华人民共和国民办教育促进法》第 3 条规定：民办教育事业属于公益性事业，是社会主义教育事业的组成部分；第 5 条规定：国家保障民办学校举办者、校长、教职工和受教育者的合法权益。《中华人民共和国民办教育促进法实施条例》明确规定：民办学校及其教师、职员，享有与公办学校及其教师、职员同等的权利。对一些像宝贝回家志愿者协会这样新型组织的全日制员工，也应在工资等方面有所保障，这样才能使他们的工作更加持久、有效。因此，建议民政部门会同人力资源和社会保障部门，通盘考虑这些问题，提出相应的解决办法。这不仅有利于这类组织的员工的工作积极性的发挥，而且对于贯彻扩大就业的发展战略和“两个提高”(“提高居民收入在国民收入分配中的比重，提高劳动报酬在初次分配中的比重”)的重大决策，具有启迪性、开拓性的意义。

# 下篇：
# 聚焦重点

中国的社会治理植根于当前的风险社会、开放社会、虚拟社会的现实，回应人民群众迫切的安全需求、融入需求、公平需求、表达需求，始终以保障公共安全、化解社会矛盾、培育自治社会为目标，其内容错综复杂，任务千头万绪，要求既细致又严格。面对如此紧迫、繁重、意义深远的社会治理，有必要集中精力，聚焦重点领域，扎实而富有成效地抓紧抓好几项重点工作，如做实决策风险评估、改革信访制度、优化治理结构等，以带动整个社会治理水平上一个台阶。

# 第九章 做实决策风险评估

所有重大投资项目乃至所有重大政策的决策，都存在着决策风险评估的问题，因此，必须将其做实做好。

## 第一节　四类风险及其评价①

随着中国重大决策科学化、民主化进程的深入，重大决策的稳评在风险源头治理上的功能日益凸显，各级政府纷纷出台相关文件规范重大投资项目的稳评工作。许多地方甚至提出将稳评作为项目审批的前置条件，赋予其“一票否决”的效力。这看似“民主”，但并非都“科学”。稳评由于缺乏经济、安全和环境方面的科学依据，工作常常处于尴尬境地，变成“空中楼阁”，因此其评估结论不一定“真实”。少了经济、安全和环境评价的支撑，稳评难以发挥应有的作用，更无法实现决策的科学化与民主化。因此，有必要审视针对重大决策的经济、安全、环境和稳定风险评价的关系谱系，阐释它们之间的内在逻辑关联及其背后的价值演进，为风险管理与决策提供理论依据。由于重大项目设施一般兼具经济、安全、环境、稳定等诸方面的风险，所以我们的研究以重大项目决策为例，但其结论适用于所有重大政策的决策。

### 一、重大决策风险及其构成

按照风险来源（内与外）和作用机理（自然与社会）两个维度，可以将决策风险划分为四大类：经济风险、安全风险、环境风险和稳定风险（见图 9－1）。

① 童星，张乐．重大邻避设施决策风险评价的关系谱系与价值演进．河海大学学报（哲学社会科学版），2016（3）．

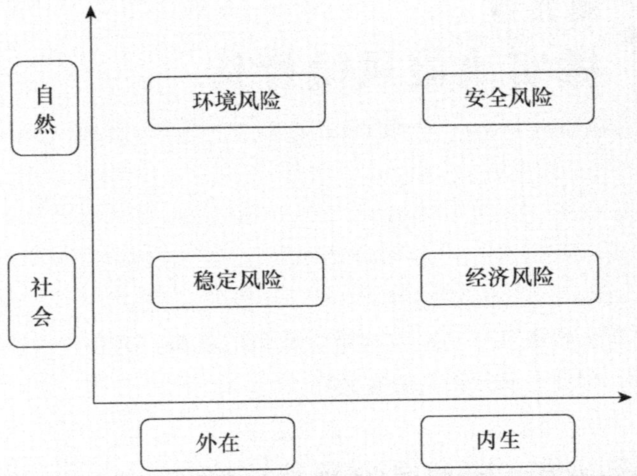


**图 9-1 决策的风险类型**

经济风险属于内生性社会风险，它源自决策内部，由市场经济的不确定性和政策、投资、融资等社会性干预因素导致。它表现为：第一，政府产业、税收、金融和环保政策的调整引发税率、利率以及补贴等方面的变化，进而造成设施经济效益的波动受损；第二，决策之初对市场供需的估算与实际水平的偏差以及相关设施提供的产品服务因缺乏市场竞争力导致的价格偏差所造成的经济损失；第三，项目实施计划不周，对设施工程量预计不足导致投资额不足，需要延长工期；等等。

安全风险属于内生性自然风险，它源自项目设施采用的工艺流程的设计缺陷或原材料、产品副产品的危险属性（易燃、易爆、有毒）以及不合适的工艺布置、设备安装缺陷等因素。它主要表现为物资设备、原料、产品副产品的燃烧，爆炸引起的火灾，有毒有害物质的泄漏等化学反应引起的生化危害，以及高温、高压、噪声、粉尘对操作人员的健康损害等。

环境风险属于外在自然风险。尽管从广义上讲，项目设施决策所包含的环境风险可能是人为的或自然的，但依据国际通行的环境风险评价(ERA)，环境风险是指建设项目在建设和运行期间发生的突发性事故（一般不包括人为破坏及自然灾害）引起有毒有害、易燃易爆等物质泄漏，或特定物质持续释放所造成的对人身安全与环境的影响和损害①。从这个意义上分析，环境风险关注设施造成的对外部人群的伤害、环境

① 钱瑜．环境影响评价．南京：南京大学出版社，2012：245-246.

质量的恶化及对生态系统的负面影响，而造成这些影响的危险物质主要是毒性物质、可燃易燃物质以及爆炸物质等，导致的环境危害是由物理或化学反应产生的三废（废气、废水、废渣）、粉尘、噪声对周边生态环境要素（空气、土壤、水质、动植物、居民）的污染和损害。

稳定风险属于外在社会风险，项目设施与周边公众的切身利益（生命健康、财产收益、环境权益）密切相关。这些公众的权益因设施的建设和运行受损时，会频繁地向决策者、项目承建方和设施营运方发起维权行动，在各项诉求得不到回应和满足的情况下，还会抵制乃至干扰、破坏项目施工运转，造成官民之间、企业与居民之间的矛盾冲突，增加社会不稳定因素。

## 二、四类风险评价的比较

### 1. 四类风险评价的依据

根据国家发改委和住建部联合编制的《建设项目经济评价方法与参数》的要求，在决策重大项目设施投资前，需要对拟建项目进行可行性研究。该研究的目的就是减少和规避决策的经济风险，提高投资的经济效益①。经济风险评价主要包括对拟建设施所属企业的财务分析、以项目的经济效益和对国家社会福利的贡献率为核心的国民经济分析以及针对重大项目设施的区域经济影响分析，在此基础上开展盈亏平衡评估、敏感性评估和概率树评估等项目风险评价，并提出相应的经济风险防范对策。

根据《中华人民共和国安全生产法》、《安全评价通则》和《安全预评价导则》的规定，安全评价主要是针对拟建或运行的工程投资项目（或工程系统），采用安全检查表、危险度评估、火灾爆炸指数以及事故树评价等定性、定量方法，对存在于工程内部的各种危险、危害因素进行客观描述，确定工程在技术方面的危险程度、安全隐患以及发生危险的可能性、损失的严重程度，提出相应的防范措施，目的是预防、消除或降低项目技术性风险和职业危害，保证设施设备正常运转和操作人员的人身安全②。

---

① 周惠珍. 投资项目评估. 大连：东北财经大学出版社，2013；张阿芬，张启振，傅庆阳. 投资项目评估. 厦门：厦门大学出版社，2012；何俊德. 项目评估理论与方法. 武汉：华中科技大学出版社，2015.

② 刘双跃. 安全评价. 北京：冶金工业出版社，2010；蔡庄红，黄庭刚. 安全评价技术. 北京：化学工业出版社，2014.

根据《中华人民共和国环境保护法》和《中华人民共和国环境影响评价法》，在建设项目决策时都要进行环境影响评价，包括环境质量评价、环境影响预测和环境风险评估等多个环节。目的是识别、预测和评价有关项目实施对环境所造成的负面影响，并在此基础上制定消除或减轻负面影响的措施。所谓“环境负面影响”包括累积性的影响和突发性的影响，它们都属于项目设施决策所蕴含的、可能对环境造成危害的潜在风险。环境影响（风险）评价过程包括环境现状调查、环境影响预测和建设项目的工程分析等阶段，旨在评估在项目设施建设和运行的过程中所产生的有害物质对周边环境的负面累积效应和突发灾难效应的风险水平，最终提出相应的环境保护措施①。

根据中共中央办公厅、国务院办公厅颁发的《关于建立健全重大决策社会稳定风险评估机制的指导意见》，以及国家发改委颁发的《重大固定资产投资项目社会稳定风险评估暂行办法》，稳评就是对涉及人民群众切身利益的重大固定资产投资项目进行先期评估，采用定性分析与定量分析相结合的方法找出风险点，确定风险等级，提出防范、控制、化解风险的意见与措施的风险评价过程，目标是预防和减少因决策失误而引发的社会不稳定因素。

**2. 四类风险评价的主要区别**

我们可以从评价角度、评价目标、评价范围和评价方法等维度对这四类风险评价做比较分析（见表 9－1）。

**表 9－1　　四类风险评价的对比**

| | 经济风险评价 | 安全风险评价 | 环境风险评价 | 稳定风险评价 |
|---|---|---|---|---|
| 评价角度 | 经济收益 | 技术安全 | 生态保护 | 公民权益 |
| 评价目标 | 经济可行性<br>规避经济风险 | 技术可靠性<br>规避安全事故 | 环境相容性<br>防范生态灾难 | 社会相适性<br>化解社会矛盾 |
| 评价范围 | 内生性评价 | 内生性评价 | 外部性评价 | 外部性评价 |
| 评价方法 | 成本-收益分析 | 事故树分析<br>风险-收益分析 | 工程分析<br>环境损益分析 | 社会接受度分析 |

① 环境保护部环境工程评估中心．建设项目环境影响评价．北京：中国环境科学出版社，2012；环境保护部环境工程评估中心．建设项目环境影响技术评估指南．北京：中国环境科学出版社，2015；王罗春．环境影响评价．北京：冶金工业出版社，2012.

（1）评价角度各不同。经济风险评价主要是从企业效益和国民经济的视角分析问题，拟建设施能否让企业获利、是否有利于国民财富和社会福利的增长是其评价考虑的核心。安全风险评价是从设施设备系统的安全性角度考虑问题，包括所采用的各项技术的安全性及保障操作员工职业的安全性两个层面。环境风险评价是站在人与自然和谐相处的立场上，以生态环境保护、可持续发展为主要内容。稳定风险评价更加关注项目设施的社会效益，特别是要维护利益相关者的权益。

（2）具体目标有差异。经济风险评价的目标是通过项目的经济财务状况、项目对国计民生的价值等关键问题来呈现决策实施后项目运行的经济质量与可行性，从而判断项目所蕴含的经济风险并提出相应的规避措施。安全风险评价是通过精确地估算技术风险的概率及严重程度，提出防范技术风险的措施，实现设施建设和运行过程中最低事故率与最小事故损失的目标。环境风险评价的目标是通过分析项目建设和投产后可能对环境产生的影响，估算出项目与环境的相容程度，提出环境污染防治对策。稳定风险评价是通过分析和估算项目设施与本地社会人文环境的相适程度，提出预防措施，以达到化解由拟建项目决策所引发的社会矛盾，达到促进决策落地、顺利实施的目标。

（3）评价范围有侧重。经济风险评价的范围包括针对设施的经济合理性、财务可行性及抵抗市场、金融风险能力做出全面的分析与评价。安全风险评价的范围是从项目的设计、施工方案和运行过程模拟中找出技术系统固有的、潜在的危险因素。环境风险评价的范围既包括预测项目建设后产生的各类污染物对外界环境产生的累积性影响，又包括事故造成的突发性环境影响。稳定风险评价的范围涵盖项目周边和影响区域，评价项目被当地人文条件所接纳的程度、支持程度以及与当地社会环境的相互适应状况。

（4）评价方法本质相通。有关项目设施各类风险评价方法从表面上看名称各不相同。如，经济风险评价常用的方法有财务分析、国民经济分析、市场分析、概率分析，安全风险评价较成熟的方法包括安全检查表法、火灾-爆炸危险指数评价法、事故树分析和故障类型分析，环境风险评价常用的方法为工程分析、事故概率分析、环境影响经济损益分析，稳定风险评价的方法主要有利益相关者调查、社会风险识别、社会风险概率估计与等级确定等。但是，这些五花八门的方法在本质上都属于技术范式方法体系，大多是先进行定性的风险分类和辨识，然后使用定量的方式汇集现场的、历史的、文献的或专家经验估算的数据，通过对数据的数学建模分析确定风险等级，最终再以定性的方式给出风险防范的措施。

## 三、四类风险评价的内在逻辑关联

经济、安全、环境和稳定等四类风险评价虽然存在上述诸多差异，但它们之间依然存在着内在的逻辑关联。这些风险评价活动的终极目标都是应对因项目设施决策、实施过程中的不确定性，最大限度地降低各个决策、实施环节的特定风险，实现决策的科学化。也就是说，四类风险评价在最终目标上具有逻辑一致性，都为决策的科学性和可行性服务，但又各司其职，其中经济评价是基础，安全评价是保障，环境评价是深化，稳定评价是归宿（见图 9－2）。

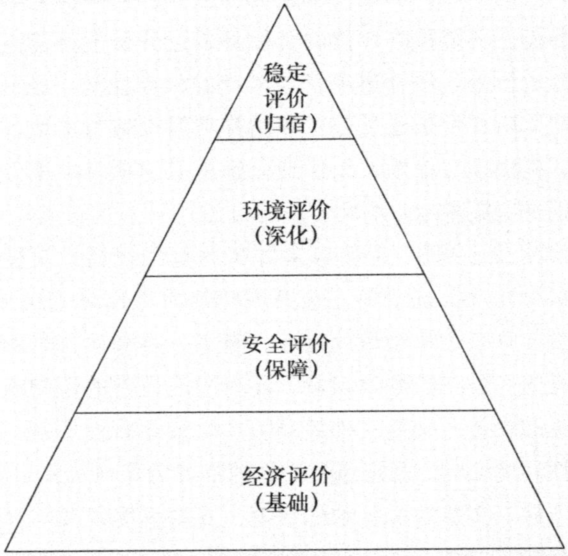


**图 9－2　四类风险评价的内在逻辑**

### 1. 经济评价是基础

科学翔实地评价设施的融资能力、赢利能力、偿债能力、对国民经济的贡献以及抵御政策、市场、金融等风险因素的能力，是整个风险评价的基础，是重大决策依据之所在。邻避设施从它的经济属性看，很多属于公共基础设施（电站、垃圾污水处理厂、加油气站等），即便是一些化工项目（如 PX 项目）也大多是经济发展必需的基础性重大固定资产投资项目。从这个层面讲，一个投资项目如果不具备经济上的可行性，如果缺乏抵御市场风险的基本能力，又不能提出改进措施和风险防范方法的话，那么它存在的现实基础就消失了，其被决策并实施的可能性微乎其微。

**2. 安全评价是保障**

精确完整地评价项目设施所采用设备、技术、工艺的先进性、可靠性以及处置安全事故的能力，是整个风险评价的保障。一项决策无论经济上如何可行，如果设施的技术安全性无法保证，那么预期的经济目标也无法实现，职工的人身安全更无从谈起，其后果将是巨大的经济浪费和惨重的人员伤亡。认真查找来自设施设备内部的技术安全隐患，有效规避这些风险，可以确保项目设施投产后的长期安全运转，而这又可以降低事故带来的经济损失和人身赔偿等成本，保证设施的赢利能力。设施设备的高效、安全运转，会给公众呈现出一种安全可靠的形象，成为无形的信任资源。

**3. 环境评价是深化**

科学合理地估算拟建设施对周边生态环境（包括附近居民）负面影响的规模、范围和水平，既评价这些风险的累积性影响，又兼顾环境事故的突发性影响，无疑是对重大决策风险评价的深化。一方面，环境评价拓宽了经济评价的视野，从设施内部的单一成本-收益核算转化为内部成本和外部成本的双重核算，决策风险的考量范围拓展到设施外部，在强调决策预期的经济收益和自身安全的基础上开始重视决策结果的负外部性，使风险评价的体系更加完整；另一方面，环境评价改变了安全评价只以项目设施自身损益为中心、以规避安全事故等有形危害为主要目标的评价方式，将那些无形的、不易察觉的物理性或化学性危险纳入评价体系，关注设施之外的居民健康和生态环境的质量。这一深化与改进，奠定了项目设施与周边环境相容的可持续性之基础，反过来促进其经济效益的实现。

**4. 稳定评价是归宿**

重大项目决策如果能确保经济收益、安全运行和环境友好，并最终提升整个社会的福利水平和人们的生活质量，那么它就可以为广大公众所接受。从这个层面上理解，稳定风险评价是整个风险评价体系的归宿，也是其他各项风险评价及防范措施效果的“试金石”。开展稳评，是把经济评价中的利益主体由企业和政府延伸到周边居民甚至是区域公众，重新权衡经济利益分配的公平合理性，也是把确保设施内部人身财产安全的承诺与措施延伸到周边居民、企事业单位的人身财产安全的保护上来，更是把风险评价体系中的"设施-环境"双中心并重的评价指标完善为"设施-环境-社会"互为依靠的三角形评价体系。

鉴于此，重大项目设施决策稳评工作的开展并非无源之水、无本之木，它建立在其他三项风险评价基础之上并对其评价效果进行检验。在开展各项风险评价时，如果不考虑当地居民的风险与收益，就无法在稳评时取得他们的支持；如果不考虑当地居民在安全风险和环境风险感知方面的"建构性"及其与专家评价之间的差异性，就无法获得居民的风险接受水平并招致他们的反对。这就要求，经济评价中除了重视企业和政府的收益外，还要增加对地方经济获益的评价（当地就业岗位，当地居民收入，当地居民公共服务便利性，当地居民社会福利补偿等）；还要增加安全事故风险和环境事故风险影响评价的深度和广度，开展回应式风险沟通与全程化公众参与，将公众尤其是当地居民的风险感知作为安全风险评价和环境风险评价的指标加以考虑。因此，一定要改变为维稳而仓促稳评的做法，没有基础的稳评只会越评越不稳。把稳评看作其他各项风险评价效果的"试金石"和重大决策前的最后"闸门"，不失为未来风险评价机制改革的新思路。

## 四、风险决策的价值演进：风险评价体系得以不断完善的动因分析

### 1. 开发主义与经济风险评价

重大投资决策需要优先考虑项目的经济成本与收益，对决策进行经济风险评价被放在各项评价的首位，规避经济风险确保盈利成为重中之重。这背后体现的是开发主义价值理念。开发主义（developmentalism）又被称为"发展主义"，是在二战后兴起，一直持续至今并席卷全球的社会潮流。它强调经济增长是社会进步的先决条件①，将发展简化为经济增长，将经济增长等同于GDP或人均收入的提高②。中国40年来的高速发展期就是开发主义大放异彩的历史阶段，这一时期的政治-经济政策和重要的制度安排都围绕开发主义展开，"以经济建设为中心""效率优先"成为最响亮的政策口号。

开发主义指导下的经济发展，即依靠投资重大项目带动相关产业发展进而增加GDP总量。中国作为"后发外生型"国家③，在学习西方和

---

① 李少君．南山纪要：我们为什么要谈环境-生态?．天涯，2000（1）.

② 王诺．唯发展主义批判．读书，2005（7）.

③ 童星．发展社会学与中国现代化．北京：社会科学文献出版社，2005：254.

东亚成功经验后，也形成了具有鲜明中国特色的固定资产投资决策与风险评价体系。该体系有如下特征：经济发展上升为国家意志，政府主导经济并实施宏观调控，以 GDP 为核心的地方政绩考核。与之相应，中央和地方的经济发展形成了以投资重大工业项目和城乡公共基础设施为重点的模式，对这些项目设施的可行性论证和审批程序都是对经济风险的规避；政府成为项目设施的最重要开发主体和唯一审批主体；从事经济风险评价的机构绝大多数是具有深厚官方背景的“红顶机构”；风险评价方法则是围绕促进国家和地方经济增长来设计评价指标。

开发主义指引下的国家经济战略与地方经济决策都是“生产优先、投资先行”，以物质财富增长为终极目标的发展理念左右着经济风险评价的全过程。这就使理应起到决策风险规避作用的经济风险评价不得不屈从于经济增长的目标，经济评价强调收益，忽略风险，结果项目总能通过审批而建成投产。这样的发展包含着更大的风险，因为在任何事物都不应妨碍经济增长这一理念下，容易产生各种社会问题，从而使发展偏离公共目标①。中国现代化进程中所秉承的这种发展主义理念将无可避免地走向极端化②。重视经济增长而忽略技术创新及安全性，使得安全生产事故频发；强调物质收益而无视环境成本，又使环境污染成为公害。一次次重特大安全生产与环境污染事故为决策层敲响了警钟，“GDP 崇拜”的价值观被重新审视，亟待更新。

**2. 科学主义与安全风险评价**

一般来说，越是投资规模大、预期经济效益高的项目，其工艺流程越复杂，对技术的安全性要求越高，这样的项目决策过程蕴含的安全风险也就越大。20 世纪 70 年代以来，世界范围内连续发生了三里岛核事故、墨西哥城液化气站爆炸事故③、印度博帕尔化工厂毒气泄漏事故④、

---

① 加尔布雷思. 经济学与公共目标. 北京：华夏出版社，2010：323.

② 赵旭东，朱天谱. 反思发展主义：基于中国城乡结构转型的分析. 北方民族大学学报（哲学社会科学版），2015（1）.

③ 1984 年 11 月 9 日，墨西哥首都近郊的一座液化气供应站发生爆炸，对周围环境造成严重损害，造成 54 座储气罐爆炸起火，死亡 1 000 多人，伤 4 000 多人，毁房 1 400 余幢，致使 30 000 多人无家可归。该事故是迄今为止世界最大的液化气爆炸事件。

④ 1984 年 12 月 3 日发生的印度博帕尔灾难是历史上最严重的工业化学事故。美国联合碳化物属下的联合碳化物（印度）有限公司设于贫民区附近的一所农药厂发生氰化物泄漏，酿成了 2.5 万人直接死亡、55 万人间接死亡，另外有 20 多万人永久残废的人间惨剧。

切尔诺贝利核事故等恶性安全事故，造成的人员伤亡数量之大、财产损失之巨，迫使各国颁布严厉的法律法规，制定更加严格的安全评价与操作细则，用以规范工程项目的开发与营运。安全评价也随之成为继经济评价之后又一个不可或缺的决策风险评价环节。

重大项目设施作为现代文明的突出标志，创造了巨大的经济社会效益，改善了人们的生活质量，而它们的建设和投产无一例外地都与工业技术紧密相关。所谓“解铃还需系铃人”，人们设计、建设、营运、管理这些设施需要先进的科学技术，发现、分析、预警、规避由这些设施内部技术导致的安全风险时首先用到的也是科学技术，并由此形成了工程技术安全评价的一系列指标和方法。由于安全评价以科学技术为基础，它就成为保证决策项目获得稳定经济收益的内在依据，在重大决策风险评价中获得“唯一科学方法”之地位而被广泛推崇。这背后真正起作用的则是科学主义的强大影响力。

科学主义（scientism）也被译为“唯科学主义”。斯滕马克（Stenmark）认为，科学主义就是相信科学的能力是无限的，没有什么人类生活领域是科学不能成功解释的，一切事物的科学解释构成了宇宙及其人类的全景①。坚持科学主义的人相信，科学是求得真理和有效控制自然界以及解答个人及其所在社会中面临问题的一种正确途径，经验科学和数学科学是解决普通问题的一种模式，也是世界无限完美的一个象征②。对科学的崇拜自然形成技术决定论的思潮，科学指导下的技术进步可以带来美好生活，一切技术缺陷带来的风险也可以通过技术改进得到解决。国内外的安全评价方法无不体现出科学主义的经验性、数量性、机械性。在“科学万能”的预设前提下，科学和技术专家成为一切风险问题争辩的最佳仲裁者，被认为能够澄清舆论和激情的混乱状态，可以为决策者提供没有任何偏见的客观事实和决策依据③。

科学主义指引下的重大项目设施决策安全评价确实可以在很大程度上减少和规避来自技术本身的风险问题，但这仅限于项目工程内部。设施设备的安全运行只是带来企业利润和职工的人身安全，在没有超出这个范围时，在没有重新审视这些短暂的盈利和安全外部成本时，设施与

---

① M. Stenmark , Scientism: Science, Ethics and Religion, Aldershot: Ashgate Publishing Limited, 2001: vii.

② 本-戴维. 科学家在社会中的角色. 成都：四川人民出版社，1988：151-152.

③ 李建军. 科学主义与高技术时代的社会危机治理. 自然辩证法研究，2012（5）.

周边环境（包括附近居民）的物质能量交换却早已产生了诸多负面影响，对自然资源的掠夺性开发和孤立的自我安全关照，导致了区域性乃至全球性的环境污染和生态失衡。于是，要求重估工具理性之限度、拓展风险评价之范围的呼声日益高涨。

**3. 生态环保主义与环境风险评价**

重大项目决策的环境影响（风险）评价是对越来越严重的环境污染和生态失衡的政策回应，其背后的价值理念则是生态环保主义。环境保护主义（environmentalism）可追溯到19世纪末20世纪初美国的资源保护运动，当时人们围绕“自然资源是有计划地开发还是维持原生态”展开激烈的争论，但资源保护的诉求终不敌开发主义的扩张。直到20世纪60年代环境恶化的灾难性后果又触发了人们的危机感，环保意识得到增强，发达国家开始制定诸如《中华人民共和国环境影响评价法》等法律法规，将决策项目的外部性风险纳入决策风险评价体系。与世界潮流相适应，进入20世纪80年代以后，环境保护也成为中国的一项基本国策。

环境保护自身也从早期的合理利用自然资源逐渐提升到生态主义的高度，将环境污染解读为人类和自然之间的伦理问题，以非人类中心主义心态提出了可持续发展的理念。20世纪90年代的《里约宣言》明确将发展与环境联系在一起，将自然纳入道德关怀的范畴，要求人类规范和约束自身行为，建立人与自然和谐共生的新型关系①。中国政府提出的科学发展观就是对这一价值的本土化实践。为了践行生态环保主义价值理念，使经济发展水平和自然资源消耗水平、环境质量及其承载力之间处于协调状态，就需要在政策上做出调整，重大项目决策的环境影响（风险）评价应运而生。

当然，重大项目决策环境风险评价并没有完全摒弃开发主义和科学主义的价值导向，而是吸收了它们当中的合理成分。这表现在：一是在原有的经济成本-收益评价体系中加入了环境成本指标的权重，核算诸如废物处理成本、环境恢复成本以及环境治理的综合收益，以此形成“绿色经济分析”的评价方法；二是在环境风险评价技术运用上采取科学方法体系，综合使用环境科学、生物学、化学等学科的理论方法来进行工程技术分析，以确定决策项目实施前的环境状况以及实施后对周边乃至区域生态环境的直接危害和累积影响。换言之，环境风险评价将固有的

---

① 谢泽梅．环境伦理视野下的我国生态文明建设研究．成都：成都理工大学，2013：20.

成本-收益分析拓展为风险-收益分析，将强调设施内部的安全性扩展到关照设施外部的安全性。

不过，无论是重大项目决策的经济评价、安全评价还是环境评价，在价值层面上都充分强调“物”的安全性，却忽视决策项目最终服务的对象“人”（尤其是决策项目周边居民）的需求和权益。结果，不少提供公共产品和服务的设施或是涉及国计民生的大型工业项目屡遭附近居民抵制，它们即便在决策前已经进行了经济评价、通过了安全评价和环境评价，也未必能很好地说服公众接纳它们。研究者将公众的这种抵制心理称为邻避情结。

**4. 邻避主义与（社会）稳定风险评价**

邻避情结与邻避行为背后的价值观可称为邻避主义。它本质上是一种新的风险价值观：站在特定风险承受者立场上，以有别于政府和企业等投资主体的视角评估重大项目决策的各类风险，用非专业的方式理解风险，试图通过恐慌和不满情绪表达其价值诉求，希望得到参与决策的平等机会和地位。

邻避主义包含两类价值诉求：环境正义观（environmental justice）和后物质主义（post-materialism）。环境正义观再次把风险评价体系的焦点从生态环境转向人类（周边居民）。由于开发主义、科学主义和生态环保主义的不断演进和深入人心，有关重大项目的决策越来越多地考虑节约成本以及降低安全事故和环境事故对城市密集人群的危害，转而将许多设施迁往远离城市的乡村及少数族裔居住地，以“最小抵抗和最小成本”实现开发主义、科学主义和生态环保主义的价值主张和目标。村民和少数族裔原本占有和使用的社会资源最少，对各种风险缺乏清晰的认知，原子化的边缘状态又使他们对政治权力和资本运作不具备抵抗力，他们在非自愿状况下遭受邻避设施所带来的威胁。社会不公和环境恶化的双重危害迫使这些人借助环境正义观进行抵制运动。自 1982 年美国的沃伦抗议首次把种族、贫困和工业废物的环境后果联系到一起，环境正义观愈发成为邻避设施选址所在地居民的主要价值支柱。环境正义观坚称，所有人（无论其种族、肤色、族裔、收入高低）在环境法律、法规和政策的制定、实施与执法方面都应受到公平对待，并真正参与其中①。给

① US Environmental Protection Agency，Environmental Justice，http://www.epa.gov/environmentaljustice.

予少数群体及弱势团体免于遭受环境迫害的自由，让每一个社会成员对干净空气、水和其他自然环境都有平等的享用权①，这些都与开展重大决策稳定风险评价的目标不谋而合。

如果说环境正义观还只是少数贫困边缘群体“倒逼”决策者开展稳评的价值根源的话，那么后物质主义则是越来越多日益富裕起来的城乡中产阶层期待在重大邻避设施的决策过程中获得参与权和发言权的根本动因。罗纳德·英格尔哈特（Ronald Inglehart）在《静悄悄的革命：西方民众变动中的价值与政治方式》一书中第一次提出“后物质主义”概念，它包括：让人们在政府决策中更多地说话，让人们在工作中更多地发言，拥有一个更个性化的社会，保护言论自由等基本价值原则②。关心生活质量，进而强调环境关怀，已成为后物质主义价值观最显著的特征。后物质主义的兴起反映了相当一部分公众的价值观正从关注经济增长、公共秩序、国家安全，转向注重生活品质、个人自由以及社会参与。这个转变进一步促使重大决策风险评价体系向社会公众的维度靠拢。

邻避主义（环境正义观和后物质主义）重塑了人们对风险的认识角度，环境权益维护和主动参与重大决策过程的需求改变了传统的公共政策流程，改变了原有的决策风险评价体系的框架和内容。政治精英和技术精英在旧的经济观、安全观和环境观的指导下主导并开展的各项风险评价活动，尽管可以确保经济增长、设施安全和生态平衡，但还不足以让公众满意，公众的知情权、同意权和参与权没有得到充分的满足，持续稳定的社会秩序就依然无法实现。所以，强调多元参与治理的重大决策稳定风险评价就成为回应公众诉求、减少邻避情结的重要途径。若能赋予稳评在整个决策风险评价体系中更大的权重，以开放的姿态征询公众对项目设施决策的接纳度，系统性地打通经济评价、安全评价和环境评价“条块分割”的障碍，面向公众公开、共享风险评价报告的核心信息，那么可以预期在不久的将来，邻避情结和邻避行为的负面效应会越来越小，而其倒逼出来的稳评也将会成为一个“自发自觉”的风险评价机制，更好地为重大决策的科学化、民主化目标服务。

---

① 何艳玲. 对“别在我家后院”的制度化回应探析：城镇化中的“邻避冲突”与“环境正义”. 人民论坛·学术前沿，2014（6）.

② 周穗明.“后现代”的选择：西方兴起后物质主义价值观. 马克思主义与现实，1999（1）.

# 第二节 完善稳定风险评估的公众参与环节[1]

很多地方在重大决策中将稳评当作一个流程使用。在技术路径的选择上分为两类，即无公众参与的专业决断的内部评估和公众象征性参与的形式主义评估。这两种路径虽然都重视稳评的程序性，但评估结论未必能起到风险预警和防范的作用。在多数情况下，一旦评估结论不利于决策实施，评估报告要么被束之高阁，要么对评估结论做技术性处理，试图避免评而不用的尴尬。凡此种种都让原本应该具有源头风险治理功能的稳评失去了本真。按照重大决策科学化、民主化的要求完善稳评机制，将稳评与决策过程紧密结合的关键在于提升公众参与的实效。公众参与可以增强稳评的公正性，提高稳评的科学性，实现稳评的民主化，增强评估的真实性、有效性[2]。为此，我们将重点讨论稳评公众参与的细化路径与方式方法。

## 一、稳评的一般路径与参与困境

目前国内稳评通常采用的路径如图 9-3 所示[3]。该流程大体分为三个阶段：前期准备、中期实施和后期监督。在第一阶段，评估什么、谁来组织、谁来参与是核心问题；在第二阶段，如何实施、如何分析、如何定论是关键环节；在第三阶段，谁来决策、谁来落实、谁来监督则更

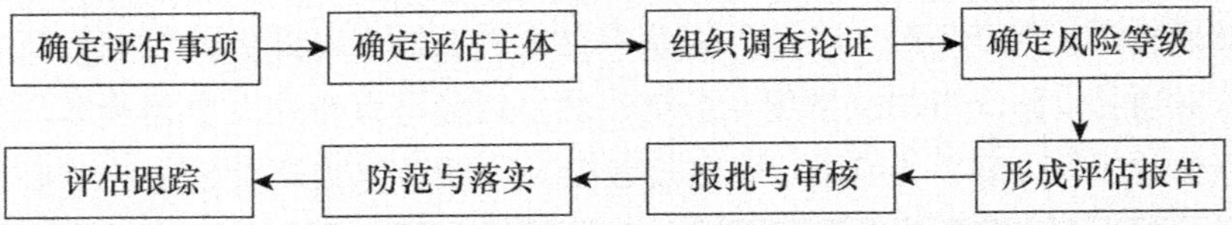


图 9-3 国内稳评通常采用的流程

① 张乐，童星. 重大决策社会稳定风险评估路径的优化：公众参与环节的再思考. 广州大学学报（社会科学版），2016（10）.

② 张玉磊. 重大事项社会稳定风险评估中的第三方参与：意义、困境与对策. 内蒙古社会科学，2014（1）.

③ 杨雄. 城市重大事项社会稳定风险评估的制度建构. 上海城市管理职业技术学院学报，2010（1）；中共浙江省委政法委员会课题组. 重大事项社会稳定风险评估机制的实践探索与研究. 公安学刊（浙江公安高等专科学校学报），2010（1）.

为重要。稳评流程环环相扣，其中任何一个环节出了问题都会影响到整体的评估质量和评估效益。

稳评根据评估事项内容的不同可分为固定资产投资类项目评估和重大政策评估。限于篇幅，本书只讨论项目类评估，但其结论同样适用于政策类评估。现在各地项目类稳评在具体实施的路径（尤其是公众参与环节）上还存在以下的漏洞和缺陷：

**1. 目标狭隘与公众参与被操纵**

许多稳评文件将公众参与的目标表述为“通过评估收集公众的意见，同时积极开展风险教育与沟通工作，提高公众对决策的接受度”。这类目标政治上正确，现实中也确实需要通过评估过程改变公众的认知，提高社会整体对某些项目设施的接受度。但该目标设定背后隐含着这样一个假设：广大公众不具备相关知识，需要专家教育，公众可以通过参与稳评去学习法定程序，进而提出理性有深度的建议。然而，这个假定与真实世界相去甚远，居高临下地教育公众似乎只是政府和厂商的一厢情愿，仅把“教化公众”作为开展稳评的主要目标并不会出现政府所期待的稳定。既然政府在稳评中设置公众参与环节的动机是“教化公众”，让公众认可并接受，这就注定了当前的稳评路径不得不遵照政府意愿开展，公众参与行动的发动、议题内容的选择、参与者的挑选以及程序规划等关键权力都在政府主办者手中，他们可以策略性地排除或者纳入特定的利益群体。故而，各地稳评中不乏各种徒有虚名、被操纵了的“公众参与”，表面上看取得了民意的支持，实际上却掩盖了公众的不满与合理诉求。

**2. 知识壁垒与公众参与受限制**

诚然，讨论项目设施技术问题需要必要的专业素养，而多数公众并不具备。要求公众在参与中扮演专家类智慧型的角色，既不现实也无可能。在实际的稳评公众参与过程中，政府和厂商会举办听证会、说明会，其间也有问答互动环节，但是整体的信息传播是单向线性为主，科技理性知识占据权威位置，技术官僚会有意识地引导公众把讨论问题限定在科学理性的框架内，目的无非是增加公众的举证困难，让其知难而退。尽管专家也深知相关科技及其衍生出来的风险问题很多尚没有定论，但在面对公众沟通互动时他们很少言明。结果，公众少有能力挑战专家，更无力质疑科学的前提和预设。当然，这不是说公众完全处于被动的地位，有时知识的鸿沟也表现为本地居民对地方性知识的先天优势，专家由于缺乏、忽略那些田野经验或是对乡土知识的天然的偏见，往往在与公众互动时陷入另一种形式的“知识匮乏”僵局。现实情况是，政府以理晓大义，要求部分居民顾全大局，自身却不倾听基层诉求，没有让居民信服的理由；公众则存在情绪化的发泄抵制行动，使得临时举办的“恳谈会”讨论失焦，理性对话的渠道被阻断，主动的反思与制度性建设更无从谈起。无效的风险沟通反而使双方之间的误会增多，公众的反对声音更为高涨，稳评的结论自然不能令人满意。

**3. 权力任性与公众参与走形式**

政治权力和行政干预对稳评的影响无处不在，稳评本身充满了政治意味。但在实际操作中若一味强调政治意识、政治方法和政治效果，不一定能解决好复杂的风险规避问题，甚至会适得其反，带来不稳定因素。稳评工作中的权力路径依赖有多种形式，形式主义就是其中突出的表现。如有些地方政府的项目开发计划前期全无公众参与；各地的稳评文件都规定将公众意见纳入评估报告，但却没有规定如何收集有代表性的意见、怎么界定所谓的合理化意见等细节，这为权力的暗箱操作大开方便之门；各地都为一张精致又美观的稳评“流程图”而费尽心思，可惜这些流程因为过分注重“标准化和规范化”而使得操作程序弹性不足、透明化缺失，具体部门在实施的时候都想尽快走完流程，缺少往复和反馈。政府、厂商关于项目设施决策的听证会很少考虑参与者的方便性（会议地点设在远离原住民的城区政府办公楼）、信息传递的可及性（公开的信息里充满科学数据和专业术语，超出居民的生活经验和理解程度），散发的宣传单形式简单、内容枯燥、倾向单一（鼓吹项目设施的好处，对其风险闭口不谈，不能为居民提供做出理性判断的充足材料）。评估结果及其使用也带有形式化色彩，一些结果为了迎合政府“快审速建”的要求而人为降低评估风险等级，或者对风险等级高的那些报告书束之高阁、存而不用，没有法律约束力的稳评结论往往起不到风险预警的作用。

## 二、稳评中公众参与路径优化的理论基础

摆脱稳评面临的上述种种困境，不仅需要工作方法的改进，更应将稳评操作建立在扎实的理论思考基础之上，积极从民主协商、政治赋权、公民参与等多视角汲取灵感，建构一个公众参与路径优化的稳评理想模型。

1. **民主决策的理论视角**

在中国民主政治、依法行政已成为不可阻挡的时代趋势的背景下，关涉国计民生的重大决策大都经过了充分的征询意见和科学的论证，只不过这些决策程序有其非常明显的限定范围。重大设施建设是投资巨大的固定资产项目，各地党委政府在做出决定前都会程序性地征询职能部门和相关专家的意见，并在所属“人大或常委会”会议上进行讨论和表决。通常认为，政治精英和技术精英是“人民的公仆与智囊”，代表着民意，可以更好地了解公众的偏好并予以集中表达，所以这些民主程序可以保证决策的科学化。但是，邻避冲突证明普通公众对此并不“买账”，决策意见代表性不强、意见征求的深度广度不够等问题备受公众诟病。这说明，决策仅有科学性并不能确保其符合公众利益，而是要发挥民众特别是利益相关群体参与决策过程的积极性，通过决策民主化实现决策民主性①。重大决策稳评机制特别规定公众意见征询后若多数群众不满意就“一票否决”，即试图用“多数决定原则”来修复精英民主程序的瑕疵。

让更多的人参与决策并发表意见的方式似乎给稳评的顺利开展带来了希望。孔多塞（M. M. Condorcet）的“参与大数定理”给出了乐观的预期。如果假定专家是在决策时犯错误较少的人，那么只要参与决策的缺乏专业知识的公众的犯错概率低于0.5，也就是说只要议题被慎重选择和讨论，公众参与决策的质量就不会输给专家决策②。单纯从“排误”的效果看，参与式民主决策具有明显的正功能。但扩大参与人数就能保证做出正确的选择吗？布坎南和图洛克在《同意的计算》中详细分析了投票最优规则的选择问题，指出扩大公众参与可以降低外部成本，达成一个免于被迫接受对自己有害的政策且集体福祉最大化的理想状态。这里隐含着民主治理的“共识统治”的意义，也是公众参与正当性的主要来源。但盲目扩大参与人数也会带来决策成本的上升，参与人越多，其成本就越高，最后导致决策根本无法达成。因此，需要计算出一个外部成本与决策成本都达到最佳的合理参与人数来平衡两个成本③。

---

① 童星. 从科层制管理走向网络型治理：社会治理创新的关键路径. 学术月刊，2015 (10).

② 张楠，陈荣，郭世凯. 投票理论研究现状及其展望. 计算机科学，2015 (5).

③ 布坎南，图洛克. 同意的计算：立宪民主的逻辑基础. 上海：上海人民出版社，2014：202-204.

20 世纪以降，公众日益多元的社会诉求和分享决策权力的实质性参与的呼声越来越高，一种更为有效的协商民主（deliberative democracy）① 逐步为人们所重视。作为通过各个政治力量之间互相协商机制取得的一种民主模式，它强调社会的多元化的现实诉求，通过广泛有深度的公民参与，就备受社会关注的政策达成共识②。从公共管理的视角看，既然参与人越多其决策成本就越高，管理者要做的工作就是使用各种正式非正式的制度设计有效降低民主运作的各项成本。由于精英决策多把重点放在程序的规范性上（内部形式上的合法性），不太在意结果的“正确性”，重大决策的稳评想要克服其他决策形式的弊端，就得在公众参与方式、方法和细节上费心思。稳评结论要达到“正确”，首先要使项目设施决策增进人民的福祉，这既包括代表公共利益的项目设施的建成能满足社会的需求，同时也包括兼顾少数利益受损且风险增大的居民诉求，起码这些人因设施决策而减少的福祉能得到合理弥补。其次，稳评中的公众参与要比没有参与或者虚假参与更能够彰显“真实”，展现设施将要带来的风险与收益，呈现政府、厂商和居民多方诉求，显示各方化解矛盾和减小分歧的诚意。

**2. 共识达成的理论视角**

如何化解矛盾、减少分歧，最终达成共识，早就成为科学和民主决策的核心问题。协商民主理论认为，参与协商恰恰是通过理性论证让政策得以合法化的正确途径，通过知情、理性、对话和妥协，可以提高决策的质量，更能提升公民的知识与能力③。参与协商的过程包含了各项问题分析和解决的活动，如社会调查、决策问题确认、备选方案的提出

---

① 协商民主还被称为“审议民主”或“话语民主”。政治意义上的协商可追溯到古代雅典时期，但协商民主作为一种民主模式的兴起却是 20 世纪末的事情。第一次在学术意义上使用协商民主概念的应该是 1980 年约瑟夫·毕塞特的《协商民主：共和政府的多数原则》一文。罗尔斯和哈贝马斯都在自己的著作中提到协商民主，他们的加入使得协商民主声势大振。其后，大卫·米勒、詹姆斯·塔利、乔治·瓦拉德斯等人的论著让协商民主的研究更加深入。参见陈家刚. 协商民主研究在东西方的兴起与发展//协商民主与政治发展. 北京：社会科学文献出版社，2011.

② 德雷泽克. 协商民主及其超越：自由与批判的视角. 北京：中央编译出版社，2006；谈火生. 审议民主. 南京：江苏人民出版社，2007；古特曼，汤普森. 民主与分歧. 北京：东方出版社，2007；陈家刚. 协商民主与政治发展. 北京：社会科学文献出版社，2011；杨. 包容与民主. 南京：江苏人民出版社，2013.

③ J. Elster，“Introduction”，in Jon Elster（ed.），Deliberative Democracy，New York：Cambridge University Press，1998；德雷泽克. 协商民主及其超越：自由与批判的视角. 北京：中央编译出版社，2006.

与评估、考虑竞争性计划以及政策补救措施等①。在此基础上，通过参与者的理性互尊的公共对话来超越自我利益，朝着共同利益方向思考，进行自我提升和赋能的自我转型②。在公众参与协商时，共识不会自动达成，而是需要一定的先决条件和制度性保障。在民主社会中，公民代表在做决定（投票）前，其各自的法律地位应该是平等的，在宪法的保障下可以自由平等地行使权利。在这个大前提下，共识的达成需要两个必要条件：理性和互惠。

罗尔斯坚称，享有平等地位的公民在针对公共事务进行讨论时，应该遵从理性指导。在面对具有公共属性的议题时，理性的参与者会根据自己的实际情况对政策的顺序进行排列，如此一来社会上就出现了彼此多个合理的学说（观点），形成合理多元主义事实。在民主社会，政策决定权由公民平等分享，正是由于合理多元主义的存在，很难形成一个单一的整体学说作为制定政策的理性基础③。这就迫切需要有一个机制，保证在公共议题的讨论中，人们能够意识到自己提出的理由不仅要能够说服自己也要让别人认为合理才行。如何判断公开讨论是理性的讨论呢？罗尔斯给出了几条标准：其一，政府、厂商或公民的论述是否以社会中某些共识的价值原则为基础；其二，各方在为自己的观点辩护时是否向对方提供理由；其三，各方在拥护某个政策时是否考虑到该支持性理由对其他受影响的人或组织来说也是合理的；其四，各方在论辩时是否遵守了没有争议的推断原则和证据法则④。

公众参与决策的协商过程中各方提出的理性论断要经得起检验，还得坚持互惠。所谓“互惠”，简单地讲就是参与公共事务决策的各方使用相互体察的态度进行对话。为达共识而采取的沟通行动需要首先超越自我⑤。参与协商的各方只有跳出狭隘的利益，其所提出的理由才能为他人所信服⑥。彼此证明，产生理解与立场的改变就是互惠。可见，互惠

---

① J. M. Bessette, The Mild Voice of Reason: Deliberative Democracy and American National Government, Chicago: Chicago University Press, 1994: 49.

② M. Warren, “Democratic Theory and Self-Transformation”, American Political Science Review, 1992, 86 (1): 8-23.

③ 罗尔斯. 政治自由主义. 南京：译林出版社，2011：133-138.

④ 同③206-208.

⑤ 哈贝马斯. 交往行为理论：第1卷. 上海：上海人民出版社，2004.

⑥ 古特曼，汤普森. 民主与分歧. 北京：东方出版社，2007：86-92.

是一种建立在参与者为自身福祉而寻求在社会中合作的合理条件的能力①。真正互惠的出现，需要参与各方采取开放的态度，表现出应有的诚意和友善。为了达成共识，各方在论辩中不断根据对方立场修正自己的理由和依据，最终引起共鸣，彼此认同对方立场，转而提出都能接受的方案。

## 三、公众参与稳评的理想路径

理性协商与互惠沟通的理论在欧美部分国家得以实践，如以丹麦“共识会议”为代表的一批高科技政策论证方法取得了良好的效果②。借鉴国外“共识会议”的基本流程，进行适当的本土化改造，我们构建出公众参与稳评的优化模型（见图 9-4）。

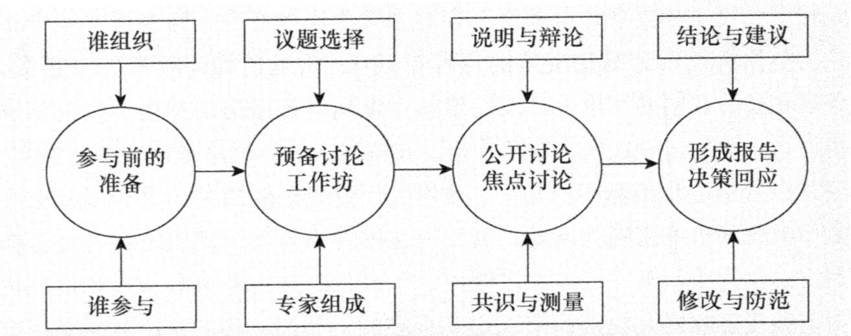


**图 9-4　公众参与稳评的优化模型**

**1. 参与前的准备**

该阶段要解决谁组织、谁参与的问题。首先，组成执行委员会。人数为 8～10，主要由项目建设单位、审批机构、公益环保机构的代表和学者构成。遴选成员的基本标准是对议题持有开放的态度、具有相对独立的身份和对公共事务的奉献精神。典型的威权主义者或极端的环保主义者都不适合成为执委会成员。执委会的主要职责包括界定讨论的范围、决定挑选居民讨论小组的办法、确立讨论所需材料的种类、提出论辩专家组成员的建议名单。其次，挑选参与者组成讨论小组。面向社会发布

① 古特曼，汤普森．民主与分歧．北京：东方出版社，2007：60.

② 刘锦春．公众理解科学的新模式：欧洲共识会议的起源及研究．自然辩证法研究，2007 (2)；王佃利，王庆歌．风险社会邻避困境的化解：以共识会议实现公民有效参与．理论探讨，2015 (5)；马奔，李珍珍．社会协商中的共同愿景建构：愿景工作坊的内涵、制度及其评价．马克思主义与现实，2014 (1).

参与信息，通过公开征集和自愿参与的方式挑选参与者，一般应为非专业领域的普通公民。遴选办法则是在众多报名者中让其依次介绍个人背景、参与动机和原因，执委会认真考量他们的人口学特征，从中甄选出总人数为 150～200 的居民小组①。

**2. 预备讨论工作坊**

这个阶段要完成议题选择和专家组成等两项任务。首先，执委会围绕项目设施决策中关键性、争议性以及政府、厂商不得不回应的问题初步拟订可能性议题。这些议题的形成建立在执委会对相关政策信息材料的审查基础之上，要尽量保持客观、中立，最大可能地平衡各方利益，同时兼顾议题的技术特性和伦理特性。其次，执委会还要向参与者介绍此次讨论的整体计划、时间安排和操作流程，并将此前拟订的议题介绍给参与者，参与者可以针对这些议题的范围、内容和关键点进行补充。最后，成立专家组。居民讨论小组根据此前执委会提供的建议名单，确定最终参与正式讨论的专家人选。居民讨论小组可以提出需要回避的专家和自己认为更合适的专家备选，但需要详细介绍专家的背景，包括单位、学科领域、研究专长以及与项目设施的利益牵涉等内容。专家组名单在各居民小组通过后，经由执委会确认公布。

**3. 正式的公开讨论**

正式的公开讨论时间在 3～4 天，采取公共论坛或圆桌会议的形式，并对大众媒体开放。正式讨论可分为四个阶段：第一阶段主持人介绍讨论背景和运作方式，然后由不同领域的专家对指定议题进行主题报告。比如，说明项目设施选址的科学性和备选厂址的情况、设施的技术标准和安全防护情况、设施的环境风险和健康风险评价、设施的国民经济效益和对附近居民的经济收益影响等。第二阶段是问答环节。各居民讨论小组成员可以就专家报告中涉及的问题进行提问，尤其是针对项目设施决策动议的合法性（法律法规依据、相关单位证照合法与有效性）、合理性（项目设施公共收益普惠性与设施风险危害就近性的矛盾之解决措施）、可行性（选址的最佳性、技术的先进性、风险防范的科学性）等议题进行单独质询，专家在各自范围内进行回答和解释。第三阶段是自由讨论。专家组和居民小组以圆桌会议方式再次阅读审核相关材料，进行

① 参与人数设定参考了国外开展类似讨论组的人数构成，一般分为 15～20 个小组，每组不超过 10 人。适当人数的控制可以较好地避免社会心理学中的群体从众现象和管理学中的群体意见极化现象。

互动式讨论，形成本组（本桌）的基本观点或主张，每组选出发言人向全场反馈本组的讨论结果。第四阶段是归纳。主持人现场收集并公开展示各组的主张，归纳出参与者观点的相同之处和分歧焦点，由全场参与者确认无误后形成报告材料并宣布参加后续焦点组讨论的时间、人选遴选方法和本次讨论达成的共识与争议。整个讨论会议皆有媒体全程报道，公开接受社会监督。

**4. 焦点组讨论**

与公开讨论类似，焦点组参与者的选择也是出于自愿，具体有两种方法：一是从公开讨论参与者中随机抽取，好处是这些人熟悉议题和相关流程，便于组织讨论，但也容易形成思维定式，不利于争议的妥协和聚焦；二是按照空间距离抽样法随机抽取参与者，然后征询被抽者的意愿以决定最后的参与人选，优点是可以尽量避免前一次参与经历的负面影响，缺点是需要一个再次熟悉材料和流程的时间成本。最终由执委会根据实际情况选择抽样方法，组成8～10个焦点团体。焦点组讨论一般在正式公开讨论后的第二周举行，主要任务是巩固共识、减少分歧、达成妥协，特别是对正式讨论中悬而未决的争议性问题展开协商。由于焦点组讨论攻克的是分歧大、争议激烈的议题，像项目设施选址有没有可能变动（能不能不在我家后院）、设施的风险有多大、多安全才是真安全之类的问题总是议不能决。因此，只有引入有别于各说各话的讨论方式，才有可能打破僵局，详细的做法在下文的政策论证模型中说明。

焦点组讨论还需要论辩各方自行准备论据材料，当参与者为论辩而发掘相关信息和整理材料时，参与者的组织能力和分析能力就得到了进一步的培养。这有助于开阔居民的视野，增加本地化知识建构因素对项目设施知识体系的影响力，也从新的层面减少了原有科技知识材料的误差。这样的互动包含了扩大、补充与重建的过程，成功的关键在于参与各方能否采取互惠性的理性论辩方式就争议焦点产生同理心，以及站在对方的立场上思考问题并提出解决方案。焦点组讨论可分前后两次进行，其间隔通常为两周，每次结束时都进行参与者的主张和态度调查与测量，由执委会根据调查结果判断参与者的态度变化情况，为最终的报告做充分的准备。

**5. 形成报告与决策回应**

基于公开讨论和焦点组讨论，执委会要对整个讨论过程及其结果进行评估，梳理业已达成的共识与尚未完全协商一致的焦点，形成条理化的质性分析报告。报告要对参与者态度的改变、决策方案的修改和备选方案的完善给予重点说明。尤其是要注意吸纳本地居民提供的且是科学实验未涉及的证据材料，建议相关环境影响评价机构和安全评价机构再次深入实地进行勘察，进一步完善其环评和安评报告。最后形成的报告要具有相当程度的规范性和制约性，并提交决策层，作为决策的“一票否决制”实施与否的主要依据。此外，报告还应明确最有可能诱发社会风险的风险点（那些关系公众切身利益又在公开讨论和焦点组讨论中未能完全解决的争议问题），从而为决策层指明项目设施建设方案修改完善的方向，以便制定和落实后续的社会稳定风险防范措施。

## 四、政策论辩的理想路径

借鉴邓恩（M. N. Dunn）的政策论证框架并加以改进①，用以阐述在多方参与项目设施决策稳评的情况下，各方论辩环节的理想路径。邓恩的政策论证框架较好地体现了决策过程中的逻辑性与连贯性，但他仅从决策机构的立场出发，站在政府（议会）的角度来完备相关政策主张及其依据，期待有决策权威的一方能周全地考虑到某一政策的其他选项，特别是在可替代方案或例外情况下重新考虑政策出台的“周延性”。这种设计虽然美好，现实操作却困难重重。政府和厂商在项目设施决策中几乎不考虑，或不愿意考虑对已有规划方案不利的理由和证据。我们则提出让立场有明显差异的双方一起“绘制”同一个论证路线图。“谁主张谁举证”，让提出异见的居民针对政府、厂商的政策主张做出有理有据的驳斥。在此基础上，各方通过吸纳与再解释的方式完善论证，以期减少分歧，最终达成更多共识。由于加入了政策论证循环的内容，该模型有别于邓恩的一次性政策论证框架，对较为妥善地化解争议激烈的议题或许有所裨益（见图 9－5）。

### 1. 决策相关信息

这是各方对话的基础和起点，包括各种与此次决策相关的需要解决的问题、决策的方向、行动的手段、决策的结果等内容。无论是政府、厂商还是参与对话的公众在进行自己的论证前，都需要先收集与议题相关的信息，作为自己政策主张的基础。鉴于多数情况下公众处于信息分

---

① 邓恩. 公共政策分析导论. 北京：中国人民大学出版社，2002：75-77.

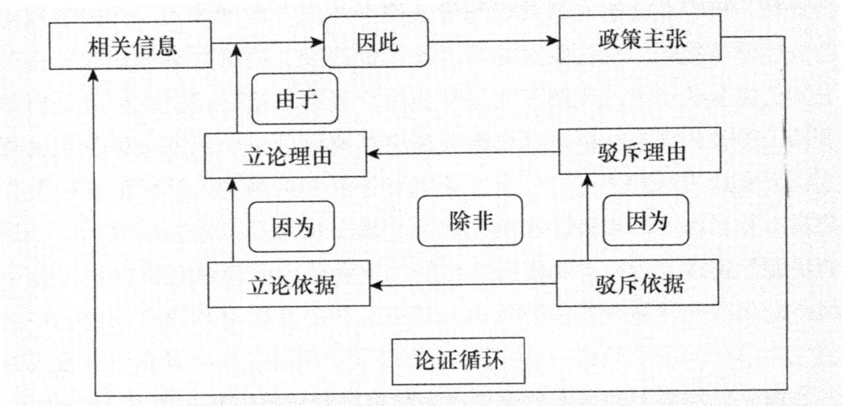


**图9-5　政策论证循环图**

资料来源：根据邓恩2002年的论述修订绘制。

享的不利地位，有必要细化落实政府政务信息公开制度，分享如项目设施建设的初衷、可以解决的公共问题、选址的依据、征地拆迁补偿、环境保护与风险防护以及建成投产后受益人群等信息。与之对应，参与对话的公众也应集中力量收集本地区原初自然环境状态的证据、自身生活经验与体会（如对风向、水文、土壤直观变化的体验信息）、个人对相关设施运行后的风险感知（如健康体检报告、社区某些特定疾病的发病案例）以及社区的家园情感与乡土文化的形成、传承信息等。上述信息有些需要以科学考察和实验方式获取，有些则是居民切身体会的汇总，所有这些信息都为建设性对话与沟通奠定了良好的基础。

**2. 政策主张**

它是政策论证过程的结论或结果，参与稳评对话的每一方都会言明自己的主张，包括在论辩中所持的态度（赞同、反对或建议修改）、实施方案（首选和备选方案）等。考虑到公众在方案设计方面的知识与能力缺陷，不一定要求他们提供一个与政府、厂商相匹敌的方案，就政策改变的大体方向与完善设计的原则提出见解即可。从决策信息到政策主张，其过程需要用"因此""所以"之类的逻辑用语作为论证媒介。现在邻避设施决策前的听证会或者项目公众意见征集，都是直接由信息到主张的简单论证，缺乏严密的逻辑过程，没有充分理由的阐述和严谨证据的呈现，因而无法让参与各方信服，而且大多是政府、厂商单方面地提供信息，并不能达成建设性的对话与共识。因此，有必要加入新的论辩要素来完善这一过程。

### 3. 立论理由

立论理由是说明政策主张的原因，假定或者是论证其起始的缘由。通过对理由的充分阐述，可以最大限度地取得论证的正当性与合理性的证明，说服其他决策利益相关者和更多的听众。立论理由把决策相关信息变得系统化、条理化和通俗化，同时也让政策主张成立的基础更加明晰。对政府、厂商一方而言，进行项目设施决策的立论理由需要阐述该设施建设运行的目标（能解决的社会问题是什么）、决策的紧迫性（公众对项目设施的需求与政府、厂商能供给的产品服务的紧张程度）以及某些需要言明的假定，即设施的建设能在多大程度上缓解该社会问题、设施的安全性和风险可控性保证，若设施的建设具有超前性，那么还应阐述这种前瞻性是基于什么科学假定推导出来的。

### 4. 立论依据

论辩理由是否充分、能否说服对方并打动听众，关键在于立论依据的可靠程度。依据是支持理由的深层次基础，它为理由提供一套可靠程度高的说辞、数据、体验等有形的证据支持。立论依据可以是直观的证据，也可以是历史的经验证明，当然也可以是凭借理论上的假设推导出的科学结论，它们具有同等的立论支撑材料的地位。政府、厂商要清楚地知道，自己所谓的科学论据大多数也只是建立在数学模型估算之上的“预测”，某些看似精致的数据还只是实验室里的结论，设施真正运转起来的情况与实验室数据可能存在很大的误差。了解到这些数据背后的假定和预设之后，或许政府、厂商及其专家评估团队更应该放下身段，降低姿态与本地居民做好沟通，减少使用复杂深奥的公式的次数，更多地运用普通人更容易理解和接受的方式表达自己的立论依据。比如，减少术语的使用，增加口语化表达；减少数字模型，增加日常生活图片直观展示；减少实验室色彩，增加居民生活经验共鸣；减少“假大空”的普惠主义宣传，增加经济实惠的本地利好展示等①。

### 5. 驳斥理由

一个相对完备的政策论证过程不能缺少反证的环节，否则政策论辩

---

① 阐明复杂深奥的科学原理，并非不能完成的任务。北京卫视有一档医学健康栏目《我是大医生》的做法值得参考。该节目的特色就是：医学与健康结合，权威临床医生讲解、生活实物和医学模型结合，虚拟现实技术重建人体内环境、观众切身体验、医学风险提示与保健建议并举等。

就变成单向度的信息发布和说明会了。一般情况下，项目设施的决策由政府、厂商发起，那么提出反对意见的一方多是附近的居民或者环保NGO，他们用以挑战官方、厂商主张的陈述就是驳斥理由，通常表达为官方的主张“在何种情况下不可以被接受”，或者“在何种限制条件下才能被接受，若达不到限定条件则依然不能被接受”。对于公众而言，想要“反对”或“修改”原有的政策主张，需要提供更多的站得住脚的理由，如对生计的担忧、对环境的担忧、对健康的忧虑以及家园情感等。

**6. 驳斥依据**

居民或环保NGO提出的新主张与理由同样需要证据支持，用来说明在特定情景、例外情况或者限定条件下官方的主张为何不能被接受，通常是以“除非……”“如果……”之类的论述开始发难。公众的驳斥依据更要紧贴自己的驳斥理由，特别是将那些经济风险、环境风险、健康风险的担忧的现实与历史依据表达清楚。居民要充分利用本地化的优势，提供一些具体的事例来证实上述担忧并非空穴来风。特别是那些针对邻避设施的改扩建项目，附近居民对设施运转后的感受更具发言权和说服力。某些健康风险和疾病是否由设施的存在而直接导致，对此医学界往往也没有定论，附近居民就更应该用心去收集本地在设施运转前后的健康变化情况，用特定的案例“提醒”政府和厂商注意健康风险的存在。

**7. 论证循环中的共识与争议**

关于项目设施决策稳评目标很难在一次性的政策论证中，得以实现。通过论辩各方的政策主张及其理由、依据的阐述，更好地展现其中的逻辑关系——同与异——才是论证的主要目的。有时候论辩各方的政策主张针锋相对，分歧大、争议点多，不易在一次论辩中达成共识，需要多次论证循环，方能达成共识。简单的“求同存异”只是初步的要求，之后需要论辩各方坚持理性对话，以自身的政策主张为基础，认真考虑对方的主张、理由及依据的合理性，反思己方的论证过程可能存在的疏漏。在思考的基础上，吸纳对方合理意见，修订完善己方论证，进入下一轮的论辩过程与对方沟通。往复多次的论辩与事后修订，采取“论断—讨论—反思—吸纳—完善”的过程，使各方在有争议的议题上的分歧越来越少，共识越来越多。

## 五、余论与反思

理想模型也需要考虑现实的适用性。从简政放权到公民赋权，再到协同治理，并非朝夕可得。小到公众自身的能力建设、实现民主决策的成本问题，大到传统的政治文化路径依赖与民粹主义的强大张力，都在很大程度上考验着稳评理想模型的解释力。

**1. 政治文化传统的惯性**

在一个有着几千年悠久历史的国度，政治权力早已习惯了对各种资源的掌控和分配，普通公众也自觉不自觉地染上臣民意识。尽管现代化、全球化极大地促进了中国社会各阶层的民主意识，但强大的文化惯性使得人们在处理像项目设施决策及其带来的社会矛盾时，往往还是首先使用非参与非协商的方式解决问题。学界在不断呼吁政府，在进行重大固定资产投资决策时要提高公众参与的程度和质量的同时，也应该思考地方政府是否心甘情愿放权并真心实意地赋权给公众。稳评的放权与赋权有两方面的难题：一方面，真正实施起来就意味着要把公众参与纳入决策之中，使之具有行政的乃至法律的约束力，这恐怕并非出于权力机关的自觉自愿；另一方面，在科学主义大旗下，技术专家已经在风险评估中树立起了权威和影响力，他们能否放下身段虚心接受来自普通人的经验，并以对等的姿态把日常知识作为科学知识的有益补充，这也是悬而未决的难题。其实，有关风险争议的化解更有赖于上述两种知识的相互借鉴和融合，而这一切又以技术权威的权力分享为条件。

**2. 公众理性与能力的缺陷**

公众能否摆脱臣民意识的束缚，改变以往要么做“沉默的大多数”，要么上街头激烈抗议的极端面貌，积极投身到民主协商解决冲突的活动中，还取决于他们是否有乐于学习参与协商和讨论的兴趣、能力和自觉。首先需要克服的就是唐斯（Anthony Downs）所说的“理性无知”，即在解决诸如项目设施决策这类复杂问题时，相当一部分公众没有足够的动力为了得出高品质的政治判断而去积极吸收相关知识①。公众参与决策需要付出成本（时间、精力），特别是想高水准地参与讨论发言，甚至需要重新学习相关知识，而这些知识并不能给付出辛劳的公众带来即刻的额外收益。“聪明”的公众在付出一定程度的努力后就会停止吸收这些知识，对项目设施议题保持部分的“无知”状态，转而从媒体、互联网上寻找廉价易得的信息来填充知识鸿沟，其中的偏颇和误差也就不言而喻。此外，公众参与能力的欠缺还表现在：效果评估能力缺乏、决策方案评

① 唐斯．民主的经济理论．上海：上海人民出版社，2005：234-235.

估能力缺乏、利害关系分析能力缺乏。强迫公众超越自我狭隘的眼界去评估方案的优劣和项目效果的利弊，跳出自我利益的圈子去评估他人乃至社会整体的福祉，都是欲速而不达的事情。

**3. 民粹主义及其限度**

一旦公众参与的理念成为共识，后续工作中就要更加警惕“多数决定原则”固有的负面效应。要避免稳评从“无参与”的极端，突然转向无原则地屈服的另一个极端。尽管扩大公众在稳评中的话语权和决断力可以弥补官僚和专家决策的不足，显著增加决策的正当性与合理性；但考虑到项目设施技术的复杂性和风险叠加性等特征，公众容易产生过度的风险忧虑。在群情激奋的情况下仓促举办稳评意见征求或听证会、讨论组等公共议程，其所产生的“一边倒”的民意或许只是一个“民主空壳”。面对民意压力，政府和厂商会策略性地控制议程讨论的形式，打着扩大参与的旗号，邀请一些非直接利益相关者，或是对设施充满“想象的忧虑”的人参与讨论，而使那些真正的利益相关者（原住民）无力言说，失去“讨价还价”的机会。这其实是用一种更大范围的“民意”封堵少数群体的“民意”。即便是在相对温和的社会舆论氛围中，开展公众参与协商时，政治精英和技术精英也有可能凭借资源和知识的优势，通过操作、游说的方式主导讨论的进程，最终在形式上以“多数决定”方式达成共识。可是，当公众发现最后的决策不是自己想要的时候，又会通过街头政治抗争施压，让此前协商民主的正当性荡然无存。

**4. 参与成本及对可持续的忧虑**

富有成效的稳评参与离不开人、财、物的大力支持和持续投入，资金、人员及其配套设施是最现实的影响因素。在实地调研中，我们从政府机构和居民代表那里听到了类似的担忧。如果按照理想模型筹备公民协商会议，那么费用一定超出一般机构的负担能力；若是政府机构出面协调，则需要相应的财政预算。完整的协商会议需要相当长的时间，准备、酝酿、讨论和提交报告等过程所需的材料和事务极其繁杂，这本身就是对举办者的巨大挑战。政府和厂商常常把稳评看作“一次性”活动，可是当本地居民被动员起来、提高了参与和学习的积极性后，就会期待这一模式能继续维持。举办者和参与者对待稳评参与模式的这一差异，使得与会者担心操办者撤离后，民主协商的精髓无法落地生根。一次成功的公民参与付出的努力，在多数情况下鲜为人知，将理想变为现实需要许多专业支持（如公民分组讨论等环节需要专业媒体全程现场直播），各地每一次针对重大决策的稳评是否都能完全复制也是个“未知数”。但是，无论多么艰难，只要秉持重大决策的科学性和民主化要求，稳评参与的所有投入都是值得的，相对于项目下马和群体性事件所造成的损失而言，用制度化的财经政策保证其顺利开展是物有所值的。

## 第三节 稳定风险评估之评估的综合指标设计[①]

经过十多年的努力，国内关于重大决策稳评的认识与实践都有了长足的发展。特别是2012年《关于建立健全重大决策社会稳定风险评估机制的指导意见（试行)》发布后，各地各部门对决策事项开展稳评成了刚性要求，各种有关稳评方法、风险等级确定以及风险防范的研究硕果累累。如果说前十年属于稳评的初创和快速建设期，那么接下来的任务就应该更多地转向对风险评估实效的分析，即所谓“评估之评估”。通过这样的转向，可以达到“以评促建”的目标。

一般而言，评估多以绩效为核心，即根据一项活动或工作的最终结果来设置评价指标、构建评价体系和确定评价权重，可称之为效果导向的评估。它的优势在于以产出为直接评价对象，方便与预期目标进行比较，容易量化；但由于缺少必要的流程检视，不利于后续评估的改进和完善。所以，站在参与者的立场上审视稳评，把评价的重点放在稳评操作的流程和关键环节上，从参与公平性、代表性和独立性等多个维度来考察稳评流程，以过程质量的监管来弥补效果评估的缺陷，就成为一种新的选项。我们以过程评价和效果评价的结合为视角，以稳评的组织、实施和结果为基本指标，尝试构建系统化的稳定风险评估之评估的初步框架。

### 一、过程评价与效果评价相结合的视角

实施稳评在于及早发现决策所蕴含的各类风险，提前做出预警，制定化解措施，最终让决策变得既合理合法又行之有效。因此，确定某项

① 张乐，童星．社会稳定风险评估之评估：过程与效果的综合指标．南京大学学报（哲学・人文科学・社会科学），2016（5）．

决策的风险等级并做出是否暂缓或者取消的决定并非最终目的，通过稳评来真实地了解民意，通过有效的风险沟通提高公众对决策的接受度，并在此过程中提升公众的政策参与主动性和效能，让决策获得更加广泛坚实的民意基础，才是稳评的目的与意义所在。对稳评本身开展评估，就要用直观可操作的指标反映稳评目标是否得以很好地实现，揭示稳评执行过程中的薄弱环节，真实地呈现稳评的实效，从而及时、准确地发现稳评机制的不健全、不完善之处，有针对性地提出改进措施。

达到上述目标需要一个具有全面性、多维性和可操作性的评估指标体系作为支撑（见图 9－6）。稳评在效果上追求科学性，在过程上则强调民主化。从民主化与科学性两大维度入手设计指标，兼顾稳评的动态变化与静态结构，综合运用客观指标和主观指标，以增加测量的全面性和多维性。为确保评价指标体系的可操作性，设计的指标应尽量将抽象的理论概念还原成经验中可观测的事物或现象。

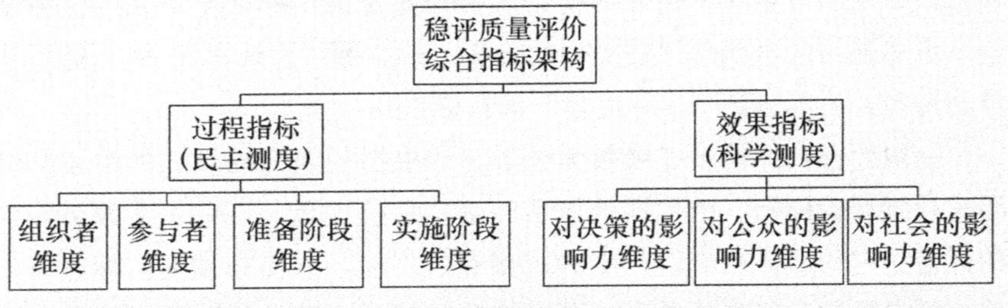


**图 9－6　稳评质量综合评价指标体系架构**

## 二、过程导向的评价指标

任何评价过程都有起始点。某个重大事项被有关部门明确提请决策之后，针对该决策的稳评工作也就进入了实质阶段。我们从评估的组织者、参与者、准备阶段和实施阶段四个维度对稳评的过程指标展开说明（见表 9－2）。

**表 9－2　过程评价指标**

| 一级指标 | 二级指标 | 三级指标 |
|---|---|---|
| 评估过程的测量 | 组织者 | 权威性 |
| | | 独立性 |
| | | 公正性 |

续前表

| 一级指标 | 二级指标 | 三级指标 |
| --- | --- | --- |
| | 参与者 | 包容性 |
| | | 代表性 |
| | | 参与率 |
| | 准备阶段 | 早期介入的程度 |
| | | 早期信息公开的程度 |
| | | 准备的可持续性 |
| | 实施阶段 | 过程的结构性 |
| | | 程序执行的程度 |
| | | 参与者的主观感受 |

在牵涉各方利益的稳评活动中，“谁来组织”和“谁来参与”这两个问题必须明确。说到底，重大决策与利益相关者的关系终究还是人与人之间的关系。针对稳评质量的评价，抓住人的因素，也就抓住了评价的核心。我们从组织者和参与者两方面分别设计了主体维度的（人的因素）评价指标，借以测量稳评实施过程中人的能动性的效应。

**1. 组织者①的评价指标**

组织者维度的评价指标可以从权威性、独立性和公正性三个方面设置。首先，权威性有两个含义：一是评估组织的正规性，它应该是被政府认可的、通过正式渠道注册的机构，具有合法性；二是评估组织的专业性，这是稳评组织开展高质量工作的基础，其从业人员的学历、专业知识、技能等因素是保证权威性的技术支撑。其次，独立性即超脱性是稳评的基本要求②。稳评能否获得实效，为决策者提供真实可靠且“无偏”的结论和建议，进行评估的组织的独立性至关重要。反映独立性的指标大体包括：财务独立，评估机构的主要资金来源与稳评委托方（主要是政府职能部门）无涉；用人独立，评估机构的领导层和骨干专业技术人员与稳评委托方（主要是政府职能部门）不存在人事隶属和相互兼职情况；利益中立，评估机构也不应与决策中其他利益相关者有直接的利益关联。最后，公正性也有两个含义：一是要求稳评组织秉持价值中

① 这里的组织者既包括稳评的委托方，即政府职能部门（决策的发起者、主张方），也包括理想状态下的稳评实践方（独立第三方机构）。考虑到目前国内稳评实践的多样态，如果稳评的发起者和实施者都是政府部门，那么由第三方机构开展稳评质量评价更好；若政府委托第三方进行决策稳评工作，那么由政府自己对稳评质量进行评价则比较合适。

② 童星. 公共政策的社会稳定风险评估. 学习与实践，2010（9）：117.

立，无论自身在该决策上原本持有何种价值倾向，都要尽量做到不以自己的好恶来做有选择的取舍，也不以委托方或公众的好恶来做有选择的取舍；二是检测稳评程序的公正性，包括给予决策利益相关各方平等的受邀请机会，给予参与各方同等数量和质量的背景资料，给予参与各方相同的发言机会和发言时间等。

**2. 参与者的评价指标**

参与者维度的评价指标主要考察包容性、代表性和参与率。首先，包容性强调多元化，如是否存在多视角的观点、立场，参与者身份的多样性，反对者是否被邀请参与其中等。多元的参与者必然会带来多样态的观点，多样态的观点则可以弥补决策提议方过于狭隘的风险-收益立场之不足。包容性指标不仅要求用多元性来补充原有决策议题使其进一步完善，更要求吸纳反对的声音使决策方警醒，并借此让少数派有表达诉求的机会。其次，多元主体参与模式还强调参与者的代表性①，代表性评价是建立在包容性基础之上的对参与者的质量分析。包容性尽管考察了参与者的整体结构状况，但并未涉及参与者结构与决策利益相关者结构之间的拟合度。在每一类具体的参与者结构中，如何让被选取的人能最大限度地代表其背后的群体，直接影响到稳评结论最终被公众接纳的程度。因此，代表性评价应从代表选取的直接性、抽样方法的科学性等方面进行测量。最后，参与率是直观性评价指标，可分为理论参与率和实际参与率：前者是用先期抽样得到的样本人数除以决策影响范围内的目标人群总数所得到的比值，后者则是实际全程参与稳评的人数除以抽样方案圈定的总人数所得到的比值。

**3. 准备阶段的评价指标**

实践证明，越是准备充分的稳评其结果就越可靠。对稳评准备阶段的评价可以从介入时段、信息公开和可持续性三方面入手建构具体的操作指标。作为一项公共决策，在其政策问题界定与议题形成阶段，就应该有利益群体介入讨论，在这个时间段的公众、媒体和NGO的参与都可以被理解为早期介入；反之，该项重大决策一直都处于内部决策状态，公众等到决策落地（如工程项目建设图纸绘制完毕，甚至是到了征地拆迁时段）才知晓决策事宜，这些都属于早期介入不足。决策信息早期公

① 张玉磊．多元主体评估模式：重大决策社会稳定风险评估机制的发展方向．上海大学学报（社会科学版），2014（6）．

开的程度指标，应包括决策的基本目标、决策动议提出者的身份、决策的初步成本-收益核算、决策的风险-收益估算、决策各类风险类型及其防范措施、公众参与决策讨论的机会（资格、时间、地点）以及公众反映诉求的方式途径等。对于早期信息公开程度的考察，着重通过三个途径：一是信息公开的内容完整性测量，二是信息披露的尺度，三是对公开信息的可理解程度。稳评准备阶段质量评价的可持续性指标，包括稳评实施机构投入的时间、人力、资金、技术支持等专业保障要素，还包括上级党委、政府对稳评的支持程度、同级政府其他部门的配合程度等政治保障要素。

**4. 实施阶段的评价指标**

对稳评实施阶段质量的评价，可以从实施过程的结构性、稳评程序被执行的程度以及参与者对过程的主观感受三个维度进行测量。其中，前两个维度属于客观指标的设置，第三个维度则属于主观指标的建构。

（1）稳评实施过程的结构性。

稳评其实是原本由政府专家系统垄断的重大决策权力关系的重构，是国家对社会层面的赋权。实施过程结构性评价重点在于考量稳评的制度性安排的状况和水平，主要包括基于稳评的各项制度的公开性、透明化、弹性等指标。首先，公开性应考察稳评事项意见征求阶段、公众讨论阶段以及结论报告阶段的对外公开程度，上述活动的时间、地点、参与者及其互动情况不仅要对直接利益相关者开放，更应通过大众传媒对外传播，媒体被允许参与、报道的广度和深度恰是评价公开水平的重要指标。其次，透明化指标是对公开性指标的深化，包括参与稳评过程的各利益相关者的身份、背景、诉求是否被公示，组织者、专家和公众参与者的遴选方式是否公开可查询，稳评实施阶段所形成的阶段性和最终性的结论是否对社会公开可查询，等等。最后，是弹性指标，一直以来，制度性设置常被理解为一种刚性要求，但是在以意见征求、风险沟通和共识达成为根本目标的稳评工作中，评价其实施效果的制度化水准还要注意“弹性”的指标设计。这包括当公众对评估专家不信任时，个别专家是否可替换；在进行重大决策核心议题的设定时，核心内容是否可以补充或更换等。

（2）稳评程序被执行的程度。

有效的稳评离不开必要的程序及其执行。稳评程序的执行情况，可以从对话的建设性、地位的平等性和资源的便利性三方面进行测量。对话的建设性指标主要涵盖各方对稳评任务界定的清晰程度、共同利益的划定范围、对共识价值的讨论程度等。所谓“任务界定”，包括稳评机构是否事先向所有参与者介绍评估的主要事项、核心议题和意见征求的基本目标，介绍内容是否包含政府在此项决策上的初衷、方案与备选方案，以及开展此次稳评的作用等。对执行阶段共同利益划定情况的评价，可以检查是否设定了各方诉求阐述的环节，是否设定了利益的求同存异程序等内容。对共同价值观的评价，则包括各方在重大决策上所持价值理念是否得到阐明，公共讨论是否涉及政府代表的公共利益与部分居民的利益之间的联系和区别，在价值层面有无达成共识等内容。地位的平等性指标，可以从参与各方是否采取直接方式沟通，是否存在论辩质询环节的设计，公众能否有足够的时间准备，公众是否有充足的机会阐明主张，政府代表能否真正代表官方等多个方面设定具体的测量办法。至于程序执行中资源的便利性指标，主要指各方尤其是公众参与稳评时，他们对资源的无障碍使用情况的评价。实施稳评的机构应该提供充分便捷的资源以帮助公众做出理性的判断。资源的便利性指标包括公众是否能获取与政府等量同质的资料，相关资料是否通俗易懂，公众是否有充足的时间阅读、有充分的机会讨论，等等。

(3) 稳评参与者的主观感受。

站在参与者的角度去评价稳评过程，要着重考察他们在此过程中的切身感受和主观体验，让他们针对前述的稳评流程和环节分门别类地做出独立判断。这类主观指标大体包括：互动性、独立性、深思熟虑感、舒适感和过程满意度等。互动性指标主要是让参与者针对政府代表、专家与自己的沟通情况进行打分，以此测量双方的信息交流和相互理解的水平，如询问有没有互动、通过什么形式互动、互动的深度和相互理解的程度如何等问题。独立性指标是让参与者对参与稳评活动的基本情况做出评价，如是否出于自愿、参与过程中能否根据自己的想法做出选择、主办方是否存在误导等情况。对深思熟虑感的测量属于体验性评价指标，是对那些在制度设计和操作流程中提及的机会、充分程度、便利程度等各类保障性指标的主观测评。可以让参与者从稳评的准备和实施阶段，对自己思考的机会、时间、理性水平、判断的成熟度等内容做出评价。至于舒适感和过程满意度评价，则是让参与者对稳评举办地的场地环境、工作人员的服务态度、会议主持人的表现、稳评流程安排的合理性等进行整体评价，借此测量出稳评主办方举办活动过程的优劣。

## 三、效果导向的评价指标

单纯从政府的立场看，有无决策失误和是否发生群体性事件是判定稳评直接效果的两个依据。但要想展现稳评效果的社会性、全面性和参与性，仍需增加新的测量维度。我们从稳评对决策本身的影响力、对公众的影响力和对社会的影响力三个维度进行概念化的操作（见表 9－3），对稳评的有效性评价、改变性评价和社会性评价做逐一说明。

**表 9－3　　　　效果导向的评价指标**

| 一级指标 | 二级指标 | 三级指标 |
|---|---|---|
| 评估效果的测量 | 对决策本身的影响力 | 对决策指向的影响程度 |
| | | 决策回应的程度 |
| | | 公众意见被采纳程度 |
| | | 成本-收益核算 |
| | 对公众的影响力 | 公众认知的改变程度 |
| | | 公众态度的改变程度 |
| | | 公众参与能力的改变程度 |
| | 对社会的影响力 | 价值分歧的弥合程度 |
| | | 社会矛盾的化解程度 |
| | | 公共信任的修复程度 |

**1. 稳评对决策本身的影响力**

评价稳评的效果，首先应从测量它对重大决策的影响程度开始：经过稳评的决策是否发生了变化以及在多大程度上发生了改变。这些变化包括：对决策指向的影响程度、决策回应的程度、公众意见被采纳程度以及成本-收益核算等。

（1）对决策指向的影响程度。

该指标需要对比稳评前后重大决策方向的变化情况。作为旨在加强决策合法性基础的政策行为，稳评应该为决策的指向性提供重要依据。不同类型的重大决策，其政策指向有所区别，尤其是包含多种风险的重大项目决策更要注意决策指向的多元性。比如，原来重大项目决策的主要政策指向是经济可行性，经过稳评后发现该设施周边居民希望能从该项目中获得更多收益时，则应该改变决策指向，增加决策的社会效益考量。评价稳评对重大决策指向的影响情况，可依决策指向是否发生改变和改变的程度这两个指标进行测量。决策指向改变又可分为根本性指向改变和决策指向增减两类。根本性指向改变是指稳评后停止此决策或者单一指向的决策完全改变，如原有决策完全是市场化导向，稳评后改为由政府投资管理的公益导向的政策。决策指向增减是指在稳评后，决策添加了新指向性或减少过多的不能完成的指向目标。至于决策指向改变程度的测量，则可以按没有改变、部分改变和完全改变来进行区分。

(2) 决策回应程度。

决策回应程度指标是在决策指向变化的基础上更进一步的评价，包括稳评后相关重大决策是否回应了利益相关者的关切与诉求、对决策的哪些层面进行了回应、回应手段的多样性和有效性等。就稳评后决策回应的实践来看，利益相关者比较关注决策实施后的安全问题、决策实施的风险分担与收益共享问题、决策实施后的安置补偿问题以及决策实施带来的环境和健康问题等内容；决策回应的层面分为公布、解释、防范和协作，对这些指标分别做有无和程度的测量。为了评价决策回应的手段，可以测量决策机构在稳评后采取了几种手段回应利益相关者的诉求，哪些手段是常用的方式，公众对这些手段在反映关切、答疑解惑、风险防范指导和诉求实现等方面的满意度等。

(3) 公众意见被采纳程度。

公众意见被采纳程度的测量可以从是否被采纳，在哪个层面被采纳，采纳的部门、未被采纳的部门的比例各占多少，以及是否对未被采纳的原因做出说明等几个方面操作。在评价过程中要特别关注公众意见被采纳的程度，即公众在稳评中提出的建议是被当作一般性建议来处理，还是作为重要决策考虑方向重新进入决策议题。被当作一般性建议处理说明公众意见被采纳的程度较浅，而能被纳入决策的议题加以讨论，则可以从公众的视角检验前面提及的决策指向改变和决策回应程度等指标的真实性。在通常情况下，采纳公众意见的政府部门级别越高，其建议被重视的程度越高，进而公众意见被纳入决策考虑范围内的可能性就越大。而统计公众意见总数及其被采纳的比例，可以在很大程度上反映相关部门吸纳公众意见的水平，尤其是对未被采纳的建议是否给出解释以及公众对此解释的满意度做出评价，更能反映出稳评对决策本身的影响力。

(4) 成本-收益核算。

做任何事情都是有成本的，稳评也不例外，一次富有成效的稳评必定需要投入相当程度的人力、物力和财力。对稳评活动的成本计算包括直接成本和间接成本，其收益也包括有形的和无形的两种形式。一旦涉及成本-收益核算，就不能回避指标的可测量性，通常的做法是用可度量的货币形式来表示①。采取该方式进行评价，则意味着接受稳评活动及其结果是可以被转化为货币量的假设。稳评的成本-收益核算分为两个部分：一是计算并对比稳评本身的实际投入和产出，在此过程中要将相关的投入和产出尽可能地量化为货币指标（如人工和时间投入的换算等）；二是对比稳评前后决策改变或调整引起的成本-收益变化，这又要与其他决策评价体系（如经济评价、安全评价、环境评价）相互配合，核算方法更为复杂，需要有关部门通力合作才能完成。此外，考虑到学界对政策产出是否需要定价的争议，再考虑到稳评作为政策服务而发挥作用的初衷，可以采用成本-绩效指标来测量。成本-绩效分析只需将稳评的成本转化为货币形式，收益则用产出的单元来表示。例如，通过比较政府花 100 万元在大众媒体上投放有关邻避设施的好处的广告宣传后的居民上访率，和政府花 100 万元举办面对面的公众参与活动后的居民上访率，就能计算出每单位产出所消耗的资源成本，并加以比较权衡。

**2. 稳评对公众的影响力**

这里所谓的“公众”，可分为受决策影响的一般公众和受影响且直接参与稳评的公众两大类。稳评对公众影响力的评价指标设计需注意决策影响范围内的以一般公众为测评主体的指标和以特定公众为测评主体的指标之间的区别。

（1）公众认知的改变程度。

稳评后公众认知情况的改变大体包括以下几种：稳评活动开展前后公众对决策的知晓程度的变化、对政府决策目标的理解水平的变化、对决策受益群体的判断的变化、对决策相对受损群体的判断的变化、对决策所蕴含各类风险及其程度的判断的变化、对风险防范措施的了解程度的变化，以及公众对自身相关权益（知情权、同意权、参与权、申诉、补偿等）的了解程度的变化等。在测量指标的设计上，可采用主观报告和客观测度两种方式进行。主观报告是指直接询问公众上述认知的变化情况，公众回答“改变了或者没有改变”，这种方式简单易行，但信度和效度有待验证。运用客观指标测量认知改变程度，则需要设置一些标准化或经验化的问题，如在稳评前询问公众所认为的某项决策受益人群有哪些，稳评后用同样的问题再次询问相同的被访对象，对比前后两次答

① 罗希，李普希，弗里曼．评估：方法与技术．重庆：重庆大学出版社，2007：237.

案，寻找其中的变化。又如，在稳评前询问公众对某拟建公共基础设施的安全风险防范措施的了解程度（技防、人防、心防等措施），在稳评结束后，询问与稳评前相同的被访对象同一问题，对比前后信息的变化等。以稳评为介入变量，运用客观指标测量，可以直观反映出稳评活动开展前后的实际影响，使测量的信度和效度都有保证。

（2）公众态度的改变程度。

态度是个体对特定对象所持有的相对稳定的心理倾向，通常由认知、情感和行为意向三个部分构成①。首先，由于前一个指标已经单独测量稳评后公众认知水平的变化，因此这部分态度指标主要测量认知成分中的赞成、反对因素，这可以通过比较公众在稳评前后对于决策的赞成和反对的程度变化来完成测量。其次，公众情感层面的变化指标主要包含个体针对特定重大决策的情感体验，如喜欢与厌恶、尊重与轻视、同情与冷漠等，这可在稳评前后分别进行测量，然后比对变化，说明稳评的影响水平。最后，在行为意向方面，主要测量公众对于拟实施决策的行动反应或准备状态，这可以对比稳评前后公众在对决策的接纳程度上的变化，或者对比公众因政策的强行通过而可能采取的行动意向等。

（3）公众参与能力的改变程度。

稳评不仅可以为决策机构提供信息参考，更为重要的是可以促进公民社会的成长，巩固社会团结的基础。公众参与能力的变化作为一个直接体验性评价指标，主要面向实际参与决策稳评的公众主体，主要包括：公众参与意愿、信息获取能力、理性分析能力和共识达成能力等四个方面。首先，参与意愿指标可以测量稳评前后公众在特定公共事务上的主观能动性的改变情况，尤其是要对比公众参与公共决策的自觉性水平的改变。其次，信息获取能力的评价要对比稳评前后公众为论证自己主张而有意识地收集、保存、整理相关材料证据的能力变化。再次，理性分析能力是公众参与水平提升与否的重要指标，可以着重对比公众在参与稳评活动前后对决策的核心内容（如决策的收益和风险）理解力的变化，或者对比稳评前后公众在观点论证方面技能（如思维方式、推断逻辑）的变化。最后，共识达成能力的测量，包括对比稳评前后公众承认对方也有利益诉求的意愿及程度，接受平等对话的意愿及程度，采取相互妥

① 迈尔斯．社会心理学．北京：人民邮电出版社，2006：98.

协的意愿及程度等。

所有这些对公众参与能力的改变的测量，都可以采取主观指标和客观指标相结合的方式。主观方面可以直接询问公众在稳评前后某项指标的高低水平，如让被访者选择“自己与政府在决策目标上的利益共同点有多少”，对比他们在稳评前后观点的变化；客观指标则可以询问“公众收集资料时的信息渠道有哪些，如政府网站、官办传媒、民办传媒、道听途说等”，对比他们在参与稳评前后观点的变化，从而在一定程度上反映稳评对公众参与能力的影响力。

**3. 稳评对社会的影响力**

从更深的层次看，衡量稳评效果好与不好之关键在于引发社会不稳定的因素是否得到妥善解决。社会对某些重大决策不支持、不赞同和不参与都是表象，根源则是不同的社会利益群体对决策目标的价值认识各异，由此导致的社会分歧和冲突也就不易调和，反过来加剧了本已脆弱的公共信任的断裂，使得决策更加难以获得广泛的社会支持①。开展稳评的初衷正是试图从根本上找出上述困境的症结并妥善解决。因此评价稳评的社会效果，当然也就应该从社会价值分歧的弥合程度、社会矛盾的化解程度和公共信任的修复程度等几个方面进行测评。

(1) 价值分歧的弥合程度。

人们外在表现出的态度和行为模式源自内在的价值取向。价值体系是分层次的，无论是什么类型的重大决策，也无论是决策方还是受影响方，都会有一些基本的价值取向，如人的本性是善还是恶、是自然主义还是人类中心主义、是效率优先还是公平优先、是自由重要还是安全第一、是舒适为先还是健康为要等。在所有的政策领域，相关者的态度和行为都是基于这些基本价值取向，而且这些基本价值取向具有相当程度的先验性、终极性，一旦形成就难以改变。如果测量前后不同类型的社会群体在基本价值取向上趋同，就可以反映出稳评具有极大的社会影响力。价值体系的中观层面则是一些策略性的信念和规范，这类价值更贴近决策实际。比如，对政府角色的判断“是掌舵还是划桨”，对什么是公共利益的定义指向是环境保护还是经济发展、是技术悲观主义还是乐观主义，以及哪个社会群体的利益最为重要等都属于此类。类似的，可以

---

① 张乐，童星.“邻避”冲突管理中的决策困境及其解决思路.中国行政管理，2014（4）.

让不同的社会群体在稳评前后对上述问题做出判断，然后比较其中的变化，以度量社会价值在策略层面所受到影响的水平。价值体系的表层是那些为实现基本价值而持有的工具性表述。例如，对于大多数决策，是倾向于高压实施还是诱导说服、是精英决定还是公众参与、是零和竞争还是双赢多赢等。通过对稳评前后各社会群体在工具性价值层面的判断对比，发现不同社会群体的价值偏好是否因稳评而发生了改变，特别是归纳出各群体在价值取向上的趋同性程度，可以较为准确地反映出稳评的社会影响力。

（2）社会矛盾的化解程度。

客观存在的社会矛盾和冲突，会因某些重大决策没有开展稳评而被激化或引爆，如果通过科学民主的稳评化解了社会矛盾，缓解了冲突，就可以认为稳评取得了实效。评价社会矛盾的化解程度可以根据社会矛盾的表现形式进行反推，在一定程度上，具体的矛盾表现越轻微，说明矛盾被化解的效果越明显。社会矛盾化解的指标可以分为暴力手段的使用及其变化、诉求表达的合理化程度、社会不满情绪疏解水平和集体性敌视减轻程度等①。对暴力手段使用情况的测评，可以在稳评前后分别询问直接利益群体“当重大决策有可能损害自身权益的时候是否采取极端或暴力方式维权”等问题来测量，也可以通过对比稳评前后公众实际使用的维权手段的暴力程度，如说理、吵闹、谩骂、肢体冲突、人身伤害等来判断。诉求表达的合理性指标可以通过对比稳评前后利益相关者诉求的主要内容，以及区分其中哪些是现实可行的、哪些是“无理取闹”的来获得，亦可通过比较稳评前后表达诉求的方法获得。对社会不满情绪的测量，主要关注相关社会群体对于重大决策背后所谓“强势集团”的不满情绪的水平，对比稳评前后人们因政府的决策行为而产生的社会挫败感和相对剥夺感的水平。如果稳评后人们的挫败感、剥夺感有所减轻，则反映出稳评对社会矛盾的实际化解起了作用。集体性敌视是从更为集群性的层面上测量社会矛盾，它体现了不同社会集团的认同区隔程度。具体可以用某些主观评价指标来测度，如调查人们是否用“弱势群体”“社会底层”等进行自我身份归类。对比这些称谓在稳评前后出现的频率及其变化，就能在一定程度上了解社会各阶层在文化心理上的疏离

① 张海波，童星．当前中国社会矛盾的内涵、结构与形式：一种跨学科的分析视野．中州学刊，2012（5）．

和敌视的程度。

（3）公共信任的修复程度①。

公共信任是指社会公众对公共管理体系的系统性信任，主要表现为公众对政府的信任。公共信任的修复一般在其受损之后展开，公共机构单方或者政府与公众双方共同努力使公共信任重新回到积极的状态②。多数因互不信任引发的不合作与社会冲突，如果能凭借稳评活动的顺利开展而得以减少，甚至公共信任恢复到积极水平，那将是稳评发挥效果的充分体现。考察公共信任的修复水平，可以从信任的构成要素入手。公共信任包括公众对政府执政能力的认知、公众与政府的社会关系定位以及公众对制度情景的评价等三个维度，对公共信任修复的测量也可依据公众对政府决策能力认知的改变状况、官民关系的定位变化情况和制度评价变化的程度等三个指标。认知维度的测量需要对比稳评前后公众对政府合法决策能力的评价、公众对政府维护不同社会阶层利益能力的评价、公众对政府进行此项决策意图合理性的判断等内容。关系定位维度的测量，主要对比稳评前后公众对政府作为公共利益代言人其代表程度的判断，对公务员作为“人民公仆”合格程度的评价，对政府决策程序的合法性、依规性的评价等内容。制度情景维度的测量，可以比较稳评前后公众对政府重大决策规范的改善情况的评价。比如，询问公众对增加知情权、参与权和监督权的制度设置的赞同程度，对未来政府再次失信行为的发生概率进行预测，等等。

作为一种尝试，我们只是对重大决策稳评的质量评价指标体系进行了初步建构。该指标体系是否合理，其实用性又如何，都需要得到评估实务部门的验证和使用反馈。此外，一个完整的评价指标体系还必须将各级指标量化赋分并根据各自的重要性分别确定其权重，这也是本研究未来继续深化和努力的方向。我们有理由相信，随着稳评工作的不断深入，社会对稳评质量的要求也会越来越高。稳评本身就是落实重大决策

---

① 信任修复（repair）和信任恢复（restoration）并不完全一样，斯洛维克（Slovic）和施韦策（Schweitzer）等研究者曾指出，失去的信任要花费很长时间才能修复，且无法得到彻底恢复。本书赞同这样的观点，采用“修复”概念以体现警示意味。参见 P. Slovic, “Perceived Risk, Trust, and Democracy”, Risk Analysis, 1993 (13): 675 - 682; M. E. Schweitzer, J. C. Hershey, E. T. Bradlow, “Promises and Lies Restoring Violated Trust”, Organizational Behavior and Human Decision Processes, 2006, 101 (1): 1-9. 可见，在公共管理领域，使用“信任修复”比使用“信任恢复”更准确。

② 徐彪. 公共危机事件后的政府信任修复. 中国行政管理，2012 (2).

民主化和科学性的重要一环，而评价其是否真正实现了上述目标要求，就不能单凭事后问责来倒逼改革，更应该坚持“连续统”“全过程”的风险治理原则，严把稳评过程质量和效果绩效的双重关口，以评促建，让稳评体系更好地为党和政府的决策服务。

# 第十章
# 改革信访制度①

信访制度是中国党和政府与群众沟通的桥梁，在不同的历史阶段，在密切党和政府与人民群众的关系、服务改革开放大局、化解社会矛盾等方面都发挥了重要作用。然而，当前信访制度在运行中也存在一些突出问题，亟待改革和完善。

## 第一节　信访制度既要坚持又要改革完善

### 一、信访制度的发展演变及其法理依据

信访，顾名思义包括“信”和“访”，即来信和来访。民众通过通信或走访向国家表达意见和诉求的现象古已有之，但在中华人民共和国成立以前并不存在“信访”的概念。政务院于1951年发布《关于处理人民来信和接见人民工作的决定》，被公认为是中国信访制度的起点，但该决定中并未出现“信访”“来访”“上访”等字样，对信访现象的表述是“人民的来信或要求见面谈话”。1953年，“人民的来信或要求见面谈话”被中央媒体简化为“来信、来访”、“来信来访”和“信访”。国务院秘书厅于1963年制定的《信访档案分类方法》中使用了“信访”概念；1966年，中共中央办公厅将专门负责信访工作的部门改称“信访处”。1972年，中共中央向全国转发《关于加强信访工作和维护首都治安的报告》，这是“信访”首次出现在中央文件中。不过，“信访”概念真正被群众广泛运用还是在“文化大革命”以后。20世纪70年代末，“文化大革命”

① 本章第一、二两节内容参见童星，张海波．进一步加强和完善信访制度的政策建议．成果要报，2012，1（7）；张海波，童星．社会管理创新与信访制度改革．天津社会科学，2012（3）．

中积累的种种社会矛盾演变为信访洪峰，国家也把做好信访工作作为促进安定团结的重要突破口，于是原本主要在国家机关内部流传的“信访”概念迅速走向民间，成为家喻户晓的政治概念①。

信访制度既是对传统政治制度和文化的继承和发展，也是适应当代社会现实的需要。中国自古以来一直缺乏公民直接选举各级官员的传统，而是自上而下地委任官员，一级管一级。在这种政治体制中，必须辅之以两套制度安排：一是自上而下地委任专员到地方和基层巡视、督办或直接经办重要事项，如历朝历代的“钦差大臣”、民国时期的“特派员”，以及现在的“巡视员”等；二是开通自下而上的举报、告状、申冤直至“拦御轿”的通道，这就类似现在的信访。如果没有这样两套制度安排，那么就难以免除地方上各式各样“土皇帝”的产生，也难以保证中央政府政令的畅通。新中国成立以后，仍然保持干部委任制，坚持“工、农、商、学、兵、政、党这七个方面，党是领导一切的”。在这种情况下，就必须建立信访制度，既合理又合法。长期以来，中国共产党将信访制度定位为一种群众工作制度和社会主义民主制度，即通过信访工作密切联系群众，既让群众能够方便地监督政府并建言献策，又便于发现和纠正政府工作中的失误，维护人民群众的合法权益。同时，如此多数量的群众来信来访，并不表明人民群众与党和政府离心离德，甚至尖锐对立，而正说明人民群众对党和政府的信任与期盼。因此，假借各种各样的理由试图取消信访的主张，都是站不住脚的。

此外，既然社会矛盾客观存在，就应当坦然面对，而非一味地回避、压制。处在这些矛盾中并作为弱者的一方也会考虑成本代价。如果这些矛盾较为容易被曝光、公开，引起政府的重视和解决，那么媒体曝光、当事人向上级领导和相关部门写信反映问题，就会成为首选，因为成本代价最低；如果对媒体批评曝光控制过严，对群众来信、来访掉以轻心、敷衍塞责，那么群众就会选择成本代价稍高些的“上访”；如果对“上访”通过排名、通报、拦截等方式严加控制，当事人就会选择成本代价更高些的群体性抗议等方式来维权；如果对维权型群体性事件采用刚性维稳的手段予以打压，则群众有可能选择成本代价更高的方式表达其不满情绪。从社会所付出的成本代价方面来考虑，当事人成本代价递增的

① 冯仕政．老问题，新视野：信访研究回顾与再出发//南京大学社会风险与公共危机管理研究中心，江苏省南京市信访局．国家治理与信访改革论坛论文集．2016-08-27.

过程，也是社会危害程度递增的过程。既然社会矛盾客观存在，我们为何要无情地封杀其一切表达方式呢？我们为何不能对当事人、社会双方成本代价相对较小的矛盾宣泄方式表现得适度宽容些呢？上述理论推断也得到了实证数据的支持。

在宏观层面上，中国的社会矛盾存在“总量”和“出口”的问题，如果矛盾总量居高不下或有所增加，则势必要求矛盾出口扩容。近年来，中国的社会矛盾总量持续增加，短期内也不太可能大幅减少。虽然无法获得有关中国社会矛盾总量的精确统计数据，但仍然可以做一番分析和推算。从产生机制来看，社会矛盾不同于经济纠纷、人际矛盾，属于社会的结构性矛盾，由社会的结构性变迁造成。比如，债务纠纷多与双方对契约关系的信守程度有关，可以通过加强契约的法律效力来化解，因此只是经济纠纷；邻里纠纷与双方的个体特征有关，可以通过改变为人处事方式来化解，因此只是人际矛盾；而征地纠纷、拆迁冲突等则与个体特征无关，其根源在于个体或群体在社会结构中的地位差异，只有通过结构性调整才能化解，因此是社会矛盾。就此而言，中国的社会矛盾主要有三种类型①：

一是风险社会的社会矛盾。风险社会的不断演进在制造风险的同时，也加剧了公众对安全的忧虑，使得风险承受者和风险制造者之间的张力加大。风险制造者总是试图以“一成不变的承诺”或“有组织地不负责任”来消除安全焦虑或推卸责任，往往激起风险承受者更激烈的愤怒和对抗。环境维权冲突便是这一类型社会矛盾的集中体现，其本质是冲突双方在风险社会结构中的角色对立。近年来，中国的环境维权冲突也在逐年递增。据统计，1991—1995年，全国环保系统共受理来信28.3万封，其中1995年为5.8万封，而2001年一年即达到36.7万封，是1995年的6.3倍，超过上述5年之和，2005年则超过60万封，是1995年的10倍；来访数量也从1995年的5万余批次增加到2001年的每年8万～9万批次②。虽然难以获得2006年以后的全国统计数据，但环境信访大省江苏的公开数据显示，相比于2010年，2011年环境信访明显上升，江苏省环

---

① 这里所说的社会及社会矛盾的“三种类型”与上篇所说的“四种社会”并不相悖：这里的“转型社会”大体相当于上篇所说的“开放社会”，另两种即风险社会和虚拟网络社会，则在两个地方的表述完全一致。

② 张玉林．政经一体化开发机制与中国农村的环境冲突：以浙江省的三起“群体性事件”为中心．探索与争鸣，2006（5）．

保厅在第一季度受理的环境信访投诉同比上升了31%，其中来信同比上升62%①。1995—2005年，全国因环境引发的群体性事件增加11.6倍，年均递增28.8%②；2006年以后，还相继出现了规模不小的群体性事件。随着风险的不断扩张，这一类型的社会矛盾也在逐渐蔓延，如果说环境维权冲突在21世纪初还只是集中在工业化程度较高的几个省份的局部问题，那么随着工业的梯度转移，环境污染也将向西部、农村转移，环境维权冲突在信访事件中的占比上升。

二是转型社会的社会矛盾。转型社会的结构性分化造成群体之间社会地位的结构性差异，由于社会转型的“两极分化”和“结构固化”，这种结构性差异逐步表现为结构性对立，政策受惠者与政策受损者之间的张力加大。政策受惠者总是试图以“服务大局”或“发展的代价”为理由来迫使政策受损者接受现实，但随着权利意识的增强，政策受损者越来越不满意于这种强加的分配格局，试图通过抗争来实现合理的利益和理性的收益，这也是当下中国社会矛盾的主要表现形式之一，其中，征地纠纷、拆迁冲突、由改制引发的身份待遇问题等都属此类，其中又以征地纠纷最为典型。随着社会转型的不断深入，因转型引发的社会矛盾已经泛化，不再集中于特定的领域，而是在教育、医疗、社会保障、军人安置、重大项目与工程、城市综合行政执法等领域都有体现，对社会管理方式进行重大调整的任务已迫在眉睫。

三是网络社会的社会矛盾。网络社会的结构性对立主要体现为政府舆论主导与民众自由表达之间的冲突，这一类型的社会矛盾除体现为网络上的“舆论风潮”外，对现实世界中的风险社会和转型社会的各类矛盾也起着强化、放大的作用。

风险社会、转型社会、网络社会这三大结构性变迁方兴未艾，中国的社会矛盾总量必然居高不下，短期内甚至有所增加，然而，中国社会矛盾的出口却没有扩容，甚至有所收窄。如果将社会矛盾的出口分为“制度内出口”和“制度外出口”，那么信访制度就是主要的制度内出口，群体性事件则是主要的制度外出口。国家信访局的统计数据显示，全国信访总量自2005年以来呈现下降趋势，2009年同比下降2.7%，

① 范圣楠，李莉，闫艳. 一季度环境信访投诉量上升三成，江苏大力攻坚求升转降. 中国环境报，2011-05-12.

② 阎世辉. 建设资源节约和环境友好型社会//陆学艺，汝信，李培林. 2006年中国社会形势分析与预测. 北京：社会科学文献出版社，2006.

连续5年保持下降态势，且集体信访、初信初访总量下降。2010年继续维持下降趋势，全国信访总量首次降到1 000万件以下。但与此同时，群体性事件不断增多。信访与群体性事件总量的此消彼长表明，如果制度内出口容纳社会矛盾的能力下降，则社会矛盾就会涌向制度外出口。

## 二、维稳困境与“信访悖论”：信访制度改革的必要性

所谓“维稳困境”，是指“越维稳越不稳”；所谓“信访悖论”，是指“有信访却难上访”。二者之间有因果关系。简言之，“维稳困境”主要源于“信访悖论”，破解“维稳困境”重在破解“信访悖论”。

作为制度内容纳社会矛盾的主要通道，信访制度在组织目标、体系结构、运行机制和考核制度等层面都出现了“信访悖论”：

**1. 在组织目标上，片面追求信访总量的下降，这与信访部门的职能设置相悖**

信访是党和政府首创的群众工作方法，随着时代的发展，信访的功能也在扩展，现已成为群众表达权利诉求、监督党和政府工作、进行政治参与的重要制度。然而，一些地方政府对信访制度的认识不全面，过于强调信访的维稳功能，认为上访，特别是集体上访就是少数人“闹事”，对上访当事人的诉求回应不够，忽视了信访制度的政治整合功能；片面追求信访总量的下降，将精力花在如何防堵群众上访，却不注重从源头化解社会矛盾，或过于依赖“花钱买平安”的“摆平”方式，处置上访事件政治原则性差、主观随意性大。设置信访部门的目的就是受理老百姓的上访，然而，2003年“信访洪峰”之后，各级信访部门都将信访总量下降作为首要目标。如果站在信访部门的立场上看，这或许是对的，但如果站在社会变迁、社会稳定、社会治理的全局角度，这未必是好事。信访总量虽然连续多年下降，但社会稳定形势并未因此好转。社会矛盾总量居高不下甚至有所增加的事实，增加了发生极端社会行为和群体性事件的风险，削弱了党和政府对弱势群众的凝聚力。实际上，信访数量是信访的登记数量，信访总量、集体信访、初信初访“三下降”并不能说明现行信访制度的有效；在社会矛盾总量居高不下的情况下，这只能说明信访制度的吸引力和容纳能力下降；只有重复上访数量的大幅下降才能说明信访的诉求真正得到解决，才能体现信访制度的有效性。

**2. 在体系结构上，过于强调将矛盾化解在基层，这与信访部门的现实能力相悖**

信访部门普遍职权小、资源少、效率低，往往只是办理接待和层层批转，面对众多案件，职权小、人手少，办事效率不高，导致很多上访当事人往返奔波而问题难以解决，迫使他们以“抱团”方式“集体上访”，以期获得重视，尽快解决问题。2011 年 6 月，在广东潮州古巷的群体性事件中，农民工就是通过同乡会“抱团”维权。信访部门内部越往上权力越大，解决问题能力越强，各地和基层信访部门也将解决国家和上级信访部门的批转事项作为关键任务来办，容易诱发越级上访、进京上访。最高人民法院来访接待登记显示，2009 年涉诉进京信访总量为 6.7 万余人次，同比上升 24.8%，其中越级上访占 47%。国土资源部的统计显示，2011 年第一季度，因农村问题集体进京上访 179 批、1 744 人次，同比分别增加 22.6%、27.3%。进京上访数量攀升，最终还要层层批转到地方信访部门解决，周期长、效率低。事实上，现有的信访事项多为政策问题，牵涉面广、数量巨大，基层信访部门根本无权也无力化解。此外，各级党委、人大、政府及有关部门都设置了信访机构或内部某些部门具有信访职能，致使同一事项反复出现在多个信访部门，而不同部门给出的答复和解决方案又往往不尽相同，从而增添矛盾、出现误导；同一信访事项出现在多个部门还导致案件重复计算和信访部门人员重复劳动，加剧案件积压，影响群众对信访制度的信任。

**3. 在运行机制和考核制度上，片面强调信访的维稳功能，这与信访制度的权利救济、化解矛盾的基本功能相悖**

由于信访排名考核、“零越级上访”等规定，一些地方政府迫于考核和问责的压力，加上对“零上访”存在错误理解，以人盯人、拦访、截访、办“学习班”等不恰当的方式阻挠上访，侵害了上访群众的合法权益，这些行为不仅不利于从源头上预防和化解社会矛盾，还会导致社会矛盾进一步积累和激化。

由此可见，正是由于“信访悖论”的存在，信访制度化解社会矛盾的能力下降，如果信访制度不做重大改革，在信访维稳上投入的经费和精力越多，“信访悖论”就可能越突出，维稳困境也就越严峻，“越维稳越不稳”就会陷入死循环。

此外，“信访不信法”影响司法权威。由于法律对证据及取证方式、起诉时限、诉讼费用等均有较严格的要求，而信访门槛低，加上有些司法判决不公正，老百姓有了诉求和冤屈，倾向于信访。然而，由于信访机构缺乏独立解决问题的权限和能力，信访事项的解决往往依赖于领导特别是主要领导的批示和干预，而部分领导处理问题时往往考虑“控制局势、维护稳定”的宏观需要，疏于对问题本身的考虑，这就导致“大闹大解决、小闹小解决”，甚至是信访推翻司法判决的情况的出现，从而损害了法律的权威。

## 三、社会结构的“马拉松”与功能适应：信访制度改革的充分性

信访的最初含义是“来信、来访”，是各级党组织密切联系群众的工作方式。新中国成立之后，信访制度正式确立，主要起着团结和动员各界力量，对党和政府的工作形成监督和帮助的作用。改革开放以后，党和国家的工作重心转移到以经济建设为中心上来，信访制度的功能被重新定义，为经济建设大局服务。2000 年以后，国家信访局成立，信访制度的地位得到提升。2006 年 10 月，党的十六届六中全会在《关于构建社会主义和谐社会若干重大问题的决定》中要求信访工作“统筹协调各方面利益关系，妥善处理社会矛盾”，确立了信访制度在构建和谐社会中的基础性地位。2007 年，中共中央、国务院颁发《关于进一步加强新时期信访工作的意见》并召开第六次全国信访工作会议。2007 年 10 月，党的十七大报告从加快推进以改善民生为重点的社会建设的高度，强调“要妥善处理人民内部矛盾，完善信访制度，健全党和政府主导的维护群众权益机制”。2011 年，中央提出加强和创新社会管理的重大战略，信访工作被纳入创新社会管理的战略布局。

信访制度的发展过程表明，信访制度的功能并不是固定不变的，而是随着社会的变迁不断变化，在不同的时期分别承担了民主监督、服务经济建设、维护社会稳定的角色。当下，社会治理已经成为与经济发展、文化繁荣并驾齐驱的治国方略，信访制度在社会治理创新中举足轻重，有必要也有可能成为中国转型期的重要政治社会制度，推动基层民主和政治参与，加强政治和社会整合。

破解维稳困境必先破解“信访悖论”，而破解“信访悖论”还需要科学认识信访制度的功能。实际上，上访所携带的政治社会信息并不总是负面的，上访也有正面功能，来信、来访只是表面形式，“信才访”逐渐成为信访制度的新内涵：（1）从社会治理的角度来看，信访是社会稳定的制度底线。“信访不信法”的现状饱受指责，然而如果群众连“访”都

不信，社会矛盾将缺乏制度化出口，只能通过群体性事件或其他的制度外出口宣泄，导致更大、更深的社会失序，社会稳定将失去最后的制度屏障。(2) 从政治整合的角度来看，信访是政治稳定的心态底线。在传统社会中，每当遭遇不公平，老百姓或寄望于明君圣主，或被动等待因果报应。1949 年之后，经过历次运动的涤荡，被视为迷信的因果报应说开始烟消云散。当下，老百姓的政治参与程度还不高，因此有待加强其对“访”的信任，将信仿制度纳入主流政治制度轨道，强化政治系统的凝聚力。

因此，应全面认识信访的功能，不能只看到“访”所造成的短期的、局部的社会失序，也要看到“信”所蕴含的整合功能。站在中国社会治理的全局，在上述三大社会变迁中，转型社会是主体，而转型社会的最大问题就是社会的碎片化。社会的转型越是迅猛，就会有越多的人被社会“甩出”，社会的碎片化程度也就越高。社会学家阿兰·图海纳（Alain Touraine）对法国当代的社会结构有过一段精彩的描述，他认为法国的社会结构正在由金字塔式的等级结构变成一场马拉松赛，每跑一段都会有人掉队，被甩出去的人，甚至已经不再是社会结构中的底层，而是处于社会结构之外。这种分析也可能适用于中国。对中国来说，无论是政治系统，还是社会系统，对整合的需要都非常强烈。罗伯特·帕特南（Robert Putnam）曾指出：“世界各国的经验表明，对于民主制度的绩效来说，至关重要的要素是普通公民在公民社会中充满活力的群众性基层活动。”① 这也适用于当下中国的社会治理，所谓“最大限度地激发社会活力”，就是针对基层群众而言的，其实质就是基层民主和政治参与。信访就是一种具有中国特色的“群众政治参与”。

信访制度作为社会治理创新战略的重要组成部分，应主动适应社会变迁的趋势和社会治理的现实需要，承担政治和社会整合的角色。当前的信访制度实际上也已经具备了承担这一角色的初始条件。

首先，从涉及的人群数量来看，上访者为政治和社会整合提供了重要载体。根据国家信访局的统计，全国县以上党政信访机构近年来每年受理的信访总量在 1 000 万件左右，其中采取书信形式的约占 25%，采取走访形式的占 75%，后者中集体上访的比例（5 人以上）约为 70%②，

① 帕特南．使民主运转起来．南昌：江西人民出版社，2001：1.

② 中央党校进修一班第 40 期 A 班社会发展方向第三课题组．从信访工作存在的突出问题看和谐社会建设的难点重点．中国党政干部论坛，2007 (3).

占信访总量的50%以上。如果不考虑重复上访和重复登记，即使按照集体信访人数5人的下限粗略推算，涉及群众已达2 500万人。如果再加上原本可以在信访关口化解的群体性事件，按照现在每年10万起左右的规模，按照业内估计的50%的比例（不包括多次信访无果后演变的群体性事件），即使以群体性事件应急预案中最低等级的一般性群体性事件的人数规模（200人以下）来计算，也有1 000万人。如果再加上各系统、各部门、县级以下信访部门受理的信访，在全国范围内，信访涉及的人群规模最保守的估计应该在4 000万人以上。

其次，从信访人群的构成来看，上访者主要为弱势群体，恰是被社会“甩出”的群体，亟待进行政治和社会整合。在超时空的意义上，乌尔里希·贝克虽然指出“化学烟雾是平等的”，生态风险具有“飞去来器（boomerang）效应”，风险的制造者也无法逃脱惩罚①，然而，在特定的时空范围内，风险还是有等级的，比如，1983年美国的一项研究发现，南方一些州虽然黑人比例仅占到20%，却有3/4的工业有毒废料填埋场设在黑人社区附近②。在中国的环境上访事件中，农民的上访约占到50%以上，在城市，由于地价、房价的杠杆作用，加上在政策制定中话语权的缺失，弱势群体承担了更多的风险。在因征地、拆迁、社会保障等政策问题引起的上访中，上访者多是在政策制定和执行中缺乏平等对话的资源和能力的弱势群体。

最后，从信访者诉求的构成来看，信访所受理的诉求多是在政策层面具有共性的诉求，是政策排斥的结果，也只有通过信访的整合功能，才能聚合相关力量推动消除政策排斥。信访诉求的背后所潜藏的实质是社会结构的不平等，只有尽量减少这种结构不平等，才能减少政策排斥，增强政治和社会的整合。

## 第二节　信访制度改革的基本思路在于规范扩容

破解“信访悖论”，增强政治和社会整合，就必须对现行的信访制度

---

① 贝克. 风险社会. 南京：译林出版社，2004.

② 福斯特. 生态危机与资本主义. 上海：上海译文出版社，2006：56.

进行重大改革。然而，从社会治理创新的战略布局来看，信访制度既不宜简单地强化扩权，更不能削弱取消，而应该规范扩容，这可算作信访制度改革的第三种取向。

主张削弱或取消信访制度的主要理由是信访强化了人治，干扰了法治，甚至将当前出现的“信访不信法”的现象归咎于信访制度。在一定程度上，这是事实：一些地方政府处理信访诉求过于随意，采取了“不闹不解决、小闹小解决、大闹大解决”的态度，短期之内化解了一些矛盾，却导致上访成效与上访者“闹”的能力和程度直接挂钩，脱离信访事项的本质，诱导了职业上访行为，从长期来看反而是扰乱了信访秩序。在一定程度上，这又不是事实：这并非信访制度的必然结果，而是信访制度在执行过程中的偏差，不能将其作为废除信访制度的理由，而恰恰应该作为规范信访制度的证据。至于“信访不信法”，错不在信访，往往在司法本身，根据国家信访局的资料，在当前的信访总量中，涉法涉诉信访在部分地区占30%～40%①，有的地区甚至一度高达80%②。以信访推翻司法判决固然不对，然而有如此多的上访民众不接受司法判决的结果，该反思的，更应该是一些地方司法部门及其判决的不公平。“律者，所以定分止争也”，司法的权威只能建立在司法判决本身的公正之上，如果将司法权威的不足归咎于信访制度，岂不是逻辑颠倒、因果倒置？当然，司法判决不公正的原因是多方面的，但这与信访制度改革是两个问题，不能混为一谈。

从长远的眼光看，信访制度终将消失，随着政治现代化程度的提升、司法系统公正性的增强和社会保障制度的完善，民众可以通过政治参与表达政策诉求，通过司法手段实现权利救济，通过社会保障获得生活救助，信访制度也就无用武之地了。然而，应然与实然是两个层面的问题。一项政策，如果时机不对，即使方向正确，结果也会偏误。在当前的社会发展阶段就取消或削弱信访制度，无疑是对社会变迁的趋势和社会治理的现实的忽视；由司法系统充当化解社会矛盾的主力军，在技术层面也不可行。当前，社会矛盾的化解主要有三种方式：一是信访，是民众与政府之间的利益协商方式，尤其适用于利益受损的底层民众争取正当

---

① 姜凤武，李云波．依法化解涉法涉诉信访问题的调查与思考．人民司法，2009（15）．

② 李光明．安徽淮北干部包案化解疑难信访案件　涉诉信访量大幅下降．法制日报，2011-04-14．

权益；二是司法，即“打官司”，是民众与市场、民众与民众之间的利益协商方式，在中国现有的政治架构下，它很难对民众与政府之间的利益关系进行协调；三是调解，是民众与民众之间的利益协调方式，它对化解当前社会矛盾的作用十分有限。因此，从社会矛盾的内在构成来看，信访制度在化解中国当前社会矛盾中具有不可替代的作用。如果贸然削弱或取消信访制度，社会矛盾又缺乏更为有效的出口，就可能导致群体性事件或极端社会行为的大量增加，造成灾难性的后果。

至于对信访强化扩权，也应该谨慎，扩权的效果可能立竿见影，大量的社会矛盾在短期内得到化解，但却会对法治造成更大的干扰，而且也可能导致信访秩序更加混乱。相比之下，对信访进行规范扩容则更为稳妥：(1) 规范。信访制度改革必须坚持法治化方向，在宪法和法律的范围内进行，比如，废除“禁止越级上访和进京上访”等明显不合理的规定。信访办理也不能与现行法律冲突，对于有政策共性的信访诉求，应在政策层面进行化解；对于个性化的信访诉求，可以引入社会力量，通过购买服务的方式予以化解，或是通过完善社会救助制度予以解决。尽量运用制度来化解社会矛盾，减少对领导批示的依赖。(2) 扩容，即增加信访制度化解社会矛盾的能力，但不同于强化扩权的是，扩容并不是一味地依赖于信访部门权力的扩大，而是依赖组织目标、体系结构和运行机制的调整，比如，加大信访信息的整合力度，减少信访事件的重复计算，提升信访办理效率，发展网上信访等，这些措施并不要求扩张信访部门的权力，但同样也能起到很好的效果。

信访制度的规范扩容是在社会治理创新的战略布局下的一次系统改革，主要包括三个方面：

**1. 组织目标**

全面落实信访制度的功能，充分发挥信访制度的整合功能，以信访维权实现信访维稳。各级党委和政府应该积极代理群众维权，提升信访制度对底层群体的吸引力，扩大社会矛盾的制度化出口。各级信访部门信访工作的关注点应从总量转向结构，力求信访总量下降并非良策，且与设置信访制度的初衷相违背。相反，信访总量与群体性事件的比例、来信量与来访量的比例、个人上访与集体上访的比例、初次上访与重复上访的比例的提高，则意味着信访制度成效的提升，意味着群众对上级党委、政府和现行社会制度信任的增加。因此，对于上访，各级党委、政府及信访部门应当欢迎、支持，尊重上访群众的人格和尊严。不能仅仅因为看到信访者带来的负面信息就对其诉求予以压制，而应更多地看到信访者携带的正面信息，包括对党委、政府工作的批评建议，对社会矛盾的客观反映以及群众的合理诉求，及时回应、着力化解。即使部分来访者有一些不正确的意见和不合理的诉求，也应本着“有则改之，无则加勉”和“以理服人，以情动人”的原则予以对待。取消对信访登记的惩罚制度和“零上访”的考核目标，建立信访结案的奖励机制，以信访结案率为主要考核指标。在信访系统内部，倡导关注并提升信访总量与群体性事件的比例、来信量与来访量的比例、个人上访与集体上访的比例、初次上访与重复上访的比例、网上信访与现场来访的比例。鼓励街道、社区代理群众维权，主动向上反映群众的合理诉求。在经济较发达的地区，逐步取消街道一级的 GDP 考核机制，将街道工作重心转向社会治理和公共服务。

**2. 体系结构**

在纵向上，重新规划信访部门的内部体系，构建“椭圆形”信访组织结构。中央一级重点从政策层面预防和化解社会矛盾，省、市两级着重加强机构建设和解决问题的能力，县（区）和乡镇（街道）两级则逐步弱化信访职能。首先，中央信访部门的功能定位应是把握宏观、制定规划和政策，注重从政策层面解决问题，一般不直接受理和解决信访个案，从而缓解进京上访的压力。其次，省、市两级信访机构的功能定位应确定为“解决问题而非往下批转”。省市信访部门对当地情况较为熟悉，且一般不会是信访事项的直接利益涉及者，有利于客观公正地解决问题。为此，应在机构设置、人力资源配备、工作权限授予、行政经费拨付等方面倾斜。最后，弱化乃至逐步取消县（区）和乡镇（街道）信访机构，既可避免其同时扮演“信访事件制造者”和“信访事件解决者”双重角色的尴尬局面，也可抑制上级信访部门往下批转信访事项的行为。此外，应淡化或免除就越级上访对下级部门的处罚，避免一些地方为规避处罚而侵害越级上访者的情况发生。

在横向上，重新规划信访部门和其他部门的权利义务关系，赋予信访部门一定的协调权、调查权、质询权、督办权、干部考核奖惩建议权，增强其督办能力，提升其在重大政策决策和建设项目稳评中的话语权，及时将信访接待与办理中发现的各类共性问题反馈到决策、政策的制定和执行中。

**3. 运行机制**

畅通信访通道，提升信访效率。推行主要领导“接访”和人大代表

“下访”相结合的制度，提高信访制度化解社会矛盾的效率。一方面，建立各级党政及有关部门主要领导接访的长效机制，建立和完善主要领导接访的包案、跟踪、反馈与评估制度，规范接访工作流程，并建立联席会议机制，对具有共性的问题统一协调处理，并将主要领导接访工作成效与政绩考核挂钩；另一方面，构建人大代表下访制度的长效机制，选聘部分人大代表担任信访专员，保障其调研经费，鼓励其深入社区、企业、学校等基层，排查社会矛盾，代理群众合理诉求。

对于牵涉面广、经年日久的疑难信访事项，可建立专案制度，一案一例地解决。引入第三方裁决和公示机制，依托具有广泛社会声望的专家学者、贤达人士等建立疑难信访事项咨询专家库，加大对疑难信访问题的化解力度。加大政府购买服务力度，引入专业社会服务化解疑难信访事项。建立公示制度，对疑难信访事项的化解过程和化解结果进行公示，发挥社会公众的监督与评议作用。

对于重复计算、不断积压的信访事项，应尽量整合信访资源，在党委、人大、政府、法院、检察院及有关部门之间，建立各级各类信访信息共享机制，建立信访事项信息互通平台。确定同一信访事项的包案、转案机制，避免同一信访事项在不同机构重复出现，减少重复工作和信访事项的积累。

对于可以快速回应的信访事件，应广开信访渠道，推行网络信访、阳光信访，提升信访制度对社会矛盾的容纳能力。充分利用微信、微博、网络视频等平台，确保网络信访的响应速度和解决力度，增强网络信访对上访人的吸引力，减少信访事项的中间环节，使上访当事人能够直接与职能部门沟通交流，减轻上访人的经济压力、精神压力和时间成本，增加信访制度对各类人群的适用程度。

## 第三节 推行网络信访①

网络信访是最近十年社会治理创新的一种实践探索，在提升社会矛盾化解的效率、推动维稳向维权的转变方面发挥了积极作用。从缘起上

① 张海波，童星，倪娟. 网络信访：概念辨析、实践演进与治理创新. 行政论坛，2016 (2).

看，网络信访先是电子政务的产物，近年来则顺应互联网大数据的趋势，有望为传统信访制度带来革命性转变。

## 一、网络信访的概念辨析

“网络信访”这一概念起于政府信访工作的实践，但到目前为止，表述并不统一，主要涉及四种表述：

**1. “信访信息系统”**

2005年5月1日起实行的《信访条例》只有第11条对网络在信访工作中的应用进行了简单表述：“国家信访工作机构充分利用现有政务信息网络资源，建立全国信访信息系统，为信访人在当地提出信访事项、查询信访事项办理情况提供便利。县级以上地方人民政府应当充分利用现有政务信息网络资源，建立或者确定本行政区域的信访信息系统，并与上级人民政府、政府有关部门、下级人民政府的信访信息系统实现互联互通。”《信访条例》当时并未明确提出“网络信访”的概念，而是使用了“信访信息系统”的说法，其中所说的“提出信访事项”“查询信访事项办理情况”，都是今天网络信访的重要内容。

**2. “网上信访”**

2007年3月10日，中共中央、国务院发布《关于进一步加强新时期信访工作的意见》，提出“通过开通信访绿色邮政、专线电话、网上信访等多种渠道，引导群众更多地以书信、传真、电子邮件等书面形式表达诉求，确保民情、民意、民智顺畅上达。建立全国信访信息系统，设立国家投诉受理中心，为群众反映问题、提出意见建议、查询办理情况提供便利条件，为督查信访工作提供工作平台，确保群众诉求得到及时反映和有效处理”。其中，除信访信息系统外，又增加了“网上信访”的说法。

**3. “信访信息化”**

2014年2月25日，中共中央办公厅、国务院办公厅印发《关于创新群众工作方法解决信访突出问题的意见》，提出“实行网上受理信访制度，大力推行阳光信访，全面推进信访信息化建设，建立网下办理、网上流转的群众信访事项办理程序，实现办理过程和结果可查询、可跟踪、可督办、可评价，增强透明度和公正性；逐步推行信访事项办理群众满意度评价，把办理工作置于群众监督之下，提高信访公信力”。其中，“信访信息化”便是新的要求。根据这一要求，国家信访局于2014年发布《关于推进信访工作信息化建设的意见》，提出加快推进信访工作信息化建设的总体目标是：依托互联网建设一个全国统一的网上信访信息系统，进一步畅通和拓宽群众诉求表达渠道，规范信访事项受理办理程序，接受社会监督，推动相关地方和单位落实工作责任，维护正常信访秩序，形成加强和改进信访工作的良性循环。具体要做到“三化”：一是业务流程标准化。将《信访条例》规定的程序要求和工作职责，在系统中固化规范，实现法规流程的信息化再造。二是处理过程透明化。依托全国网上信访信息系统，实现信访事项网上流转、网上处理，处理环节、进展和结果公开透明，方便群众查询评价，接受社会监督。三是统计分析智能化。实现信息数据的自动采集、汇总和分析，提高对信访数据的深度运用的水平。

**4. “网络信访”**

这一提法主要出现在地方信访制度改革的实践中。例如，2014 年实行的《广东省信访条例》使用了“网络信访”的概念，第 3 章第 2 节专门对网络信访进行了论述，其中第 19 条规定：国家机关应当畅通网络信访渠道，加强宣传和引导，鼓励信访人通过网络信访渠道提出信访事项并提供相应的帮助。第 20 条规定：县级以上人民政府应当建立本行政区域统一的网上信访平台，对信访事项进行登记、受理、分类、转交、转送、督办、反馈和公开，实现与上级人民政府、本级人民政府有关部门、下级人民政府及其他有关国家机关之间信访信息的互联互通，方便信访人在当地提出信访事项和查询信访事项办理情况。

从上述政策要求来看，这四个概念的内涵相近，但又各有侧重：“信访信息系统”主要强调信息系统本身；“网上信访”主要强调通过网络表达信访诉求，主要是针对信访人而言；“信访信息化”主要强调政府信访工作的标准化、规范化、智能化，主要是针对信访受理部门而言；“网络信访”则既包括了信访人通过网络表达信访诉求，也包括了信访受理部门通过网络办理信访诉求。比较来看，“网络信访”是相对完整的提法。因此，我们也采用“网络信访”这一表述，它也涵盖了“信访信息系统”“网上信访”“信访信息化”等三种表述的内涵。

## 二、网络信访的实践演进

2015 年 5 月 27 日，中央政法委书记孟建柱前往国家信访局调研，大力推进网络信访工作，提出要“让数据多跑路、群众少跑腿”，要求最大限度地方便人民群众。这在一定程度上表明，网络信访从局部性的社会治理创新实践演进为全局性的社会治理创新实践。如果以网络信访的技术平台和治理创新为主线，这一过程大致可划分为两个阶段：

**1. 第一阶段：基于政府专网的信访信息系统**

根据 2005 年《信访条例》提出的建立信访信息系统的目标，中华人民共和国国家发展和改革委员会于 2006 年批复了关于国家信访局全国信访信息系统一期工程项目建议书，全国信访信息系统一期工程建设工作得以启动。2007 年 1 月 1 日，全国信访信息系统上线并开展为期一年的试运行；2008 年，全国信访信息系统优化版正式上线运行；2009 年，全国信访信息系统功能进一步完善，性能基本稳定；2011 年，对全国信访信息系统一期工程进行验收。国家信访局还在 2009 年开通了网上投诉受理系统，受理“三农”、社保等部分专题；2013 年 7 月 1 日起，全面放开网上投诉受理内容，信访人可以通过各级信访部门的网站进行投诉，半年时间内受理各类投诉约 14 万件次①。

在地方层面，全国 29 个省（自治区、市）、275 个市和 1 831 个县开通了相应的网上信访平台，上海、江苏、广东等 19 个省（市）实现了省、市、县三级平台互联互通，228 个地市实现了市、县两级平台互联互通，135 个地市信访部门实现了与职能部门的互联互通②。例如，上海市政府开通“中国上海”门户网站和“网上信访受理投诉中心”网站两个受理窗口，搭建起市信访办、97 个区县和市属部门、2 200 余个街道和区属部门组成的三级办理平台。

在这一阶段，信访信息系统依托的技术平台是政府专网，国家、省、市、县四级信访机构及相应的政府工作部门利用信访信息网络平台，实现互联互通、信息共享、网上办公，统一使用全国信访信息系统应用软件；以信访信息网络为平台，建立信访业务处理体系、督查督办管理体系、信访信息分析预测体系等。信访当事人则主要通过党委、政府领导信箱及信访部门网站提出信访事项。有统计数据显示，截至 2008 年，中央部委政府网站的普及率达到 96.1%，省（市）政府网站普及率达到 100%，地市级政府网站普及率达到 99.1%③。这成为当时推行信访信息系统的基础。

① 国家信访局门户网站网上投诉将于 7 月 1 日起全面放开受理内容. 新华网，2013-06-30.

② 网上信访系统建设时间表出炉：年底前实现网上流转. 新华网，2014-04-12.

③ 2008 年中国省市政府网站普及率达 100%. 中国网，2009-01-12.

虽然并无准确的统计数据对这一阶段的网络信访信息系统的效果进行评估，但从目前媒体公布的部分统计数据来看，效果并不显著。例如，全国网上信访数量从 2009 年的 5 万余件上升到 2014 年的 14 万件；2013 年，国家信访局和省、市、县三级党委、政府领导信箱及信访部门网站，网上信访总量为 248 万件次，同比增加 10.9%①。这些统计数据显示，虽然网上信访的数量有所增加，但由于基于政府专网的信访信息系统对传统信访的办理方式和办理流程并无实质触动，“网上信访”对社会治理创新的意义不大。

**2. 第二阶段：基于互联网的信访信息系统**

2014 年 4 月，全国网上信访工作现场推进会在江苏省淮安市召开，借鉴淮安“阳光信访”的成功经验开发新的网上信访信息系统，提出以信息化建设和应用为突破口，全面推进网上信访工作，全面提升信访工作信息化水平。会议要求在 2014 年底基本建成基于互联网的全国网上信访信息系统，实现信访业务全部在网上流转②。2015 年 1 月 1 日，新的全国网上信访信息系统正式上线运行。同日，《信访事项办理群众满意度评价工作办法》正式实施。各省（市、区）也根据要求启动了新的网络信访信息系统建设。

在新的全国网上信访信息系统中，用户通过互联网搜索即可找到，按照网页提示实名注册、登录后，就可以进入信访信息系统，提出投诉请求和意见建议，信访人在网上还可以实时了解信访事件办理进度，在规定时限内看到职能部门的答复意见，并进行满意度评价；对处理意见不满意的，系统会告知下一步的处理程序。

在这一阶段，网络信访是基于互联网的开放系统，政府信访受理机构可以通过互联网受理、办理信访事项，信访当事人可以通过互联网提交、查询信访事项，是完整意义上的网络信访。吉林省的统计数据显示：2015 年 1 月至 10 月，吉林省信访局受理网上投诉 6 524 件，同比增长 8.2%；全省县以上信访部门受理的信访总量同比却下降 40.1%。这种升降对比表明，网上信访的增加可以减少来信、来访数量③。2015 年 1 月的全国统计数据显示，网上信访量已占信访总量的 43.6%，超过 1/3 的

---

① 网上信访系统建设时间表出炉：年底前实现网上流转. 新华网，2014-04-12.

② 全国网上信访工作现场推进会在江苏淮安召开. 人民网，2014-04-14.

③ 吉林省政府新闻办召开关于网上信访工作情况新闻发布会. 国家信访局网，2015-11-18.

省份网上信访量占信访总量的50%以上。全国各级信访局都与国家信访信息系统实现了互联互通①。其中举报类信访事项的构成为：信件占25.8%，来访占35.1%，网络举报占39.1%②。这些数据显示，网络信访正逐渐成为信访的主渠道。

新的国家信访信息系统提升了信访办理的效率。据统计，通过国家信访信息系统，国家信访局向地方转送、交办的投诉事项按期办结率达68.5%，比以往提升了近20个百分点。湖南、山西等省份的办结率和答复率均在80%以上③。吉林省的统计则显示，自2014年以来，群众通过网上信访渠道提交的有效投诉及时受理率达100%，按期办理率达93.2%④。

在信访系统之外，司法系统也开始推行网络信访，这意味着网络信访由局部性的社会治理创新扩展为全局性的社会治理创新。2014年2月28日，最高人民法院开通了网上申诉信访平台，受理属于最高人民法院依法处理的案件。平台采取外网受理、内网办理、外网答复的模式，当事人填写申诉信访信息，提交相应材料，完成网上申诉信访，之后可以随时随地查询申诉信访办理进程和反馈结果。该平台最大限度地避免了进京访、越级访、重复访⑤。2014年5月，最高人民法院又开通了远程视频接访系统，使用17套远程接访系统，实现与全国法院连通的远程视频接访，实现最高法、一审法院和信访人之间的三方沟通交流。申诉信访人可向案件一审法院或其住所地的基层法院提出申请，递交申诉材料。最高人民法院认为有必要的，也可主动通知当事人到当地法院进行远程视频接访⑥。统计数据显示，最高人民法院的网络信访系统自2014年5月投入使用以来，一年内已完成接谈4 100余件；进京访批次和人次同比降低了30%⑦。

## 三、网络信访的治理创新

在技术驱动社会变革的背景下，技术平台的演进可以推动政府治理的发展。从基于政府专网的信访信息系统到基于互联网的信访信息系统，

① 全国网上信访量已占信访总量的43.6%. 新华网，2015-06-29.

② 信访督察组长自曝督察过程中曾暗访地方不足. 新华网，2015-02-09.

③ “让数据多跑路，群众少跑腿”. 新华每日电讯，2015-05-31.

④ 吉林省政府新闻办召开关于网上信访工作情况新闻发布会. 国家信访局网，2015-11-18.

⑤⑥⑦ 最高法开通网上信访、接访系统　进京访批次降低30%. 人民网，2015-07-02.

不仅是技术平台的演进，更是社会治理的创新。通过对实践演进的回溯可以发现，网络信访社会治理创新的关键节点是对淮安“阳光信访”的强制推广。下面以淮安“阳光信访”为例，对网络信访的治理创新进行分析。

江苏省淮安市于2007年1月在全国率先自主研发了集信访投诉、查询、服务、督办、分析、管理等功能于一体的“阳光信访”综合服务管理系统，经过十多年的实践，效果显著。2014年4月，全国网上信访现场推进会在江苏淮安召开，从侧面体现了淮安“阳光信访”实践在全国网络信访实践中的样本地位①。与传统信访相比，淮安“阳光信访”实践的创新可以总结为四个方面。

**1. 方式创新**

对于信访当事人而言，传统信访主要提供了来信、来访、来电三种方式，而淮安的“阳光信访”在提供网络信访渠道的同时，将四种渠道全部纳入“阳光信访”系统在线流转。这在一定程度上改变了信访当事人的信访方式。近些年来，由于社会矛盾总量的增加和信访制度的定位偏差，信访方式成为信访制度“异化”的“催化剂”②，主要体现在三个方面：一是来访量尤其是集体访数量增加。对于信访当事人而言，虽然来访的成本高于来信、来电，但可以发挥“人多力量大”的优势，即便集体上访有可能影响社会秩序，也会“法不责众”。对信访受理机构而言，来访具有现实的、即时的压力，“闹大”的集体上访更容易引起重视，也就更容易得到解决。二是重复上访的增加。重复上访主要体现为信访当事人就同一信访诉求到同一或不同信访受理机构反复上访，增加了信访总量，影响了信访化解的效率，也可能误导对信访形势的判断，导致社会矛盾的加大和过度维稳。三是越级上访，尤其是进京上访。逐级倒逼的究责机制将维稳的责任压向基层，而基层又难以从源头上化解信访问题，只能采取拦访、截访等稳控方式，这容易激化社会矛盾。越级上访和进京上访的敏感程度又进一步强化了信访当事人对这两种途径的偏好。对信访当事人而言，网络信访不仅意味着向当事人提供了一种交互的信访方式，使来信、来访、来电三种方式都进入网络信访系统在线流转，也意味着这三种方式的效果将等同于网络方式的效果，可以在

---

① 全国网上信访工作现场推进会在江苏淮安召开. 人民网，2014-04-14.

② 张海波，童星. 信访制度改革与社会管理创新. 天津社会科学，2012 (3).

一定程度上引导信访当事人减少对集体访、重复访、越级访的依赖。对信访受理机构而言，“阳光信访”系统对四种信访方式进行了整合，这有利于减少信访的重复登记，避免对信访形势的误判，也有利于减少集体访和进京访带来的压力。

**2. 流程创新**

“阳光信访”系统集成了自动判罚、在线流转、自动督办、综合分析等功能。信访部门可以在线进行催办督办、通报批评和满意度回访与调查。“阳光信访”系统设置了“红灯”“黄灯”“绿灯”三种标识，对信访事项进行分类识别、实时监测、动态跟踪，提醒承办单位及时办理，避免案件逾期未决。例如，从一个信访事项录入“阳光信访”系统起，45天以内显示为“绿灯”，45～60 天内显示为“黄灯”，超过 60 天显示为“红灯”。“阳光信访”系统每天智能检索逾期事项，定时自动向“红灯”单位发出督办短信，督促尽快办理。这种流程优化可以在很大程度上减少传统信访办理流程存在的信访事项“久拖不决”的问题。

**3. 功能创新**

淮安“阳光信访”除了办理传统的信访，还具有社会风险预警和绩效评价两种功能。2012 年，“阳光信访”系统引入风险管理机制，建立了信访社会矛盾风险预警指标体系。这一指标体系包括 145 个指标，其中 63 个指标和信访办理的具体行为有关，如漏排矛盾、逾期办结等，82 个指标与信访制度有关。对这 145 个指标赋予不同权重，并计算“综合信访指数”，进行信访社会矛盾风险预警。指数得分区间为 0～1：0.55 以上为 1 级指数，0.45～0.55 为 2 级指数，0.35～0.45 为 3 级指数，0.35 以下为 4 级指数。指数数值越大，所处等级越高。如果预警结果为 1 级指数，淮安市信访局应直接向淮安市委、市政府摘报和全市通报，并由淮安市信访稳定工作领导小组派出督导组跟踪督查，限期三个月整改到位。如果预警结果为 2 级指数，淮安市信访局直接向淮安市委、市政府分管领导摘报，同时向县（区）委、政府主要领导通报，限期两个月整改到位。如果预警结果为 3 级指数，淮安市信访局直接向县（区）委、政府分管领导通报。如果预警结果为 4 级指数，则纳入日常管理，每周比对动态，对波动较大的指数发出预警信息①。近年来，由于“信访不信法”“不闹不解决、小闹小解决、大闹大解决”等现象的

① 吴冰沁. 信访信息化研究：以淮安“阳光信访”为例. 南京大学，2015.

出现，大量的社会矛盾都向信访部门汇聚，因此“综合信访指数”不仅可以对信访矛盾风险进行预警，在很大程度上也可以对社会矛盾风险进行预警。

此外，“阳光信访”系统可以通过群众满意度反馈进行绩效评价。在中国的政治情境中，信访工作本质上就是群众工作，因此群众是否满意就是信访工作绩效评估的主要标准。淮安“阳光信访”系统的群众满意度由145个指标构成：评价对象是信访事项承办单位，评价内容是信访事项办理情况，评价主体是反映事项的信访当事人。评价结果分为四级：1级得分在90分以上，为“很好”等次；2级得分为75～90分；为“较好”等次；3级得分为60～75分，为“一般”等次；4级得分在60分以下，为“较差”等次①。

**4. 制度创新**

2011年，淮安市将“阳光信访”延伸至县（区）、乡（镇、街道），将全市9个县（区）、147个乡镇（街道）和400多个职能部门全部纳入“阳光信访”系统。为推动“阳光信访”系统的实施，淮安市委、市政府进行制度创新，陆续出台了《阳光信访工作流程》《阳光信访录入办理规则》《阳光信访矛盾排查工作规范》等文件，推动“阳光信访”的制度建设。2013年5月，淮安市委、市政府又制定出台《关于进一步加强信访信息化建设提升信访工作科学化水平的意见》，将“阳光信访”的实践进一步制度化，确保“阳光信访”的可持续发展。

在全国范围内，其他省市的网络信访实践也有一些方式创新或流程创新。例如，吉林省信访局确定了网络优先的工作原则，即群众通过网络反映的问题优先受理、优先办理、优先复查复核、优先督查督办②。针对一些上了年纪或久居农村的基层群众不会网上信访甚至不会操作电脑的问题，广东省惠州市建立了网上信访代理制度，指派专人或指导有需要的群众参与网上信访，进一步扩大网上信访的影响力③。辽宁、上海、山东等省市要求在1个工作日内完成投诉事项的落地接收和转送交办，减少信访事项在信访部门的流转时间④。

---

① 吴冰沁．信访信息化研究：以淮安“阳光信访”为例．南京大学，2015.

② 吉林省政府新闻办召开关于网上信访工作情况新闻发布会．国家信访局网，2015-11-18.

③ 广东惠州：不会网上信访？代理员帮您．国家信访局网，2015-04-13.

④ 国家信访局：网上信访占全国信访总量近一半．人民网，2015-06-26.

比较来看，在上述网上信访的创新实践中，方式创新与功能创新最为核心，这两种创新不仅可以推动传统信访制度的根本变革，也符合大数据驱动政府治理能力提升的发展趋势，最值得鼓励和探索。一直以来，传统信访制度的“人治”色彩备受诟病，民意汲取功能与权利救济功能混杂，以致出现“信访不信法”“职业访”“闹访”等现象，不仅异化了信访制度，也严重干扰了司法体系的权威，与全面依法治国的目标相悖，加剧了发展与稳定之间的张力。因此，传统信访制度改革的核心在于功能的改革，只有将信访的权利救济功能剥离出去，强化信访的民意汲取与信息收集功能，信访制度才有长期存在的必要。

从信访制度改革的远期目标来看，信访制度完全可以成为具有中国特色的政治参与制度。一方面，信访制度已经成为民意汲取的主要渠道，上访的人群主要是社会底层群众；另一方面，在现行的政治体制中，底层群众的代表性有待提高，无论是政治层面的各级人大代表中的底层群众的比例，还是政策层面底层群众的参与都存在不足。这意味着，如果将信访制度汲取的底层民意导向政治和政策层面，则信访制度将会成为现行政治参与制度之外非常必要且有益的补充。在政府职能转变的过程中，简单取消信访制度并不符合实际，这是因为，传统信访制度的取消并不意味着表达诉求的信访主体的消失，如果没有了信访制度，他们会寻找新的表达渠道，进而催生类似于传统信访制度的新渠道，因此，取消信访制度并不能从根本上解决问题。对信访制度改革的讨论必须建立在尊重中国政治体制的两大现实的基础上：一是人民代表大会制度，谁来代表底层民意？二是民主集中制，中央如何监督地方的施政？这两个问题都和信访制度改革紧密相关。即便是在西方的联邦制中，民主选举出来的议员和地方政府直接向选民负责，也并不总能体现底层群众的利益诉求。

传统信访制度的功能缺陷在于，民意汲取功能弱，而权利救济功能强。互联网恰好有解决这一问题的潜力。这是因为，民意汲取功能是整体性的，而权利救济功能是个体性的。传统信访制度长于实现个体性的权利救济，党政领导在面对个体性的信访事项时，无论是受到“青天文化”“当官不为民作主，不如回家卖红薯”等传统价值观的影响，还是因“缠访”“闹访”被逼无奈，一旦通过“批示”解决了问题，信访制度就具有了权利救济功能。“信访不信法”“不闹不解决、小闹小解决、大闹大解决”本质上就是信访制度权利救济功能所造成的。相比之下，民意汲取功能则可以超脱于个体性的权利诉求，而关注这些个体性权利诉求背后的共同诉求，以及这些诉求背后的政策偏差和制度缺陷。由于传统信访制度中民意的诉求非常分散，信访事项涉及的部门繁多，而信息难以汇总，因此很难实现民意汲取功能的整体性。互联网恰好是这样一个介质：它在个体化的权利诉求和权力之间增加了一个“隔离层”；同时在分散的民意之间增加了一个“连通器”，可以做到既弱化信访制度的权利救济功能，又增强信访制度的民意汲取功能。

当然，这样做也有两大风险：一是互联网数据是冰冷的，可能会影响对底层群众的利益受损情况的真实感知，弱化与底层群众的感情联系，滋长“懒政”“怠政”的风气；二是一旦剥离了权利救济功能，信访人可能获得的收益就会降低，信访制度在一定程度上会失去对底层群众的吸引力，影响其民意汲取能力。这就需要通过流程创新和制度创新来支撑，提升网络信访的效率，增强公众对网络信访的满意度，引导公众更多地通过网络信访表达利益诉求。由此可见，在网络信访的创新实践中，方式创新、流程创新、功能创新、制度创新是“四位一体”的，方式创新与功能创新是核心，前者是手段，后者是目标；流程创新、制度创新是支撑，确保方式创新与功能创新具有可持续性。

此外，网络信访并不能解决当前信访制度的所有问题，尤其是对涉法涉诉问题，一些省市也做出了明确规定。例如，吉林省规定，属于各级人民代表大会及其常委会、法院、检察院职权范围内的，已经或者应该通过诉讼、仲裁、行政复议等法定途径解决的，网络信访不予受理①。

## 第四节　信访与司法分工协作、并行不悖②

党的十八届三中全会通过的《中共中央关于全面深化改革若干重大问题的决定》要求改革信访工作制度，“把涉法涉诉信访纳入法治轨道解决，建立涉法涉诉信访依法终结制度”。这为正确处理法治与信访的关系指明了方向。

---

① 吉林省政府新闻办召开关于网上信访工作情况新闻发布会. 国家信访局网，2015-11-18.

② 童星. 如何破解“宁信访不信法”?. 群众，2014 (4).

信访制度乃由中国共产党根据群众路线所独创，它既和巡视制度一起构成加强群众监督的不可或缺的制度安排，又在社会动员和冲突化解方面起到不可替代的积极作用。法治国家作为中国共产党的执政理念和政治建设目标，是社会实现和谐稳定、国家实现长治久安的根本保证。在信访和法治之间，我们不能以其中的一个去否定另一个，而应并行不悖地深化信访制度改革和司法体制改革，最大限度地发挥这两套制度安排的正向合力。

然而，现在社会上的确存在着一种宁可相信信访也不相信法治的偏向，即“宁信访不信法”，甚至出现“缠访”“闹访”现象。这主要是由于当下：(1) 民众权利表达和实现机制有缺漏；(2) 政府执法、管理和服务方式粗放，尤其是在事关群众利益最直接、最现实因而也是群众最关心的领域，工作不细致，教育不到位，甚至行为有偏袒，在最高人民法院行政庭受理的涉诉信访案件中，位列前五位的案件类型分别是房屋拆迁、土地管理、治安管理、房屋登记和社会保障；(3) 法律对证据及取证方式、起诉时限、诉讼费用等均有较严格的要求，司法救济不力，而信访门槛低，加上有些司法判决不公正，老百姓有了诉求和冤屈，倾向于首选信访；(4) 矛盾纠纷排解途径不畅，面对各种错综复杂的利益冲突，相关责任部门缺乏担当精神，往往敷衍推诿，久拖不决，企盼“大事化小、小事化了”；(5) 信访事项的解决往往依赖于领导特别是主要领导的批示和干预，而部分领导处理问题时往往只考虑“控制局势、维护稳定”的宏观需要，疏于对问题本身的细节的考虑，这就导致上访成效与上访人“闹”的程度紧密相关，甚至出现信访推翻司法判决的情况，从而损害了法律的权威。

针对群众中存在的“宁信访不信法”的倾向，上级机关提出了“信访排名”的考核举措和不得越级上访和进京上访的禁令。于是一些地方便以“维稳”为由，调动大量人力、物力、财力，层层拦访、截访，无视信访人的表达权、自由权、人身权、生命权；一些对抗和博弈，又引发了公众对于取消信访的呼吁。

为了解开这个“死结”，我们以为有必要：

**1. 停止对信访的污名化，加强和完善信访制度**

“信访”原本包括来信和来访（现在的来信除了纸质信件，还包括以短信、电子邮件、微博、微信等新形式传递的信息），因而信访不等于上访，上访只是信访的一种形式，而且对于信访人来说还是成本代价较大的一种形式。上访又不等于“缠访”“闹访”，群众之所以上访，说明他们相信党和政府、相信信访机构；群众之所以越级上访，是因为他们相信上级党委和政府，相信上级信访部门会更加公正地帮助他们解决诉求。因此，我们不能将上访一律视为“缠访”“闹访”，不能将访民都视为“刁民”。如果层层拦访、截访，想着法子以侵犯信访人的表达权、自由权、人身权的方式来堵塞言路、粉饰太平，则可能会激化矛盾，迫使信访人走体制外之路——参与乃至组织群体性事件，或采取个体极端行为报复社会。所以，不应当禁止越级上访和进京上访，而应当换个思路来改善我们的信访工作。既然转型期客观地存在着大量的矛盾冲突，就应当引导人们通过包括法治、信访在内的各种合法途径来表达诉求、解决问题，从而减少群体性事件和个人极端行为的发生；既然群众相信党和政府及其信访机构，何不开通网络信访，提高群众来信办理效率，直至迈开双腿深入群众之中，听取意见并解决问题，进一步降低群众反映问题、表达诉求的成本；既然党和政府制定了信访制度、设立了信访机构，那又何必以“信访排名”和各种变相的禁令来遏制信访？笔者强烈建议改用以下指标来考核和评价信访系统乃至整个权力机关的工作绩效：来信来访量/群体性事件量，来信量/来访量，首次信访量/重复信访量，信访结案量/信访立案量，个人上访量/群体上访量，等等。这些指标数的提升，都表明信访系统乃至整个权力机关的工作是有成效的、值得肯定的。通过更新考核评价体系，引导各层各级干部以更加积极的态度回应群众的诉求。

**2. 坚守司法公正的底线，夯实群众信法的基础**

《中共中央关于全面深化改革若干重大问题的决定》强调指出：深化司法体制改革，加快建设公正高效权威的社会主义司法制度，维护人民权益，让人民群众在每一个司法案件中都感受到公平正义。在这里，公正排在高效和权威之前，有了公正才谈得上高效和权威。司法公正是司法系统运行的底线，也是群众信法的基础和前提。应当反思的是，当前究竟是因为信访制度的存在而损害司法的独立与权威，还是因为司法的独立与权威不足而导致民众更愿意找信访部门为其解决问题？笔者以为主要是后者。司法的公正高效权威只有依靠自身的努力方能确立，企图通过取消其他部门来树立司法权威的做法只能是徒劳。为了确保依法独立公正行使审判权检察权，有必要探索建立与行政区划适当分离的司法管辖制度，推动省以下地方法院、检察院人财物的统一管理，完善主审法官、合议庭办案责任制，广泛实行人民陪审员、人民监督员制度，加强和规范对司法活动的法律监督和社会监督，从制度上杜绝行政权力干扰司法公正执法的行为，杜绝权钱合谋，在减刑、假释、保外就医等环节“钻空子”以逃脱法律制裁的行为，严厉打击“知法犯法”的司法腐败行为。

**3. 拓宽司法和调解渠道，完善信访、司法和调解对接互补机制，分流社会矛盾**

为改变矛盾纠纷集中涌向信访渠道的现状，有必要拓宽司法和调解渠道予以分流。一是完善法律援助制度，加强法律援助中心建设，引导适用于司法渠道的诉求通过法律援助中心进行代理。对于涉法涉诉信访，则通过法律援助中心和法院信访机构在司法系统内依照法定程序解决，避免信访对司法的干扰。近年来上海市高级人民法院创新了一套涉法涉诉信访接待的“五官法”，即“慧眼、聪耳、灵鼻、巧口、真心”，以及涉法涉诉信访矛盾化解工作“三步法”，即“释法明理—情绪疏导—扶贫帮困”，并收到很好的效果。二是加强基层力量，做好群众工作，通过社区服务网络和治理网格的建设，引导适用于调解渠道的诉求通过人民调解和大调解制度得到解决，充分发挥群众自我教育、自我管理的积极性。三是完善信访、司法和调解分流、对接、互补机制，使信访制度重点协调难以通过司法渠道解决的政府部门与群众之间的矛盾冲突。在党委、人大、政府、法院、检察院及有关部门之间，建立各级各类信访信息共享机制，建设信访事项信息互通平台。在此基础上，做到司法诉讼事项与一般信访事项分开登录、各走程序、独立管理、结果互通共享；确定同一信访事项的包案、转案机制，避免同一信访事项在不同机构重复出现，减少重复工作和信访事项的积累。应当明确规定，凡是正在行政复议、行政申诉、人民调解、仲裁、诉讼程序中的事项，人民法院判决裁定已经生效的事项，以及信访程序已经终结的事项，信访机构均不予受理。此后仍然无理“缠访”“闹访”的，通过法律程序予以解决，适宜公开的还要向社会公示，从而既充分肯定和保障公民表达权和议政权，又维护司法的权威和法治的基础。

# 第十一章 优化治理结构

改革开放以后，开始培育和发展市场，1992年党的十四大确认经济体制改革的目标模式就是社会主义市场经济，现在又强调要“使市场在资源配置中起决定性作用”，“强政府＋强市场”的理论和实践导致国民经济迅速繁荣，人民生活水平迅速提高。但是与此同时，理应与政府、市场并驾齐驱、相互补充的社会却没有得到培育和发展，于是，一方面政府直接面对海量的“原子”般的无组织的个人，除了强行使用“一刀切”“管卡压”式的不合情理的做法，别无良策；另一方面脆弱的个人直接面对机构庞大的政府、僵硬的制度规章和等级制的社会结构，诉求没有渠道表达，情感缺乏途径宣泄，常常显得孤独无助。在这种状况下，人们所期望的政府主导群众维权的局面迟迟未能形成，导致一方面群体性事件频仍，个体极端性行为不断；另一方面政府不得不实施刚性维稳，为了短期的、表面的社会稳定，付出越来越高的成本。所有这些都表明，必须优化社会治理结构。

## 第一节 从科层制管理走向网络型治理[①]

### 一、科层制与网络型

按照结构功能分析方法，实现管理和治理这两种不同功能就需要有两种不同的组织结构。从全球范围来看，随着社会的发展和管理水平的

① 童星. 从科层制管理走向网络型治理：社会治理创新的关键路径. 学术月刊，2015（10）.

提高，科层制逐渐取代了家长制，成为当今最为普遍的管理组织结构；相应地，法理型权威也逐渐取代了神授型、世袭型、个人魅力型权威，成为最为普遍的权威来源。中国也不例外，政府、较大规模的企事业单位都采用了科层制的组织形式，都确立了依法行政、照章办事的规则。

尽管绝大多数国家、绝大多数领域都普遍采用了科层制的管理结构，但研究者还是指出了科层制的种种缺陷。科层制所追求的是稳定的世界，然而，规则可以管理所有的权变而没有给个人决策留下空间，即产生“非人格化”；而在不确定的世界，在规则管不到的地方，问题就产生了，并给那些需要做出决策并有能力决策的上级提供了运用权力的机会，即“决策集中化”。这二者的结合，导致“等级彼此孤立”和“平行权力产生”。非人格化、决策集中化、等级彼此孤立、平行权力产生这四个要素使得科层制变得更加刚性，从而没有能力修正自己的错误①。有的研究者还指出，在烦琐的规章和形式化的程序中，行使职能的各级职员可能形成“官僚主义人格”，他们的首要任务不再是满足顾客或用户的需求，而是在规章和书面指令的迷宫中找头绪。“对规则的遵从从最初被视为一种手段，现在转变成一种目标；目标替换这一熟悉过程的出现，使本身仅作为手段的价值成为终极价值观。”②

科层制的先天缺陷根源于我们对客观世界的认识和改造（管理）之中。我们面对的客观世界其实只有一个，但在研究时，人们是按照学科来进行的，学科本身又分为学科门类、一级学科、二级专业、三级方向；在管理上，政府和较大型的企事业单位也是按照分科的原则设置分管部门，按照分级的原则设置管理层级。在不同学科的视角中，同一个客观世界呈现不同的面相；站在管理的不同部门和层级上，又会出台不同的管理措施。科层制的这种缺陷在社会管理领域暴露得十分明显。例如针对当前中国华北、华东地区频繁出现的雾霾天气，不同的学科对其成因有不同的解释，可是谁也没能说清楚；对其应对方法，不同的机构又有不同的主张，可是谁也没能解决问题。

社会上的每个阶层、每个群体、每个个体，其利益和偏好非常不同，他们之间的矛盾甚至冲突时有发生。如果指望设计一套包罗万象的

---

① 布劳，梅耶．现代社会中的科层制．上海：学林出版社，2001：114.

② 斯格特．组织理论：理想、自然和开放系统．北京：华夏出版社，2002：314.

政策、计划、方针来兼顾所有阶层、所有群体、所有个体的利益和偏好，化解他们之间的所有矛盾和冲突，那么可能有出现“恶法”的风险。例如各城市出台的拆迁征地补偿标准、商品房限购令、学区划分与管理办法等，就导致了很多不良现象，这绝不是用“道德滑坡”就可以解释的。如果认为只要政府出面，就可以兼顾所有阶层、所有群体、所有个体的利益和偏好，摆平所有矛盾和冲突，那么可能会让政府陷入烦冗的事务，同时刺激民众把一切不满归于政府，也把一切希望寄托在政府身上。

加之现在人类已进入风险社会，各方面的不确定性增大，各类公共突发事件层出不穷，国家安全、人民安居、社会安定面临极大的挑战。所有这些，都属于“群众最关心最直接最现实的利益问题”。解决这些问题，仅仅依靠政府必然收效甚微。2003年“SARS”发生后，中国建立了应急管理体系，10年间，全国共发生86起Ⅰ级（特别重大）公共突发事件，其中除了7起属于自然灾害以外，77起事故灾难和2起公共卫生事件的肇事者和责任人主要是企业以及相关政府规制部门。这本身就证明产生重大政治社会影响、造成人民生命财产重大损失的突发事件绝大部分是由于私人领域的风险政策出了问题以及政府规制出现疏漏。因此，即使政府应急管理体系能最大限度地发挥其预设的功能，也无法有效降低突发事件的发生频率，减少人民群众的生命财产损失。其结论必然是，要将私人领域的风险政策纳入公共政策的框架，以政府为唯一主体的管理必须让位于多元主体的协同治理，即各种公共或私人机构的协同治理。而且还要看到，政府科层制结构本身也影响了政府应急管理体系预设功能的发挥。例如应急管理体制要求“分类管理、分级负责”，这是同政府自身的科层结构相一致的，但是一旦遇到跨界突发事件（超出某一职能部门管理范围的跨界突发事件、发生在不同行政区划接合部的跨域突发事件），社会各子系统之间就会产生交互作用，再加上媒体特别是新媒体的介入，突发事件的影响就会扩散到整个社会，成为系统性风险危机，此时，政府科层管理体制往往会失效。又如在突发事件的应急处置中，不同层级政府之间的责权划分与关系协调，综合应急机构（如应急办）同分类应急机构（如减灾、安监、疾控、维稳、食品安全）之间的责权划分与关系协调，临时性的应急指挥部同常设应急机构之间的责权划分与关系协调等，都成了难题，往往要通过最高层级领导的批示、干预方能得到解决，从而影响了应急管理的效率和效果。

上述多部门、多层级之间的矛盾与不协调，毕竟还只是发生在政府单一主体内部；基于多元主体协同之上的社会治理，更加不可能仍然保持科层制结构不变，与其相适应的组织结构必然是网络型的。网络型结构可以满足治理的以下一系列要求：决策主体多元、去中心，信息网络通畅，动态的自组织、自适应、自协调。近年来，电商模式突飞猛进，压得传统商业业态喘不过气来："快滴""滴滴"软件的出现，几乎击垮所有城市的出租车管理与服务系统；"余额宝"运行中的问题，引发了银行界的震惊，导致银监会不得不出面协调。其实这里反映的是，互联网的网络型结构在应对客观世界的变化并予以有效治理上体现了比科层制结构更大的优越性。采用科层制结构的政府以及大型企事业单位，与其被动地接受挑战，还不如主动地利用互联网络，利用这一现成、高效的网络型结构的优越性提升治理能力，解决好治理中的一系列难题。令人欣慰的是，目前各地在社会治理创新中普遍采用并推广"网格化"管理、网络化服务。

从一定意义上讲，在 20 世纪 70—80 年代也曾发生同样的情况。长期高度集中统一的计划经济模式其实也是一种科层制结构，它扼杀了经济活力，致使国民经济一度走向萧条。党的十一届三中全会启动了经济体制改革，培育和发展了市场。市场究其本质而言，就是所有生产者、经营者、消费者合作治理的网络，从而极大地激发了经济活力，促进了经济繁荣，改善了群众生活。所以，当前正在进行的社会体制改革和社会治理创新，在一定意义上就是在走 40 年前经济体制改革和社会主义市场经济的创新之路。

## 二、走向网络型治理的三大前提

### 1. 官民平等互信

无论是在统治或是管理的视野中，官民之间统治与被统治、管理与被管理的关系其实都是上与下之间的等级关系；而在治理视野中，既然官民都是治理的主体，他们之间的关系也必然是平等的。各个平等的治理主体之间的互信共识和良性互动，是治理取得成效的先决条件。

诚然，全心全意为人民服务是党的根本宗旨，紧密联系群众是党的优良传统；但不可否认的是，由于执政党和政府长期居于领导者和管理者的地位，控制了几乎一切政治的、经济的、文化的、社会的资源，其中的一些成员（官员）必然会以官自居，高高在上，脱离群众，失职渎职，甚至以权谋私、与民争利。

应当看到，现实社会中的群体性事件并非仅仅是事件本身，其实质是“事件＋社会背景＋政府应对”；虚拟社会中的网络公共事件也并非仅仅是“事件＋网络”，其实质是“事件＋社会背景＋政府应对＋网络”。在这里的“社会背景”中，官民隔阂、干群矛盾就是极其重要的因素。正如有的研究者所说：“网络公共事件所造成的危机不是虚拟的危机，而是现实危机，绝不会仅仅局限于网络。社会矛盾的凸显是其产生的背景，突发事件是社会情绪的爆点，而网络的聚焦只是起了帮助的作用。网络能点燃而不能凭空生产社会情绪，能传播而不能让人相信谣言，能引爆、放大而不能毫无缘由地制造社会风险。如果没有现实的矛盾和问题，单纯的网络氛围不可能造成真正意义上的公共危机。”① 这里的“政府应对”，是指政府在事件情境中是否真正代表了人民群众的利益，取信于民；是指政府在相应的应急维稳中是否秉承治理的理念，齐之以法，晓之以理，动之以情；是指政府在事件处理中是否能够还原事实真相，分清是非曲直，实事求是地秉公处置。

官民的平等互信固然可以通过群众路线教育活动等方式予以培育和改良，但根本路径只能是制度安排和社会结构的重建。如前所述，劳资矛盾、征地拆迁、执法纠纷一直是社会冲突特别是群体性事件爆发的“由头”，这实际上反映了企业员工、老板高管与政府之间，城乡居民、开发商与政府之间，老百姓、执法人员与政府之间存在深刻的结构性矛盾。只有切实改变了这种现存的结构性矛盾，才能真正做到官民的平等互信。

**2. 网络协商民主**

既然是多元主体治理，公共政策的决策形成过程就必须有公众的积极参与。科学性与民主性是任何公共决策都应当同时具备的两个基本特征，这是因为任何公共决策都必须既遵守客观规律，又服从公众利益；既顺应大势所趋，又顾及人心所向。然而，科学性和民主性常常相悖②。西方式的决策模型“兼容但在事实上又分离公共决策的民主性和科学性：在民主政治制度环境的约束条件下，通过民主程序产生的决策者最终做出的公共决策本身就有民主性质，因此，公共决策的质量主要

① 殷铬．突发事件的网络变异及其规正．中州学刊，2014（6）.

② 童星．探索公共决策科学性与民主性的统一．公共管理学报，2014（2）.

取决于其科学性，这可以在不同的理性条件约束下通过改进决策方法的途径来获取”①。然而，决策者产生程序的民主性并不等同于公共决策的民主性，因此，“前期决策者产生程序的民主性＋后期公共决策的科学性≠公共决策的民主性＋科学性”。决策者“拍脑袋”式的决策方式固然不对，需要发挥专家作用进行咨询、论证，通过决策科学化实现决策科学性。但决策仅有科学性并不能确保其符合公众利益，还要激发民众，特别是利益相关群体参与决策过程的积极性，通过决策民主化实现决策民主性。

民众如何参与决策？现在许多人都在热捧协商民主，认为它具有多元性、合法性、程序性、公开性、平等性、参与性、责任性和理性等8个基本特征②，明显优于直接民主、代议制民主和网络民主。这种判断的确有合理之处，但恐怕也有言过其实之处，就协商民主的“平等性”而言，参与协商的人员由谁来确定？协商民主的过程又由谁来组织？参与协商的双方，一方是政府官员，另一方是平民百姓，双方的政治经济地位不平等，拥有的信息资源差别大，在这种条件下，他们面对面地坐在一起就公共决策进行协商，就真有实质的民主协商吗？在当今信息社会里，如果将协商民主与网络技术相结合，发展出一种新型民主形态——网络协商民主，则可能真正实现没有官民之别、没有贵贱之分、赋予所有参与者平等身份的参与型政治。近年来，国家“物权法”“新交规”等法律法规和“单独二胎”“异地高考”等政策的先后出台，“遣送制度”“劳教制度”的先后废除等，都有明显的网络协商民主的色彩。尽管也有少数网民发出非理性的质疑，制造不负责任的传闻，宣泄极端的情绪，但绝大多数都还是有理说理，有疑虑提疑虑，有建议出建议，而官方也能认真倾听网民的问话，耐心解释网民的疑虑，平等地互换信息，平等地讨论协商，最终达成决策调整的共识。

既然“创新社会治理，必须着眼于维护最广大人民根本利益，最大限度增加和谐因素，增强社会发展活力”，就必须坚决改变“刚性维稳”“拦截访民”“野蛮执法”，尤其是在拆迁、城管领域的现状，综合运用法、理、情的积极功能，将依法管理与以理服人、以情动人有机结合，更多地实施“柔性社会治理”，人性化地“制造服从”。需要指出的是，

---

① 曾志敏，李乐．论公共理性决策模型的理论构建．公共管理学报，2014（2）．

② 陈家刚．协商民主：概念、要素与价值．中共天津市委党校学报，2005（3）．

在做出决策时应当综合权衡法、理、情，而不要只讲所谓“法”，忽略“理”与“情”之作用。尤其是在基层，在直接面对群众的第一线更是如此，因为治理本身“既包括有权迫使人们服从的正式制度和规则，也包括各种人们同意或认为符合其利益的非正式的制度安排”。脱离了“理”和“情”，那些不讲理、不顾情的“法”很可能就不是“善法”，群众肯定难以认同，其最终的实施效果也不一定会好。

**3. 信息公开共享**

任何人做出判断、决策和行动都离不开必要的信息，在信息时代更是如此。从一定意义上说，网络型结构优于科层制结构的首要之处，就在于它更便于让组织结构中的人们获取必要的信息，从而获得做出判断、决策和行动的自由和自觉。

如前所述，社会治理的中心议题就是社会的长治久安，满足民众的安全需求。随着生存需求的基本满足，民众安全需求越来越强烈。例如，2005 年“吉化爆炸”事件导致松花江水污染和哈尔滨市自来水停供，相关信息被隐瞒了数天之久；2014 年 4 月，兰州市自来水污染事件发生后，相关企业在当天凌晨上报政府，下午政府举行信息发布会，然而近 10 个小时的延误所引发的民怨竟远超过 9 年前“吉化爆炸”事件引发的民怨。这充分说明民众对生命财产安全信息的需求日益强烈，对政府及其相关部门在风险、灾害、危机发生第一时间予以信息公开的要求日益强烈。目前，对地震、泥石流等地质灾害的预报预警水平还不高，对台风、洪水、冰雪等灾害的预报相对较好，但这些灾害对社会的破坏性影响的预警仍然相对较差。这是因为自然灾害并非纯粹的自然问题，它是自然力和社会脆弱性合力作用之结果，对其预报预警需要自然科学工作者和社会科学工作者的合作，也需要不同部门机构的合作。例如，2008 年初中国南方的雨雪冰冻灾害，气象部门准确预报了雨雪冰冻发生的持续时段、空间范围、强度烈度，但没有也无能力预测雨雪冰冻对输电系统会产生何种危害；电力部门有能力预测输电系统面临雨雪冰冻时的脆弱性，但没有也无能力预报雨雪冰冻发生的持续时段、空间范围、强度烈度。部门职能的分割和专家配备的脱节直接造成气象预报和灾害预警的分离，最终导致雨雪冰冻灾害社会后果的不断放大。

解决上述难题的办法只能是信息公开基础上的信息共享。应当说现在气象部门是信息公开与共享做得最好的部门，这也是气象部门在积极吸取 2008 年南方雨雪冰冻灾害深刻教训的基础上改进工作的结果。谈到大城市的交通拥堵，几乎人人摇头、人人生畏，但据说即使在最拥堵的北京市，在最拥堵的时段，根据道路上的探头和传感器得到的即时信息，通常也只有20%左右的道路是塞车的。尽管有些城市电台的交通频道依靠义务（兼职）路况报告员及时通报道路拥堵状况，或是在十字路口竖立电子标牌显示主要道路的车流量，但毕竟信息量太少、实时性较差，其效果非常有限。如果城市的交通管理监控系统能够把全部道路即时信息通过GPS等技术平台向所有开车人公开，则必定会有利于开车人自主选择行车路线，从而显著减轻道路的拥堵状况。

发展经济离不开科技创新和信息化手段，社会治理同样也离不开科技创新和信息化手段。这些年来计划生育、交通车辆管理、现代小区治安监控取得较好的成效，就是因为有相关的科技与信息化基础做支撑；而“史上最严格的水资源管理”“最严格的污染排放管理”等目标要求往往落空，也是因为缺乏科技手段和信息化基础。所以应当注重社会治理的科技和信息化基础的建设，并将其列入基本现代化的考核指标体系。比如，要搞好流动人口和特殊人群的服务与管理，就必须建立健全信息化网络化的人口信息系统，做到“底数清”“情况明”；要完善社会保障体系，“瞄准”困难人群以发挥社会救助的“托底”作用，加大对腐败的预防和监控，就必须建立健全包括政府、企事业单位、银行、证券、房产等在内的信息网络；要重建社会信任，就必须建立健全社会信用体系和公证体系；要提升应急、减灾、维稳的效能，就必须规范各类危险源数据库、监测预警系统和信息指挥系统的建设标准，依托政府电子政务系统和部门业务系统，建立应急信息数据交换平台，实现互联互通、信息共享。现在许多部门（包括政府、企事业单位和公共部门等）都非常重视信息化建设，也都拥有一定的信息系统和数据库，但由于科层制的限制，往往各自为政、以邻为壑、相互封锁，不能做到信息互通、资源共享，这就大大降低了它们的效能。笔者建议，凡是用纳税人的钱获取的公共信息和建成的数据库（包括通过各级政府、政府相关部门资助的科研项目所获取的信息和建成的数据库），只要不违反国家相关法律法规，不侵犯个人隐私，都应当向全社会公开。

上述官民平等互信、网络协商民主、信息公开共享，就是从科层制管理走向网络型治理的三个要件，也是当前由社会管理提升为社会治理的三个当务之急。我们相信，随着社会体制改革和社会治理创新的不断推进，还会发生更多的变化甚至变革，也会对整个国家治理产生更多的积极影响。

## 第二节　“网格化”管理的发展前景①

如前所述，前些年各地社会治理创新中涌现了“网格化”管理这一新生事物，但仍带有浓厚的行政主导倾向，不能看作这里所说的网络型治理形态，但可以作为向网络型治理过渡的一种组织形态。

### 一、“网格化”社会治理创新的历史背景

中国经过多年的“黄金发展期”后，已经进入结构调整期和矛盾凸显期。以群体性事件为例，从1993年到2003年，中国群体性事件数量由1万起增加到6万起，参与群众的人数由73万增加到307万。2003—2005年，全国共发生群体性事件20万起，参与群众的人数高达1 000余万。值得关注和反思的是，我国早已建立了“两级政府、三级管理、四级网络”的社会管理模式，为何近年来基层的群体性事件不减反增？这在根本上和转型期的利益分配失衡有关，但在一定程度上也和目前滞后的社会管理模式相关。

“网格化”管理创新正是在传统社会管理模式严重滞后的历史背景下发生的。新中国成立以来，城市基层实行的是单位制，农村的生产队、大队、公社等实际上也类似于单位制，单位制的主要特征是：劳动者对工作场所的全面依附实质上是个人对国家的依附；单位被纳入国家行政组织结构，因而成为国家对社会进行直接行政管理的组织手段；个体逐一被整合到一个个具体的社会组织即单位中；国家对社会的整合和控制，更多的是通过单位实现的，单位赋予社会成员相应的权利、身份和合法性，满足他们的各种需求，代表和维护他们的利益，控制他们的行为。因而，总体性社会下的单位具有全能性，整个单位体制是一种向上依赖、向下控制的体制②。这种高度行政化的单位制尽管限制了人的流动自由，牺牲了一定的生产率，却维系了一定的社会秩序，社会管理并没有出现失序状况。

---

① 杨光飞．网格化社会管理：何以可能与何以可为?．江苏社会科学，2014（6）．

② 李路路．论单位研究．社会学研究，2002（5）．

改革开放以来，农村实行家庭联产承包责任制，城市国有企业早期实行承包制后来实行股份制等，大大激活了基层经济的活力，也导致单位制趋于松解，以前由单位承担的诸多职能逐步社会化、市场化；随着市场化、城市化的推进，社会流动的加速，城乡社区格局骤变，社会管理严重滞后、不足，甚至陷入困境。

首先，是市场经济对传统社会管理体制的冲击。戴维·米勒（David Miller）曾指出，市场领域和社会领域遵循不同的规则，在市场领域，资源配置和机会的公平原则是“应得”，每个人获得的资源和机会是基于其做出的努力和贡献；在社会领域，如在社会组织特别是社区共同体、家族家庭等亲密组织中，资源和机会是按照需求原则来配置的①。显然市场领域的规则不能替代社会领域的规则。只有在满足了一定的条件之后，市场经济和社会管理才可以形成一种良性互动关系，甚至能达成一种共赢局面。因为“好的市场经济”鼓励公平竞争，即亚当·斯密所谓的“个体的理性能带来集体理性”，社会资源能得到合理配置，而合理的社会管理能够降低交易成本，提高经济效率。但改革开放以来，两者并没有形成良性的互动：社会管理的滞后和无序增加了市场交易成本和管理成本，而转型期的社会问题也并没能通过市场的调节作用得到解决，并且很多社会问题恰恰是市场的外部性所带来的。显然，市场化并没有通过“看不见的手”自动破解社会事务的困境，更重要的是，它缺乏对伦理道德的考量，遵循单一的经济理性，往往带来赢家通吃和精英结盟的结果，并不会自发关注弱势群体。不仅如此，缺少监管机制和价值关怀的市场化逻辑已被贯彻到社会场域中，滋生了更多的社会问题，这些问题尤其容易在城乡基层的社区结构中显现，也给传统的社会管理模式带来挑战。

其次，是社会流动对社会管理的冲击。改革开放以来，个体的流动性日益增强，包括区域意义上的横向流动和职业意义上的纵向流动，前者主要指农村剩余劳动力以各种方式进入城市谋生，成为农民工；后者主要指个体在职业和社会地位上逐步拥有向上流动的渠道、途径和机会。无论是垂直意义上的社会流动还是横向意义上的社会流动，都对基层社会管理带来了一定的冲击：垂直意义上的社会流动原本是一种正常的社

---

① 王春光．加快城乡社会管理和服务体制的一体化改革．国家行政学院学报，2012(2).

会现象，但在中国转型期，却带来了贫富分化、社会不公、阶层固化等问题，进而成为很多社会问题发生的背景因素。在信息化时代，这种影响因素会被放大，引起民众的怨恨。横向意义上的社会流动则是有形的，全国农民工总数已达 2.4 亿，其中有超过 1 亿的农民工群体在城市和农村之间进行钟摆式流动，这不仅给城市的管理和服务带来挑战，也给流出地带来了一些社会后果，如留守儿童、留守老人等问题。

最后，是行政管控对社会管理自身的限制。多年来，学界一直提倡把社会领域的事务交给社会，让社会组织实行自我管理，这样才能让政府更加有效地集中精力开展行政事务。但事实上行政事务和社会事务的边界有时很难分清，更重要的是，政府出于以下两个理由迟迟不肯放手社会事务，仍然以不同形式干预社会事务，甚至遏制社会组织的成长：一是对社会组织的恐慌心理。一些传统的看法认为社会组织的发展、成长会危及社会的稳定性，并假定社会组织缺乏自主治理的基础。二是利益因素。对于政府部门而言，管理社会事务意味着能掌控一定的权力和资源，他们显然不愿轻易放弃手中的权力和资源。这些现象在城乡基层组织中也同样存在，出现了如“社区行政化”等现象。在高度的行政管控下，社区在资源和服务上高度依附政府，缺乏自我管理和自我发展能力，相应的社区资源也很难得到有效的动员和整合。这种行政控制下的管理忽视了“社会”的作用，用行政力量去做社会自身可以做的事情，将社会纳入行政的控制范围，然而该做法并不利于社会的成长①。行政管控下的基层社会不仅很难形成“自我管理、自我协调以及自我服务”的治理格局，也有悖于党多年来倡导的“党委领导、政府负责、社会协同、公众参与、法治保障”的社会管理理念。

总之，随着市场化的推进、社会流动的加速、社会结构的转型，传统的社会管理模式已经严重滞后，无法满足基层社会的需求，更无法应对近年来所出现的一些过渡性社会问题。“网格化”管理就是对传统社会基层管理现实困境的一种回应和创新，那么这种社会创新又应当遵循何种逻辑呢?

## 二、何以可能：“网格化”管理的运作逻辑

目前各地推行的“网格化”社会管理并不完全一致，如北京市的数字

① 王春光. 加快城乡社会管理和服务体制的一体化改革. 国家行政学院学报，2012(2).

化管理模式，浙江省舟山市的组团式服务模式，上海市、四川省、江苏省镇江市以及南京市栖霞区等地尝试的城乡一体化模式，等等。但是借助于网格平台进行全方位的管理和服务则是它们的共同点，因而网格划分是“网格化”管理的基础。何谓“网格划分”？空间或地理意义上的网格划分主要是运用网格地图技术将某一辖区划分为若干网格单元，作为最小的管理和服务单位，这些网格既不同于基层的行政区划，也不同于一般意义上的“社区”。尽管行政意义上的区域管理的末梢也延伸至基层，包含了纵向的“层”和横向的“科”，但“这种集权和专业化的运作方式在带来效率的同时，也带来了层级过多、职能交叉重叠、部门分割和管理的破碎化，并造成了公共服务质量的下降”①。事实上，科层的固化现象也无法应对转型期基层各种复杂的局面，包括基层矛盾的激化以及社会服务的缺位等，形式上的“两级政府、三级管理、四级网络”格局下仍然会出现“主体缺位”和“管理真空”。“网格化”管理显然要改变以往的“一放就乱、一抓就死”的困境，要实现对管理对象的全面化、无缝化、高效化、节约化、便捷化的管理。在此种思路下，网格需要对空间范畴再确认。值得关注的是，网格不同于社区，目前社区不仅存在行政化倾向，而且社区之间的异质性大，不少社区具有一定的封闭性，资源共享的层次太低。另外，社区服务贫乏、居民参与度低，因而社区空间无法满足社区共同体的需求，而网格划分显然是尝试通过空间关系的重组来应对上述困境。

以下以南京市栖霞区仙林街道为例，分析网格划分的基本情况。该街道区域面积23.17平方公里，下辖3个社区居委会、11家商品房小区、高等院校12所、知名中小学5所，常住人口2.2万余人，在校生约12.8万人。尽管下辖有3个社区居委会，但由于多所高校的入驻、失地农民安置、大批商品房开发，导致入驻人口和流动人口骤增，3个社区居委会根本无法提供相应的管理和服务。为了应对辖区的变化，在原有区域内进行网格划分成为仙林街道“网格化”管理的第一步。整个仙林街道被划为6个一级网格、46个二级网格、1 156个三级网格。

网格的划分遵循了“横向到边”和“纵向到底”的全方位原则。所谓“横向到边”，是指在管理和服务上要将原有科层管理所疏离的地带纳入管辖范围，做到无遗漏，尤其是一些管理的真空地带（这些地带往往

① 竺乾威. 公共服务的流程再造：从无缝隙政府到“网格化”管理. 公共行政评论，2012（2）.

是滋生社会问题的场所）。所谓“纵向到底”，是指在层级结构上，“通过网格直接联结服务对象，使它的触角延伸到最底层”。“横向到边”和“纵向到底”，一方面打破了原先条块分割、政出多门的现象，另一方面借助于网格将资源和工作重心下移。按照“网格化”理论的最初理念，“‘网格化’管理对终端用户提供友好透明渠道，通过多层多渠道协议体系实现网格资源有效利用和业务协同，在动态背景下实现多组织资源共享和业务协同，降低终端用户使用和组织管理的复杂性，提高管理效率，因此‘网格化’管理为现代复杂社会经济管理问题的解决提供了一种可能性方案”①。在这个意义上，网格划分是尝试化解复杂情境、更好服务群众的一种策略。现实中的网格划分往往会遵循“因地制宜”的原则制定管理和服务策略。如北京市东城区基于“方便群众、易于管理”的划分原则，力求实现“完整性、便利性、均衡性、差异性”，将全区 17 个街道 205 个社区划分为 589 个网格，根据人、地、物、事、情等基本情况，将网格划分为住宅、商务商业、企事业单位、人员密集场所等 4 种类型；北京市根据农村、城市、工业园区的不同特点，将城乡接合部划分为 605 个单元网格，其中社区网格 143 个、村庄网格 440 个（规划保留村 364 个、计划拆迁村 76 个）、园区网格 22 个；在农村地区，如房山区，将农村网格分为村民住宅区、农业生产区、林地区、坑塘水面区、荒山区、滩涂区等 6 种类型，密云区也出现了社区网格、村庄网格、农地网格、山场网格、景区网格、工业区网格等 8 类基础网格②。

网格划分并不止于空间关系的重置，也有责权利的再落实。例如北京市东城区划分为 1 539 个互相连接的网格单元，配备 350 名城市管理监督员，这些管理监督员的职能就是对其管辖的网格内的城市部件进行监控，所谓“城市部件”，指的是市政公用、道路交通、市容环保、园林绿化、房屋土地等相关设施，这些设施被逐一登记编码，每一部件按“市辖区代码-大类代码-小类代码-部件名称-归属部门-问题位置-所在网格号”编码，并将其纳入地理空间数据库，从而在 21 个行政执法部门、6 个政府职能部门和 10 个街道的保洁队、绿化队之间形成信息共享。对于网格划分的功能，有学者指出，“横向到边”“纵向到底”的“网格化”

① 池中仁，王浣尘．“网格化”管理和信息距离理论：城市电子政务流程管理．上海：上海交通大学出版社，2008：121.

② 熊炎．北京市网格化社会服务管理体系的现状、成效与未来//学术前沿论丛：科学发展：深化改革与改善民生（上），2012.

管理实际上是一种“无缝隙管理”。何谓“无缝隙管理”？主要是为了打破部门、层级以及职能的边界，解决好部门、机构的协调和整合问题，针对官僚体制所带来的碎片化治理而提出的一种整体性治理方案，“无缝隙组织以一种整体的而不是各自为政的方式提供服务”①。“网格化”管理通过网格划分、责权利的重置，同样也希望破解科层固化、部门推诿以及需求不足等困境。

“网格化”管理并不只是静态地划分网格，如图11－1所示，可以看到“网格化”管理呈现一定的动态结构，这种结构不同于传统的科层结构，它包含：(1) 四个部分，即“网格化”信息化的服务对象、巡逻监督人员、指挥中心、服务职能部门；(2) 五个渠道，即对象采集渠道、巡逻监督信息上报渠道、资源调度渠道、服务渠道、对象主动触发渠道；(3) 两种内部监督机制（职能部门服务质量监督机制、巡逻监督人员监督机制）和一个外部监督机制②。“网格化”管理操作层面的流程具备一定的责任落实机制。

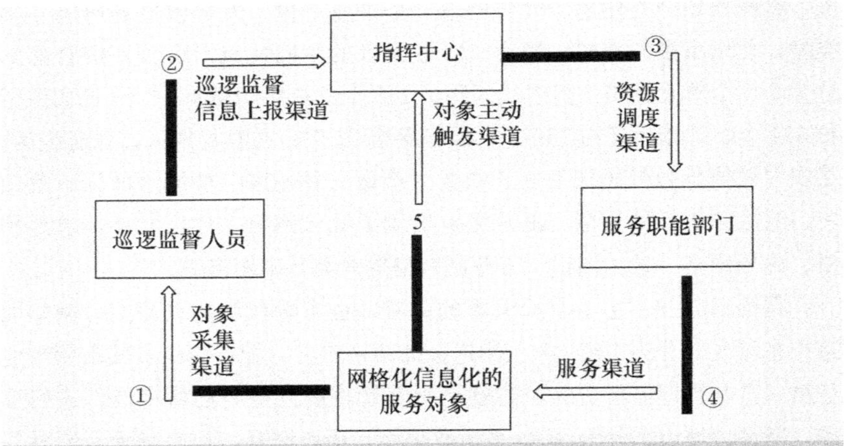


**图11－1 “网格化”管理的动态结构**

“网格化”管理的这种责任机制，和以前行政主导下的基层社区的目标责任制有所不同，可以称为一种新型的目标责任制。(1) 传统的目标责任制主要是针对经济、计生等硬指标，而“网格化”管理是全方位的，涵盖了经济、社会、生态、环境等方面，是一种“结果取向”（包

---

① 竺乾威．公共服务的流程再造：从无缝隙政府到“网格化”管理．公共行政评论，2012 (2).

② 池中仁，王浣尘．“网格化”管理和信息距离理论：城市电子政务流程管理．上海：上海交通大学出版社，2008：115-116.

括硬指标以及弹性任务），并且在指标体系的设计上大大增加了居民满意度以及幸福感等“软指标”，将其作为考核的依据。（2）传统的目标责任制是将上级党政组织确立的行政总目标逐次进行分解和细化，形成一套目标和指标体系，将其作为各级组织进行“管理”（如考评、奖惩等）的依据，并形成书面责任状（书）在上下级党政部门之间层层签订，以期获得最佳行政效能的一套综合管理方法，因而，这种目标责任制是自上而下的，有学者称之为“压力型体制”①；但在“网格化”管理的运作逻辑中，目标责任是基层政府推动的，并不只是“眼光向上”，而是更加注重民生诉求和民意，因而“网格化”管理不仅仅是政府之间的契约，而且是在政府推动下吸纳社区基层民众积极参与的一种新型的目标责任制。

## 三、何以可为：从管控到服务的功能演绎

随着市场机制的推进、城市化的加速、利益群体的日益分化，社会生活的风险明显增加，而社会的转型，无疑又为社会增加了新的风险因素。值得关注的是，为了应对这些风险，近年来出现了一种“消极的社会管理”，即认为社会管理主要就是管控社会，“不出事”“摆平”就是硬道理，管控思路成为“锦标赛”之后不少地方政府新的行为逻辑，这种管控思维仍然体现的是压力型体制下政府的政绩取向。在“网格化”管理的实践中也能看到这种管控思路的存在。例如北京市东城区在初期的“网格化”管理中曾经建立“三定期，三不出”的原则，即“网格助理员定期巡查，小事不出网格；网格管理员定期汇总，一般纠纷不出社区；街道指挥中心定期分析，负责纠纷不出街道”。不难看出，尽管网格嵌入了社区，但是网格在发挥具体功能时还是秉承了一定的管控和维稳思路，这显然是压力型体制的一种延续，只不过将以前GDP增长指标的压力替换为控制群体性事件发生率、上访率等相关指标的压力，在这种思路下，会把社会管理的任务简约为维护地方社会的“底线”稳定，“网格化”管理成为维稳过程中的一种“创新”方式。

在历史的特殊阶段，强调“稳定压倒一切”无疑是正确的，但在新时期的社会治理创新中，如果继续把“维稳”视为“唯稳”，实际上是一

① 王汉生，王一鸽．目标管理责任制：农村基层政权的实践逻辑．社会学研究，2009（2）．

种机械的、片面的维稳观。当下，中国社会正处于急速转型期，有学者认为中国社会已经进入利益博弈时代，社会利益主体的多元化、利益的分化和社会矛盾的增加，是市场化改革的必然现象。面对利益关系复杂化和社会矛盾多样化的趋势，关键在于正确定位和判断矛盾与冲突，并以制度化的方式加以解决。如果没有一套解决社会矛盾和社会冲突的制度、规则和程序，那么矛盾就会积累起来，得不到及时化解，甚至会导致严重后果，整个社会也必将付出巨大代价。此外，管控思维下的“网格化”管理带来的后果是地方政府并不会为辖区居民提供优质的公共产品，按照公共选择理论的解释，地方政府也是理性的行动者，没有基层民众的监督和制约，地方政府并不会自动实现社会公益目标。管控和维稳思维下的“网格化”管理往往会掩盖一些问题的真相，无法从根本上解决问题，也没有带来制度化的利益协商和分享机制。表 11－1 显示了两种不同类型的“网格化”管理的功能差异。

**表 11－1　管控型“网格化”管理和服务型“网格化”管理**

| 要素 | 管控型社会管理模式 | 服务型社会治理模式 |
|---|---|---|
| 目标 | 以社会稳控管理为主 | 以城市日常事务管理为主 |
| 基础 | 流程再造<br>信息整合 | 组织再造<br>执法下沉 |
| 重点 | 根据问题时限协调处理 | 基于一线执法人员主动发现问题、主动处理 |
| 关键 | 依赖于网格内巡查人员 | 借助工作站处理力量 |
| 效果 | 快速处置 | 全覆盖 |

可见，管控和维稳思路下的“网格化”管理也是借助网格，通过信息整合和流程再造来及时发现问题、协调问题，一定程度上也有利于快速处置问题。但一味强调“网格化”管理的单一维稳功能，则会有悖于“网格化”管理的初衷。网格理论最初提倡的是一种以需求为导向的“服务、效率以及资源共享”，通过“网格化”提供积极的服务，除了网格中的资源共享之外，还要借助网格建立一定的利益表达机制和协调机制，“网格化”管理的最终目标是通过民意表达机制，自下而上地理顺地方政府、利益集团和基层群众的关系，走向一种积极的、服务型的“网格化”管理。

尽管目前的“网格化”管理主要是由地方政府推动的，但这并不意味着“网格化”管理受控于地方政府政绩目标。对于地方政府而言，不能一味关注上访率或是陷入“不出事，不处理”的简单逻辑。“地方社会包括了一系列不同的组织网络，正式的政治领导角色应该是去识别这些网络，协同处理地方政策问题或者建设新的网络，以提升解决特定政策问题的意愿和能力。他们的政治角色不是传统意义上的引导和控制，而是通过协调和建立合作去保证他们应该负责的地方的福利。”① 在上述意义上，如果管控型“网格化”管理能实现到服务型“网格化”管理的转变，势必会形成一种“倒逼机制”，促使地方政府从压力型政府真正过渡至服务型政府。

“网格化”管理显然还面临很多争议，例如基层政府官员下沉网格会不会增加行政成本，或者影响整体的行政效率，甚至带来政府包办一切的倾向？这些都在考验新时期“网格化”管理的合法性。就发展趋势而言，“网格化”管理最终应该从消极的管控类型走向积极的服务类型，因为积极的社会管理以建设一个更好的社会为目标。

## 第三节 服务型“网格化”治理的雏形②

南京市栖霞区仙林街道在社会治理和公共服务的实践中，创造性地摸索出“网格连心、服务为先、多元联动、协同发展”的路子，这一路子被誉为“仙林模式”。所谓“网格连心”，就是指强调以群众为关注焦点，建立“横向到边”“纵向到底”的社会治理“网格化”体系，使管理与服务覆盖到街道每一个区域、覆盖到各类人群、覆盖到所有社会组织，同时在社会治理中减少中间环节，缩短服务流程，实施“贴心、安心、暖心、知心、凝心”的“五心计划”，架起政府与人民群众之间的“连心桥”；所谓“服务为先”，就是坚持以群众需求为导向，使街道干部制度化、常态化下沉到底，深入群众、关口前移，更加准确地把握群众的意愿和需求，及时发现社会治理中的矛盾和问题，强化风险应对、过程控制，不断增强工作的前瞻性、主动性和有效性，把工作重心从治标转向治本、从事后救急转向源头治理；所谓“多元联动”，就是充分依靠群众

① 阿姆纳，蒙丁．趋向地方自治的新理念：比较视角下的新近地方政府立法．北京：北京大学出版社，2005：12.

② 童星．社会管理的组织创新：从“网格连心、服务为先”的“仙林模式”谈起．江苏行政学院学报，2012（1）.

的力量，优化街道内部干部岗责体系，打破机关干部与社区干部的条块分割，调动一切积极因素和可用资源，建立街道、社区、网格、驻街单位、社会组织、社会成员之间的联动机制，促进干部之间联动、干部与群众联动、政府与社会组织联动，构建党委领导、政府主导、社会协同、公众参与的治理格局；所谓“协同发展”，就是牢牢把群众利益放在首位，统筹兼顾、整体推进经济发展、城市管理、平安法治、民生保障、科教人才、区域党建等方面的工作，促进街道经济、社会、政治、文化及人的全面协调可持续发展①。

“仙林模式”创建并实施以后，街道社会治理模式从过去传统、被动、分散的管理模式转变为现代、主动、系统的治理模式，街道社会治理能力、服务水平明显提高。社会治理不仅实现了省区市的“零上访”，甚至街道上访的数量都很少；街道综合治安治理工作综合考评成绩从过去长期在全区排名靠后，到2010年居全区第二；自实施新模式以来，街道的城市管理工作在全市月度考评中始终位居前三名，被列为2010年南京市城市管理十大创新项目之一；2011年以来，街道在全区月度综合排名中始终位居前两名②；2015年，街道的城市管理工作又被遴选为南京市党组织建设十大创新项目之一。

不可否认，“网格连心、服务为先、多元联动、协同发展”的治理模式最初是仙林街道的同志们在客观压力（创优考评、矛盾化解、确保发展等压力）下探索出来的，但它顺应了社会的发展、群众的意愿，并越来越展现出它的优越性和生命力。

## 一、“网格化”：单位制与社区制的“无缝衔接”

如前所述，自改革开放以来，原有的单位制和单位人的状况有了很大的变化。

在单位制与社区制并存、单位人与社区人共处的现阶段，党和政府如何有效地实施社会动员和组织管理？党和政府许多先进的执政理念（如代表广大人民群众的根本利益，建立党政主导的维护群众权益的机制等）、惠民的政策（如保障和改善民生方面的诸多政策、举措），如何才能落到实处？这成为中国社会治理创新中的难点。

---

①② 南京市栖霞区仙林街道. 以群众工作为根本，创新社会管理“仙林模式”，2011-09-28.

南京市仙林街道的“网格化”治理就是弥合并存的单位制与社区制、涵盖全体共处的单位人与社会人的好形式。它使政府的社会管理职能真正落到实处，公共服务职能真正普惠所有的辖区民众和驻街单位。单位制、社区制都是实行的“科层制”管理，它们有各自的等级，而且通常单位制的级别明显地高于社区制。南京市仙林街道推出的“网格”彻底打破了等级制的束缚，按工作需要重新设置了 6 个一级网格、46 个二级网格、1 156 个三级网格。在三级网格中，大的有大学或大型的广场、商场，小的则是一个单元楼甚至一个夫妻店。仙林街道之所以能够打破等级束缚，将没有任何行政隶属关系、级别很高的驻街单位纳入其三级网格，依靠的就是“服务”“互惠”。

## 二、“网格化”：管制型向服务型的“有效跨越”

诚然，实施“网格化”管理的并非南京市仙林街道一家，首次提出“网格化”管理的更不是南京市仙林街道。但大多数地方基层政府构建的网格都是管制型的，主要由公安、维稳、城管等强力部门构建，执行社会治安、维护稳定、城市管理等相应的管制功能；所不同的在于有的地方是不同的强力部门构建不同的管制功能网格，同一个地方（街道、区甚至全市）覆盖了好几张不同的网格，有的地方是不同的管制功能网格合一，实施信息互通、资源共享。而南京市仙林街道的“网格”则与众不同，它的功能是全方位的，几乎所有的政府职能都进入“网格”，既有管理功能，更有服务功能，而且是“服务为先”。

仙林街道建立了“服务下沉、预先管理、协调共建、责任监督、综合考评”五大机制，把群众工作贯穿到社会治理各个方面、各个环节，零距离、全方位地服务驻街单位和居民群众；仙林街道开展“双枫十联”① 活动，加强与社区群众、驻街单位的联系；引导各类社会组织、居民群众积极参与社会治理，从源头上减少社会不和谐因素，维护社会安全稳定，促进社会协同发展。

要理解仙林街道“网格化”与其他各地“网格化”的不同，真正把握仙林街道“网格化”社会治理与公共服务的真谛，就不能忽视其“一

① “双枫”是栖霞区的标识，由两片枫叶合抱成“心”形，以示全区人民心连心，这一标识源于闻名于世的栖霞枫树；“十联”包括城市管理联抓、公共安全联防、平安法治联创、流动人口联管、群众工作联做、民生保障联帮、科教人才联享、发展平台联办、精神文明联建、区域党建联动。

张网络、四个中心”的整体格局。四个中心就是网格服务中心、高校服务中心、物业服务中心、现代服务业发展中心，这四个中心结成一张网络，承载着各项公共服务的职能。这就突出了建制下设、重心下移、人财物和责权利联动下沉，构筑起基层社会治理和公共服务的新体制和新机制。

政府职能的有效转换，离不开政府工作人员作风的切实转变。仙林街道所有的干部都下到“网格”，“承包”一块自己的“责任田”；他们个人的手机号码全部对自己“承包”的“网格”中的民众公开，老百姓有事要解决、有问题需咨询，就直接打电话给街道干部；他们“人往格中去，事在网中办”，每天都要身穿黄马甲下“网格”工作，完全是一副服务人员或志愿者、“义工”的装束；他们准确把握群众意愿和需求，及时发现社会矛盾和问题，强化风险的应对和管理，努力做到“问题第一时间整改，纠纷第一时间化解，安全隐患第一时间处置”。正是依靠这种真心的服务，他们密切了干群关系，赢得了没有行政隶属关系的驻街单位的信任、尊重和支持。

仙林街道的这一创造，顺应了中国政府转变的大趋势——管制型→建设型→服务型，因而是有生命力的。

## 三、“网格化”：公共治理与社会自组织的“平台”

社会治理既是政府向社会提供公共服务并对社会事务进行规范和调节的过程，也是社会自我服务并依照法律和道德进行自我规范和调节的过程。

公共治理与社会自组织是需要平台的，网格就是仙林街道提供的平台，包括制度化的网格联席会议，常规化的为民服务网格行载体，多样化的嵌入（政府资源嵌入驻街单位和社区）、吸纳（基层民主、诉求表达、志愿者服务等）、参与（驻街单位、辖区群众、社会组织等）机制，变政府“独奏”为社会“合唱”。

在网格平台上，真正实现了治理主体多元化。仙林街道大力培育社会组织，开展开发园区、行业协会、商务楼宇等党组织建设，充分发挥街道中房地产开发公司、物业公司、商业网点、科研院所、驻街单位等各类社会组织的积极性和作用，街道商品房小区开发商和物业先后免费提供约 1 200 平方米用房作为社区服务中心；开辟“志愿者互助站”“教育培训园地”等阵地，组织有一定特长、热心公益事业的老党员、老干部、老教师、老医生等，为社会居民提供便民利民服务；借助高校学生资源，组建了40多支“文明”“平安”等领域的志愿者队伍，成立“志愿者人才银行”，开展形式多样的志愿服务活动；积极发动、引导公众依法有序地参与社会治理，形成了街道、社区、网格、驻街单位、各类志愿者之间的协同，构建了“街道主导、社会协同、公众参与、多元互联”的社会治理新格局。

## 四、“网格化”：“云”概念在基层社会治理中的运用

“云”概念及其在管理中的运用是相当新颖、时尚的，“云”概念多出现在IT行业。然而仙林街道的同志已经开始自觉将其运用到基层社会治理中，这是非常可喜的。

在仙林街道的“网格化”社会治理中，1 156个三级网格每个都是信息的“触手”和“处理器”，4个中心每个都是信息存储和共享的“平台”。仙林街道建立了“每日点评、短信互通，每周小结、简报通报，每月考评、公开排名”的机制，实现信息在“云”中的全方位、无障碍流通；通过4个中心，对信息进行集中梳理，对资源展开综合协调、统一调度，对问题与需求进行及时解决、有效满足，实现“云管理”的循环往复与可持续发展。这样做，有利于治理环节精细化、治理流程高效化，也有利于防止在“网格化”治理中出现新的条块分割。

目前各地都在积极加强和创新社会治理，涌现了许多新鲜经验。它们在创出自身品牌、保持自身特色、发扬已有成绩、启迪带动他者的同时，也看到“天外有天”，认真借鉴与吸收各地的经验与创新，以完善自身的社会治理。同时，它们通过自身的实践，也发现一系列依靠自身努力尚不能解决的体制、政策、法规等方面的问题，积极向上反映情况、提供建议，力所能及地推动国家社会体制改革。

我们相信，自下而上的社会治理创新积累到一定的程度，必然会推动自上而下的社会体制改革。上级党委、政府可以在各地社会治理创新的基础上，注意从中发现具有较大关联性、可持续性、可推广性的创新经验，有意识地促进一事的创新连锁化、一时的创新持久化、一地的创新普遍化，逐步形成适用于全局的政策和法规。“摸着石头过河”应与顶层设计相结合，这样做的结果，可以使各地创新成果惠及全国，推动国家自上而下的社会体制的创新，从而提升社会治理的绩效和水平，使我们的社会既充满活力又和谐有序。

# 索　引

# 后　记

2011 年底，笔者开始正式负责国家社会科学基金重大项目“社会管理创新与社会体制改革研究”相关工作（项目批准号为 11&ZD 028）。自那以后，我带领课题组成员——我的学生（张海波、陶鹏、张乐、童文莹、严新明、杨光飞、王毅杰等），对中国社会治理展开研究。

此前，我还主持过国家社会科学基金重大项目“建立健全社会预警机制和应急管理体系”，其最终成果《中国应急管理：理论、实践、政策》入选了“国家哲学社会科学成果文库”，获第七届高等学校科学研究优秀成果奖（人文社会科学）一等奖（2015），并入选“中华学术外译项目”。由于有了做重大项目研究的经验，现在做第二个重大项目“社会管理创新与社会体制改革研究”时心中便有了数，决心少走弯路，事先科学布局、合理分工，一方面高效率地撰写并公开发表论文 111 篇，向国家有关部委、江苏省委省政府报送了一系列研究咨询报告；另一方面成果多而不散、高度聚焦，为后期的结项报告打下了坚实的基础。最后的结项报告即这本题为《中国社会治理》的著作，书稿由我执笔撰写，大部分内容出自我本人或与学生合作撰写的论文（在书中以注释方式一一标出）。全书分“植根现实”“彰显特色”“聚焦重点”三大部分，分别阐述了当前中国社会治理的依据、目标、主要任务。其好处在于突出重点，不搞面面俱到，缺点则可能是遗漏了不少有意义的内容。而所遗漏的，只能留待以后的研究者来弥补了。

**童　星**

2017 年 9 月